社保入税
账务处理
及纳税筹划

翟继光 李亚雄 萧志远 ◎ 著

政策解读　账务处理　案例分析　纳税筹划

38个社保账务与社保缴纳典型案例 ｜ **9**个社保缴费筹划案例 ｜ **20**个个人所得税筹划案例

立信会计出版社
LIXIN ACCOUNTING PUBLISHING HOUSE

图书在版编目（CIP）数据

社保入税账务处理及纳税筹划 / 翟继光，
李亚雄著 . — 上海 : 立信会计出版社 , 2021.4
ISBN 978-7-5429-6786-2

Ⅰ . ①社… Ⅱ . ①翟… ②李… Ⅲ . ①税收管理—研
究—中国 Ⅳ . ① F812.42

中国版本图书馆 CIP 数据核字（2021）第 056916 号

责任编辑　陈　瑶

社保入税账务处理及纳税筹划

出版发行	立信会计出版社	
地　　址	上海市中山西路 2230 号	邮政编码　200235
电　　话	（021）64411389	传　　真　（021）64411325
网　　址	www.lixinaph.com	电子邮箱　lixinaph2019@126.com
网上书店	http://lixin.jd.com	http://lxkjcbs.tmall.com
经　　销	各地新华书店	

印　　刷	北京鑫海金澳胶印有限公司
开　　本	710 毫米 ×1000 毫米　1/16
印　　张	29.5
字　　数	410 千字
版　　次	2021 年 4 月第 1 版
印　　次	2021 年 4 月第 1 次
书　　号	ISBN 978-7-5429-6786-2 /F
定　　价	88.00 元

如有印订差错，请与本社联系调换

前　言

　　社保入税是指企业缴纳的基本养老保险费、基本医疗保险费等各项社会保险（以下简称社保）费，从社保部门改由税务部门征收，参保登记、缴费核定、关系转移、待遇核定、待遇发放等相关业务仍由社保、医保部门负责办理。社保入税使得社保资金的征收主体变为税务部门，税务部门统一征收社保费将规范企业的社保缴费行为，有助于解决漏缴、少缴社保等问题。社保入税是党中央、国务院的重大决策部署，目前全国各地已经全面实现社保入税。为帮助广大企事业单位了解和掌握社保入税的基本政策、账务处理以及相关筹划方法，我们编写了《社保入税账务处理及纳税筹划》一书。

　　本书分为十一章：第一章为社保入税基本制度，分别介绍社保入税制度改革的提出、社保入税制度的过渡阶段以及社保入税制度的落实阶段；第二章为社保入税账务处理，分别介绍企业会计准则的规定、社保入税会计处理、社保入税税务处理、社会保险基金财务制度以及社会保险基金会计制度；第三章为社会保险基本制度，分别介绍总则与社会保险费征缴、社会保险基金与社会保险经办以及社会保险监督与法律责任；第四章为养老保险基本制度，分别介绍基本养老保险制度、基本养老保险基金投资管理、企业职工基本养老保险基金中央调剂制度以及养老保险典型案例分析；第五章为医疗保险基本制度，分别介绍基本医疗保险制度、基本医疗保险用药管理、基本医疗保险定点医疗机构与零售药店管理、医疗保险管理制度、基本医疗保险异地就医医疗费用结算以及医疗保险典型案例分析；第六章为工伤保险基本制度，分别介绍工伤保险基本法律制度、工伤保险辅助器具配置管理、加强重点行业参加工伤保险工作、工伤预防费使用管理与工伤保险基金省级统筹以及工伤保险司法解释与典型案例；第七章为失业保险基本制度，分别介绍失业保险基本法律制度、失业保险金申领发放制度、失业保险金管理制度、失业保险基金省级统筹与支持企业稳定就业以及失业保险典型案例分析；第八章为生育保险基本制度，分别介绍生育保险基本法律制度、生育保险和职工基本医疗保险合并改革、降低生育保险费率以及生育保险典型案例；第九章为社保费缴纳筹划技巧，分别介绍工资转化型筹划技巧、劳务外包型筹划技巧以及新型用工型筹划技巧；第十章为薪酬发放扣缴个人所得税制度，分别介绍薪酬个人所得税基本制度、个人所得税专项附加扣除制度、个人所得税扣缴申报制度以及个人所得税自行申报与汇算清缴；第十一章为企业薪酬发放纳税筹划技巧，分别介绍居民个人工资薪金所得的纳税筹划、外籍个人工资薪金所得的纳税筹划、工资薪金所得通用纳税筹划方案以及劳务报酬所得的纳税筹划。

本书共收录了 38 个社保账务与社保缴纳典型案例、9 个社保缴费筹划案例和 20 个个人所得税筹划案例。本书涉及的法律法规有效期截至 2020 年 12 月 31 日。本书作为社保入税的普及型读物，也适宜作为高等院校、科研机构学习与研究社保入税的参考资料。

翟继光

2021 年 3 月

目　　录

第一章　社保入税基本制度

—— 导　读 ——

本章社保入税基本制度，共三节内容，分别介绍社保入税制度改革的提出、社保入税制度的过渡阶段以及社保入税制度的落实阶段。

第一节　社保入税制度改革的提出

一、深化国税、地税征管体制改革方案

根据《深化国税、地税征管体制改革方案》（中办发〔2015〕56号）的规定，我国从1994年实行分税制财政管理体制改革以来，建立了分设国税、地税两套税务机构的征管体制，20多年来取得了显著成效，为调动中央和地方两个积极性、建立和完善社会主义市场经济体制发挥了重要作用。但与经济社会发展、推进国家治理体系和治理能力现代化的要求相比，我国税收征管体制还存在职责不够清晰、执法不够统一、办税不够便利、管理不够科学、组织不够完善、环境不够优化等问题，必须加以改革完善。为落实《中共中

央关于全面深化改革若干重大问题的决定》及深化财税体制改革总体方案的有关要求，深化国税、地税征管体制改革，制定本方案。

（一）总体要求

1. 指导思想

全面贯彻党的十八大和十八届二中、三中、四中、五中全会精神，以邓小平理论、"三个代表"重要思想、科学发展观为指导，深入贯彻落实习近平总书记系列重要讲话精神，按照党中央、国务院决策部署，坚持法治引领、改革创新，发挥国税、地税各自优势，推动服务深度融合、执法适度整合、信息高度聚合，着力解决现行征管体制中存在的突出和深层次问题，不断推进税收征管体制和征管能力现代化，进一步增强税收在国家治理中的基础性、支柱性、保障性作用。

2. 改革目标

到 2020 年建成与国家治理体系和治理能力现代化相匹配的现代税收征管体制，降低征纳成本，提高征管效率，增强税法遵从度和纳税人满意度，确保税收职能作用有效发挥，促进经济健康发展和社会公平正义。

3. 基本原则

（1）依法治税。以法治为引领，注重运用法治思维和法治方式推进改革，落实税收法定原则，完善征管法律制度，增强税收执法的统一性和规范性。

（2）便民办税。以纳税人为中心，坚持执法为民，加强国税、地税合作，为纳税人提供更加优质高效的服务，不断减轻纳税人办税负担，切实维护纳税人合法权益，让纳税人和人民群众有更多获得感。

（3）科学效能。以防范税收风险为导向，依托现代信息技术，转变税收征管方式，优化征管资源配置，加快税收征管科学化、信息化、国际化进程，提高税收征管质量和效率。

（4）协同共治。以营造良好税收工作环境为重点，统筹税务部门与涉税各方力量，构建税收共治格局，形成全社会协税护税、综合治税的强大合力。

（5）有序推进。以加强顶层设计为前提，与深化财税体制改革进程相匹配，积极回应纳税人和社会各界关切，统筹兼顾，稳步实施。

（二）主要任务

1. 理顺征管职责划分

根据深化财税体制改革进程，结合建立健全地方税费收入体系，厘清国税与地税、地税与其他部门的税费征管职责划分，着力解决国税、地税征管职责交叉以及部分税费征管职责不清等问题。

（1）合理划分国税、地税征管职责。中央税由国税部门征收，地方税由地税部门征收，共享税的征管职责根据税种属性和方便征管的原则确定。按照有利于降低征收成本和方便纳税的原则，国税、地税部门可互相委托代征有关税收。

（2）明确地税部门对收费基金等的征管职责。发挥税务部门税费统征效率高等优势，按照便利征管、节约行政资源的原则，将依法保留、适宜由税务部门征收的行政事业性收费、政府性基金等非税收入项目，改由地税部门统一征收。推进非税收入法治化建设，健全地方税费收入体系。

2. 创新纳税服务机制

按照加快建设服务型税务机关的要求，围绕最大限度便利纳税人、最大限度规范税务人，不断提高纳税服务水平，着力解决纳税人办税两头跑、纳税成本较高等问题。

（1）推行税收规范化建设。实施纳税服务、税收征管规范化管理，推行税收执法权力清单和责任清单并向社会进行公告，在全国范围内实现国税、地税服务一个标准、征管一个流程、执法一把尺子，让纳税人享有更快捷、更经济、更规范的服务。

（2）推进办税便利化改革。加快推行办税事项同城通办，2016年基本实现省内通办，2017年基本实现跨区域经营企业全国通办。完善首问责任、限时办结、预约办税、延时服务、"二维码"一次性告知、24小时自助办税、财税库银联网缴税、出口退税分类管理等便民服务机制，缩短纳税人办税时间。合理简并纳税人申报缴税次数。实行审批事项一窗受理、内部流转、限时办结、窗口出件，全面推行网上审批，提高审批效率和透明度。推进涉税信息公开，方便纳税人查询缴税信息。规范、简并纳税人报表资料，实行纳税人涉税信息国税、地税一次采集、按户存储、共享共用。能够从信息系统提取的数据信息不得要求纳税人重复报送，加快推行办税无纸化、免填单，让纳税人少跑腿、少费时、少花费。

（3）建立服务合作常态化机制。实施国税、地税合作规范化管理，全面提升合作水平。采取国税、地税互设窗口、共建办税服务厅、共驻政务服务中心等方式，2016年实现"前台一家受理、后台分别处理、限时办结反馈"的服务模式。完善全国12366纳税服务平台，2016年全面提供能听、能问、能看、能查、能约、能办的"六能"型服务。制定实施"互联网＋税务"行动计划，建设融合国税、地税业务，标识统一、流程统一、操作统一的电子税务局，2017年基本实现网上办税。推进跨区域国税、地税信息共享、资质互认、征管互助，不断扩大区域税收合作范围，进一步创新自由贸易试验区税收服务举措，让纳税人享有优质、便捷、统一的纳税服务。

（4）建立促进诚信纳税机制。对纳税信用好的纳税人，开通办税绿色通道，在资料报送、发票领用、出口退税等方面提供更多便利，减少税务检查频次或给予一定时期内的免检待遇，开展银税互动助力企业发展。对进入税收违法"黑名单"的当事人，严格税收管理，与相关部门依法联合实施禁止高消费、限制融资授信、禁止参加政府采购、限制取得政府供应土地和政府性资金支持、阻止出境等惩戒，让诚信守法者畅行无阻，让失信违法者寸步难行。

（5）健全纳税服务投诉机制。建立纳税人以及第三方对纳税服务质量定期评价反馈的制度。畅通纳税人投诉渠道，对不依法履行职责、办事效率低、服务态度差等投诉事项，实行限时受理、处置和反馈，有效保障纳税人合法权益。

3. 转变征收管理方式

落实简政放权、放管结合、优化服务的要求，适应纳税人特别是自然人数量不断增加以及企业经营多元化、跨区域、国际化的新趋势，转变税收征管方式，提高税收征管效能，着力解决税收征管针对性、有效性不强问题。

（1）切实加强事中事后管理。大幅度取消和下放税务行政审批项目，实现税收管理由主要依靠事前审批向加强事中事后管理转变，推行纳税人自主申报，完善包括备案管理、发票管理、申报管理等在内的事中事后管理体系，出台相应管理办法，确保把该管的事项管住、管好，防范税收流失。

（2）对纳税人实施分类分级管理。对企业纳税人按规模和行业，对自然人纳税人按收入和资产实行分类管理。2016 年，以国家税务总局和省级税务局为主，集中开展行业风险分析和大企业、高收入高净值纳税人风险分析，运用第三方涉税信息对纳税申报情况进行比对，区分不同风险等级分别采取风险提示、约谈评估、税务稽查等方式进行差别化应对，有效防范和查处逃避税行为。

（3）提升大企业税收管理层级。对跨区域、跨国经营的大企业，在纳税申报等涉税基础事项实行属地管理、不改变税款入库级次的前提下，将其税收风险分析事项提升至国家税务总局、省级税务局集中进行，将分析结果推送相关税务机关做好应对。

（4）建立自然人税收管理体系。顺应直接税比重逐步提高、自然人纳税人数量多、管理难的趋势，从法律框架、制度设计、征管方式、技术支撑、资源配置等方面构建以高收入者为重点的自然人税收管理体系。国家税务总局、省级税务局集中开展对高收入纳税人的税收风险分析，将分析结果推送相关税务机关做好应对，不断提高自然人税收征管水平。

（5）深化税务稽查改革。建立健全随机抽查制度和案源管理制度，合理确定抽查比例，对重点税源企业每5年轮查一遍。2016年普遍推行先开展案头风险分析评估查找高风险纳税人再开展定向稽查的模式，增强稽查的精准性、震慑力。依法加大涉税违法犯罪行为查处力度，规范执法行为，坚决防止以补代罚、以罚代刑。定期曝光重大涉税违法犯罪案件，震慑不法分子。加强税警协作，实现行政执法与刑事执法有机衔接，严厉打击税收违法犯罪行为。改革属地稽查方式，提升税务稽查管理层级，增强税务稽查的独立性，避免执法干扰。2017年实现国税、地税联合进户稽查，防止多头重复检查。

（6）全面推行电子发票。推广使用增值税发票管理新系统，健全发票管理制度，2016年实现所有发票的网络化运行，推行发票电子底账，逐一实时采集、存储、查验、比对发票全要素信息，从源头上有效防范逃骗税和腐败行为。

（7）加快税收信息系统建设。2016年全面完成"金税三期"工程建设任务，形成覆盖所有税种及税收工作各环节、运行安全稳定、国内领先的信息系统。2018年实现征管数据向国家税务总局集中，建成自然人征管系统，并实现与个人收入和财产信息系统互联互通。到2020年使我国税收征管信息系统居于国际先进行列。

（8）发挥税收大数据服务国家治理的作用。推进数据标准化及质量管理，健全减免税核算体系，发挥税收大数据优势，加强数据增值应用，在提高征管效能和纳税服务水平的同时，使之更深刻地反映经济运行状况，服务经济社会管理和宏观决策，为增强国家治理能力提供有力支撑。

4. 深度参与国际合作

适应经济全球化的趋势和我国构建开放型经济新体制的要求，树立大国税务理念，用国际化视野谋划税收工作，加强对国际税收事项的统筹管理，着力解决对跨国纳税人监管和服务水平不高、国际税收影响力不强等问题。

（1）积极参与国际税收规则制定。结合我国主办2016年二十国集团

（G20）领导人峰会，协同落实好二十国集团税制改革成果，广泛参加全球税收征管论坛、联合国国际税收合作专家委员会等国际税收组织活动，做国际税收规则制定的参与者、引领者，增强我国在国际税收领域的影响力和话语权。

（2）不断加强国际税收合作。围绕建立合作共赢的新型国际税收关系，推动完善国际税收合作与协调机制，执行好《多边税收征管互助公约》和《金融账户涉税信息自动交换标准》，加强税收信息交换，形成深度交融的互利合作网络。积极开展对外税收援助，提供税收知识培训和技术支持，帮助发展中国家和低收入国家提高税收征管能力。

（3）严厉打击国际逃避税。全面深入参与应对税基侵蚀和利润转移（BEPS）行动计划，构建反避税国际协作体系。建立健全跨境交易信息共享机制和跨境税源风险监管机制。完善全国联动联查机制，加大反避税调查力度。2017 年建立健全跨国企业税收监控机制，分行业、分国别、分地区、分年度监控跨国企业利润水平变动情况，防范国际逃避税，维护国家税收权益。

（4）主动服务对外开放战略。以推动实施"一带一路"倡议、支持国际产能和装备制造合作为重点，加快税收协定谈判和修订进程，全面加强国外税收政策咨询服务，建立与重点国家税务部门常态化沟通机制，及时协调解决走出去企业有关涉税争端。

5. 优化税务组织体系

与推进税收征管现代化相适应，进一步完善税务组织体系，着力解决机构设置、资源配置与税源状况、工作要求不匹配等问题。

（1）切实加强税务系统党的领导。中共国家税务总局党组要切实加强国税系统党的建设、思想政治建设、税务文化建设、干部队伍建设，指导地税系统思想政治工作，协同省级党委和政府对省级地方税务局实行双重领导，加大对地税部门的指导和业务规范力度。

（2）优化各层级税务机关征管职责。国家税务总局重点加强税收制度和管理制度设计、工作标准制定、信息平台建设和数据集中处理应用、税收风险集中分析、大企业和国际税收管理、执法监督等方面职责。省级税务局重点加强数据管理应用、大企业税收管理、国际税收管理及税收风险分析推送等方面职责。市级税务局要精简机关行政管理职责，强化直接面对纳税人的一线征管和服务职责。市级、县级税务局重点加强税源管理和风险应对工作，更好地为纳税人服务。

（3）完善税务稽查机构设置。强化税务系统稽查职责和工作力量，探索建立跨区域税务稽查机构，主要负责查处大案要案、指导系统稽查工作、协调国税局和地税局开展联合稽查。

（4）完善督察内审机构设置。强化税务系统督察内审职责和工作力量，探索建立跨区域督察内审机构，增强独立性，形成有效的内部监督制约机制。

（5）研究探索推进对外派驻税务官员。根据工作需要，按照现有模式，研究探索推进在我驻主要市场经济国家、走出去重点国家使领馆和国际组织派驻税务官员，承担开展国际税收协作、涉税争端解决、涉税信息收集、为走出去企业提供境外涉税服务等任务。

（6）合理配置资源。按照精简统一效能原则，优化税务系统编制结构，提高编制使用效益。调整完善与国税、地税征管职责相匹配、与提高税收治理能力相适应的人力资源配置，实现力量向征管一线倾斜。税源规模较小的地区，可按照便利纳税人、集约化征管的要求，适度整合征管力量。逐步理顺和规范中央财政对国税系统经费管理体制，健全地方财政对地税系统经费的保障机制。

（7）加强税务干部能力建设。实施人才强税战略，实行税务领军人才培养计划。深入推进绩效管理，加强对税务干部平时考核，完善日常化、累积化、可比化的数字管理制度体系。加大国税、地税之间以及与其他部门的干部交流力度。按照中央有关规定，实施公务员职务与职级并行制度。在编制和工资经费限额内，对专业性较强的职位实行聘任制，解决专业人才不足问题。

（8）深入落实党风廉政建设主体责任和监督责任。明确国税系统党组主体责任和纪检机构监督责任，厘清责任边界，强化责任担当，细化履职要求，加大问责力度，完善纪检体制机制。全面推进内控机制信息化建设，2016 年将内控制度和要求嵌入到税收征管和财务管理软件中，最大限度防范廉政风险、减少执法风险，促进干部廉洁从税。

6. 构建税收共治格局

建立健全党政领导、税务主责、部门合作、社会协同、公众参与的税收共治格局，着力解决税收环境不够优、全社会诚信纳税意识不够强等问题。

（1）推进涉税信息共享。加快税收征管法修订和实施进程，依法规范涉税信息的提供，落实相关各方法定义务。建立统一规范的信息交换平台和信息共享机制，保障国税、地税部门及时获取第三方涉税信息，解决征纳双方信息不对称问题。依法建立健全税务部门税收信息对外提供机制，保障各有关部门及时获取和使用税收信息，强化社会管理和公共服务。全面建立纳税人信用记录，纳入统一的信用信息共享交换平台，依法向社会公开，充分发挥纳税信用在社会信用体系中的基础性作用。

（2）拓展跨部门税收合作。以"三证合一、一照一码"改革为契机，扩大与有关部门合作的范围和领域，实现信息共享、管理互助、信用互认。探索政府购买税收服务。规范和发挥涉税专业服务社会组织在优化纳税服务、提高征管效能等方面的积极作用。

（3）健全税收司法保障机制。司法部门要依法支持税务部门工作，确保税法得到严格实施。公安部门要加强涉税犯罪案件查处的力量，健全公安部派驻国家税务总局联络机制，指导各级公安部门开展涉税犯罪案件查处工作。加强涉税案件审判队伍专业化建设，由相对固定的审判人员、合议庭审理涉税案件。推行税收法律顾问和公职律师制度。

（4）加强税法普及教育。将税法作为国家普法教育的重要内容。把税法教育纳入国民教育体系，加强对青少年的税法宣传教育。开展经常性的税收宣传工作，增强全社会的税法意识。

（三）组织实施

深化国税、地税征管体制改革是一项系统工程，要在党中央、国务院统一领导下组织实施，稳妥推进。

（1）提高思想认识。各地区各部门要从推进国家治理体系和治理能力现代化的高度深刻认识深化国税、地税征管体制改革的重大意义，切实增强责任感和使命感，扎实做好工作，确保改革取得实效。

（2）强化组织协调。各级党委和政府要建立健全深化国税、地税征管体制改革的领导机制，明确和落实工作责任。税务部门要加强组织协调，抓好具体方案的研究制定、贯彻推进和督促落实工作。各相关部门要结合职责分工，落实具体支持措施。

（3）稳步有序实施。结合深化财税体制改革进程，明确改革的路线图和时间表，确保2016年基本完成重点改革任务，2017年年底前努力把各项改革举措做实。具体安排是：2015年至2016年上半年，在上海市、江苏省、河南省、重庆市进行综合改革试点，在北京市、湖北省、广东省、陕西省、宁夏回族自治区、深圳市进行专项改革试点；2016年下半年，总结经验，扩大试点，在全国范围内稳步推进改革；2017年，总结实施情况，完善具体措施，确保改革任务基本到位。执行中的重大问题要及时向党中央、国务院报告。

（4）加强舆论引导。重视和加强宣传工作，及时回应社会关切，正确引导社会预期，最大限度凝聚共识，为深化国税、地税征管体制改革营造良好环境。

二、国务院机构改革方案

根据《第十三届全国人民代表大会第一次会议关于国务院机构改革方案的决定》（2018年3月17日第十三届全国人民代表大会第一次会议通过）

的规定，根据党的十九大和十九届三中全会部署，深化党和国家机构改革的总体要求是，全面贯彻党的十九大精神，坚持以马克思列宁主义、毛泽东思想、邓小平理论、"三个代表"重要思想、科学发展观、习近平新时代中国特色社会主义思想为指导，适应新时代中国特色社会主义发展要求，坚持稳中求进工作总基调，坚持正确改革方向，坚持以人民为中心，坚持全面依法治国，以加强党的全面领导为统领，以国家治理体系和治理能力现代化为导向，以推进党和国家机构职能优化协同高效为着力点，改革机构设置，优化职能配置，深化转职能、转方式、转作风，提高效率效能，为决胜全面建成小康社会、开启全面建设社会主义现代化国家新征程、实现中华民族伟大复兴的中国梦提供有力制度保障。

深化国务院机构改革，要着眼于转变政府职能，坚决破除制约使市场在资源配置中起决定性作用、更好发挥政府作用的体制机制弊端，围绕推动高质量发展，建设现代化经济体系，加强和完善政府经济调节、市场监管、社会管理、公共服务、生态环境保护职能，结合新的时代条件和实践要求，着力推进重点领域和关键环节的机构职能优化和调整，构建起职责明确、依法行政的政府治理体系，提高政府执行力，建设人民满意的服务型政府。

这次国务院机构改革的具体方案如下。

（一）关于国务院组成部门调整

（1）组建自然资源部。将国土资源部的职责，国家发展和改革委员会的组织编制主体功能区规划职责，住房和城乡建设部的城乡规划管理职责，水利部的水资源调查和确权登记管理职责，农业部的草原资源调查和确权登记管理职责，国家林业局的森林、湿地等资源调查和确权登记管理职责，国家海洋局的职责，国家测绘地理信息局的职责整合，组建自然资源部，作为国务院组成部门。自然资源部对外保留国家海洋局牌子。

不再保留国土资源部、国家海洋局、国家测绘地理信息局。

（2）组建生态环境部。将环境保护部的职责，国家发展和改革委员会的应对气候变化和减排职责，国土资源部的监督防止地下水污染职责，水利部的编制水功能区划、排污口设置管理、流域水环境保护职责，农业部的监督指导农业面源污染治理职责，国家海洋局的海洋环境保护职责，国务院南水北调工程建设委员会办公室的南水北调工程项目区环境保护职责整合，组建生态环境部，作为国务院组成部门。生态环境部对外保留国家核安全局牌子。

不再保留环境保护部。

（3）组建农业农村部。将农业部的职责，以及国家发展和改革委员会的农业投资项目、财政部的农业综合开发项目、国土资源部的农田整治项目、水利部的农田水利建设项目等管理职责整合，组建农业农村部，作为国务院组成部门。

将农业部的渔船检验和监督管理职责划入交通运输部。

不再保留农业部。

（4）组建文化和旅游部。将文化部、国家旅游局的职责整合，组建文化和旅游部，作为国务院组成部门。

不再保留文化部、国家旅游局。

（5）组建国家卫生健康委员会。将国家卫生和计划生育委员会、国务院深化医药卫生体制改革领导小组办公室、全国老龄工作委员会办公室的职责，工业和信息化部的牵头《烟草控制框架公约》履约工作职责，国家安全生产监督管理总局的职业安全健康监督管理职责整合，组建国家卫生健康委员会，作为国务院组成部门。

保留全国老龄工作委员会，日常工作由国家卫生健康委员会承担。民政部代管的中国老龄协会改由国家卫生健康委员会代管。国家中医药管理局由国家卫生健康委员会管理。

不再保留国家卫生和计划生育委员会。不再设立国务院深化医药卫生体制改革领导小组办公室。

（6）组建退役军人事务部。将民政部的退役军人优抚安置职责，人力资源和社会保障部的军官转业安置职责，以及中央军委政治工作部、后勤保障部有关职责整合，组建退役军人事务部，作为国务院组成部门。

（7）组建应急管理部。将国家安全生产监督管理总局的职责，国务院办公厅的应急管理职责，公安部的消防管理职责，民政部的救灾职责，国土资源部的地质灾害防治、水利部的水旱灾害防治、农业部的草原防火、国家林业局的森林防火相关职责，中国地震局的震灾应急救援职责以及国家防汛抗旱总指挥部、国家减灾委员会、国务院抗震救灾指挥部、国家森林防火指挥部的职责整合，组建应急管理部，作为国务院组成部门。

中国地震局、国家煤矿安全监察局由应急管理部管理。公安消防部队、武警森林部队转制后，与安全生产等应急救援队伍一并作为综合性常备应急骨干力量，由应急管理部管理。

不再保留国家安全生产监督管理总局。

（8）重新组建科学技术部。将科学技术部、国家外国专家局的职责整合，重新组建科学技术部，作为国务院组成部门。科学技术部对外保留国家外国专家局牌子。

国家自然科学基金委员会改由科学技术部管理。

（9）重新组建司法部。将司法部和国务院法制办公室的职责整合，重新组建司法部，作为国务院组成部门。

不再保留国务院法制办公室。

（10）优化水利部职责。将国务院三峡工程建设委员会及其办公室、国务院南水北调工程建设委员会及其办公室并入水利部。

不再保留国务院三峡工程建设委员会及其办公室、国务院南水北调工程建设委员会及其办公室。

（11）优化审计署职责。将国家发展和改革委员会的重大项目稽查、财政部的中央预算执行情况和其他财政收支情况的监督检查、国务院国有资产监督管理委员会的国有企业领导干部经济责任审计和国有重点大型企业监事会的职责划入审计署，构建统一高效审计监督体系。

不再设立国有重点大型企业监事会。

（12）监察部并入新组建的国家监察委员会。国家预防腐败局并入国家监察委员会。

不再保留监察部、国家预防腐败局。

改革后，除国务院办公厅外，国务院设置组成部门26个：

① 中华人民共和国外交部。

② 中华人民共和国国防部。

③ 中华人民共和国国家发展和改革委员会。

④ 中华人民共和国教育部。

⑤ 中华人民共和国科学技术部。

⑥ 中华人民共和国工业和信息化部。

⑦ 中华人民共和国国家民族事务委员会。

⑧ 中华人民共和国公安部。

⑨ 中华人民共和国国家安全部。

⑩ 中华人民共和国民政部。

⑪ 中华人民共和国司法部。

⑫ 中华人民共和国财政部。

⑬ 中华人民共和国人力资源和社会保障部。

⑭ 中华人民共和国自然资源部。

⑮ 中华人民共和国生态环境部。

⑯ 中华人民共和国住房和城乡建设部。

⑰ 中华人民共和国交通运输部。

⑱ 中华人民共和国水利部。

⑲ 中华人民共和国农业农村部。

⑳ 中华人民共和国商务部。

㉑ 中华人民共和国文化和旅游部。

㉒ 中华人民共和国国家卫生健康委员会。

㉓ 中华人民共和国退役军人事务部。

㉔ 中华人民共和国应急管理部。

㉕ 中国人民银行。

㉖ 中华人民共和国审计署。

根据国务院组织法规定，国务院组成部门的调整和设置，提请全国人民代表大会审议批准。

（二）关于国务院其他机构调整

（1）组建国家市场监督管理总局。将国家工商行政管理总局的职责，国家质量监督检验检疫总局的职责，国家食品药品监督管理总局的职责，国家发展和改革委员会的价格监督检查与反垄断执法职责，商务部的经营者集中反垄断执法以及国务院反垄断委员会办公室等职责整合，组建国家市场监督管理总局，作为国务院直属机构。同时，组建国家药品监督管理局，由国家市场监督管理总局管理。

将国家质量监督检验检疫总局的出入境检验检疫管理职责和队伍划入海关总署。

保留国务院食品安全委员会、国务院反垄断委员会，具体工作由国家市场监督管理总局承担。

国家认证认可监督管理委员会、国家标准化管理委员会职责划入国家市场监督管理总局，对外保留牌子。

不再保留国家工商行政管理总局、国家质量监督检验检疫总局、国家食品药品监督管理总局。

（2）组建国家广播电视总局。在国家新闻出版广电总局广播电视管理职责的基础上组建国家广播电视总局，作为国务院直属机构。

不再保留国家新闻出版广电总局。

（3）组建中国银行保险监督管理委员会。将中国银行业监督管理委员会和中国保险监督管理委员会的职责整合，组建中国银行保险监督管理委员会，作为国务院直属事业单位。

将中国银行业监督管理委员会和中国保险监督管理委员会拟订银行业、保险业重要法律法规草案和审慎监管基本制度的职责划入中国人民银行。

不再保留中国银行业监督管理委员会、中国保险监督管理委员会。

（4）组建国家国际发展合作署。将商务部对外援助工作有关职责、外交部对外援助协调等职责整合，组建国家国际发展合作署，作为国务院直属机构。对外援助的具体执行工作仍由有关部门按分工承担。

（5）组建国家医疗保障局。将人力资源和社会保障部的城镇职工和城镇居民基本医疗保险、生育保险职责，国家卫生和计划生育委员会的新型农村合作医疗职责，国家发展和改革委员会的药品和医疗服务价格管理职责，民政部的医疗救助职责整合，组建国家医疗保障局，作为国务院直属机构。

（6）组建国家粮食和物资储备局。将国家粮食局的职责，国家发展和改革委员会的组织实施国家战略物资收储、轮换和管理，管理国家粮食、棉花和食糖储备等职责，以及民政部、商务部、国家能源局等部门的组织实施国家战略和应急储备物资收储、轮换和日常管理职责整合，组建国家粮食和物资储备局，由国家发展和改革委员会管理。

不再保留国家粮食局。

（7）组建国家移民管理局。将公安部的出入境管理、边防检查职责整合，建立健全签证管理协调机制，组建国家移民管理局，加挂中华人民共和国出入境管理局牌子，由公安部管理。

（8）组建国家林业和草原局。将国家林业局的职责，农业部的草原监督管理职责，以及国土资源部、住房和城乡建设部、水利部、农业部、国家海洋局等部门的自然保护区、风景名胜区、自然遗产、地质公园等管理职责整合，组建国家林业和草原局，由自然资源部管理。国家林业和草原局加挂国家公园管理局牌子。

不再保留国家林业局。

（9）重新组建国家知识产权局。将国家知识产权局的职责、国家工商行政管理总局的商标管理职责、国家质量监督检验检疫总局的原产地地理标志管理职责整合，重新组建国家知识产权局，由国家市场监督管理总局管理。

（10）调整全国社会保障基金理事会隶属关系。将全国社会保障基金理事会由国务院管理调整为由财政部管理，作为基金投资运营机构，不再明确行政级别。

（11）改革国税地税征管体制。将省级和省级以下国税地税机构合并，具体承担所辖区域内各项税收、非税收入征管等职责。国税地税机构合并后，实行以国家税务总局为主与省（区、市）人民政府双重领导管理体制。

根据国务院组织法规定，国务院组成部门以外的国务院所属机构的调整和设置，将由新组成的国务院审查批准。

三、稳步推进社保费征收体制改革

根据《国务院办公厅关于印发降低社会保险费率综合方案的通知》（国办发〔2019〕13号）的规定，降低社会保险（以下简称社保）费率，是减轻企业负担、优化营商环境、完善社会保险制度的重要举措。各地区各有关部门要以习近平新时代中国特色社会主义思想为指导，全面贯彻党的十九大和十九届二中、三中全会精神，坚持稳中求进工作总基调，坚持新发展理念，统筹考虑降低社会保险费率、完善社会保险制度、稳步推进社会保险费征收体制改革，密切协调配合，抓好工作落实，确保企业特别是小微企业社会保险缴费负担有实质性下降，确保职工各项社会保险待遇不受影响、按时足额支付。

企业职工基本养老保险和企业职工其他险种缴费，原则上暂按现行征收体制继续征收，稳定缴费方式，"成熟一省、移交一省"；机关事业单位社保费和城乡居民社保费征管职责如期划转。人力资源和社会保障、税务、财政、医保部门要抓紧推进信息共享平台建设等各项工作，切实加强信息共享，确保征收工作有序衔接。妥善处理好企业历史欠费问题，在征收体制改革过程中不得自行对企业历史欠费进行集中清缴，不得采取任何增加小微企业实际缴费负担的做法，避免造成企业生产经营困难。同时，合理调整 2019 年社保基金收入预算。

国务院建立工作协调机制，统筹协调降低社保费率和社保费征收体制改革相关工作。县级以上地方政府要建立由政府负责人牵头，人力资源和社会保障、财政、税务、医保等部门参加的工作协调机制，统筹协调降低社保费率以及征收体制改革过渡期间的工作衔接，提出具体安排，确保各项工作顺利进行。

第二节　社保入税制度的过渡阶段

一、国家税务总局的相关规定

2018 年 9 月 13 日，《国家税务总局办公厅关于稳妥有序做好社会保险费征管有关工作的通知》（税总办发〔2018〕142 号）规定：为深入贯彻落实 9 月 6 日国务院常务会议有关精神，在稳妥推进社会保险费征管职责划转改革的同时，确保改革前已由税务机关征收的地方一律保持现有征收政策不变，现就有关事项通知如下。

（一）进行社会保险费征管职责划转的各级税务机关，要确保改革任务平稳如期落地

各省税务局要按照国家税务总局和当地政府统一部署，细化本省税务系统实施方案，逐项分解工作任务，明确责任单位和完成时限，确保 2019 年 1 月 1 日起由税务机关统一征收各项社会保险费。在征管职责划转工作中，要主动加强部门间沟通协商与协调配合，做到衔接有序。要做好数据分析评估和清洗迁移，按时完成信息系统升级对接和联调测试。要遵循弄清接好历史欠费账目，不得自行组织开展清欠工作的原则，稳妥处理好历史欠费问题。要建立部门间常态化信息共享和对账机制，为改革提供制度、机制、信息等系列保障。

（二）已负责征收社会保险费的各级税务机关，要确保征收政策不变工作平稳

认真贯彻落实国务院常务会议精神，在社保征收机构改革到位前，各地要一律保持现有征收政策不变，确保征管有序，工作平稳。同时，要规范执法检查，不得自行组织开展以前年度的欠费清查。

（三）优化缴费服务，确保营商环境不断改善

无论是已征收社会保险费还是正开展征管职责划转工作的各级税务机关，要按照"放管服"改革要求，从缴费人需求出发，根据本地实际评估办税服务、12366 热线以及信息系统的承载能力，完善缴费窗口设置和网上税务局功能，为缴费人提供"实体、网上、掌上、自助"等多样化缴费渠道。要统一服务标准，整合税费缴纳流程，简并缴费报送资料，降低缴费成本，最大程度便利缴费人，不断优化营商环境。要建立疑难问题及时解答机制，完善 12366 知识库，确保答复咨询及时精准，切实维护缴费人权益。

（四）加强舆论引导，确保社会预期稳定

各级税务机关要正确引导社会舆论，稳定改革预期，营造良好改革氛围。要积极主动向当地党委、政府汇报请示，争取将社会保险费征管职责划转及宣传工作纳入当地机构改革总体方案中统一开展。

（五）加强业务学习，确保正确履职

各级税务机关应切实组织税务干部加强社会保险费政策和业务学习，既要会同人力资源和社会保障部门、医疗保障部门实施联合培训，又要注重开展自身培训；既要加强对办税服务厅、12366服务热线等一线人员的业务培训，又要培养一批熟悉掌握社会保险费政策和管理知识的骨干人才。要丰富培训方式，提升税务人员履职能力，确保社会保险费各项政策和管理措施有效落地。

二、人力资源和社会保障部的相关规定

2018年9月21日，《人力资源和社会保障部办公厅关于贯彻落实国务院常务会议精神切实做好稳定社保费征收工作的紧急通知》（人社厅函〔2018〕246号）规定：为深入贯彻落实2018年9月6日和9月18日国务院常务会议关于社保费征收体制改革的有关精神，确保征收体制改革平稳有序推进，维护经济社会发展稳定大局，现就稳定社保费征收工作有关事项紧急通知如下。

（一）充分认识稳定社保费征收工作的重要意义

社保费征收既关系到社会保障事业健康发展和参保人员切身利益，同时也影响到参保单位特别是参保企业的生产经营和长远发展，社会关注度极高，在当前复杂形势下，进一步激发市场主体活力，稳定社会预期尤为重

要。各地人社部门要切实提高政治站位，把思想和行动统一到党中央和国务院有关精神上来，把稳定征收作为当前社保工作的首要政治任务，不折不扣全力抓好落实。

（二）严格执行现行各项社保费征收政策

党中央做出的将基本养老保险费、基本医疗保险费、失业保险费等各项社会保险费交由税务部门统一征收的决定，只是征收主体的变更，并未调整现行社保费征收政策。当前，我部正根据国务院要求，会同相关部门抓紧开展测算分析，提出适当降低单位社保缴费比例、确保总体上不增加企业缴费负担的具体政策措施。在社保征收机构改革到位前，各地现行的社保缴费基数、费率等相关征收政策，要一律保持不变。

（三）严禁自行组织对企业历史欠费进行集中清缴

目前，仍承担社保费征缴和清欠职能职责的地区，要稳妥处理好历史欠费问题，严禁自行对企业历史欠费进行集中清缴。已经开展集中清缴的，要立即纠正，并妥善做好后续工作。

（四）积极做好征收体制改革相关准备工作

各地人社部门及社保经办机构要与税务等部门加强协作，抓紧开发建设信息共享平台，要梳理问题清单，逐一拟定实施解决方案，确保机构改革到位后，能记好账，记准数，各项业务正常运转，参保人权益得到切实保障。改革过程中，各级社保经办机构要依法履职尽责，始终做好参保登记、会计核算、统计调查、基金预决算等各项业务工作，确保工作不断档、不缺位。

（五）加强督促检查，确保党中央国务院要求落实到位

各地人社部门要立即组织开展一次全面排查，发现问题及时整改。下一

步，部里将按照国务院要求，联合相关部门对各地落实情况进行重点督查，对违反规定的将严肃处理。

第三节　社保入税制度的落实阶段

一、总则

根据《社会保险费征缴暂行条例》（1999年1月22日中华人民共和国国务院令第259号发布，根据2019年3月24日《国务院关于修改部分行政法规的决定》修订）的规定，为了加强和规范社会保险费征缴工作，保障社会保险金的发放，制定本条例。

基本养老保险费、基本医疗保险费、失业保险费（以下统称社会保险费）的征收、缴纳，适用本条例。本条例所称缴费单位、缴费个人，是指依照有关法律、行政法规和国务院的规定，应当缴纳社会保险费的单位和个人。

基本养老保险费的征缴范围：国有企业、城镇集体企业、外商投资企业、城镇私营企业和其他城镇企业及其职工，实行企业化管理的事业单位及其职工。

基本医疗保险费的征缴范围：国有企业、城镇集体企业、外商投资企业、城镇私营企业和其他城镇企业及其职工，国家机关及其工作人员，事业单位及其职工，民办非企业单位及其职工，社会团体及其专职人员。

失业保险费的征缴范围：国有企业、城镇集体企业、外商投资企业、城镇私营企业和其他城镇企业及其职工，事业单位及其职工。

省、自治区、直辖市人民政府根据当地实际情况，可以规定将城镇个体工商户纳入基本养老保险、基本医疗保险的范围，并可以规定将社会团体及其专职人员、民办非企业单位及其职工以及有雇工的城镇个体工商户及其雇工纳入失业保险的范围。

社会保险费的费基、费率依照有关法律、行政法规和国务院的规定执行。

缴费单位、缴费个人应当按时足额缴纳社会保险费。征缴的社会保险费纳入社会保险基金，专款专用，任何单位和个人不得挪用。

国务院劳动保障行政部门负责全国的社会保险费征缴管理和监督检查工作。县级以上地方各级人民政府劳动保障行政部门负责本行政区域内的社会保险费征缴管理和监督检查工作。

社会保险费实行三项社会保险费集中、统一征收。社会保险费的征收机构由省、自治区、直辖市人民政府规定，可以由税务机关征收，也可以由劳动保障行政部门按照国务院规定设立的社会保险经办机构（以下简称社会保险经办机构）征收。

省、自治区、直辖市人民政府根据本地实际情况，可以决定本条例适用于本行政区域内工伤保险费和生育保险费的征收、缴纳。

税务机关、社会保险经办机构征收社会保险费，不得从社会保险基金中提取任何费用，所需经费列入预算，由财政拨付。

二、征缴管理

缴费单位必须向当地社会保险经办机构办理社会保险登记，参加社会保险。登记事项包括：单位名称、住所、经营地点、单位类型、法定代表人或者负责人、开户银行账号以及国务院劳动保障行政部门规定的其他事项。

企业在办理登记注册时，同步办理社会保险登记。上述规定以外的缴费单位应当自成立之日起30日内，向当地社会保险经办机构申请办理社会保险登记。

缴费单位的社会保险登记事项发生变更或者缴费单位依法终止的，应当自变更或者终止之日起 30 日内，到社会保险经办机构办理变更或者注销社会保险登记手续。

缴费单位必须按月向社会保险经办机构申报应缴纳的社会保险费数额，经社会保险经办机构核定后，在规定的期限内缴纳社会保险费。缴费单位不按规定申报应缴纳的社会保险费数额的，由社会保险经办机构暂按该单位上月缴费数额的 110% 确定应缴数额；没有上月缴费数额的，由社会保险经办机构暂按该单位的经营状况、职工人数等有关情况确定应缴数额。缴费单位补办申报手续并按核定数额缴纳社会保险费后，由社会保险经办机构按照规定结算。

省、自治区、直辖市人民政府规定由税务机关征收社会保险费的，社会保险经办机构应当及时向税务机关提供缴费单位社会保险登记、变更登记、注销登记以及缴费申报的情况。

缴费单位和缴费个人应当以货币形式全额缴纳社会保险费。缴费个人应当缴纳的社会保险费，由所在单位从其本人工资中代扣代缴。社会保险费不得减免。

缴费单位未按规定缴纳和代扣代缴社会保险费的，由劳动保障行政部门或者税务机关责令限期缴纳；逾期仍不缴纳的，除补缴欠缴数额外，从欠缴之日起，按日加收 2‰ 的滞纳金。滞纳金并入社会保险基金。

征收的社会保险费存入财政部门在国有商业银行开设的社会保障基金财政专户。社会保险基金按照不同险种的统筹范围，分别建立基本养老保险基金、基本医疗保险基金、失业保险基金。各项社会保险基金分别单独核算。社会保险基金不计征税、费。

省、自治区、直辖市人民政府规定由税务机关征收社会保险费的，税务机关应当及时向社会保险经办机构提供缴费单位和缴费个人的缴费情况；社会保险经办机构应当将有关情况汇总，报劳动保障行政部门。

社会保险经办机构应当建立缴费记录，其中基本养老保险、基本医疗保险并应当按照规定记录个人账户。社会保险经办机构负责保存缴费记录，并保证其完整、安全。社会保险经办机构应当至少每年向缴费个人发送一次基本养老保险、基本医疗保险个人账户通知单。缴费单位、缴费个人有权按照规定查询缴费记录。

三、监督检查

缴费单位应当每年向本单位职工公布本单位全年社会保险费缴纳情况，接受职工监督。社会保险经办机构应当定期向社会公告社会保险费征收情况，接受社会监督。

按照省、自治区、直辖市人民政府关于社会保险费征缴机构的规定，劳动保障行政部门或者税务机关依法对单位缴费情况进行检查时，被检查的单位应当提供与缴纳社会保险费有关的用人情况、工资表、财务报表等资料，如实反映情况，不得拒绝检查，不得谎报、瞒报。劳动保障行政部门或者税务机关可以记录、录音、录像、照相和复制有关资料；但是，应当为缴费单位保密。劳动保障行政部门、税务机关的工作人员在行使前款所列职权时，应当出示执行公务证件。

劳动保障行政部门或者税务机关调查社会保险费征缴违法案件时，有关部门、单位应当给予支持、协助。社会保险经办机构受劳动保障行政部门的委托，可以进行与社会保险费征缴有关的检查、调查工作。

任何组织和个人对有关社会保险费征缴的违法行为，有权举报。劳动保障行政部门或者税务机关对举报应当及时调查，按照规定处理，并为举报人保密。

社会保险基金实行收支两条线管理，由财政部门依法进行监督。审计部门依法对社会保险基金的收支情况进行监督。

四、罚则

缴费单位未按照规定办理社会保险登记、变更登记或者注销登记，或者未按照规定申报应缴纳的社会保险费数额的，由劳动保障行政部门责令限期改正；情节严重的，对直接负责的主管人员和其他直接责任人员可以处 1 000 元以上 5 000 元以下的罚款；情节特别严重的，对直接负责的主管人员和其他直接责任人员可以处 5 000 元以上 10 000 元以下的罚款。

缴费单位违反有关财务、会计、统计的法律、行政法规和国家有关规定，伪造、变造、故意毁灭有关账册、材料，或者不设账册，致使社会保险费缴费基数无法确定的，除依照有关法律、行政法规的规定给予行政处罚、纪律处分、刑事处罚外，依照本条例的规定征缴；迟延缴纳的，由劳动保障行政部门或者税务机关依照规定决定加收滞纳金，并对直接负责的主管人员和其他直接责任人员处 5 000 元以上 20 000 元以下的罚款。

缴费单位和缴费个人对劳动保障行政部门或者税务机关的处罚决定不服的，可以依法申请复议；对复议决定不服的，可以依法提起诉讼。

缴费单位逾期拒不缴纳社会保险费、滞纳金的，由劳动保障行政部门或者税务机关申请人民法院依法强制征缴。

劳动保障行政部门、社会保险经办机构或者税务机关的工作人员滥用职权、徇私舞弊、玩忽职守，致使社会保险费流失的，由劳动保障行政部门或者税务机关追回流失的社会保险费；构成犯罪的，依法追究刑事责任；尚不构成犯罪的，依法给予行政处分。

任何单位、个人挪用社会保险基金的，追回被挪用的社会保险基金；有违法所得的，没收违法所得，并入社会保险基金；构成犯罪的，依法追究刑事责任；尚不构成犯罪的，对直接负责的主管人员和其他直接责任人员依法给予行政处分。

第二章 社保入税账务处理

—— 导 读 ——

本章社保入税账务处理，共五节内容，分别介绍企业会计准则的规定、社保入税会计处理、社保入税税务处理、社会保险基金财务制度以及社会保险基金会计制度。

第一节 企业会计准则的规定

一、总则

为了规范职工薪酬的确认、计量和相关信息的披露，根据《企业会计准则——基本准则》，财政部制定了《企业会计准则第 9 号——职工薪酬》（财会〔2014〕8 号，以下简称《准则》），自 2014 年 7 月 1 日起施行。

职工薪酬，是指企业为获得职工提供的服务或解除劳动关系而给予的各种形式的报酬或补偿。职工薪酬包括短期薪酬、离职后福利、辞退福利和其他长期职工福利。企业提供给职工配偶、子女、受赡养人、已故员工遗属及其他受益人等的福利，也属于职工薪酬。

短期薪酬，是指企业在职工提供相关服务的年度报告期间结束后 12 个月内需要全部予以支付的职工薪酬，因解除与职工的劳动关系给予的补偿除外。短期薪酬具体包括：职工工资、奖金、津贴和补贴，职工福利费，医疗保险费、工伤保险费和生育保险费等社会保险费，住房公积金，工会经费和职工教育经费，短期带薪缺勤，短期利润分享计划，非货币性福利以及其他短期薪酬。

带薪缺勤，是指企业支付工资或提供补偿的职工缺勤，包括年休假、病假、短期伤残、婚假、产假、丧假、探亲假等。利润分享计划，是指因职工提供服务而与职工达成的基于利润或其他经营成果提供薪酬的协议。

离职后福利，是指企业为获得职工提供的服务而在职工退休或与企业解除劳动关系后，提供的各种形式的报酬和福利，短期薪酬和辞退福利除外。

辞退福利，是指企业在职工劳动合同到期之前解除与职工的劳动关系，或者为鼓励职工自愿接受裁减而给予职工的补偿。

其他长期职工福利，是指除短期薪酬、离职后福利、辞退福利之外所有的职工薪酬，包括长期带薪缺勤、长期残疾福利、长期利润分享计划等。

本《准则》所称职工，是指与企业订立劳动合同的所有人员，含全职、兼职和临时职工，也包括虽未与企业订立劳动合同但由企业正式任命的人员。

未与企业订立劳动合同或未由其正式任命，但向企业所提供服务与职工所提供服务类似的人员，也属于职工的范畴，包括通过企业与劳务中介公司签订用工合同而向企业提供服务的人员。

下列各项适用其他相关会计准则：

（1）企业年金基金，适用《企业会计准则第 10 号——企业年金基金》。

（2）以股份为基础的薪酬，适用《企业会计准则第 11 号——股份支付》。

二、短期薪酬

企业应当在职工为其提供服务的会计期间，将实际发生的短期薪酬确认为负债，并计入当期损益，其他会计准则要求或允许计入资产成本的除外。

企业发生的职工福利费，应当在实际发生时根据实际发生额计入当期损益或相关资产成本。职工福利费为非货币性福利的，应当按照公允价值计量。

企业为职工缴纳的医疗保险费、工伤保险费、生育保险费等社会保险费和住房公积金，以及按规定提取的工会经费和职工教育经费，应当在职工为其提供服务的会计期间，根据规定的计提基础和计提比例计算确定相应的职工薪酬金额，并确认相应负债，计入当期损益或相关资产成本。

带薪缺勤分为累积带薪缺勤和非累积带薪缺勤。企业应当在职工提供服务从而增加了其未来享有的带薪缺勤权利时，确认与累积带薪缺勤相关的职工薪酬，并以累积未行使权利而增加的预期支付金额计量。企业应当在职工实际发生缺勤的会计期间确认与非累积带薪缺勤相关的职工薪酬。

累积带薪缺勤，是指带薪缺勤权利可以结转下期的带薪缺勤，本期尚未用完的带薪缺勤权利可以在未来期间使用。

非累积带薪缺勤，是指带薪缺勤权利不能结转下期的带薪缺勤，本期尚未用完的带薪缺勤权利将予以取消，并且职工离开企业时也无权获得现金支付。

利润分享计划同时满足下列条件的，企业应当确认相关的应付职工薪酬：

（1）企业因过去事项导致现在具有支付职工薪酬的法定义务或推定义务。

（2）因利润分享计划所产生的应付职工薪酬义务金额能够可靠估计。属于下列三种情形之一的，视为义务金额能够可靠估计：在财务报告批准报出之前企业已确定应支付的薪酬金额；该短期利润分享计划的正式条款中包括确定薪酬金额的方式；过去的惯例为企业确定推定义务金额提供了明显证据。

职工只有在企业工作一段特定期间才能分享利润的，企业在计量利润分享计划产生的应付职工薪酬时，应当反映职工因离职而无法享受利润分享计划福利的可能性。

如果企业在职工为其提供相关服务的年度报告期间结束后 12 个月内，不需要全部支付利润分享计划产生的应付职工薪酬，该利润分享计划应当适用本准则其他长期职工福利的有关规定。

三、离职后福利

企业应当将离职后福利计划分类为设定提存计划和设定受益计划。

离职后福利计划，是指企业与职工就离职后福利达成的协议，或者企业为向职工提供离职后福利制定的规章或办法等。其中，设定提存计划，是指向独立的基金缴存固定费用后，企业不再承担进一步支付义务的离职后福利计划；设定受益计划，是指除设定提存计划以外的离职后福利计划。

企业应当在职工为其提供服务的会计期间，将根据设定提存计划计算的应缴存金额确认为负债，并计入当期损益或相关资产成本。

根据设定提存计划，预期不会在职工提供相关服务的年度报告期结束后 12 个月内支付全部应缴存金额的，企业应当参照本《准则》第十五条规定的折现率，将全部应缴存金额以折现后的金额计量应付职工薪酬。

企业对设定受益计划的会计处理通常包括下列四个步骤：

（1）根据预期累计福利单位法，采用无偏且相互一致的精算假设对有关人口统计变量和财务变量等做出估计，计量设定受益计划所产生的义务，并确定相关义务的归属期间。企业应当按照本《准则》规定的折现率将设定受益计划所产生的义务予以折现，以确定设定受益计划义务的现值和当期服务成本。

（2）设定受益计划存在资产的，企业应当将设定受益计划义务现值减去设定受益计划资产公允价值所形成的赤字或盈余确认为一项设定受益计划净负债或净资产。设定受益计划存在盈余的，企业应当以设定受益计划的盈余和资产上限两项的执低者计量设定受益计划净资产。其中，资产上限，是指企业可从设定受益计划退款或减少未来对设定受益计划缴存资金而获得的经济利益的现值。

（3）根据本《准则》的有关规定，确定应当计入当期损益的金额。

（4）根据本《准则》的有关规定，确定应当计入其他综合收益的金额。在预期累计福利单位法下，每一服务期间会增加一个单位的福利权利，并且需对每一个单位单独计量，以形成最终义务。企业应当将福利归属于提供设定受益计划的义务发生的期间。这一期间是指从职工提供服务以获取企业在未来报告期间预计支付的设定受益计划福利开始，至职工的继续服务不会导致这一福利金额显著增加之日为止。

企业应当根据预期累计福利单位法确定的公式将设定受益计划产生的福利义务归属于职工提供服务的期间，并计入当期损益或相关资产成本。当职工后续年度的服务将导致其享有的设定受益计划福利水平显著高于以前年度时，企业应当按照直线法将累计设定受益计划义务分摊确认于职工提供服务而导致企业第一次产生设定受益计划福利义务至职工提供服务不再导致该福利义务显著增加的期间。在确定该归属期间时，不应考虑仅因未来工资水平提高而导致设定受益计划义务显著增加的情况。

企业应当对所有设定受益计划义务予以折现，包括预期在职工提供服务的年度报告期间结束后的 12 个月内支付的义务。折现时所采用的折现率应当根据资产负债表日与设定受益计划义务期限和币种相匹配的国债或活跃市场上的高质量公司债券的市场收益率确定。

报告期末，企业应当将设定受益计划产生的职工薪酬成本确认为下列组成部分：

（1）服务成本，包括当期服务成本、过去服务成本和结算利得或损失。其中，当期服务成本，是指职工当期提供服务所导致的设定受益计划义务现值的增加额；过去服务成本，是指设定受益计划修改所导致的与以前期间职工服务相关的设定受益计划义务现值的增加或减少。

（2）设定受益计划净负债或净资产的利息净额，包括计划资产的利息收益、设定受益计划义务的利息费用以及资产上限影响的利息。

（3）重新计量设定受益计划净负债或净资产所产生的变动。

除非其他会计准则要求或允许职工福利成本计入资产成本，上述第（1）项和第（2）项应计入当期损益；第（3）项应计入其他综合收益，并且在后续会计期间不允许转回至损益，但企业可以在权益范围内转移这些在其他综合收益中确认的金额。

重新计量设定受益计划净负债或净资产所产生的变动包括下列部分：

（1）精算利得或损失，即由于精算假设和经验调整导致之前所计量的设定受益计划义务现值的增加或减少。

（2）计划资产回报，扣除包括在设定受益计划净负债或净资产的利息净额中的金额。

（3）资产上限影响的变动，扣除包括在设定受益计划净负债或净资产的利息净额中的金额。

在设定受益计划下，企业应当在下列日期孰早日将过去服务成本确认为当期费用：

（1）修改设定受益计划时。

（2）企业确认相关重组费用或辞退福利时。

企业应当在设定受益计划结算时，确认一项结算利得或损失。设定受益计划结算，是指企业为了消除设定受益计划所产生的部分或所有未来义务进行的交易，而不是根据计划条款和所包含的精算假设向职工支付福利。设定受益计划结算利得或损失是下列两项的差额：

（1）在结算日确定的设定受益计划义务现值。

（2）结算价格，包括转移的计划资产的公允价值和企业直接发生的与结算相关的支付。

四、辞退福利

企业向职工提供辞退福利的，应当在下列两者孰早日确认辞退福利产生的职工薪酬负债，并计入当期损益：

（1）企业不能单方面撤回因解除劳动关系计划或裁减建议所提供的辞退福利时。

（2）企业确认与涉及支付辞退福利的重组相关的成本或费用时。

企业应当按照辞退计划条款的规定，合理预计并确认辞退福利产生的应付职工薪酬。辞退福利预期在其确认的年度报告期结束后 12 个月内完全支付的，应当适用短期薪酬的相关规定；辞退福利预期在年度报告期结束后 12 个月内不能完全支付的，应当适用本准则关于其他长期职工福利的有关规定。

五、其他长期职工福利

企业向职工提供的其他长期职工福利，符合设定提存计划条件的，应当适用本准则关于设定提存计划的有关规定进行处理。

除上述规定的情形外，企业应当适用本准则关于设定受益计划的有关规定，确认和计量其他长期职工福利净负债或净资产。在报告期末，企业应当将其他长期职工福利产生的职工薪酬成本确认为下列组成部分：

（1）服务成本。

（2）其他长期职工福利净负债或净资产的利息净额。

（3）重新计量其他长期职工福利净负债或净资产所产生的变动。

为简化相关会计处理，上述项目的总净额应计入当期损益或相关资产成本。

长期残疾福利水平取决于职工提供服务期间长短的，企业应当在职工提供服务的期间确认应付长期残疾福利义务，计量时应当考虑长期残疾福利支付的可能性和预期支付的期限；长期残疾福利与职工提供服务期间长短无关的，企业应当在导致职工长期残疾的事件发生的当期确认应付长期残疾福利义务。

六、披露

企业应当在附注中披露与短期职工薪酬有关的下列信息：

（1）应当支付给职工的工资、奖金、津贴和补贴及其期末应付未付金额。

（2）应当为职工缴纳的医疗保险费、工伤保险费和生育保险费等社会保险费及其期末应付未付金额。

（3）应当为职工缴存的住房公积金及其期末应付未付金额。

（4）为职工提供的非货币性福利及其计算依据。

（5）依据短期利润分享计划提供的职工薪酬金额及其计算依据。

（6）其他短期薪酬。

企业应当披露所设立或参与的设定提存计划的性质、计算缴费金额的公式或依据，当期缴费金额以及期末应付未付金额。

企业应当披露与设定受益计划有关的下列信息：

（1）设定受益计划的特征及与之相关的风险。

（2）设定受益计划在财务报表中确认的金额及其变动。

（3）设定受益计划对企业未来现金流量金额、时间和不确定性的影响。

（4）设定受益计划义务现值所依赖的重大精算假设及有关敏感性分析的结果。

企业应当披露支付的因解除劳动关系所提供辞退福利及其期末应付未付金额。

企业应当披露提供的其他长期职工福利的性质、金额及其计算依据。

七、衔接规定

对于本《准则》施行日存在的离职后福利计划、辞退福利、其他长期职工福利，除本《准则》另有规定外，应当按照《企业会计准则第 28 号——会计政策、会计估计变更和差错更正》的规定采用追溯调整法处理。

企业比较财务报表中披露的本《准则》施行之前的信息与本《准则》要求不一致的，不需要按照本《准则》的规定进行调整。

第二节　社保入税会计处理

一、社保费的会计处理

企业为员工办理社会保险之后，每月需缴纳社保费用。社保费用中，一部分属于企业承担的部分，一部分属于个人承担的部分，对于个人承担的部分，由企业负责代扣代缴。

在账务处理时，分为社保费的计提与社保费的缴纳。社保费的计提涵盖在工资计提中，即企业编制工资计提分录时，社保费用包含其中。社保费的缴纳依据实际缴款编制分录。

计提社保费用时，做以下会计分录：

借：管理费用 / 销售费用 / 制造费用等——工资（个人缴纳部分）

　　管理费用 / 销售费用 / 制造费用等——社保（公司缴纳部分）

　　贷：其他应付款——社保（个人缴纳部分）

　　　　应付职工薪酬——社保（公司缴纳部分）

需要说明的是，上述分录涵盖在计提工资的分录之中，由于社保费用中个人承担的部分由企业代扣代缴，因此一般通过"其他应付款"暂时挂账的方式进行处理。

实际缴纳社保费用时，做以下会计分录：

借：其他应付款——社保（个人缴纳部分）

应付职工薪酬——社保（公司缴纳部分）

贷：银行存款

以上为社保费用的会计处理。需要强调的是，公司承担的社保费用直接计入公司的"社保费用"中。公司应向个人支付的工资费用中，个人承担的社保费用由公司代扣代缴，支付给社保机构，剩余部分支付给个人。

二、社保费会计处理案例分析

（一）企业按照实发工资计提应付职工薪酬案例分析

某商贸企业工资表如表 2-1 所示。

表 2-1　　　　　　　　**某商贸企业 2017 年 5 月工资表**　　　　　　金额单位：元

| 姓名 | 基本工资 | 考勤天数（天） | 应发工资 | 补发部分 | | | | 扣减部分 | | | | 实发工资 |
				资金	补助	其他	小计	社会保险	个税	其他	小计	
袁二	3 000	22	3 000				0	240			240	2 760
张三	3 500	22	3 500				0	280			280	3 220
李四	3 500	22	3 500				0	280			280	3 220
王五	3 500	22	3 500				0	280			280	3 220
刘六	3 500	22	3 500				0	280			280	3 220
孙七	3 500	22	3 500				0	280			280	3 220
赵八	3 500	22	3 500				0	280			280	3 220
程九	3 000	22	3 000				0	240			240	2 760

续表

姓名	基本工资	考勤天数（天）	应发工资	补发部分				扣减部分				实发工资
				资金	补助	其他	小计	社会保险	个税	其他	小计	
宋十	3 000	22	3 000				0	240			240	2 760
合计	30 000		30 000				0	2 400			2 400	27 600

该企业财务人员账务处理如下：

（1）计提工资。

借：管理费用——职工工资　　　　　　　　　　　　　27 600

　　贷：应付职工薪酬——工资　　　　　　　　　　　　27 600

（2）计提社会保险费。

借：管理费用——社会保险　　　　　　　　　　　　　8 400

　　贷：应付职工薪酬——社保　　　　　　　　　　　　8 400

上述错误的账务处理方式会导致个人应缴纳的社会保险费部分没有计入职工工资总额，由此会导致计提工会经费、职工教育经费、职工福利费的工资基数减少，增加了企业的税收负担。

正确的账务处理如下：

（1）计提工资。

借：管理费用——职工工资　　　　　　　　　　　　　30 000

　　贷：应付职工薪酬——工资　　　　　　　　　　　　30 000

（2）计提公司承担的社会保险费。

借：管理费用——社会保险　　　　　　　　　　　　　6 000

　　贷：应付职工薪酬——社保　　　　　　　　　　　　6 000

（3）缴纳社会保险。

借：应付职工薪酬——社保　　　　　　　　　　　　　6 000

　　应付职工薪酬——工资　　　　　　　　　　　　　2 400

　　贷：银行存款　　　　　　　　　　　　　　　　　　8 400

（4）发放工资。

借：应付职工薪酬——工资　　　　　　　　　　　　27 600

　　贷：银行存款　　　　　　　　　　　　　　　　　27 600

（二）企业全额承担社会保险费案例分析

某些企业在与员工协商工资时，会全额承担员工应承担的社会保险部分，即双方约定的工资为实发净工资。企业工资表如表 2-2 所示。

表 2-2　　　　　　　　　　　某商贸企业 2017 年 5 月工资表　　　　　　　　金额单位：元

姓名	基本工资	考勤天数（天）	应发工资	补发部分				扣减部分				实发工资
				资金	补助	其他	小计	社会保险	个税	其他	小计	
袁二	3 000	22	3 000				0				0	3 000
张三	3 500	22	3 500				0				0	3 500
李四	3 500	22	3 500				0				0	3 500
王五	3 500	22	3 500				0				0	3 500
刘六	3 500	22	3 500				0				0	3 500
孙七	3 500	22	3 500				0				0	3 500
赵八	3 500	22	3 500				0				0	3 500
程九	3 000	22	3 000				0				0	3 000
宋十	3 000	22	3 000				0				0	3 000
合计	30 000		30 000				0	0			0	30 000

该企业财务人员账务处理如下：

（1）计提工资。

借：管理费用——职工工资　　　　　　　　　　　　30 000

　　贷：应付职工薪酬——工资　　　　　　　　　　　30 000

（2）缴纳社保费（企业承担全部社保费用）。

借：管理费用——社会保险 8 400

　　贷：应付职工薪酬——社保 8 400

上述账务处理存在的主要问题是，企业缴纳社会保险费的工资基数是包括社保费和个人所得税等扣除项目的应发工资，而非实发工资。该公司应换算出正确的应发工资并重新计提社保费。

正确的处理方法如下：

假设该公司所在地个人应缴纳的社保比例为 8%，企业应缴纳的社保比例为 20%。社保缴费基数计算公式为：

$$社保缴费基数 =（实发工资 + 扣减的个税）÷ 92\%$$

换算计费基数后重新列工资表如表 2-3 所示。

表 2-3　　　　　　　　　某商贸企业 2017 年 5 月工资表　　　　　　　　金额单位：元

姓名	基本工资	考勤天数（天）	应发工资	补发部分				扣减部分				实发工资
				资金	补助	其他	小计	社会保险	个税	其他	小计	
袁二	3 000	22	3 000			260.87	0	260.87			260.87	3 000
张三	3 500	22	3 500			304.35	0	304.35			304.35	3 500
李四	3 500	22	3 500			304.35	0	304.35			304.35	3 500
王五	3 500	22	3 500			304.35	0	304.35			304.35	3 500
刘六	3 500	22	3 500			304.35	0	304.35			304.35	3 500
孙七	3 500	22	3 500			304.35	0	304.35			304.35	3 500
赵八	3 500	22	3 500			304.35	0	304.35			304.35	3 500
程九	3 000	22	3 000			260.87	0	260.87			260.87	3 000
宋十	3 000	22	3 000			260.87	0	260.87			260.87	3 000
合计	30 000		30 000			2 608.70	0	2 608.70			2 608.70	30 000

这种情况下，企业计算社会保险的基数不是 30 000 元，而应该是 32 608.70 元（30 000 ÷ 92%），个人应承担的社保费不再是 2 400 元，而是 2 608.70（32 608.70 × 8%），同样，其企业应承担的社会保险费也不再是 6 000 元，而应该是 6 521.74 元（32 608.70 × 20%）。

（1）计提工资。

借：管理费用——职工工资 　　　　　　　　　　32 608.70

　　贷：应付职工薪酬——工资 　　　　　　　　　32 608.70

（2）计提公司承担的社会保险费。

借：管理费用——社会保险 　　　　　　　　　　　6 521.74

　　贷：应付职工薪酬——社保 　　　　　　　　　　6 521.74

（3）缴纳社会保险费。

借：应付职工薪酬——社保 　　　　　　　　　　　6 521.74

　　应付职工薪酬——工资 　　　　　　　　　　　2 608.70

　　贷：银行存款 　　　　　　　　　　　　　　　9 130.44

（4）发放工资。

借：应付职工薪酬——工资 　　　　　　　　　　　30 000

　　贷：银行存款 　　　　　　　　　　　　　　　30 000

第三节　社保入税税务处理

一、社保缴费的税务处理

（一）个人所得税的税务处理

　　根据《财政部 国家税务总局关于基本养老保险费、基本医疗保险费、失业保险费、住房公积金有关个人所得税政策的通知》（财税〔2006〕10号）的规定，企事业单位按照国家或省（自治区、直辖市）人民政府规定的缴费比例或办法实际缴付的基本养老保险费、基本医疗保险费和失业保险费，免征个人所得税；个人按照国家或省（自治区、直辖市）人民政府规定的缴费比例或办法实际缴付的基本养老保险费、基本医疗保险费和失业保险费，允许在个人应纳税所得额中扣除；企事业单位和个人超过规定的比例和标准缴付的基本养老保险费、基本医疗保险费和失业保险费，应将超过部分并入个人当期的工资、薪金收入，计征个人所得税。

根据《住房公积金管理条例》《建设部 财政部 中国人民银行关于住房公积金管理若干具体问题的指导意见》（建金管〔2005〕5 号）等的规定，单位和个人分别在不超过职工本人上一年度月平均工资 12% 的幅度内，其实际缴存的住房公积金，允许在个人应纳税所得额中扣除。单位和职工个人缴存住房公积金的月平均工资不得超过职工工作地所在设区城市上一年度职工月平均工资的 3 倍，具体标准按照各地有关规定执行。单位和个人超过上述规定比例和标准缴付的住房公积金，应将超过部分并入个人当期的工资、薪金收入，计征个人所得税。

个人实际领（支）取原提存的基本养老保险金、基本医疗保险金、失业保险金和住房公积金时，免征个人所得税。

上述职工工资口径按照国家统计局规定列入工资总额统计的项目计算。

各级财政、税务机关要按照依法治税的要求，严格执行本通知的各项规定。对于各地擅自提高上述保险费和住房公积金税前扣除标准的，财政、税务机关应予坚决纠正。

根据《财政部 国家税务总局关于住房公积金、医疗保险金、养老保险金征收个人所得税问题的通知》（财税字〔1997〕144 号）的规定，企业以现金形式发给个人的住房补贴、医疗补助费，应全额计入领取人的当期工资、薪金收入计征个人所得税。但对外籍个人以实报实销形式取得的住房补贴，仍按照《财政部 国家税务总局关于个人所得税若干政策问题的通知》（财税字〔1994〕020 号）的规定，暂免征收个人所得税。

（二）企业所得税的税务处理

根据《中华人民共和国企业所得税法实施条例》第三十五条的规定，企业依照国务院有关主管部门或者省级人民政府规定的范围和标准为职工缴纳的基本养老保险费、基本医疗保险费、失业保险费、工伤保险费、生育保险费等基本社会保险费和住房公积金，准予扣除；企业为投资者或者职工支付的补充养老保险费、补充医疗保险费，在国务院财政、税务主管部门规定的范围和标准内，准予扣除。

根据《中华人民共和国企业所得税法实施条例》第三十六条的规定，除企业依照国家有关规定为特殊工种职工支付的人身安全保险费和国务院财政、税务主管部门规定可以扣除的其他商业保险费外，企业为投资者或者职工支付的商业保险费，不得扣除。

根据《国家税务总局关于企业所得税有关问题的公告》（国家税务总局公告 2016 年第 80 号）的规定，企业职工因公出差乘坐交通工具发生的人身意外保险费支出，准予企业在计算应纳税所得额时扣除。

根据《财政部 国家税务总局关于补充养老保险费 补充医疗保险费有关企业所得税政策问题的通知》（财税〔2009〕27 号）的规定，自 2008 年 1 月 1 日起，企业根据国家有关政策规定，为在本企业任职或者受雇的全体员工支付的补充养老保险费、补充医疗保险费，分别在不超过职工工资总额 5% 标准内的部分，在计算应纳税所得额时准予扣除；超过的部分，不予扣除。

二、企业年金与职业年金的税务处理

（一）财税〔2013〕103 号文件的规定

根据《财政部 人力资源和社会保障部 国家税务总局关于企业年金 职业

年金个人所得税有关问题的通知》（财税〔2013〕103号）的规定，企业和事业单位（以下统称单位）根据国家有关政策规定的办法和标准，为在本单位任职或者受雇的全体职工缴付的企业年金或职业年金（以下统称年金）单位缴费部分，在计入个人账户时，个人暂不缴纳个人所得税。

个人根据国家有关政策规定缴付的年金个人缴费部分，在不超过本人缴费工资计税基数的4%标准内的部分，暂从个人当期的应纳税所得额中扣除。

超过上述规定的标准缴付的年金单位缴费和个人缴费部分，应并入个人当期的工资、薪金所得，依法计征个人所得税。税款由建立年金的单位代扣代缴，并向主管税务机关申报解缴。

企业年金个人缴费工资计税基数为本人上一年度月平均工资。月平均工资按国家统计局规定列入工资总额统计的项目计算。月平均工资超过职工工作地所在设区城市上一年度职工月平均工资300%以上的部分，不计入个人缴费工资计税基数。职业年金个人缴费工资计税基数为职工岗位工资和薪级工资之和。职工岗位工资和薪级工资之和超过职工工作地所在设区城市上一年度职工月平均工资300%以上的部分，不计入个人缴费工资计税基数。

年金基金投资运营收益分配计入个人账户时，个人暂不缴纳个人所得税。

建立年金计划的单位应于建立年金计划的次月15日内，向其所在地主管税务机关报送年金方案、人力资源和社会保障部门出具的方案备案函、计划确认函以及主管税务机关要求报送的其他相关资料。年金方案、受托人、托管人发生变化的，应于发生变化的次月15日内重新向其主管税务机关报送上述资料。

财政、税务、人力资源和社会保障等相关部门以及年金机构之间要加强协调，通力合作，共同做好政策实施各项工作。

上述所称企业年金，是指根据《企业年金试行办法》（原劳动和社会保障部令第20号）的规定，企业及其职工在依法参加基本养老保险的基础上，自愿建立的补充养老保险制度。上述所称职业年金是指根据《事业单位职业年金试行办法》（国办发〔2011〕37号）的规定，事业单位及其工作人员在依法参加基本养老保险的基础上，建立的补充养老保险制度。

（二）财税〔2018〕164号文件的规定

根据《财政部 国家税务总局关于个人所得税法修改后有关优惠政策衔接问题的通知》（财税〔2018〕164号）的规定，个人达到国家规定的退休年龄，领取的企业年金、职业年金，符合《财政部 人力资源和社会保障部 国家税务总局关于企业年金 职业年金个人所得税有关问题的通知》（财税〔2013〕103号）规定的，不并入综合所得，全额单独计算应纳税款。其中按月领取的，适用月度税率表计算纳税；按季领取的，平均分摊计入各月，按每月领取额适用月度税率表计算纳税；按年领取的，适用综合所得税率表计算纳税。

个人因出境定居而一次性领取的年金个人账户资金，或个人死亡后，其指定的受益人或法定继承人一次性领取的年金个人账户余额，适用综合所得税率表计算纳税。对个人除上述特殊原因外一次性领取年金个人账户资金或余额的，适用月度税率表计算纳税。

三、基本养老保险基金的税务处理

根据《财政部 国家税务总局关于基本养老保险基金有关投资业务税收政策的通知》（财税〔2018〕95号）的规定，全国社会保障基金理事会（以下简称社保基金会）受托投资的基本养老保险基金（以下简称养老基金）有关投资业务税收政策如下：

（1）对社保基金会及养老基金投资管理机构在国务院批准的投资范围内，运用养老基金投资过程中，提供贷款服务取得的全部利息及利息性质的收入和金融商品转让收入，免征增值税。

（2）对社保基金会及养老基金投资管理机构在国务院批准的投资范围内，运用养老基金投资取得的归属于养老基金的投资收入，作为企业所得税不征税收入；对养老基金投资管理机构、养老基金托管机构从事养老基金管理活动取得的收入，依照税法规定征收企业所得税。

（3）对社保基金会及养老基金投资管理机构运用养老基金买卖证券应缴纳的印花税实行先征后返；养老基金持有的证券，在养老基金证券账户之间的划拨过户，不属于印花税的征收范围，不征收印花税。对社保基金会及养老基金投资管理机构管理的养老基金转让非上市公司股权，免征社保基金会及养老基金投资管理机构应缴纳的印花税。

四、税收递延型养老保险的税务处理

（一）财税〔2018〕22号文件的规定

根据《财政部 国家税务总局 人力资源和社会保障部 中国银行保险监督管理委员会 证监会关于开展个人税收递延型商业养老保险试点的通知》（财税〔2018〕22号）的规定，自2018年5月1日起，在上海市、福建省（含厦门市）和苏州工业园区实施个人税收递延型商业养老保险试点。试点期限暂定一年。

对试点地区个人通过个人商业养老资金账户购买符合规定的商业养老保险产品的支出，允许在一定标准内税前扣除；计入个人商业养老资金账户的投资收益，暂不征收个人所得税；个人领取商业养老金时再征收个人所得税。具体规定如下：

（1）个人缴费税前扣除标准。取得工资薪金、连续性劳务报酬所得的个人，其缴纳的保费准予在申报扣除当月计算应纳税所得额时予以限额据实扣除，扣除限额按照当月工资薪金、连续性劳务报酬收入的6%和1000元孰低办法确定。取得个体工商户生产经营所得、对企事业单位的承包承租经营所得的个体工商户业主、个人独资企业投资者、合伙企业自然人合伙人和承包承租经营者，其缴纳的保费准予在申报扣除当年计算应纳税所得额时予以限额据实扣除，扣除限额按照不超过当年应税收入的 6% 和 12 000 元孰低办法确定。

（2）账户资金收益暂不征税。计入个人商业养老资金账户的投资收益，在缴费期间暂不征收个人所得税。

（3）个人领取商业养老金征税。个人达到国家规定的退休年龄时，可按月或按年领取商业养老金，领取期限原则上为终身或不少于 15 年。个人身故、发生保险合同约定的全残或罹患重大疾病的，可以一次性领取商业养老金。

对个人达到规定条件时领取的商业养老金收入，其中 25% 部分予以免税，其余 75% 部分按照 10% 的比例税率计算缴纳个人所得税，税款计入"其他所得"项目。

适用试点税收政策的纳税人，是指在试点地区取得工资薪金、连续性劳务报酬所得的个人，以及取得个体工商户生产经营所得、对企事业单位的承包承租经营所得的个体工商户业主、个人独资企业投资者、合伙企业自然人合伙人和承包承租经营者，其工资薪金、连续性劳务报酬的个人所得税扣缴单位，或者个体工商户、承包承租单位、个人独资企业、合伙企业的实际经营地均位于试点地区内。取得连续性劳务报酬所得，是指纳税人连续 6 个月以上（含 6 个月）为同一单位提供劳务而取得的所得。

个人商业养老资金账户是由纳税人指定的、用于归集税收递延型商业养老保险缴费、收益以及资金领取等的商业银行个人专用账户。该账户封闭运行，与居民身份证件绑定，具有唯一性。试点期间使用中国保险信息技术管理有限责任公司建立的信息平台（以下简称中保信平台）。个人商业养老资金账户在中保信平台进行登记，校验其唯一性。个人商业养老资金账户变更银行须经中保信平台校验后，进行账户结转，每年允许结转一次。中保信平台与税务系统、商业保险机构和商业银行对接，提供账户管理、信息查询、税务稽核、外部监管等基础性服务。

个人商业养老保险产品按稳健型产品为主、风险型产品为辅的原则选择，采取名录方式确定。试点期间的产品是指由保险公司开发，符合"收益稳健、长期锁定、终身领取、精算平衡"原则，满足参保人对养老账户资金安全性、收益性和长期性管理要求的商业养老保险产品。具体商业养老保险产品指引由中国银行保险监督管理委员会提出，商财政部、人社部、国家税务总局后发布。

个人购买符合规定的商业养老保险产品、享受递延纳税优惠时，以中保信平台出具的税延养老扣除凭证为扣税凭据。取得工资、薪金所得和连续性劳务报酬所得的个人，应及时将相关凭证提供给扣缴单位。扣缴单位应按照本通知有关要求，认真落实个人税收递延型商业养老保险试点政策，为纳税人办理税前扣除有关事项。个人在试点地区范围内从两处或者两处以上取得所得的，只能选择在其中一处享受试点政策。

个人按规定领取商业养老金时，由保险公司代扣代缴其应缴的个人所得税。

试点期间，中国银行保险监督管理委员会、证监会做好相关准备工作，完善养老账户管理制度，制定银行、公募基金类产品指引等相关规定，指导相关金融机构产品开发。做好中国证券登记结算有限责任公司信息平台（以下简称中登公司平台）与商业银行、税务等信息系统的对接准备工作。同时，由人社部、财政部牵头，联合国家税务总局、中国银行保险监督管理委员会、证监会等单位，共同研究建立第三支柱制度和管理服务信息平台。

试点结束后，根据试点情况，结合养老保险第三支柱制度建设的有关情况，有序扩大参与的金融机构和产品范围，将公募基金等产品纳入个人商业养老账户投资范围，相应将中登公司平台作为信息平台，与中保信平台同步运行。第三支柱制度和管理服务信息平台建成以后，中登公司平台、中保信平台与第三支柱制度和管理服务信息平台对接，实现养老保险第三支柱宏观监管。

信息平台应向税务机关提供个人税收递延型商业养老保险有关信息，并配合税务机关做好相关税收征管工作。保险公司在销售个人税收递延型商业养老保险产品时，应为购买商业养老保险产品的个人开具发票和保单凭证，载明产品名称及缴费金额等信息。保险公司与信息平台实时对接，保证信息真实准确。试点地区财政、人社、税务、金融监管等相关部门应各司其职，密切配合，认真组织落实，并及时总结、动态评估试点经验。对实施过程中遇到的困难和问题，及时向财政部、人社部、国家税务总局和金融监管部门反映。

（二）财税〔2018〕164 号文件的规定

根据《财政部 国家税务总局关于个人所得税法修改后有关优惠政策衔接问题的通知》（财税〔2018〕164 号）的规定，个人按照《财政部 国家税务总局 人力资源和社会保障部 中国银行保险监督管理委员会 证监会关于开展个人税收递延型商业养老保险试点的通知》（财税〔2018〕22 号）的规定，领取的税收递延型商业养老保险的养老金收入，其中 25% 部分予以免税，其余 75% 部分按照 10% 的比例税率计算缴纳个人所得税，税款计入"工资、薪金所得"项目，由保险机构代扣代缴后，在个人购买税延养老保险的机构所在地办理全员全额扣缴申报。

第四节　社会保险基金财务制度

一、总则

根据《社会保险基金财务制度》（财社〔2017〕144 号，以下简称《制度》）的规定，为规范社会保险基金（以下简称基金）财务管理行为，加强基金收支的监督管理，维护公民依法参加社会保险和享受社会保险待遇的合法权益，根据《中华人民共和国社会保险法》（以下简称《社会保险法》）、《中华人民共和国预算法》（以下简称《预算法》）、《中华人民共和国劳动法》等相关法律法规，制定本制度。

本《制度》适用于中华人民共和国境内依据《社会保险法》建立的企业职工基本养老保险基金、城乡居民基本养老保险基金、机关事业单位基本养老保险基金、职工基本医疗保险基金、城乡居民基本医疗保险基金（包括城镇居民基本医疗保险基金、新型农村合作医疗基金、合并实施的城乡居民基本医疗保险基金）、工伤保险基金、失业保险基金、生育保险基金等基金的财务活动。生育保险与职工基本医疗保险合并实施的统筹地区，不再单列生育保险基金。

本《制度》所称基金是指为了保障参保对象的权益和社会保险待遇，根据国家法律法规规定，由单位和个人缴纳、政府补助以及通过其他合法方式筹集的专项资金。

基金财务管理包括以下任务：

（1）贯彻执行国家法律法规和方针政策，依法筹集和使用基金，确保各项基金应收尽收和社会保险待遇按时足额发放。

（2）合理编制基金预算，强化收支预算执行，严格编制基金决算，真实准确反映基金预算执行情况。

（3）健全财务管理制度，加强基金核算分析，积极稳妥开展基本养老保险基金投资运营，实现基金保值增值。

（4）加强基金财务监督和内部控制，确保基金运行安全、完整、可持续。

社会保险基金财务管理和会计核算一般采用收付实现制，基本养老保险基金委托投资等部分经济业务或事项采用权责发生制。

基金纳入社会保障基金财政专户（以下简称财政专户），实行"收支两条线"管理。基金按照险种及不同制度分别建账、分账核算、分别计息、专款专用。基金之间不得相互挤占和调剂，不得违规投资运营，不得用于平衡一般公共预算。

财政部门、社会保险行政部门（卫生计生部门负责管理新型农村合作医疗及合并实施的城乡居民基本医疗保险的，为卫生计生部门，下同）及所属社会保险经办机构（以下简称经办机构）按照各自职责分工，加强对社会保险基金管理和监督，逐步实现部门间财务信息共享，促进基金管理科学化、规范化。

基金专用票据由省级财政部门统一印制，有条件的地区可实行基金票据电子化管理。社会保险费由税务机关征收的，可使用税收缴款书、税收收入退还书、税收完税证明作为征收票据。

经办机构经办的各类其他社会保险，基金财务管理参照本《制度》执行。本《制度》由财政部、人力资源和社会保障部、国家卫生计生委解释和修订。

二、基金预算

基金预算是指根据国家预算管理和社会保险相关法律法规编制，经法定程序审批、具有法律效力的年度基金财务收支计划。基金预算由基金收入预算和基金支出预算组成。社会保险基金预算应当做到收支平衡。社会保险基金预算编制应按照《预算法》《社会保险法》《预算法实施条例》以及国务院有关规定执行。

社会保险基金预算保持独立完整，与一般公共预算相衔接。基金预算按险种、不同制度和统筹地区分别编制。年度终了前，统筹地区经办机构应按照规定表式、时间和编制要求，综合考虑本年度预算执行情况、下年度经济社会发展水平以及社会保险工作计划等因素，编制下年度基金预算草案，报本级社会保险行政部门审核汇总。由税务机关负责征收的险种，社会保险费收入预算草案由经办机构会同税务机关编制。

财政部门负责审核并汇总编制社会保险年度基金预算草案，会同社会保险行政部门上报同级人民政府，经同级人大批准后，批复经办机构具体执行，并报上级财政部门和社会保险行政部门备案。由税务机关负责征收的险种，社会保险费收入预算批复税务机关和经办机构。

经办机构严格按照批复预算执行，定期向同级财政部门和社会保险行政部门报告预算执行情况。财政部门和社会保险行政部门应逐级汇总上报预算执行情况，并加强基金运行监控，发现问题及时处置。由税务机关负责征收的险种，税务机关应严格按照批准的预算和规定的程序执行，定期向同级财政部门和社会保险行政部门报告。

基金预算不得随意调整。执行中因特殊原因需要调整时，统筹地区经办机构应当编制预算调整方案，报同级社会保险行政部门审核汇总。统筹地区财政部门审核并汇总编制预算调整方案，会同社会保险行政部门上报同级人民政府，按要求经同级人大常务委员会批准后，批复经办机构执行，并报上级财政部门和社会保险行政部门备案。由税务机关负责征收的险种，社会保险费收入预算调整方案由经办机构会同税务机关提出，并批复税务机关和经办机构。税务机关应严格按照批准的预算和规定程序执行，定期向同级财政部门和社会保险行政部门报告。

三、基金筹集

基金收入包括：社会保险费收入、财政补贴收入、集体补助收入、利息收入、委托投资收益、转移收入、上级补助收入、下级上解收入、其他收入等。上述基金收入项目按规定分别形成各项基金。社会保险费收入指用人单位和个人按规定缴纳的社会保险费，或其他资金（含财政资金）代参保对象缴纳的社会保险费收入。财政补贴收入指财政给予基金的补助、对参保人员的缴费补贴、对参保对象的待遇支出补助。集体补助收入指村（社区）等集体经济组织对参保人的补助。利息收入是指社会保险基金在收入户、财政专户及支出户中银行存款产生的利息收入或社会保险基金购买国债取得的利息收入。委托投资收益指社会保险基金按照国家有关规定委托国家授权的管理机构进行投资运营所取得的净收益或发生的净损失。转移收入指参保对象跨统筹地区、或跨制度流动而划入的基金收入。上级补助收入指下级接收上级拨付的补助收入。下级上解收入指上级接收下级上解的基金收入。其他收入指滞纳金、违约金，跨年度退回或追回的社会保险待遇，及公益慈善等社会经济组织和个人捐助，以及其他经统筹地区财政部门核准的收入。

企业职工基本养老保险基金收入包括基本养老保险费收入、财政补贴收入、利息收入、委托投资收益、转移收入、上级补助收入、下级上解收入、其他收入。其中：基本养老保险费收入指单位和个人按规定的缴费基数和缴费比例分别缴纳的基本养老保险费。

城乡居民基本养老保险基金收入包括个人缴费收入、集体补助收入、财政补贴收入、利息收入、委托投资收益、转移收入、上级补助收入、下级上解收入、其他收入。其中：个人缴费收入指参保城乡居民按照规定标准缴纳的城乡居民基本养老保险费收入，包括财政资金代参保对象缴纳的基本养老保险费收入。追回重复领取的城乡居民基本养老保险待遇并从企业职工基本养老保险待遇中抵扣的列其他收入。

机关事业单位基本养老保险基金收入包括基本养老保险费收入、财政补贴收入、利息收入、委托投资收益、转移收入、上级补助收入、下级上解收入、其他收入。其中：基本养老保险费收入指单位和个人按缴费基数的一定比例分别缴纳的基本养老保险费。

职工基本医疗保险基金收入按规定分别计入职工基本医疗保险统筹基金收入和职工基本医疗保险个人账户收入。职工基本医疗保险统筹基金收入包括按规定计入统筹基金账户的医疗保险费收入、财政补贴收入、利息收入、上级补助收入、下级上解收入、其他收入。其中：医疗保险费收入指用人单位和个人按照规定缴费基数和费率缴纳的医疗保险费以及其他资金资助参保对象缴纳的保费收入。职工基本医疗保险个人账户收入包括按规定计入个人账户的医疗保险费收入、利息收入、转移收入、上级补助收入、下级上解收入、其他收入。

城乡居民基本医疗保险基金收入包括城乡居民基本医疗保险费收入、财政补贴收入、利息收入、上级补助收入、下级上解收入、其他收入。其中：城乡居民基本医疗保险费收入指城乡居民按照规定缴费标准缴纳的保费收入，有条件的用人单位对职工家属参保缴费给予的资助，乡村集体经济组织对农民参保缴费给予的资助，以及城乡医疗救助基金等资助参保对象缴纳的保费收入。新型农村合作医疗统筹地区可从基金收入中提取风险基金，主要用于弥补基金非正常超支造成的基金临时周转困难等。风险基金可由统筹地区或省级统一管理。

工伤保险基金收入包括工伤保险费收入、财政补贴收入、利息收入、上级补助收入、下级上解收入、其他收入。其中：工伤保险费收入是指用人单位按照规定缴费基数和费率缴纳及难以直接按照工资总额计算缴纳工伤保险费的部分行业企业按规定方式缴纳的工伤保险费。工伤保险省级统筹实行省级调剂金管理的省份，由省级建立调剂金，用于调剂解决各市（地）工伤保险基金支出缺口。各市（地）将基金收入按照一定规则和比例上解到省级财政专户集中管理。

失业保险基金收入包括失业保险费收入、财政补贴收入、利息收入、转移收入、上级补助收入、下级上解收入、其他收入。其中：失业保险费收入指用人单位和个人按照规定缴费基数和费率缴纳的失业保险费。

生育保险基金收入包括生育保险费收入、财政补贴收入、利息收入、上级补助收入、下级上解收入、其他收入。其中：生育保险费收入是指用人单位按照规定缴费基数和费率缴纳的生育保险费。

基金应按照《社会保险法》和其他有关行政法规规定按时、足额筹集，任何地区、部门、单位和个人不得截留和减免。社会保险费征收机构应当依照法律、行政法规的规定，及时、足额征收应征社会保险费，不得违反法律、行政法规规定多征或减征，不得截留、占用或挪用。各级财政部门应根据《预算法》和《社会保险法》等法律、法规及相关制度规定安排基金财政补助，纳入同级财政年度预算并按规定程序及时办理拨付手续。用人单位和个人应当以货币形式全额缴纳社会保险费，严禁以物抵费，对于未按规定按时足额缴纳社会保险费的用人单位，征收机构按照有关法律法规进行处理。

社会保险费征收机构应当按时足额将征收的基金收入缴入财政专户，具体时间和方式由各省、自治区、直辖市自定。缴入资金时，须填制银行制发的进账单、划款凭证（一式多联）或其他有效凭证，有关部门或机构凭该凭证记账。税务机关征收社会保险费的，经办机构应及时向税务机关提供征收所需的用人单位和个人参保登记等相关信息，税务机关应及时向经办机构提供征收信息、征收明细数据等相关情况。

四、基金支付

基金支出包括社会保险待遇支出、转移支出、补助下级支出、上解上级支出、其他支出等。社会保险待遇支出指按规定支付给社会保险对象的待遇支出，包括为特定人群缴纳社会保险费形成的支出。转移支出指参保对象跨统筹地区或跨制度流动转出的基金支出。补助下级支出指上级拨付下级的支出。上解上级支出指下级上解上级的支出。其他支出指经国务院批准或国务院授权省级人民政府批准开支的其他非社会保险待遇性质的支出。

企业职工基本养老保险基金支出包括养老保险待遇支出、转移支出、补助下级支出、上解上级支出、其他支出。养老保险待遇支出包括基本养老金、医疗补助金、丧葬补助金和抚恤金、病残津贴。基本养老金包括基础养老金、个人账户养老金、过渡性养老金和支付给《国务院关于建立统一的企业职工养老保险制度的决定》（国发〔1997〕26 号）实施前已经离休、退休和退职人员的离休金、退休金、退职金、补贴。个人账户养老金包括按月支付的个人账户养老金支出以及个人账户一次性支出。个人账户一次性支出指参加企业职工基本养老保险的个人由于死亡、出国（境）定居等情况下退还其本人个人账户资金额的支出。医疗补助金指按规定支付已纳入企业职工基本养老保险基金开支范围的离休、退休、退职人员的医疗费用。丧葬补助金和抚恤金指用于已纳入企业职工基本养老保险基金开支范围的参保人员因病或非因工死亡后的丧葬补助费用及其遗属的抚恤费用。病残津贴指按国家规定标准对未达到法定退休年龄时因病或非因工致残完全丧失劳动能力的参保人员发放的基本生活费。从企业职工基本养老保险基金中抵扣重复领取的城乡居民基本养老保险待遇支出从其他支出中列支。

城乡居民基本养老保险基金支出包括养老保险待遇支出、转移支出、补助下级支出、上解上级支出、其他支出。养老保险待遇支出包括按规定支付给参保城乡居民的基础养老金和个人账户养老金，以及丧葬补助金。基础养老金指按规定计发标准，由各级财政为符合待遇领取条件的参保城乡居民全额予以补助的养老金待遇。个人账户养老金指参保城乡居民达到养老保险待遇领取条件时，按照个人账户全部储存额除以计发月数，支付给参保城乡居民的养老金待遇，以及个人账户一次性支出。个人账户一次性支出指参加城乡居民基本养老保险的个人由于死亡、出国（境）定居以及在企业职工基本养老保险和城乡居民基本养老保险重复缴费等情况下退还其本人个人账户存储额的支出。丧葬补助金指在建立丧葬补助金制度的地区，参保人死亡后，政府给予遗属用于丧葬的补助费用。转移支出指跨统筹地区或跨制度流动转出的个人账户资金额等。

机关事业单位基本养老保险基金支出包括养老保险待遇支出、转移支出、补助下级支出、上解上级支出、其他支出。养老保险待遇支出包括基本养老金、丧葬补助金和抚恤金、病残津贴。基本养老金包括基础养老金、个人账户养老金、过渡性养老金，机关事业单位工作人员养老保险制度改革实施前已经退休、退职人员的退休（职）费和病退人员生活费，以及按照人力资源和社会保障部、财政部《关于贯彻落实〈国务院关于机关事业单位工作人员养老保险制度改革的决定〉的通知》（人社部发〔2015〕28号）规定在10年过渡期内退休人员按新老办法对比后的补差资金。个人账户养老金包括按月支付的个人账户养老金支出以及个人账户一次性支出。个人账户一次性支出指参加机关事业单位基本养老保险的个人由于死亡、出国（境）定居等情况下退还其本人个人账户余额的支出。丧葬补助金和抚恤金指用于已纳入机关事业单位基本养老保险基金开支范围的参保人员因病或非因工死亡后的丧葬补助费用及其遗属的抚恤费用。病残津贴指按国家规定标准对未达到法定退休年龄时因病或非因工致残完全丧失劳动能力的参保人员发放的基本生活费。

职工基本医疗保险基金支出包括职工基本医疗保险待遇支出、转移支出、补助下级支出、上解上级支出、其他支出。职工基本医疗保险待遇支出按规定分别计入职工基本医疗保险统筹基金待遇支出和职工基本医疗保险个人账户待遇支出。职工基本医疗保险统筹基金待遇支出指按规定在统筹基金支付范围以内，在起付标准以上、最高支付限额以下由统筹基金支付的医疗费补偿支出，包括住院费用支出、门诊大病和门诊统筹费用支出。生育保险与职工基本医疗保险合并实施的统筹地区，职工基本医疗保险统筹基金待遇支出中包含生育待遇支出。生育待遇支出包括生育医疗费用和生育津贴支出。职工基本医疗保险个人账户待遇支出指按规定由个人账户开支的支出，主要包括个人自付的门诊费用支出、住院费用支出、在定点零售药店发生的医药费支出。个人账户资金原则上不得用于非医疗支出。职工基本医疗保险基金的补助下级支出、上解上级支出根据具体情况分别在统筹基金和个人账户基金中列支。职工基本医疗保险基金的转移支出在个人账户基金中列支。

城乡居民基本医疗保险基金支出包括城乡居民基本医疗保险待遇支出、

划转用于城乡居民大病保险支出、补助下级支出、上解上级支出、其他支出。城乡居民基本医疗保险待遇支出指基金对参保城乡居民医疗费用的补偿支出，主要包括住院费用支出，门诊费用纳入基金支付范围的地区也包括门诊费用支出。划转用于城乡居民大病保险支出指按照规定从城乡居民基本医疗保险基金中划出一定比例或额度作为城乡居民大病保险的支出。

工伤保险基金支出包括工伤保险待遇支出、劳动能力鉴定支出、工伤预防费用支出、补助下级支出、上解上级支出、其他支出。工伤保险待遇支出指经工伤认定后职工应享受由工伤保险基金负担的支出。具体包括工伤医疗待遇支出、伤残待遇支出和工亡待遇支出。其中，工伤医疗待遇支出是指治疗工伤的医疗费用、康复费用、安装配置伤残辅助器具所需费用、住院伙食补助费、到统筹地区以外就医的交通食宿费；伤残待遇支出是指经劳动能力鉴定委员会确认需要生活护理的工伤人员生活护理费、一次性伤残补助金、一至四级工伤职工按月领取的伤残津贴、五至十级伤残职工按规定领取的一次性工伤医疗补助金、由工伤保险基金支付的工伤职工达到退休年龄并办理退休手续后领取的养老保险待遇低于伤残津贴以及一至四级工伤职工伤残津贴实际额低于当地最低工资标准由工伤保险基金补充的差额部分；工亡待遇支出是指职工因工死亡后，由工伤保险基金支付给的丧葬补助金、供养亲属抚恤金和一次性工亡补助金。劳动能力鉴定支出指劳动能力鉴定委员会在进行劳动能力初次鉴定、再次鉴定、复查鉴定活动中及工伤职工辅助器具使用等确认工作中产生的，应由工伤保险基金负担的支出。工伤预防费用支出指按规定用于工伤预防的宣传、培训等方面的支出。

失业保险基金支出包括失业保险待遇支出、稳定岗位补贴支出、技能提升补贴支出、转移支出、补助下级支出、上解上级支出、其他支出。其中：失业保险待遇支出包括失业保险金支出、基本医疗保险费支出、丧葬补助金和抚恤金支出、职业培训和职业介绍补贴支出、其他费用支出。失业保险金支出指按规定支付给失业人员的失业保险金。基本医疗保险费支出指按规定为领取失业保险金人员参加职工基本医疗保险缴纳的基本医疗保险费支出，包括按规定支付给失业人员在领取失业保险金期间的医疗补助金支出。丧葬补助金和抚恤金支出指按规定支付给在领取失业保险金期间死亡的失业人员的丧葬补助费用及由其供养的配偶、直系亲属的抚恤金支出。职业培训和职业介绍补贴支出指按规定支付给失业人员在领取失业保险金期间接受职业培训、职业介绍的补贴支出。其他费用支出包括农民合同制工人一次性生活补助金和价格临时补贴支出及国家规定的其他费用。农民合同制工人一次性生活补助金支出指按规定一次性支付给合同期满不再续订或者提前解除劳动合同的农民合同制工人的生活补助费支出。价格临时补贴支出指按规定给予领取失业保险金人员的价格临时补贴支出。稳定岗位补贴支出指按规定对稳定岗位的用人单位给予的补贴。技能提升补贴支出指按规定对符合条件的企业职工提升技能给予的补贴。

生育保险基金支出包括生育保险待遇支出、补助下级支出、上解上级支出、其他支出。

根据社会保险的统筹范围和社会保险年度基金预算，按照国家规定的项目和标准安排基金支出，任何地区、部门、单位、个人不得增加支出项目、扩大享受人员范围、提高开支标准、虚报冒领及骗取、套取基金。

基金不得用于运行费用、财务费用（含银行手续费）、管理费用、兴建改建办公场所和支付人员经费，或者违反法律法规规定挪作他用。

基金支付需严格履行申报审核程序。经办机构根据财政部门批复的社会保险基金预算，在规定时间内向同级财政部门提交用款计划。对不符合规定的用款计划，财政部门有权不予拨款并责成经办机构予以纠正。除国家另有规定外，财政部门对用款计划审核无误后，应在规定时间内从财政专户拨付基金。社会保险经办机构应在规定时间内支付待遇。具体时间由各省、自治区、直辖市确定。

五、基金结余

基金结余指基金收支相抵后的期末余额。包括企业职工基本养老保险基金结余、城乡居民基本养老保险基金结余、机关事业单位基本养老保险基金结余、职工基本医疗保险基金结余、城乡居民基本医疗保险基金结余、工伤保险基金结余、失业保险基金结余、生育保险基金结余等。职工基本医疗保险基金和城乡居民基本医疗保险基金遵循以收定支、收支平衡、略有结余的原则。新型农村合作医疗基金累计结余应不超过当年筹集基金总额的25%（含风险基金）。职工基本医疗保险基金结余包括统筹基金结余和个人账户基金结余。职工基本医疗保险基金实行分账核算、统一管理。工伤保险基金应按规定留存一定比例储备金。

基金结余除预留一定的支付费用外，应在保证安全的前提下，按照国务院相关规定开展投资运营实现保值增值。社会保险行政部门和财政部门对基金投资运营实施严格监管。企业职工基本养老保险基金结余应当预留相当于两个月的支付费用。

基金当年入不敷出时，按以下顺序保障基金支付：

（1）动用历年滚存结余中的存款。

（2）建立基金调剂金的地区由上级调剂安排，提取风险基金的新型农村合作医疗统筹地区按程序申请动用风险基金，提取储备金的工伤保险统筹地区按程序申请动用储备金。

（3）转让或提前变现基金投资产品。

（4）同级财政部门给予补贴。

（5）在财政给予支持的同时，按照国务院有关规定报批后调整社会保险缴费比例或待遇支付政策。职工基本医疗保险基金在申请调整缴费比例之前可经同级财政部门审核并报同级人民政府批准后，在国家规定的范围内，调整单位缴纳的基本医疗保险费划入职工基本医疗保险统筹基金与职工基本医疗保险个人账户基金之间的比例。

六、账户管理

基金账户分为财政专户、收入户和支出户。

实行经办机构征收社会保险费的地区，经办机构可以设立社会保险基金收入户。收入户的主要用途是：暂存由经办机构征收的社会保险费收入；暂存上级经办机构下拨或下级经办机构上解的基金收入；暂存该账户利息收入；暂存社会保险基金转移收入以及其他收入等。收入户除向财政专户划转基金、向上级经办机构缴拨基金、原渠道退回保险费收入、退回转移收入等情形外不得发生其他支付业务。实行税务机关征收社会保险费的地区税务机关不设收入户，基金及时划入财政专户。收入户原则上月末无余额。

经办机构设立社会保险基金支出户。支出户的主要用途是：接受财政专户拨入基金；暂存社会保险支付费用及该账户利息收入；支付基金支出款项；向财政专户缴入该账户利息收入；上解上级经办机构基金或下拨下级经办机构基金。支出户除接受财政专户拨入的基金、上级经办机构拨付基金、暂存该账户利息收入、原渠道退回支付资金外，不得发生其他收入业务。

财政部门按照国家有关财政专户管理的规定设立财政专户。财政专户的主要用途是：接收税务机关或经办机构缴入的社会保险费收入；接收税务机关或收入户缴入的利息收入及其他收入；根据委托投资合同或有关计划接收和拨付投资运营基金；接收基金投资收益及支出户缴入的利息收入等；接收财政补贴收入；接收转移收入；接收上级财政专户划拨或下级财政专户上解基金；向上级或下级财政专户上缴或划拨基金；根据经办机构用款计划和预算向支出户拨付基金或按国家规定直接与有关机构办理基金结算；办理跨省异地就医结算业务；国家规定的其他用途。各级财政部门国库管理机构应当按月提供对账凭证，与社会保险经办机构核对账目。

财政专户发生的利息收入直接计入财政专户，收入户和支出户的利息收入定期缴入财政专户，且不得跨年。银行提供一式多联的利息通知单，同时送财政部门和经办机构分别记账。财政部门应按月与经办机构沟通财政专户资金存储额变动情况，实现信息共享。

财政补贴收入由国库直接划入财政专户。专户银行出具一式多联原始凭证交财政部门和经办机构记账。

经办机构设立收入户的地区，在发生基金下拨业务时，根据经办机构的缴拨计划（以下简称缴拨计划），财政部门应将基金从财政专户拨入同级经办机构的支出户，经下级经办机构收入户进入下级财政专户；在发生基金上缴业务时，财政部门应根据经办机构的缴拨计划，将基金从财政专户划入同级经办机构的支出户，经上级经办机构收入户进入上级财政专户。发生基金转移业务时，财政部门应根据经办机构的缴拨计划，将基金从财政专户划入同级经办机构支出户，经基金接收地经办机构收入户进入财政专户。

不设收入户的地区，发生基金上下级缴拨业务，财政部门应根据缴拨计划，将基金从上级财政专户拨入下级财政专户或从下级财政专户上解入上级财政专户。财政部门和经办机构凭财政专户缴拨凭证记账。在发生基金转移业务时，财政部门应根据缴拨计划，将基金从财政专户直接拨入基金接收地财政专户。

统筹层次较高、下级不设财政专户的地区，发生基金下拨业务时，上级财政部门应根据缴拨计划，将基金从财政专户拨入同级经办机构的支出户，再划入下级经办机构支出户。发生基金上缴业务时，从下级收入户直接上缴至上级收入户，再划入上级财政专户。

在发生跨省职工基本医疗保险和城乡居民基本医疗保险基金拨付业务时，财政部门应根据拨付计划，将基金从本省（区、市）省级财政专户直接划转拨入地省（区、市）省级财政专户。省本级不设财政专户的，可委托省会城市经办跨省社会保险基金拨付业务。

财政专户发生的收支，财政部门凭银行出具的原始凭证记账；银行出具一式多联原始凭证交财政部门和经办机构记账。

加强社会保险基金账户管理，清理归并社会保险基金收入户和支出户，根据业务工作实际情况，合理确定开户数量。新设经办机构原则上只开设一个收入户和一个支出户。

规范选择基金开户银行。根据资信状况、利率、网点分布、服务质量等相关因素，综合评定银行业金融机构管理服务水平，通过竞争性方式或集体决策方式，确定基金账户开户银行。

社会保险基金银行存款实行统一计息办法。对存入收入户和支出户的活期存款实行优惠利率，按三个月整存整取定期存款基准利率计息。对存入财政专户的存款，利率比照同期居民储蓄存款利率管理。财政部门应按月或按季度商社会保险行政部门、经办机构制定财政专户资金购买国债和转存定期存款计划。

七、资产与负债

资产包括基金运行过程中形成的现金、银行存款（含收入户存款、财政专户存款、国库存款、支出户存款）、投资、暂付款项、应收款项等。其中：暂付款包括总额预付资金、先行支付资金等。经办机构和税务机关不得接受现金和现金支票、远期票据、有价证券等形式的缴费，支付基金采取安全高效的方式，减少现金支付。及时办理收付及存储手续，定期清理暂付款项。财政部门、经办机构、税务机关定期对账，保证账账相符、账款相符。确实无法收回的暂付款项，经统筹地区人民政府批准后核销。

负债包括基金运行过程中形成的借入款项、暂收款项、应付款项等。借入款项和暂收款项应定期清理、及时偿付。因债权人原因确实无法偿付的，经统筹地区财政部门批准后并入基金的其他收入。

八、基金决算

年度终了，统筹地区经办机构应按照规定编制年度社会保险基金决算草案，报同级社会保险行政部门审核汇总。经统筹地区财政部门审核并汇总编制，会同社会保险行政部门报本级人民政府审定后，提交同级人大常务委员会审查和批准。

统筹地区社会保险基金决算草案经本级人大常委会审批后，由同级财政部门、社会保险行政部门分别报送上级财政部门和社会保险行政部门。省级社会保险基金决算草案经省级人大常委会审批后，由省级财政部门、社会保险行政部门分别上报财政部、人力资源和社会保障部和国家卫生计生委。

中央社会保险基金决算草案由人力资源和社会保障部社会保险事业管理中心编制，报人力资源和社会保障部审核汇总。经财政部审核并汇总编制，会同人力资源和社会保障部报国务院审定后，提交全国人大常委会审查和批准。

九、监督检查

经办机构应当建立健全业务、财务、安全和风险管理制度，定期向社会公告基金收支、结余和收益情况，接受社会监督。财政部门应当建立健全财政专户风险管理制度，定期向社会公告管理、存储结构、收益等情况，接受社会监督。

社会保险行政部门对社会保险基金的收支、管理和投资运营情况进行监督检查，发现存在问题的，应当提出整改建议，依法作出处理决定或者向有关行政部门提出处理建议。财政部门、审计机关按照各自职责，对社会保险基金的收支、管理和运营情况实施监督。

社会保险行政部门、财政部门、审计部门应依法依规及时纠正社会保险基金管理中的违法违规行为，并采取以下措施：

（1）追回被截留、挤占、挪用、贪污的基金。

（2）退还多提、补足减免的基金。

（3）足额补发或追回违规支付的社会保险待遇支出。

（4）及时足额将收入户应缴未缴基金缴入财政专户。

（5）及时足额将财政专户基金拨付到支出户。

（6）及时足额将财政补助资金划入财政专户。

（7）停止违规投资运营行为，形成运营亏损的应向责任方追偿损失。

（8）国家法律法规和国务院社会保险行政部门、财政部门规定的其他处理办法。

对社会保险基金管理中的违法行为，按照《社会保险法》《预算法》《财政违法行为处罚处分条例》等法律法规追究法律责任。涉嫌犯罪的，依法移送司法机关处理。

第五节　社会保险基金会计制度

一、总说明

根据《社会保险基金会计制度》（财会〔2017〕28 号，以下简称《制度》）的规定，为了规范社会保险经办机构经办的社会保险基金的会计核算，根据《中华人民共和国会计法》《中华人民共和国社会保险法》，结合《社会保险基金财务制度》规定，制定本《制度》。

本《制度》适用于社会保险经办机构（以下简称经办机构）负责经办的社会保险基金，包括在中华人民共和国境内依据《中华人民共和国社会保险法》建立的企业职工基本养老保险基金、城乡居民基本养老保险基金、机关事业单位基本养老保险基金、职工基本医疗保险基金、城乡居民基本医疗保险基金（包括城镇居民基本医疗保险基金、新型农村合作医疗基金、合并实施的城乡居民基本医疗保险基金）、工伤保险基金、失业保险基金、生育保险基金（生育保险与职工基本医疗保险合并实施的统筹地区，不再单列生育保险基金）等基金。经办机构经办的其他各类社会保险基金的会计核算，参照本制度执行。本《制度》所称社会保险基金是指为了保障参保对象的权益和社会保险待遇，根据国家法律法规规定，由单位和个人缴纳、政府补助以及通过其他合法方式筹集的专项资金。

社会保险基金应当作为独立的会计主体进行核算。经办机构应当将经办的各类社会保险基金按照险种及不同制度分别建账、分别核算。

社会保险基金的会计核算一般采用收付实现制，基本养老保险基金委托投资等部分业务或者事项的会计核算应当采用权责发生制。社会保险基金的会计要素包括资产、负债、净资产、收入和支出。社会保险基金的会计记账采用借贷记账法。社会保险基金的会计核算应当划分会计期间，分期结算账目和编制财务报表。会计期间的起讫日期采用公历制。

社会保险基金的会计核算应当遵循以下基本原则：

（1）社会保险基金的会计核算应当以实际发生的业务为依据，如实反映社会保险基金的财务状况和收支情况等信息，保证会计信息真实可靠、内容完整。

（2）社会保险基金的会计核算应当采用规定的会计政策，确保会计信息口径一致、相互可比。

（3）社会保险基金的会计核算应当及时进行，不得提前或者延后。

经办机构应当按照下列规定运用会计科目对社会保险基金进行会计核算：

（1）经办机构应当区分险种及不同制度，按照本制度的规定设置和使用会计科目、填制会计凭证、登记会计账簿。

（2）经办机构应当执行本制度统一规定的会计科目编号，以便于填制会计凭证、登记账簿、查阅账目。

（3）在填制会计凭证、登记账簿时，经办机构应当填列会计科目的名称，或者同时填列会计科目的名称和编号，不得只填列科目编号而不填列科目名称。

（4）在不违反本制度的前提下，经办机构可以根据核算和管理工作需要对明细科目的设置作必要的补充。

经办机构应当按照下列规定编制社会保险基金财务报表：

（1）经办机构应当按照本制度的规定，区分基金险种及不同制度分别编制社会保险基金财务报表。

（2）社会保险基金财务报表包括资产负债表、收支表及附注。

（3）社会保险基金财务报表应当按照月度和年度编制。

（4）社会保险基金财务报表应当根据登记完整、核对无误的账簿记录和其他有关资料编制，做到数字真实、计算准确、内容完整、编报及时。

社会保险基金相关会计基础工作、会计档案管理以及内部控制等，应当遵循《中华人民共和国会计法》《会计基础工作规范》《会计档案管理办法》及国家有关内部控制规范等相关 法律、规章和制度规定。社会保险基金相关会计信息化工作，应当符合财政部制定的相关会计信息化工作规范和标准，确保利用现代信息技术手段开展会计核算及生成的会计信息符合本制度的规定。

本《制度》自 2018 年 1 月 1 日起施行。《财政部关于印发〈社会保险基金会计制度〉的通知》（财会〔1999〕20 号）、《财政部关于印发〈社会保险基金会计核算若干问题补充规定〉的通知》（财会〔2003〕19 号）、《财政部关于印发〈新型农村合作医疗基金会计制度〉的通知》（财会〔2008〕1 号）、《财政部关于印发〈新型农村社会养老保险基金会计核算暂行办法〉的通知》（财会〔2011〕3 号）、《财政部关于印发〈利用基本医疗保险基金向商 业保险机构购买城乡居民大病保险会计核算补充规定〉的通知》（财会〔2013〕21 号）、《财政部关于做实企业职工基本养老保险个人账户中央补助资金投资会计核算有关问题的通知》（财会〔2014〕19号）同时废止。

二、会计科目名称和编号

如表2-4所示。

表2-4　　　　　　　　　　会计科目名称和编号汇总表

序号	科目编号	科目名称	备注
一、资产类			
1	1001	库存现金	
2	1002	收入户存款	
3	1003	财政专户存款	
4	1004	支出户存款	
5	1005	国库存款	
6	1101	暂付款	
7	1201	债券投资	
8	1202	委托投资	企业职工、城乡居民、机关事业单位基本养老保险基金（省级）专用科目
二、负债类			
9	2001	暂收款	
10	2101	借入款项	
三、净资产类			
11	3001	一般基金结余	
12	3101	风险基金结余	提取风险基金的新型农村合作医疗基金专用科目
13	3201	储备金结余	工伤保险基金专用科目
四、收入类			
14	4001	社会保险费收入	
15	4101	财政补贴收入	
16	4102	集体补助收入	城乡居民基本养老保险基金专用科目
17	4201	利息收入	
18	4202	委托投资收益	企业职工、城乡居民、机关事业单位基本养老保险基金专用科目
19	4301	转移收入	

续表

序号	科目编号	科目名称	备注
20	4401	上级补助收入	
21	4402	下级上解收入	
22	4501	其他收入	
23	4601	待转社会保险费收入	职工基本医疗保险基金专用科目
24	4602	待转利息收入	职工基本医疗保险基金专用科目
五、支出类			
25	5001	社会保险待遇支出	
26	5101	大病保险支出	职工、城乡居民基本医疗保险基金专用科目
27	5102	劳动能力鉴定支出	工伤保险基金专用科目
28	5103	工伤预防费用支出	工伤保险基金专用科目
29	5104	稳定岗位补贴支出	失业保险基金专用科目
30	5105	技能提升补贴支出	失业保险基金专用科目
31	5201	转移支出	
32	5301	上解上级支出	
33	5302	补助下级支出	
34	5401	其他支出	

三、会计科目使用说明

（一）资产类

1. 1001 库存现金

本科目核算社会保险基金的库存现金。

经办机构应当严格按照国家有关现金管理的规定以及社会保险基金相关管理和财务制度规定收支现金。

库存现金的主要账务处理如下：

（1）提取现金，按照实际提取的金额，借记本科目，贷记"支出户存款"等科目。

（2）支出现金，按照实际支出的金额，借记"社会保险待遇支出"等科目，贷记本科目。

本科目应当设置"库存现金日记账"，由出纳人员根据收付款凭证，逐笔顺序登记。每日终了，应当计算当日的现金收入合计数、现金支出合计数和结余数，并将结余数与实际库存数进行核对，做到账款相符。

本科目期末借方余额，反映社会保险基金的库存现金余额。

2.1002 收入户存款

本科目核算社会保险基金按规定存入收入户的款项。

经办机构应当严格按照社会保险基金相关管理和财务制度规定设置基金收入户并办理收入户相关业务。

收入户存款的主要账务处理如下：

（1）按规定接收经办机构征收的社会保险费收入、接收上级经办机构下拨或下级经办机构上解的基金收入、接收收入户利息收入、接收社会保险基金转移收入以及其他收入等时，按照实际收到的金额，借记本科目，贷记相关科目。

（2）按规定从收入户向财政专户划转基金、向上级基金缴拨基金等时，按照实际划转或缴拨金额，借记相关科目，贷记本科目；原渠道退回社会保险费收入、转移收入时，按照实际退回金额，借记相关科目，贷记本科目。

本科目应当按照开户银行设置"收入户存款日记账"，由出纳人员根据收付款凭证，逐笔顺序登记。每日终了，应当结出余额。"收入户存款日记账"应当定期与"银行对账单"核对，至少每月核对一次。月度终了，收入户存款账面余额与银行对账单余额之间如有差额，应当逐笔查明原因进行处理，并按月编制"银行收入户存款余额调节表"，调节相符。

收入户存款应当按规定定期划转财政专户。划转后，本科目期末一般应无余额。

3. 1003 财政专户存款

本科目核算社会保险基金按规定存入财政专户的款项。

经办机构应当严格按照社会保险基金相关管理和财务制度规定办理财政专户相关业务。

本科目可以根据实际情况按照开户银行、活期定期存款、存储期限等进行明细核算。

财政专户存款的主要账务处理如下：

（1）按规定财政专户接收税务机关或经办机构缴入的社会保险费收入、接收税务机关、收入户及支出户缴入的利息收入、接收委托投资运营资金、接收委托投资收益、接收财政补贴收入、接收转移收入、接收上级财政专户划拨或下级财政专户上解基金、接收跨省异地就医资金等时，按照实际收到金额，借记本科目，贷记相关科目。

（2）按规定从财政专户向上级或下级财政专户上缴或划拨基金、根据经办机构用款计划和预算向支出户拨付基金、拨付委托投资运营资金、支付跨省异地就医资金等时，按照实际上缴、划拨或支付金额，借记相关科目，贷记本科目。

本科目应当按照开户银行设置"财政专户存款日记账"，由出纳人员根据收付款凭证，逐笔顺序登记。每日终了，应当结出余额。"财政专户存款日记账"应当定期与财政部门核对，至少每月核对一次。月度终了，财政专户存款账面余额与财政部门提供的对账凭证余额之间如有差额，应当逐笔查明原因进行处理，并按月编制"财政专户存款余额调节表"，调节相符。

本科目期末借方余额，反映社会保险基金财政专户存款余额。

4. 1004 支出户存款

本科目核算社会保险基金按规定存入支出户的款项。

经办机构应当严格按照社会保险基金相关管理和财务制度规定设置基金支出户并办理支出户相关业务。

支出户存款的主要账务处理如下：

（1）按规定支出户接收财政专户拨入基金、接收上级经办机构拨付基金、接收支出户利息收入等时，按照实际收到的金额，借记本科目，贷记相关科目。接收原渠道退回支付资金时，按照实际收到的金额，借记本科目，贷记相关科目。

（2）按规定从支出户支付基金支出款项、向财政专户缴入该账户利息收入、上解上级经办机构基金或下拨下级经办机构基金等时，按照实际支付金额，借记相关科目，贷记本科目。

本科目应当按照开户银行设置"支出户存款日记账"，由出纳人员根据收付款凭证，逐笔顺序登记。每日终了，应当结出余额。"支出户存款日记账"应当定期与"银行对账单"核对，至少每月核对一次。月度终了，支出户存款账面余额与银行对账单余额之间如有差额，应当逐笔查明原因进行处理，并按月编制"银行支出户存款余额调节表"，调节相符。

本科目期末借方余额，反映社会保险基金支出户存款余额。

5. 1005 国库存款

本科目核算税务机关征收的存入国库、尚未转入财政专户的社会保险费款项。

国库存款的主要账务处理如下：

（1）税务机关将征收的社会保险费存入国库，经办机构根据取得的相关凭证，借记本科目，贷记"社会保险费收入"科目。

（2）按规定将国库存款转入财政专户，经办机构根据实际转入的金额，借记"财政专户存款"科目，贷记本科目。

（3）收到国库存款利息，按照实际收到的金额，借记本科目，贷记"利息收入"科目。

国库存款应当按规定定期划转财政专户。划转后，本科目期末一般应无余额。

6.1101 暂付款

本科目核算社会保险基金业务活动中形成的各类暂付、应收款项，包括各类预付、预拨、先行支付、垫付款项等。

企业职工、城乡居民、机关事业单位基本养老保险基金向上级基金归集的委托投资资金，以及职工、城乡居民基本医疗保险基金跨省异地就医的预付资金，通过本科目核算。

新型农村合作医疗基金在风险基金实行省级统一管理的统筹地区，缴存省级财政专户的风险基金，通过本科目核算。

基本医疗保险基金、工伤保险基金按规定先行支付的医疗、工伤保险待遇支出通过本科目核算。

本科目应当按照暂付款种类和对方单位或个人进行明细核算。

对于企业职工、城乡居民、机关事业单位基本养老保险基金向上级基金归集的委托投资资金，应当在本科目下设置"委托上级投资"明细科目，并在该明细科目下设置"本金""利息""投资收益"明细科目，分别核算向上级基金归集的委托投资资金的本金、委托投资资金所产生的存款利息、投资收益。

对于职工、城乡居民基本医疗保险基金跨省异地就医的预付资金，应当在本科目下设置"异地就医预付金"明细科目，并在该明细科目下按照预付对方地区进行明细核算，核算参保地区向就医地区划拨的跨省异地就医预付资金。

新型农村合作医疗基金在风险基金实行省级统一管理的统筹地区，应当在本科目下设置"缴存风险基金"明细科目。

暂付款的主要账务处理如下：

（1）企业职工、城乡居民、机关事业单位基本养老保险基金将委托投资资金归集到上级基金，按照实际划出的金额，借记本科目（委托上级投资——本金），贷记"财政专户存款"科目。

非省级基金收到归集到上级基金的委托投资资金的存款利息通知，按照应确认的总金额，借记本科目（委托上级投资——利息），按照本级委托投资资金产生的利息金额，贷记"利息收入"科目，按照下级归集的委托投资资金产生的利息金额，贷记"暂收款——下级归集委托投资（利息）"科目。

非省级基金收到归集到上级基金的委托投资资金的投资收益通知，按照应确认的投资收益或投资损失金额，借记或贷记本科目（委托上级投资——投资收益），按照本级委托投资资金形成的投资收益或投资损失金额，贷记或借记"委托投资收益"科目，按照下级归集的委托投资资金形成的投资收益或投资损失金额，贷记或借记"暂收款——下级归集委托投资（投资收益）"科目。

收到上级基金划回的委托投资资金本金、利息和投资收益，按照实际收到的金额，借记"财政专户存款"科目，按照应收回的委托投资资金本金金额，贷记本科目（委托上级投资——本金），按照应收回的委托投资资金存款利息金额，贷记本科目（委托上级投资——利息），按照实际收回的金额与应收回的委托投资资金本金和利息之间的差额，贷记或借记本科目（委托上级投资——投资收益）。

（2）职工、城乡居民基本医疗保险基金参保省非省级经办机构向上级经办机构上解本级跨省异地就医预付金，按照实际上解的金额，借记本科目（异地就医预付金），贷记"财政专户存款"等科目。

参保省省级经办机构向就医省省级经办机构拨付省本级的异地就医预付金，按照实际拨付的金额，借记本科目（异地就医预付金），贷记"财政专户存款"等科目。参保省各级经办机构收到退回的归属本级基金的跨省异地就医预付金，按照实际收到的金额，借记"财政专户存款"等科目，贷记本科目（异地就医预付金）。

（3）新型农村合作医疗基金在风险基金实行省级统一管理的统筹地区，按规定将风险基金缴存省级财政专户，按照实际缴存的金额，借记本科目

（缴存风险基金），贷记"财政专户存款"科目。风险基金由省级财政专户拨回，按照实际收到的金额，借记"财政专户存款"科目，贷记本科目（缴存风险基金）。

（4）支付其他各类预付、预拨、先行支付、垫付等款项，按照实际支付的金额，借记本科目，贷记"支出户存款""财政专户存款"科目。收回、结算各类预付、预拨、先行支付、垫付等款项，按照实际收回或结算的金额，借记"收入户存款""财政专户存款""支出户存款""社会保险待遇支出"等科目，贷记本科目。

（5）因债务人等特殊原因确实无法收回的暂付款，按照报经批准后列作其他支出的金额，借记"其他支出"科目，贷记本科目。

本科目期末借方余额，反映社会保险基金尚未结清的暂付款项。

7. 1201 债券投资

本科目核算社会保险基金按规定购入国债的成本。

本科目应当按照国债的种类设置明细账，进行明细核算。

债券投资的主要账务处理如下：

（1）按规定购买国债，按照实际支付的金额（包括购买价款以及税金、手续费等相关税费），借记本科目，贷记"财政专户存款"科目。

（2）到期收回国债本息或按规定转让国债，按照实际收回或收到的金额，借记"财政专户存款"科目，按照债券账面余额，贷记本科目，按照其差额，贷记"利息收入"科目。

本科目期末借方余额，反映社会保险基金持有的国债购入成本。

8. 1202 委托投资

本科目核算企业职工、城乡居民、机关事业单位基本养老保险基金的省级基金按规定及委托投资合同约定划拨给受托机构的委托投资资金本金，以及委托投资资金形成的投资收益或投资损失。

本科目应当设置"本金""投资收益"两个明细科目，并按照受托机构、委托投资资金来源等进行明细核算。

委托投资的主要账务处理如下：

（1）省级基金从财政专户向受托机构划拨委托投资资金，按照实际划转的金额，借记本科目（本金），贷记"财政专户存款"科目。

（2）省级基金收到受托机构提供的关于委托投资资金投资收益的相关通知，按照应确认的投资收益或投资损失金额，借记或贷记本科目（投资收益），按照本级委托投资资金形成的投资收益或投资损失金额，贷记或借记"委托投资收益"科目，按照下级归集的委托投资资金形成的投资收益或投资损失金额，贷记或借记"暂收款——下级归集委托投资（投资收益）"科目。

（3）省级基金收回委托投资资金的本金和投资收益，按照实际转入的金额，借记"财政专户存款"科目，按照应收回的委托投资本金金额，贷记本科目（本金），按照实际收回的金额与应收回的委托投资资金本金之间的差额，贷记或借记本科目（投资收益）。

（4）省级基金将已确认的委托投资收益转作委托投资本金，按照实际划转的金额，借记本科目（本金），贷记本科目（投资收益）。

本科目期末借方余额，反映企业职工、城乡居民、机关事业单位基本养老保险基金省级委托投资资金的本金及投资损益余额。

（二）负债类

1. 2001 暂收款

本科目核算社会保险基金业务活动中形成的各类暂收款项。

企业职工、城乡居民、机关事业单位基本养老保险基金收到下级归集的委托投资资金，以及职工、城乡居民基本医疗保险基金跨省异地就医的预收和清算资金，通过本科目核算。

新型农村合作医疗基金在风险基金实行省级统一管理的统筹地区，省级财政专户收到的风险基金，通过本科目核算。

本科目应当按照暂收款的种类和对方单位或个人进行明细核算。

对于企业职工、城乡居民、机关事业单位基本养老保险基金收到下级归集的委托投资资金，应当在本科目下设置"下级归集委托投资"明细科目，并在该明细科目下设置"本金""利息""投资收益"明细科目，分别核算下级归集的委托投资资金本金、委托投资资金产生的存款利息、投资收益。

对于职工、城乡居民基本医疗保险基金跨省异地就医的预付和清算资金，应当在本科目下设置"异地就医预付金""异地就医清算资金"和"异地就医资金"明细科目，其中，"异地就医预付金""异地就医清算资金"明细科目分别用于核算参保地区上级经办机构收到下级经办机构归集的异地就医预付金、清算资金，"异地就医资金"明细科目用于核算就医地区接收参保地区划拨的异地就医预付金和清算资金。

新型农村合作医疗基金在风险基金实行省级统一管理的统筹地区，应当在本科目下设置"缴存风险基金"明细科目。

暂收款的主要账务处理如下：

（1）企业职工、城乡居民、机关事业单位基本养老保险基金收到下级归集的委托投资资金，按照实际收到的金额，借记"财政专户存款"科目，贷记本科目（下级归集委托投资——本金）。

省级基金收到下级基金归集的委托投资资金所产生的存款利息，根据实际收到的金额，借记"财政专户存款"科目，贷记本科目（下级归集委托投资——利息）。

省级基金收到受托机构提供的关于委托投资资金投资收益的相关通知，按照应确认的投资收益或投资损失金额，借记或贷记"委托投资——投资收益"科目，按照本级委托投资资金形成的投资收益或投资损失金额，贷记或借记"委托投资收益"科目，按照下级归集的委托投资资金形成的投资收益或投资损失金额，贷记或借记本科目（下级归集委托投资——投资收益）。

非省级基金收到归集到上级基金的委托投资资金的存款利息通知，按照应确认的总金额，借记"暂付款——委托上级投资（利息）"科目，按照本级委托投资资金产生的利息金额，贷记"利息收入"科目，按照下级归集的委托投资资金产生的利息金额，贷记本科目（下级归集委托投资——利息）。

非省级基金收到归集到上级基金的委托投资资金的投资收益通知，按照应确认的投资收益或投资损失金额，借记或贷记"暂付款——委托上级投资（投资收益）"科目，按照本级委托投资资金形成的投资收益或投资损失金额，贷记或借记"委托投资收益"科目，按照下级归集的委托投资资金形成的投资收益或投资损失金额，贷记或借记本科目（下级归集委托投资——投资收益）。

向下级基金返还归集的委托投资资金本金、利息和投资收益，按照应返还委托投资资金本金的金额，借记本科目（下级归集委托投资——本金），按照应返还委托投资资金的存款利息金额，借记本科目（下级归集委托投资——利息），按照实际返还金额与应返还的委托投资资金本金和利息之间的差额，借记或贷记本科目（下级归集委托投资——投资收益），按照实际返还的金额，贷记"财政专户存款"科目。

（2）职工、城乡居民基本医疗保险基金参保省非省级经办机构收到下级经办机构归集的跨省异地就医预付金，按照实际收到的金额，借记"财政专户存款"等科目，贷记本科目（异地就医预付金）。非省级经办机构向上级经办机构上解收到的下级经办机构归集的预付金，按照实际上解的金额，借记本科目（异地就医预付金），贷记"财政专户存款"等科目。

参保省省级经办机构收到下级经办机构归集的跨省异地就医预付金，按照实际收到的金额，借记"财政专户存款"等科目，贷记本科目（异地就医预付金）。省级经办机构向就医省省级经办机构拨付收到的下级经办机构归集的跨省异地就医预付金，按照实际拨付的金额，借记本科目（异地就医预付金），贷记"财政专户存款"等科目。

参保省省级经办机构收到就医省省级经办机构退回的跨省异地就医预付

金，按照属于下级基金的跨省异地就医预付金金额，借记"财政专户存款"等科目，贷记本科目（异地就医预付金）。

参保省省级经办机构向下级经办机构拨付退回的属于下级基金的跨省异地就医预付金，按照实际拨付的金额，借记本科目（异地就医预付金），贷记"财政专户存款"等科目。

参保省非省级经办机构收到上级经办机构退回的跨省异地就医预付金，按照属于下级基金的跨省异地就医预付金金额，借记"财政专户存款"等科目，贷记本科目（异地就医预付金）。非省级经办机构向下级经办机构拨付退回的属于下级基金的跨省异地就医预付金，按照实际拨付的金额，借记本科目（异地就医预付金），贷记"财政专户存款"等科目。

参保省非省级经办机构收到下级经办机构归集的跨省异地就医清算资金，按照实际收到的金额，借记"财政专户存款"等科目，贷记本科目（异地就医清算资金）。非省级经办机构向上级经办机构上解收到的下级经办机构归集的跨省异地就医清算资金，按照实际上解的金额，借记本科目（异地就医清算资金），贷记"财政专户存款"等科目。

参保省省级经办机构收到下级经办机构归集的跨省异地就医清算资金，按照实际收到的金额，借记"财政专户存款"等科目，贷记本科目（异地就医清算资金）。参保省省级经办机构向就医省省级经办机构拨付收到的下级经办机构归集的跨省异地就医清算资金，按照实际拨付的金额，借记本科目（异地就医清算资金），贷记"财政专户存款"等科目。

（3）职工、城乡居民基本医疗保险基金就医省省级经办机构收到参保省省级经办机构划拨的跨省异地就医预付金和清算资金，按照实际收到的金额，借记"财政专户存款"等科目，贷记本科目（异地就医资金）。就医省省级经办机构向参保省省级经办机构退回的跨省异地就医预付金，按照实际退回的金额，借记本科目（异地就医资金），贷记"财政专户存款"等科目。

就医省上级经办机构向下级经办机构划拨预付金，用于向定点医疗机构结算跨省异地就医人员医疗费用时，按照实际划拨的金额，借记本科目（异地就医资金），贷记"财政专户存款"等科目。

就医省下级经办机构收到上级经办机构划拨的预付金，按照实际收到的金额，借记"财政专户存款"等科目，贷记本科目（异地就医资金）。

就医省经办机构向定点医疗机构结算跨省异地就医人员发生的医疗费用，按照实际结算的金额，借记本科目（异地就医资金），贷记"财政专户存款"等科目。

（4）新型农村合作医疗基金省级基金收到下级基金按规定缴入省级财政专户的风险基金，按照实际缴存的金额，借记"财政专户存款"科目，贷记本科目（缴存风险基金）。

（5）取得其他暂收款项，按照实际收到的金额，借记"财政专户存款"等科目，贷记本科目。偿付或结清暂收款项，按照实际偿付或结清的金额，借记本科目，贷记"支出户存款""财政专户存款"等科目。

（6）因债权人等特殊原因确实无法偿付的暂收款项，按照报经批准后确认为其他收入的金额，借记本科目，贷记"其他收入"科目。

本科目期末贷方余额，反映社会保险基金尚未偿付或结清的暂收款项。

2.2101 借入款项

本科目核算社会保险基金运行过程中形成的借入款项。

本科目应当按照借入款项对方单位或个人进行明细核算。

借入款项的主要账务处理如下：

（1）借入款项时，按照实际收到的金额，借记"财政专户存款"科目，贷记本科目。

（2）归还借款本息时，按照实际支付的本金金额，借记本科目，按照实际支付的利息金额，借记"其他支出"科目，按照实际支付的本息合计金额，贷记"财政专户存款"科目。

（3）借入款项由财政代为偿还时，按照实际偿还金额，借记本科目，贷记"财政补贴收入"科目。

（4）因债权人等特殊原因确实无法偿付的，按照报经批准后确认为其他收入的金额，借记本科目，贷记"其他收入"科目。

本科目期末贷方余额，反映社会保险基金尚未偿付的借入款项。

（三）净资产类

1.3001 一般基金结余

本科目核算社会保险基金历年累积的基金收支相抵后的除风险基金、储备金等特定用途基金外的基金结余。

对于职工基本医疗保险基金，应当在本科目下设置"统筹基金""个人账户基金"明细科目。

一般基金结余的主要账务处理如下：

（1）期末，将各收入类科目本期发生额转入本科目，借记各收入类科目，贷记本科目。"委托投资收益"科目结转前如为借方余额，则借记本科目，贷记"委托投资收益"科目。

对于职工基本医疗保险基金，应当将"财政补贴收入"科目本期发生额以及"社会保险费收入""利息收入""上级补助收入""下级上解收入""其他收入"科目所属"统筹基金"明细科目的本期发生额转入本科目（统筹基金），借记"财政补贴收入""社会保险费 收入——统筹基金""利息收入——统筹基金""上级补助收入——统筹基金""下级上解收入——统筹基金""其他收入——统筹基金"科目，贷记本科目（统筹基金）；将"转移收入"科目本期发生额以及"社会保险费收入""利息收入""上级补助收入""下级 上解收入""其他收入"科目所属"个人账户基金"明细科目的本期发生额转入本科目（个人账户基金），借记"转移收入""社会保险费收入——个人账户基金""利息收入——个人账户基金""上级补助收入——个人账户基金""下级上解收入——个人账户基 金""其他收入——个人账户基金"科目，贷记本科目（个人账户基金）。

（2）期末，将各支出类科目本期发生额转入本科目，借记本科目，贷记各支出类科目。

对于职工基本医疗保险基金，应当将"社会保险待遇支出""上解上级支出""补助下级支出""其他支出"科目所属"统筹基金"明细科目的本期发生额转入本科目（统筹基金），借记本科目（统筹基金），贷记"社会保险待遇支出——统筹基金""上解上级支出——统筹基金""补助下级支出——统筹基金""其他支出——统筹基金"科目；将"转移支出"科目本期发生额以及"社会保险待遇支出""上解上级支出""补助下级支出""其他支出"科目所属"个人账户基金"明细科目的本期发生额转入本科目（个人账户基金），借记本科目（个人账户基金），贷记"转移支出""社会保险待遇支出——个人账户基金""上解上级支出——个人账户基金""补助下级支出——个人账户基金""其他支出——个人账户基金"科目。

（3）新型农村合作医疗基金统筹地区提取风险基金，按照提取的金额，借记本科目，贷记"风险基金结余"科目。风险基金转入一般基金结余时，按照实际划转金额，借记"风险基金结余"科目，贷记本科目。

（4）工伤保险基金提取储备金，按照提取的金额，借记本科目，贷记"储备金结余"科目。储备金转入一般基金结余时，按照实际划转金额，借记"储备金结余"科目，贷记本科目。

本科目期末贷方余额，反映期末除风险基金、储备金等特定用途基金外的基金结余。

2.3101 风险基金结余

本科目核算新型农村合作医疗基金按规定提取的风险基金。

风险基金结余的主要账务处理如下：

（1）提取风险基金，按照提取的金额，借记"一般基金结余"科目，贷记本科目。

（2）风险基金转入一般基金结余时，按照实际划转金额，借记本科目，贷记"一般基金结余"科目。

本科目期末贷方余额，反映新型农村合作医疗基金提取的风险基金累计结余。

3. 3201 储备金结余

本科目核算工伤保险基金按规定提取的储备金。

储备金结余的主要账务处理如下：

（1）提取储备金，按照提取的金额，借记"一般基金结余"科目，贷记本科目。

（2）储备金转入一般基金结余时，按照实际划转金额，借记本科目，贷记"一般基金结余"科目。

本科目期末贷方余额，反映工伤保险基金提取的储备金累计结余。

（四）收入类

1. 4001 社会保险费收入

本科目核算用人单位和个人按规定缴纳的各险种社会保险基金的保险费收入，以及其他资金（含财政资金）代参保对象缴纳的社会保险费收入。

本科目可以按照当期、预缴、清欠、补缴等不同性质的缴费收入进行明细核算。

对于职工基本医疗保险基金，应当在本科目下设置"统筹基金""个人账户基金"明细科目，分别核算计入职工基本医疗保险基金统筹基金和个人账户基金的社会保险费收入，并可在"统筹基金""个人账户基金"明细科目下按照当期、预缴、清欠、补缴等进行明细核算。

社会保险费收入的主要账务处理如下：

（1）收到用人单位和个人缴纳的保险费，按照实际收到的金额，借记"收入户存款""国库存款""财政专户存款"科目，贷记本科目。

（2）退回本年社会保险费收入，按照退回的金额，借记本科目，贷记"收入户存款""支出户存款"等科目。

（3）期末，将本科目本期发生额转入"一般基金结余"科目，借记本科目，贷记"一般基金结余"科目。

对于职工基本医疗保险基金，应当将本科目"统筹基金""个人账户基金"明细科目本期发生额分别转入"一般基金结余"科目下"统筹基金""个人账户基金"明细科目，借记本科目（统筹基金、个人账户基金），贷记"一般基金结余——统筹基金、个人账户基金"科目。

期末结账后，本科目应无余额。

2. 4101 财政补贴收入

本科目核算财政给予社会保险基金的补助、对参保人员的缴费补贴、对参保对象的待遇支出补助等。

本科目应当按照社会保险基金相关管理和财务制度的规定设置明细科目。

财政补贴收入的主要账务处理如下：

（1）收到财政补贴时，按照实际收到的金额，借记"财政专户存款"科目，贷记本科目。

（2）期末，将本科目本期发生额转入"一般基金结余"科目，借记本科目，贷记"一般基金结余"科目。对于职工基本医疗保险基金，应当将本科目本期发生额转入"一般基金结余"科目下"统筹基金"明细科目，借记本科目，贷记"一般基金结余——统筹基金"科目。

期末结账后，本科目应无余额。

3. 4102 集体补助收入

本科目核算村（社区）等集体经济组织对城乡居民基本养老保险基金参保人的补助收入。

集体补助收入的主要账务处理如下：

（1）收到集体补助收入时，按照实际收到的金额，借记"收入户存款"

等科目，贷记本科目。

（2）期末，将本科目本期发生额转入"一般基金结余"科目，借记本科目，贷记"一般基金结余"科目。

期末结账后，本科目应无余额。

4.4201 利息收入

本科目核算社会保险基金的收入户、财政专户、支出户、国库存款和企业职工、城乡居民、机关事业单位基本养老保险基金归集到上级的委托投资资金取得的存款利息收入，以及社会保险基金购买国债取得的利息收入。

本科目应当按照利息种类设置"存款利息""债券利息"明细科目。对于职工基本医疗保险基金，应当在本科目下设置"统筹基金""个人账户基金"明细科目，分别核算计入职工基本医疗保险基金统筹基金和个人账户基金的利息收入，并在"统筹基金""个人账户基金"明细科目下设置"存款利息""债券利息"明细科目。

利息收入的主要账务处理如下：

（1）收到收入户、支出户、财政专户、国库存款利息，按照实际收到的利息金额，借记"收入户存款""支出户存款""财政专户存款""国库存款"科目，贷记本科目。

（2）对于省级企业职工、城乡居民、机关事业单位基本养老保险基金，收到财政专户存款利息时，按照实际收到的利息金额，借记"财政专户存款"科目，按照财政专户存款中下级归集的委托投资资金所产生的存款利息金额，贷记"暂收款——下级归集委托投资（利息）"科目，按照归属于本级的财政专户存款利息金额，贷记本科目。

非省级企业职工、城乡居民、机关事业单位基本养老保险基金确认归集到上级的委托投资资金产生的存款利息，按照确认的金额，借记"暂付款——委托上级投资（利息）"科目，按照本级委托投资资金产生的利息金额，贷记本科目，按照下级归集的委托投资资金产生的利息金额，贷记"暂收款——下级归集委托投资（利息）"科目。

（3）收到购买的国债的利息，按照实际收到的利息金额，借记"财政专户存款"科目，贷记本科目。

（4）到期收回国债本息或按规定转让，按照实际收回或收到的金额，借记"财政专户存款"科目，按照债券账面余额，贷记"债券投资"科目，按照其差额，贷记本科目。

（5）期末，将本科目本期发生额转入"一般基金结余"科目，借记本科目，贷记"一般基金结余"科目。对于职工基本医疗保险基金，应当将本科目"统筹基金""个人账户基金"明细科目本期发生额分别转入"一般基金结余"科目下"统筹基金""个人账户基金"明细科目，借记本科目（统筹基金、个人账户基金），贷记"一般基金结余——统筹基金、个人账户基金"科目。

期末结账后，本科目应无余额。

5.4202 委托投资收益

本科目核算企业职工、城乡居民、机关事业单位基本养老保险基金按照国家有关规定，委托国家授权的投资管理机构进行投资运营所取得的净收益或发生的净损失。

委托投资收益的主要账务处理如下：

（1）省级基金收到受托机构提供的关于委托投资资金投资收益的相关通知，按照应确认的投资收益或投资损失金额，借记 或贷记"委托投资——投资收益"科目，按照本级委托投资资金形成的投资收益或投资损失金额，贷记或借记本科目，按照下级归集的委托投资资金形成的投资收益或投资损失金额，贷记或借记"暂收款——下级归集委托投资（投资收益）"科目。

（2）非省级基金收到上级关于委托投资资金投资收益的相关通知，按照应确认的投资收益或投资损失金额，借记或贷记"暂付款——委托上级投资（投资收益）"科目，按照本级委托投资资金形成的投资收益或投资损失金额，贷记或借记本科目，按照下级归集的委托投资资金形成的投资收益或投资损失金额，贷记 或借记"暂收款——下级归集委托投资（投资收益）"科目。

（3）期末，将本科目本期发生额转入"一般基金结余"科目，借记或贷记本科目，贷记或借记"一般基金结余"科目。

期末结账后，本科目应无余额。

6. 4301 转移收入

本科目核算因参保对象跨统筹地区或跨制度流动而划入的基金收入。

转移收入的主要账务处理如下：

（1）因参保对象跨统筹地区或跨制度流动而划入的基金，按照实际转入的金额，借记"收入户存款"等科目，贷记本科目。

（2）退回转移收入时，按照实际退回的金额，借记本科目，贷记"收入户存款"等科目。

（3）期末，将本科目本期发生额转入"一般基金结余"科目，借记本科目，贷记"一般基金结余"科目。对于职工基本医疗保险基金，应当将本科目本期发生额转入"一般基金结余"科目下"个人账户基金"明细科目，借记本科目，贷记"一般基金结余——个人账户基金"科目。

期末结账后，本科目应无余额。

7. 4401 上级补助收入

本科目核算下级基金接收上级基金拨付的补助收入。

对于职工基本医疗保险基金，应当在本科目下设置"统筹基金""个人账户基金"明细科目，分别核算计入职工基本医疗保险基金统筹基金、个人账户基金的上级补助收入。

上级补助收入的主要账务处理如下：

（1）收到上级基金拨付的补助资金，按照实际收到的金额，借记"收入户存款""支出户存款""财政专户存款"等科目，贷记本科目。

（2）期末，将本科目本期发生额转入"一般基金结余"科目，借记本科目，贷记"一般基金结余"科目。对于职工基本医疗保险基金，应当将本科目"统筹基金""个人账户基金"明细科目本期发生额分别转入"一般基金结余"科目下"统筹基金""个人账户基金"明细科目，借记本科目（统筹基金、个人账户基金），贷记"一般基金结余——统筹基金、个人账户基金"科目。

期末结账后，本科目应无余额。

8. 4402 下级上解收入

本科目核算上级基金接收下级基金上解的基金收入。

对于职工基本医疗保险基金，应当在本科目下设置"统筹基金""个人账户基金"明细科目，分别核算计入职工基本医疗保险基金统筹基金、个人账户基金的下级上解收入。

下级上解收入的主要账务处理如下：

（1）收到下级上解的基金收入，按照实际收到的金额，借记"收入户存款""财政专户存款"科目，贷记本科目。

（2）期末，将本科目本期发生额转入"一般基金结余"科目，借记本科目，贷记"一般基金结余"科目。对于职工基本医疗保险基金，应当将本科目"统筹基金""个人账户基金"明细科目本期发生额分别转入"一般基金结余"科目下"统筹基金""个人账户基金"明细科目，借记本科目（统筹基金、个人账户基金），贷记"一般基金结余——统筹基金、个人账户基金"科目。

期末结账后，本科目应无余额。

9. 4501 其他收入

本科目核算除社会保险费收入、财政补贴收入、集体补助收入、利息收入、委托投资收益、转移收入、上级补助收入、下级上解收入外的收入，如社会保险基金取得的滞纳金、违约金、跨年度退回或追回的社会保险待遇、公益慈善等社会经济组织和个人捐助，以及其他经统筹地区财政部门核准的收入等。

对于职工基本医疗保险基金，应当在本科目下设置"统筹基金""个人账户基金"明细科目，分别核算计入职工基本医疗保险基金统筹基金、个人账户基金的其他收入。

其他收入的主要账务处理如下：

（1）取得滞纳金、违约金、跨年度退回或追回的社会保险待遇、公益慈善等社会经济组织和个人捐助等时，按照实际收到的金额，借记"收入户存款""财政专户存款"等科目，贷记本科目。

（2）企业职工基本养老保险基金以其社会保险待遇支出抵扣参保人重复领取的城乡居民基本养老保险基金社会保险待遇支出，城乡居民基本养老保险基金按照实际收到的退回金额，借记"收入户存款"等科目，贷记本科目。

（3）因债权人等特殊原因确实无法偿付的暂收款项、借入款项，按照报经批准后确认为其他收入的金额，借记"暂收款""借入款项"科目，贷记本科目。

（4）期末，将本科目本期发生额转入"一般基金结余"科目，借记本科目，贷记"一般基金结余"科目。对于职工基本医疗保险基金，应当将本科目"统筹基金""个人账户基金"明细科目本期发生额分别转入"一般基金结余"科目下"统筹基金""个人账户基金"明细科目，借记本科目（统筹基金、个人账户基金），贷记"一般基金结余——统筹基金、个人账户基金"科目。

期末结账后，本科目应无余额。

10.4601 待转社会保险费收入

本科目核算职工基本医疗保险基金收到的尚未确定归属于统筹基金或个人账户基金的社会保险费收入。

待转社会保险费收入的主要账务处理如下：

（1）收到社会保险费收入时尚未确定归属于统筹基金或个人账户基金，按照实际收到的金额，借记"收入户存款""国库存款"等科目，贷记本科目。

（2）确定待转社会保险费收入归属后，按照确定归属的总金额，借记本科目，按照应计入统筹基金的金额，贷记"社会保险费收入——统筹基金"科目，按照应计入个人账户基金的金额，贷记"社会保险费收入——个人账户基金"科目。

（3）年末，对于未确定归属的社会保险费收入，按规定将本科目余额按经验比例划分于统筹基金和个人账户基金，按照本科目余额，借记本科目，按照划入统筹基金的金额，贷记"社会保险费收入——统筹基金"科目，按照划入个人账户基金的金额，贷记"社会保险费收入——个人账户基金"科目。

（4）上年年末按经验比例划分于统筹基金和个人账户基金的待转社会保险费收入在本年确定其划分比例时，应当按照确定的应计入"社会保险费收入——统筹基金"科目的金额大于或小于上年年末按经验比例已计入"社会保险费收入——统筹基金"科目的金额的差额，借记或贷记"一般基金结余——个人账户基金"科目，贷记或借记"一般基金结余——统筹基金"科目。

本科目月末贷方余额，反映自年初至本月末尚未确定归属于职工基本医疗保险基金统筹基金和个人账户基金的社会保险费收入。年度终了结账后，本科目应无余额。

11.4602 待转利息收入

本科目核算职工基本医疗保险基金收到的尚未确定归属于统筹基金或个人账户基金的利息收入。

待转利息收入的主要账务处理如下：

（1）收到利息收入时尚未确定归属于统筹基金或个人账户基金，按照实际收到的金额，借记"收入户存款""财政专户存款""支出户存款""国库存款"科目，贷记本科目。

（2）确定待转利息收入归属后，按照确定归属的总金额，借记本科目，按照应计入统筹基金的金额，贷记"利息收入——统筹基金"科目，按照应计入个人账户基金的金额，贷记"利息收入——个人账户基金"科目。

（3）年末，对于未确定归属的利息收入，按规定将本科目余额按经验比例划分于统筹基金和个人账户基金，按照本科目余额，借记本科目，按照划入统筹基金的金额，贷记"利息收入——统筹基金"科目，按照划入个人账户基金的金额，贷记"利息收入 ——个人账户基金"科目。

（4）上年年末按经验比例划分于统筹基金和个人账户基金的待转利息收入在本年确定其划分比例时，应当按照确定的应计入"利息收入——统筹基金"科目的金额大于或小于上年年末按 经验比例已计入"利息收入——统筹基金"科目的金额的差额，借记或贷记"一般基金结余——个人账户基金"科目，贷记或借记"一般基金结余——统筹基金"科目。

本科目月末贷方余额，反映自年初至本月末尚未确定归属于职工基本医疗保险基金统筹基金和个人账户基金的利息收入。年度终了结账后，本科目应无余额。

（五）支出类

1.5001 社会保险待遇支出

本科目核算按规定支付给社会保险对象的待遇支出，包括为特定人群缴纳社会保险费形成的支出。

本科目应当按照社会保险基金相关管理和财务制度规定设置明细科目。

（1）对于企业职工基本养老保险基金，应当在本科目下设置"基本养老金""医疗补助金""丧葬补助金和抚恤金""病残津贴"等明细科目。在"基本养老金"明细科目下设置"基础养老金""个人账户养老金""过渡性养老金""离休金""退休金""退职金""补贴"等明细科目。在"个人账户养老金"明细科目下设置"按月支付"和"一次性 支出"明细科目。

（2）对于城乡居民基本养老保险基金，应当在本科目下设置"基础养老金""个人账户养老金""丧葬补助金"等明细科目。在"个人账户养老金"明细科目下设置"按月支付"和"一次性 支出"明细科目。

（3）对于机关事业单位基本养老保险基金，应当在本科目下设置"基本养老金""丧葬补助金和抚恤金""病残津贴"等明细科目。在"基本养老金"明细科目下设置"基础养老金""个人账户养老金""过渡性养老金""退休（职）费""病退生活费""补差资金"等明细科目。在"个人账户养老金"明细科目下设置"按月支付"和"一次性支出"明细科目。

（4）对于职工基本医疗保险基金，应当在本科目下设置"统筹基金""个人账户基金"明细科目。在"统筹基金"明细科目下设置"住院费用支出""门诊大病费用支出""门诊统筹费用支出"等明细科目；生育保险与职工基本医疗保险合并实施的统筹地区，还应当在"统筹基金"明细科目下设置"生育医疗费用支出""生育津贴支出"等明细科目。在"个人 账户基金"明细科目下设置"住院费用支出""门诊费用支出""药店医药费用支出"等明细科目。

（5）对于城乡居民基本医疗保险基金，应当在本科目下设 置"住院费用支出""门诊费用支出""其他费用支出"等明细科目。

（6）对于工伤保险基金，应当在本科目下设置"工伤医疗待遇支出""伤残待遇支出""工亡待遇支出"等明细科目。

（7）对于失业保险基金，应当在本科目下设置"失业保险 金支出""基本医疗保险费支出""丧葬补助金和抚恤金支出""职业培训和职业介绍补贴支出""其他费用支出"等明细科目，"其他费用支出"明细科目核算农民合同制工人一次性生活补助金和价格临时补贴支出及国家规定的其他费用。

（8）对于生育保险基金，应当在本科目下设置"生育医疗费用支出""生育津贴支出"等明细科目。

社会保险待遇支出的主要账务处理如下：

（1）按规定支付社会保险待遇时，按照实际支付的金额，借记本科目，贷记"支出户存款"科目。对于职工、城乡居民基本医疗保险基金，经办机构收到归属本级的跨省异地就医清算通知时，按照实际支付的清算金额，借记本科目，贷记"支出户存款"等科目。

（2）退回或追回本年社会保险待遇支出，按照实际收回的金额，借记"支出户存款"等科目，贷记本科目。

（3）期末，将本科目本期发生额转入"一般基金结余"科目，借记"一般基金结余"科目，贷记本科目。对于职工基本医疗保险基金，应当将本科目"统筹基金""个人账户基金"明细科目本期发生额分别转入"一般基金结余"科目下"统筹基金""个人账户基金"明细科目，借记"一般基金结余——统筹基金、个人账户基金"科目，贷记本科目（统筹基金、个人账户基金）。

期末结账后，本科目应无余额。

2.5101 大病保险支出

本科目核算按规定从城乡居民基本医疗保险基金中划转资金用于城乡居民大病保险的支出。建立职工基本医疗保险大病保险制度的地区，从职工基本医疗保险基金划转资金用于职工大病保险的支出，参照城乡居民基本医疗保险基金，通过本科目进行核算。

大病保险支出的主要账务处理如下：

（1）从城乡居民基本医疗保险基金中划转资金用于大病保险时，按照实际支付的金额，借记本科目，贷记"支出户存款""财政专户存款"等科目。

（2）城乡居民基本医疗保险基金根据合同约定，因商业保险机构承办大病保险出现超过合同约定盈余而收到商业保险机构的盈余返还时，按照实际收到的金额，借记"收入户存款""财政专户存款"等科目，贷记本科目。

城乡居民基本医疗保险基金根据合同约定，因基本医疗保险政策调整等政策性原因使商业保险机构承办大病保险发生亏损而向商业保险机构进行补偿时，按照实际支付的金额，借记本科目，贷记"支出户存款""财政专户存款"等科目。

（3）期末，将本科目本期发生额转入"一般基金结余"科目，借记"一般基金结余"科目，贷记本科目。

期末结账后，本科目应无余额。

3. 5102 劳动能力鉴定支出

本科目核算工伤保险基金支付的劳动能力鉴定支出。

劳动能力鉴定支出的主要账务处理如下：

（1）支付劳动能力鉴定支出时，按照实际支付的金额，借记本科目，贷记"支出户存款"等科目。

（2）期末，将本科目本期发生额转入"一般基金结余"科目，借记"一般基金结余"科目，贷记本科目。

期末结账后，本科目应无余额。

4. 5103 工伤预防费用支出

本科目核算工伤保险基金用于工伤预防的宣传、培训等方面支出。

工伤预防费用支出的主要账务处理如下：

（1）支付工伤预防费用时，按照实际支付的金额，借记本科目，贷记"支出户存款"等科目。

（2）期末，将本科目本期发生额转入"一般基金结余"科目，借记"一般基金结余"科目，贷记本科目。

期末结账后，本科目应无余额。

5. 5104 稳定岗位补贴支出

本科目核算失业保险基金按规定对稳定岗位的用人单位给予的补贴支出。

稳定岗位补贴支出的主要账务处理如下：

（1）支付稳定岗位补贴支出时，按照实际支付的金额，借记本科目，贷记"支出户存款"等科目。

（2）期末，将本科目本期发生额转入"一般基金结余"科目，借记"一般基金结余"科目，贷记本科目。

期末结账后，本科目应无余额。

6.5105 技能提升补贴支出

本科目核算失业保险基金按规定对符合条件的企业职工提升技能给予的补贴支出。

技能提升补贴支出的主要账务处理如下：

（1）支付技能提升补贴支出时，按照实际支付的金额，借记本科目，贷记"支出户存款"等科目。

（2）期末，将本科目本期发生额转入"一般基金结余"科目，借记"一般基金结余"科目，贷记本科目。

期末结账后，本科目应无余额。

7.5201 转移支出

本科目核算因参保对象跨统筹地区或跨制度流动而划出的基金。

转移支出的主要账务处理如下：

（1）因参保对象跨统筹地区或跨制度流动而划出的基金，按照实际转出的金额，借记本科目，贷记"支出户存款"等科目。

（2）收到退回的转移支出时，按照实际收到的金额，借记"收入户存款""财政专户存款"等科目，贷记本科目。

（3）期末，将本科目本期发生额转入"一般基金结余"科目，借记"一般基金结余"科目，贷记本科目。对于职工基本医疗保险基金，应当将本科目本期发生额转入"一般基金结余"科目下"个人账户基金"明细科目，借记"一般基金结余——个人账户基金"科目，贷记本科目。

期末结账后，本科目应无余额。

8.5301 上解上级支出

本科目核算下级基金上解上级基金的基金支出。

对于职工基本医疗保险基金，应当在本科目下设置"统筹基金""个人账户基金"明细科目，分别核算计入职工基本医疗保险基金统筹基金、个人账户基金的上解上级支出。

上解上级支出的主要账务处理如下：

（1）向上级上解基金的支出，按照实际支付的金额，借记本科目，贷记"收入户存款""支出户存款""财政专户存款"科目。

（2）期末，将本科目本期发生额转入"一般基金结余"科目，借记"一般基金结余"科目，贷记本科目。对于职工基本医疗保险基金，应当将本科目"统筹基金""个人账户基金"明细科目本期发生额分别转入"一般基金结余"科目下"统筹基金""个人账户基金"明细科目，借记"一般基金结余——统筹基金、个人账户基金"科目，贷记本科目（统筹基金、个人账户基金）。

期末结账后，本科目应无余额。

9.5302 补助下级支出

本科目核算上级基金拨付给下级基金的基金支出。

对于职工基本医疗保险基金，应当在本科目下设置"统筹基金""个人账户基金"明细科目，分别核算计入职工基本医疗保险基金统筹基金、个人账户基金的补助下级支出。

补助下级支出的主要账务处理如下：

（1）向下级拨付补助支出，按照实际支付的金额，借记本科目，贷记"支出户存款""财政专户存款"科目。

（2）期末，将本科目本期发生额转入"一般基金结余"科目，借记"一般基金结余"科目，贷记本科目。对于职工基本医疗保险基金，应当将本科目"统筹基金""个人账户基金"明细科目本期发生额分别转入"一般基金结余"

科目下"统筹基金""个人账户基金"明细科目，借记"一般基金结余——统筹基金、个人账户基金"科目，贷记本科目（统筹基金、个人账户基金）。

期末结账后，本科目应无余额。

10.5401 其他支出

本科目核算除社会保险待遇支出、大病保险支出、劳动能力鉴定支出、工伤预防费用支出、稳定岗位补贴支出、技能提升补贴支出、转移支出、上解上级支出、补助下级支出外经国务院批准或国务院授权省级人民政府批准开支的其他非社会保险待遇性质的支出。

对于职工基本医疗保险基金，应当在本科目下设置"统筹基金""个人账户基金"明细科目，分别核算计入职工基本医疗保险基金统筹基金、个人账户基金的其他支出。

其他支出的主要账务处理如下：

（1）发生其他支出，按照报经批准后列作其他支出的金额，借记本科目，贷记相关科目。

（2）企业职工基本养老保险基金以其社会保险待遇支出抵扣参保人重复领取的城乡居民基本养老保险基金社会保险待遇支出，企业职工基本养老保险基金按照实际退回的金额，借记本科目，贷记"支出户存款"科目。

（3）退回以前年度社会保险费收入，按照实际支出的金额，借记本科目，贷记"支出户存款"科目。

（4）期末，将本科目本期发生额转入"一般基金结余"科目，借记"一般基金结余"科目，贷记本科目。对于职工基本医疗保险基金，应当将本科目"统筹基金""个人账户基金"明细科目本期发生额分别转入"一般基金结余"科目下"统筹基金""个人账户基金"明细科目，借记"一般基金结余——统筹基金、个人账户基金"科目，贷记本科目（统筹基金、个人账户基金）。

期末结账后，本科目应无余额。

四、财务报表格式

（一）财务报表汇总

如表 2-5 所示。

表 2-5　　　　　　　　　　　　　财务报表汇总表

编号	财务报表名称	编制期
会社保 01 表	资产负债表	月度、年度
会社保 02 表	收支表	月度、年度

（二）资产负债表

如表 2-6 所示。

表 2-6　　　　　　　　　　　　　　资产负债表

险种和制度：＿＿＿＿＿＿＿＿　　　　　　　　　　　　　　　　　会社保 01 表

编制单位：＿＿＿＿＿＿＿＿＿　　　　＿＿年＿＿月＿＿日　　　　　单位：元

资产	年初余额	期末余额	负债和净资产	年初余额	期末余额
一、资产：			二、负债：		
库存现金			暂收款		
收入户存款			其中：下级归集委托投资 *		
财政专户存款			异地就医资金 *		
支出户存款			借入款项		
国库存款			负债合计		
暂付款			三、净资产：		
其中：委托上级投资 *			一般基金结余		
异地就医预付金 *			（一）统筹基金 *		
债券投资			（二）个人账户基金 *		
委托投资 *			（三）待转基金 *		
			风险基金结余 *		
			储备金结余 *		
			净资产合计		
资产总计			负债与净资产总计		

注：* 标注项目为特定险种和制度社会保险基金资产负债表专用项目，非适用险种和制度社会保险基金资产负债表不予列示。其中：

"暂付款"项目下"委托上级投资"项目为企业职工、城乡居民、机关事业单位基本养老保险基金（非省级）资产负债表专用项目；本项目下"异地就医预付金"项目为职工、城乡居民基本医疗保险基金资产负债表专用项目。

"委托投资"项目为企业职工、城乡居民、机关事业单位基本养老保险基金（省级）资产负债表专用项目。

"暂收款"项目下"下级归集委托投资"项目为企业职工、城乡居民、机关事业单位基本养老保险基金资产负债表专用项目；本项目下"异地就医资金"为职工、城乡居民基本医疗保险基金资产负债表专用项目。

职工基本医疗保险基金资产负债表应当在"一般基金结余"项目下列示"统筹基金""个人账户基金""待转基金"三个明细项目。其中，"待转基金"项目，为职工基本医疗保险基金月度资产负债表专用项目，年度资产负债表中不列此项目。

"风险基金结余"项目为提取风险基金的新型农村合作医疗基金资产负债表专用项目。

"储备金结余"项目为工伤保险基金资产负债表专用项目。

（三）企业职工基本养老保险基金收支表

如表 2-7 所示。

表 2-7　　　　　　　　　　企业职工基本养老保险基金收支表

险种和制度：企业职工基本养老保险基金　　　　　　　　　　　　　会社保 02 表

编制单位：＿＿＿＿＿＿＿＿＿＿＿＿　　　＿＿年＿＿月　　　　　　　单位：元

项目	本月数	本年累计数
一、基金收入		
社会保险费收入		
财政补贴收入		
利息收入		
委托投资收益		
转移收入		
上级补助收入		
下级上解收入		
其他收入		
二、基金支出		
社会保险待遇支出		
（一）基本养老金		
1. 基础养老金		
2. 个人账户养老金		
（1）按月支付		
（2）一次性支出		
3. 过渡性养老金		

续表

项目	本月数	本年累计数
4. 离休金		
5. 退休金		
6. 退职金		
7. 补贴		
（二）医疗补助金		
（三）丧葬补助金和抚恤金		
（四）病残津贴		
转移支出		
上解上级支出		
补助下级支出		
其他支出		
三、本期基金结余		

（四）城乡居民基本养老保险基金收支表

如表 2-8 所示。

表 2-8　　　　　　　　城乡居民基本养老保险基金收支表

险种和制度：城乡居民基本养老保险基金　　　　　　　　　　　　　会社保 02 表

编制单位：_____　　　　　___年___月　　　　　　　单位：元

项目	本月数	本年累计数
一、基金收入		
社会保险费收入		
财政补贴收入		
集体补助收入		
利息收入		
委托投资收益		
转移收入		
上级补助收入		
下级上解收入		
其他收入		
二、基金支出		
社会保险待遇支出		

续表

项目	本月数	本年累计数
（一）基础养老金		
（二）个人账户养老金		
1. 按月支付		
2. 一次性支出		
（三）丧葬补助金		
转移支出		
上解上级支出		
补助下级支出		
其他支出		
三、本期基金结余		

（五）机关事业单位基本养老保险基金收支表

如表 2-9 所示。

表 2-9　　　　　　　　　机关事业单位基本养老保险基金收支表

险种和制度：机关事业单位基本养老保险基金　　　　　　　　　　　　会社保 02 表
编制单位：＿＿＿＿＿＿＿＿＿＿　　　　＿＿年＿＿月　　　　　　　　单位：元

项目	本月数	本年累计数
一、基金收入		
社会保险费收入		
财政补贴收入		
利息收入		
委托投资收益		
转移收入		
上级补助收入		
下级上解收入		
其他收入		
二、基金支出		
社会保险待遇支出		
（一）基本养老金		
1. 基础养老金		
2. 个人账户养老金		

续表

项目	本月数	本年累计数
（1）按月支付		
（2）一次性支出		
3.过渡性养老金		
4.退休（职）费		
5.病退生活费		
6.补差资金		
（二）丧葬补助金和抚恤金		
（三）病残津贴		
转移支出		
上解上级支出		
补助下级支出		
其他支出		
三、本期基金结余		

（六）职工基本医疗保险基金收支表

如表 2-10 所示。

表 2-10　　　　　　　　职工基本医疗保险基金收支表

险种和制度：职工基本医疗保险基金　　　　　　　　　　　　　会社保 02 表
编制单位：_____　　　___年___月　　　　　　单位：元

项目	本月数	本年累计数
一、统筹基金收入		
社会保险费收入		
财政补贴收入		
利息收入		
上级补助收入		
下级上解收入		
其他收入		
二、个人账户基金收入		
社会保险费收入		
利息收入		

续表

项目	本月数	本年累计数
转移收入		
上级补助收入		
下级上解收入		
其他收入		
三、统筹基金支出		
社会保险待遇支出		
（一）住院费用		
（二）门诊大病费用		
（三）门诊统筹费用		
（四）生育医疗费用 *		
（五）生育津贴 *		
大病保险支出 *		
上解上级支出		
补助下级支出		
其他支出		
四、个人账户基金支出		
社会保险待遇支出		
（一）住院费用		
（二）门诊费用		
（三）药店医药费用		
转移支出		
上解上级支出		
补助下级支出		
其他支出		
五、本期基金结余		
统筹基金结余		
个人账户基金结余		
待转基金		

注：*"生育医疗费用""生育津贴"项目为生育保险与职工基本医疗保险合并实施的地区职工基本医疗保险基金收支表专用项目。

*"大病保险支出"为建立职工基本医疗保险大病保险制度的地区职工基本医疗保险基金收支表专用项目。

（七）城乡居民基本医疗保险基金收支表

如表 2-11 所示。

表 2-11　　　　　　　　城乡居民基本医疗保险基金收支表

险种和制度：城乡居民基本医疗保险基金　　　　　　　　　　　　会社保 02 表

编制单位：_____　　　　____年___月　　　　　　　单位：元

项目	本月数	本年累计数
一、基金收入		
社会保险费收入		
财政补贴收入		
利息收入		
上级补助收入		
下级上解收入		
其他收入		
二、基金支出		
社会保险待遇支出		
（一）住院费用		
（二）门诊费用		
（三）其他费用		
大病保险支出		
上解上级支出		
补助下级支出		
其他支出		
三、本期基金结余		

注：本表适用于城镇居民基本医疗保险基金、新型农村合作医疗基金、合并实施的城乡居民基本医疗保险基金。

（八）工伤保险基金收支表

如表 2-12 所示。

表 2-12　　　　　　　　　　工伤保险基金收支表

险种和制度：工伤保险基金　　　　　　　　　　　　　　　　　会社保 02 表

编制单位：_____　　　　____年___月　　　　　　　单位：元

项目	本月数	本年累计数
一、基金收入		
社会保险费收入		

续表

项目	本月数	本年累计数
财政补贴收入		
利息收入		
上级补助收入		
下级上解收入		
其他收入		
二、基金支出		
社会保险待遇支出		
（一）工伤医疗待遇支出		
（二）伤残待遇支出		
（三）工亡待遇支出		
劳动能力鉴定支出		
工伤预防费用支出		
上解上级支出		
补助下级支出		
其他支出		
三、本期基金结余		

（九）失业保险基金收支表

如表 2-13 所示。

表 2-13　　　　　　　　　　失业保险基金收支表

险种和制度：失业保险基金　　　　　　　　　　　　　　　　会社保 02 表
编制单位：　　　　　　　　　___年___月　　　　　　　　　　单位：元

项目	本月数	本年累计数
一、基金收入		
社会保险费收入		
财政补贴收入		
利息收入		
转移收入		
上级补助收入		
下级上解收入		
其他收入		

续表

项目	本月数	本年累计数
二、基金支出		
社会保险待遇支出		
（一）失业保险金支出		
（二）基本医疗保险费支出		
（三）丧葬补助金和抚恤金支出		
（四）职业培训和职业介绍补贴支出		
（五）其他费用支出		
稳定岗位补贴支出		
技能提升补贴支出		
转移支出		
上解上级支出		
补助下级支出		
其他支出		
三、本期基金结余		

（十）生育保险基金收支表

如表 2-14 所示。

表 2-14　　　　　　　　　　　生育保险基金收支表

险种和制度：生育保险基金　　　　　　　　　　　　　　　　会社保 02 表
编制单位：　　　　　　　　　　　___年___月　　　　　　　　　　单位：元

项目	本月数	本年累计数
一、基金收入		
社会保险费收入		
财政补贴收入		
利息收入		
上级补助收入		
下级上解收入		
其他收入		
二、基金支出		
社会保险待遇支出		
（一）生育医疗费用支出		

续表

项目	本月数	本年累计数
（二）生育津贴支出		
上解上级支出		
补助下级支出		
其他支出		
三、本期基金结余		

五、财务报表编制说明

（一）资产负债表编制说明

本表反映某一会计期末（月末、年末）特定险种和制度社会保险基金全部资产、负债及净资产的构成情况。

本表"年初余额"栏各项目，应当根据上年年末资产负债表"期末余额"栏各相应项目数字填列。

本表"期末余额"栏各项目，其内容和填列方法如下：

（1）"库存现金"项目，反映社会保险基金期末库存现金余额。本项目应当根据"库存现金"科目期末借方余额填列。

（2）"收入户存款"项目，反映社会保险基金期末收入户存款余额。本项目应当根据"收入户存款"科目期末借方余额填列。

（3）"财政专户存款"项目，反映社会保险基金期末财政专户存款余额。本项目应当根据"财政专户存款"科目期末借方余额填列。

（4）"支出户存款"项目，反映社会保险基金期末支出户存款余额。本项目应当根据"支出户存款"科目期末借方余额填列。

（5）"国库存款"项目，反映社会保险基金期末税务机关征收的存入国库、尚未转入财政专户的社会保险费余额。本项目应当根据"国库存款"科目期末借方余额填列。

（6）"暂付款"项目，反映社会保险基金期末尚未结清的暂付、应收款项。本项目应当根据"暂付款"科目期末借方余额填列。

本项目下"委托上级投资"项目反映期末非省级企业职工、城乡居民、机关事业单位基本养老保险基金归集到上级的委托投资资金余额，应当根据"暂付款——委托上级投资"明细科目期末借方余额填列。

本项目下"异地就医预付金"项目反映期末职工、城乡居民基本医疗保险基金预付就医省的预付金余额，应当根据"暂付款——异地就医预付金"明细科目借方余额填列。

（7）"债券投资"项目，反映社会保险基金期末持有的国债的账面余额。本项目应当根据"债券投资"科目期末借方余额填列。

（8）"委托投资"项目，反映省级企业职工、城乡居民、机关事业单位基本养老保险基金期末委托投资资金的本金及投资收益余额。本项目应当根据"委托投资"科目期末借方余额填列。

（9）"资产总计"项目，反映社会保险基金期末资产的合计数。本项目应当根据本表中"库存现金""收入户存款""财政专户存款""支出户存款""国库存款""暂付款""债券投资""委托投资"项目金额的合计数填列。

（10）"暂收款"项目，反映社会保险基金期末尚未偿付或结清的暂收款项。本项目应当根据"暂收款"科目期末贷方余额填列。

本项目下"下级归集委托投资"项目反映期末企业职工、城乡居民、机关事业单位基本养老保险基金收到下级归集的委托投资资金余额，应当根据"暂收款——下级归集委托投资"明细科目期末贷方余额填列。

本项目下"异地就医资金"项目反映期末职工、城乡居民基本医疗保险基金就医地区收到的跨省异地就医预付金和清算资金余额，应当根据"暂收款——异地就医资金"明细科目贷方余额填列。

（11）"借入款项"项目，反映社会保险基金期末尚未偿付的借入款项。

本项目应当根据"借入款项"科目期末贷方余额填列。

（12）"负债合计"项目，反映社会保险基金期末负债的合计数。本项目应当根据本表中"暂收款""借入款项"项目金额的合计数填列。

（13）"一般基金结余"项目，反映社会保险基金期末历年累积的基金收支相抵后的除风险基金、储备金等特定用途基金外的基金结余。本项目应当根据"一般基金结余"科目期末贷方余额填列。

本项目下"统筹基金"项目，反映期末职工基本医疗保险基金的统筹基金结余。本项目应当根据"一般基金结余——统筹基金"科目期末贷方余额填列。

本项目下"个人账户基金"项目，反映期末职工基本医疗保险基金个人账户基金结余。本项目应当根据"一般基金结余——个人账户基金"科目期末贷方余额填列。

本项目下"待转基金"项目，反映自年初起至本会计期末职工基本医疗保险基金取得的尚未确定归属于统筹基金或个人账户基金的社会保险费收入和利息收入总额。本项目应当根据"待转社会保险费收入""待转利息收入"科目期末贷方余额合计填列。本项目在年度资产负债表中不予列示。

（14）"风险基金结余"项目，反映期末新型农村合作医疗基金统筹地区已提取的风险基金余额。本项目应当根据"风险基金结余"科目期末贷方余额填列。

（15）"储备金结余"项目，反映期末工伤保险基金已提取的储备金余额。本项目应当根据"储备金结余"科目期末贷方余额填列。

（16）"净资产合计"项目，反映社会保险基金期末净资产的合计数。本项目应当根据本表中"一般基金结余""风险基金结余""储备金结余"项目金额的合计数填列。

（17）"负债与净资产总计"项目，反映社会保险基金期末负债和净资产的合计数。本项目应当根据本表中"负债合计""净资产合计"项目金额的合计数填列。

（二）收支表编制说明

本表反映某一会计期间（月度、年度）特定险种和制度社会保险基金所有收入、支出以及本期收入、支出相抵后的基金结余情况。

本表"本月数"栏反映各项目的本月发生数，根据不同险种和制度，其内容和填列方法如下：

1. 企业职工基本养老保险基金

（1）"基金收入"项目，反映本月企业职工基本养老保险基金收入总额。本项目应当根据本表中"社会保险费收入""财政补贴收入""利息收入""委托投资收益""转移收入""上级补助收入""下级上解收入""其他收入"等项目金额加总计算填列。

（2）"社会保险费收入"项目，反映本月企业职工基本养老保险基金社会保险费收入总额。本项目应当根据"社会保险费收入"科目本月贷方发生额减去借方发生额后的净额填列。

（3）"财政补贴收入"项目，反映本月企业职工基本养老保险基金收到的财政补贴收入总额。本项目应当根据"财政补贴收入"科目本月贷方发生额填列。

（4）"利息收入"项目，反映本月企业职工基本养老保险基金取得的收入户、财政专户、支出户、国库存款和归集到上级的委托投资资金取得的存款利息收入，以及购买国债取得的利息收入。本项目应当根据"利息收入"科目本月贷方发生额填列。

（5）"委托投资收益"项目，反映企业职工基本养老保险基金按照国家有关规定委托国家授权的投资管理机构进行投资运营本月所取得的净收益或发生的净损失。本项目应当根据"委托投资收益"科目本月贷方发生额减去借方发生额后的净额填列；净额为负数时，以"－"填列。

（6）"转移收入"项目，反映本月企业职工基本养老保险基金因参保对象跨统筹地区或跨制度流动而划入的收入总额。本项目应当根据"转移收入"科目本月贷方发生额减去借方发生额后的净额填列。

（7）"上级补助收入"项目，反映本月企业职工基本养老保险基金收到的上级补助收入总额。本项目应当根据"上级补助收入"科目本月贷方发生额填列。

（8）"下级上解收入"项目，反映本月企业职工基本养老保险基金收到的下级上解收入总额。本项目应当根据"下级上解收入"科目本月贷方发生额填列。

（9）"其他收入"项目，反映本月企业职工基本养老保险基金取得的其他收入总额。本项目应当根据"其他收入"科目本月贷方发生额填列。

（10）"基金支出"项目，反映本月企业职工基本养老保险基金社会保险基金支出总额。本项目应当根据本表中"社会保险待遇支出""转移支出""上解上级支出""补助下级支出""其他支出"等项目金额加总计算填列。

（11）"社会保险待遇支出"项目，反映本月企业职工基本养老保险基金按规定支付的社会保险待遇支出总额。本项目应当根据"社会保险待遇支出"科目本月借方发生额减去贷方发生额后 的净额填列。本项目下各明细项目应当根据"社会保险待遇支出"科目下对应明细科目的本月借方发生额减去贷方发生额后的净额填列。

（12）"转移支出"项目，反映本月企业职工基本养老保险基金因参保对象跨统筹地区或跨制度流动而划出的基金总额。本项目应当根据"转移支出"科目本月借方发生额减去贷方发生额后的净额填列。

（13）"上解上级支出"项目，反映本月企业职工基本养老保险基金上解上级的支出总额。本项目应当根据"上解上级支出"科目本月借方发生额填列。

（14）"补助下级支出"项目，反映本月企业职工基本养老保险基金拨付给下级的补助支出总额。本项目应当根据"补助下级支出"科目本月借方发生额填列。

（15）"其他支出"项目，反映本月企业职工基本养老保险基金发生其他支出总额。本项目应当根据"其他支出"科目本月借方发生额填列。

（16）"本期基金结余"项目，反映本月企业职工基本养老保险基金收入扣除基金支出的基金结余。本项目应当根据本表中"基金收入"项目金额减去"基金支出"项目金额后的差额填列。

2. 城乡居民基本养老保险基金

（1）"基金收入"项目，反映本月城乡居民基本养老保险基金收入总额。本项目应当根据本表中"社会保险费收入""财政补贴收入""集体补助收入""利息收入""委托投资收益""转移收入""上级补助收入""下级上解收入""其他收入"等项目金额加总计算填列。

（2）"社会保险费收入"项目，反映本月城乡居民基本养老保险基金社会保险费收入总额。本项目应当根据"社会保险费收入"科目本月贷方发生额减去借方发生额后的净额填列。

（3）"财政补贴收入"项目，反映本月城乡居民基本养老保险基金收到的财政补贴收入总额。本项目应当根据"财政补贴收入"科目本月贷方发生额填列。

（4）"集体补助收入"项目，反映本月城乡居民基本养老保险基金收到的村（社区）等集体经济组织的补助收入总额。本项目应当根据"集体补助收入"科目本月贷方发生额填列。

（5）"利息收入"项目，反映本月城乡居民基本养老保险基金取得的收入户、财政专户、支出户、国库存款和归集到上级的委托投资资金取得的存款利息收入，以及购买国债取得的利息收入。本项目应当根据"利息收入"科目本月贷方发生额填列。

（6）"委托投资收益"项目，反映城乡居民基本养老保险基金按照国家有关规定委托国家授权的投资管理机构进行投资运营本月所取得的净收益或发生的净损失。本项目应当根据"委托投资收益"科目本月贷方发生额减去借方发生额后的净额填列；净额为负数时，以"－"填列。

（7）"转移收入"项目，反映本月城乡居民基本养老保险基金因参保对象跨统筹地区或跨制度流动而划入的收入总额。本项目应当根据"转移收入"科目本月贷方发生额减去借方发生额后的净额填列。

（8）"上级补助收入"项目，反映本月城乡居民基本养老保险基金收到的上级补助收入总额。本项目应当根据"上级补助收入"科目本月贷方发生额填列。

（9）"下级上解收入"项目，反映本月城乡居民基本养老保险基金收到的下级上解收入总额。本项目应当根据"下级上解收入"科目本月贷方发生额填列。

（10）"其他收入"项目，反映本月城乡居民基本养老保险基金取得的其他收入总额。本项目应当根据"其他收入"科目本月贷方发生额填列。

（11）"基金支出"项目，反映本月城乡居民基本养老保险基金社会保险基金支出总额。本项目应当根据本表中"社会保险待遇支出""转移支出""上解上级支出""补助下级支出""其他支出"等项目金额加总计算填列。

（12）"社会保险待遇支出"项目，反映本月城乡居民基本养老保险基金按规定支付的社会保险待遇支出总额。本项目应当根据"社会保险待遇支出"科目本月借方发生额减去贷方发生额后的净额填列。本项目下各明细项目应当根据"社会保险待遇支出"科目下对应明细科目的本月借方发生额减去贷方发生额后的净额填列。

（13）"转移支出"项目，反映本月城乡居民基本养老保险基金因参保对象跨统筹地区或跨制度流动而划出的基金总额。本项目应当根据"转移支出"科目本月借方发生额减去贷方发生额后的净额填列。

（14）"上解上级支出"项目，反映本月城乡居民基本养老保险基金上解上级的支出总额。本项目应当根据"上解上级支出"科目本月借方发生额填列。

（15）"补助下级支出"项目，反映本月城乡居民基本养老保险基金拨付给下级的补助支出总额。本项目应当根据"补助下级支出"科目本月借方发生额填列。

（16）"其他支出"项目，反映本月城乡居民基本养老保险基金发生其他支出总额。本项目应当根据"其他支出"科目本月借方发生额填列。

（17）"本期基金结余"项目，反映本月城乡居民基本养老保险基金收入扣除基金支出的基金结余。本项目应当根据本表中"基金收入"项目金额减去"基金支出"项目金额后的差额填列。

3. 机关事业单位基本养老保险基金

（1）"基金收入"项目，反映本月机关事业单位基本养老保险基金收入总额。本项目应当根据本表中"社会保险费收入""财政补贴收入""利息收入""委托投资收益""转移收入""上级补助收入""下级上解收入""其他收入"等项目金额加总计算填列。

（2）"社会保险费收入"项目，反映本月机关事业单位基本养老保险基金社会保险费收入总额。本项目应当根据"社会保险费收入"科目本月贷方发生额减去借方发生额后的净额填列。

（3）"财政补贴收入"项目，反映本月机关事业单位基本养老保险基金收到的财政补贴收入总额。本项目应当根据"财政补贴收入"科目本月贷方发生额填列。

（4）"利息收入"项目，反映本月机关事业单位基本养老保险基金取得的收入户、财政专户、支出户、国库存款和归集到上级的委托投资资金取得的存款利息收入，以及购买国债取得的利息收入。本项目应当根据"利息收入"科目本月贷方发生额填列。

（5）"委托投资收益"项目，反映机关事业单位基本养老保险基金按照国家有关规定委托国家授权的投资管理机构进行投资运营本月所取得的净收益或发生的净损失。本项目应当根据"委托投资收益"科目本月贷方发生额减去借方发生额后的净额填列；净额为负数时，以"－"填列。

（6）"转移收入"项目，反映本月机关事业单位基本养老保险基金因参保对象跨统筹地区或跨制度流动而划入的收入总额。本项目应当根据"转移收入"科目本月贷方发生额减去借方发生额后的净额填列。

（7）"上级补助收入"项目，反映本月机关事业单位基本养老保险基金收到的上级补助收入总额。本项目应当根据"上级补助收入"科目本月贷方发生额填列。

（8）"下级上解收入"项目，反映本月机关事业单位基本养老保险基金收到的下级上解收入总额。本项目应当根据"下级上解收入"科目本月贷方发生额填列。

（9）"其他收入"项目，反映本月机关事业单位基本养老保险基金取得的其他收入总额。本项目应当根据"其他收入"科目本月贷方发生额填列。

（10）"基金支出"项目，反映本月机关事业单位基本养老保险基金支出总额。本项目应当根据本表中"社会保险待遇支出""转移支出""上解上级支出""补助下级支出""其他支出"等项目金额加总计算填列。

（11）"社会保险待遇支出"项目，反映本月机关事业单位基本养老保险基金按规定支付的社会保险待遇支出总额。本项目应当根据"社会保险待遇支出"科目本月借方发生额减去贷方发生额后的净额填列。本项目下各明细项目应当根据"社会保险待遇支出"科目下对 应明细科目的本月借方发生额减去贷方发生额后的净额填列。

（12）"转移支出"项目，反映本月机关事业单位基本养老保险基金因参保对象跨统筹地区或跨制度流动而划出的基金总额。本项目应当根据"转移支出"科目本月借方发生额减去贷方发生额后的净额填列。

（13）"上解上级支出"项目，反映本月机关事业单位基本养老保险基金上解上级的支出总额。本项目应当根据"上解上级支出"科目本月借方发生额填列。

（14）"补助下级支出"项目，反映本月机关事业单位基本养老保险基金拨付给下级的补助支出总额。本项目应当根据"补助下级支出"科目本月借方发生额填列。

（15）"其他支出"项目，反映本月机关事业单位基本养老保险基金发生其他支出总额。本项目应当根据"其他支出"科目本月借方发生额填列。

（16）"本期基金结余"项目，反映本月机关事业单位基本养老保险基金收入扣除基金支出的基金结余。本项目应当根据本表中"基金收入"项目金额减去"基金支出"项目金额后的差额填列。

4. 职工基本医疗保险基金

（1）"统筹基金收入"项目，反映本月职工基本医疗保险基金统筹基金的收入总额。本项目应当根据本表中"社会保险费收入""财政补贴收入""利息收入""上级补助收入""下级上解收入""其他收入"项目金额加总计算填列。

①"社会保险费收入"项目，反映本月职工基本医疗保险基金计入统筹基金的社会保险费收入总额。本项目应当根据"社会保险费收入——统筹基金"科目本月贷方发生额减去借方发生额后的净额填列。

②"财政补贴收入"项目，反映本月职工基本医疗保险基金取得的财政补贴收入总额。本项目应当根据"财政补贴收入"科目本月贷方发生额填列。

③"利息收入"项目，反映本月职工基本医疗保险基金计入统筹基金的利息收入总额。本项目应当根据"利息收入——统筹基金"科目本月贷方发生额填列。

④"上级补助收入"项目，反映本月职工基本医疗保险基金计入统筹基

金的上级补助收入总额。本项目应当根据"上级补助收入——统筹基金"科目本月贷方发生额填列。

⑤"下级上解收入"项目，反映本月职工基本医疗保险基金计入统筹基金的下级上解收入总额。本项目应当根据"下级上解收入——统筹基金"科目本月贷方发生额填列。

⑥"其他收入"项目，反映本月职工基本医疗保险基金计入统筹基金的其他收入总额。本项目应当根据"其他收入——统筹基金"科目本月贷方发生额填列。

（2）"个人账户基金收入"项目反映本月职工基本医疗保险基金个人账户基金的收入总额。本项目应当根据本表中"社会保险费收入""利息收入""转移收入""上级补助收入""下级上解收入""其他收入"项目金额加总计算填列。

①"社会保险费收入"项目，反映本月职工基本医疗保险基金计入个人账户基金的社会保险费收入总额。本项目应当根据"社会保险费收入——个人账户基金"科目本月贷方发生额减去借方发生额后的净额填列。

②"利息收入"项目，反映本月职工基本医疗保险基金计入个人账户基金的利息收入总额。本项目应当根据"利息收入——个人账户基金"科目本月贷方发生额填列。

③"转移收入"项目，反映本月职工基本医疗保险基金的转移收入总额。本项目应当根据"转移收入"科目本月贷方发生额减去借方发生额后的净额填列。

④"上级补助收入"项目，反映本月职工基本医疗保险基金计入个人账户基金的上级补助收入总额。本项目应当根据"上级补助收入——个人账户基金"科目本月贷方发生额填列。

⑤"下级上解收入"项目，反映本月职工基本医疗保险基金计入个人账户基金的下级上解收入总额。本项目应当根据"下级上解收入——个人账户

基金"科目本月贷方发生额填列。

⑥"其他收入"项目，反映本月职工基本医疗保险基金计入个人账户基金的其他收入总额。本项目应当根据"其他收入——个人账户基金"科目本月贷方发生额填列。

（3）"统筹基金支出"项目反映本月职工基本医疗保险基金统筹基金的支出总额。本项目应当根据本表中"社会保险待遇支出""大病保险支出""上解上级支出""补助下级支出""其他支出"项目金额加总计算填列。

①"社会保险待遇支出"项目反映本月职工基本医疗保险基金计入统筹基金的社会保险待遇支出总额。本项目应当根据"社会保险待遇支出——统筹基金"科目本月借方发生额减去贷方发生额后的净额填列。

"社会保险待遇支出"项目下的"住院费用""门诊大病费用""门诊统筹费用"项目应当分别根据"社会保险待遇支出——统筹基金"科目下对应明细科目的本月借方发生额减去贷方发生额后的净额填列。"社会保险待遇支出"项目下的"生育医疗费用""生育津贴"项目为生育保险与职工基本医疗保险合并实施的地区专用项目，应当分别根据"社会保险待遇支出——统筹基金"科目下对应明细科目的本月借方发生额减去贷方发生额后的净额填列。

②"大病保险支出"项目为建立职工基本医疗保险大病保险制度的地区专用项目，应当根据"大病保险支出"科目的本月借方发生额填列。

③"上解上级支出"项目，反映本月职工基本医疗保险基金计入统筹基金的上解上级支出总额。本项目应当根据"上解上级支出——统筹基金"科目本月借方发生额填列。

④"补助下级支出"项目，反映本月职工基本医疗保险基金计入统筹基金的补助下级支出总额。本项目应当根据"补助下级支出——统筹基金"科目本月借方发生额填列。

⑤"其他支出"项目，反映本月职工基本医疗保险基金计入统筹基金的其他支出总额。本项目应当根据"其他支出——统筹基金"科目本月借方发

生额填列。

（4）"个人账户基金支出"项目反映本月职工基本医疗保险基金个人账户基金的支出总额。本项目应当根据本表中"社会保险待遇支出""转移支出""上解上级支出""补助下级支出""其他支出"项目金额加总计算填列。

①"社会保险待遇支出"项目，反映本月职工基本医疗保险基金计入个人账户基金的社会保险待遇支出总额。本项目应当根据"社会保险待遇支出——个人账户基金"科目本月借方发生额减去贷方发生额后的净额填列。

"社会保险待遇支出"项目下的"住院费用""门诊费用""药店医药费用"项目应当分别根据"社会保险待遇支出——个人账户基金"科目下对应明细科目的本月借方发生额减去贷方发生额后的净额填列。

②"转移支出"项目，反映本月职工基本医疗保险基金发生的转移支出总额。本项目应当根据"转移支出"科目本月借方发生额减去贷方发生额后的净额填列。

③"上解上级支出"项目，反映本月职工基本医疗保险基金计入个人账户基金的上解上级支出总额。本项目应当根据"上解上级支出——个人账户基金"科目本月借方发生额填列。

④"补助下级支出"项目，反映本月职工基本医疗保险基金计入个人账户基金的补助下级支出总额。本项目应当根据"补助下级支出——个人账户基金"科目本月借方发生额填列。

⑤"其他支出"项目，反映本月职工基本医疗保险基金计入个人账户基金的其他支出总额。本项目应当根据"其他支出——个人账户基金"科目本月借方发生额填列。

（5）"本期基金结余"项目，反映本月职工基本医疗保险基金结余总额。本项目应当根据本表中"统筹基金结余""个人账户基金结余""待转基金"项目金额加总计算填列。

①"统筹基金结余"项目，反映本月职工基本医疗保险基金统筹基金收

入扣除统筹基金支出的基金结余。本项目应当根据本表中"统筹基金收入"项目金额减去"统筹基金支出"项目金额后的差额填列。

②"个人账户基金结余"项目，反映本月职工基本医疗保险基金个人账户基金收入扣除个人账户基金支出的基金结余。本项目应当根据本表中"个人账户基金收入"项目金额减去"个人账户基金支出"项目金额后的差额填列。

③"待转基金"项目，反映期末（指 1 至 11 月份）尚未确定归属于职工基本医疗保险统筹基金或个人账户基金的待转医疗保险费收入和尚未分配计入职工基本医疗保险统筹基金和个人账户基金的利息收入，本项目应根据"待转保险费收入""待转利息收入"科目期末余额合计填列。本项目在年度收支表中不予列示。

5. 城乡居民基本医疗保险基金

（1）"基金收入"项目，反映本月城乡居民基本医疗保险基金基金收入总额。本项目应当根据本表中"社会保险费收入""财政补贴收入""利息收入""上级补助收入""下级上解收入""其他收入"等项目金额加总计算填列。

（2）"社会保险费收入"项目，反映本月城乡居民基本医疗保险基金社会保险费收入总额。本项目应当根据"社会保险费收入"科目本月贷方发生额减去借方发生额后的净额填列。

（3）"财政补贴收入"项目，反映本月城乡居民基本医疗保险基金收到的财政补贴收入总额。本项目应当根据"财政补贴收入"科目本月贷方发生额填列。

（4）"利息收入"项目，反映本月城乡居民基本医疗保险基金取得的收入户、财政专户、支出户存款和国库存款的利息收入，以及购买国债取得的利息收入。本项目应当根据"利息收入"科目本月贷方发生额填列。

（5）"上级补助收入"项目，反映本月城乡居民基本医疗保险基金收到的上级补助收入总额。本项目应当根据"上级补助收入"科目本月贷方发生额填列。

（6）"下级上解收入"项目，反映本月城乡居民基本医疗保险基金收到的下级上解收入总额。本项目应当根据"下级上解收入"科目本月贷方发生额填列。

（7）"其他收入"项目，反映本月城乡居民基本医疗保险基金取得的其他收入总额。本项目应当根据"其他收入"科目本月贷方发生额填列。

（8）"基金支出"项目，反映本月城乡居民基本医疗保险基金基金支出总额。本项目应当根据本表中"社会保险待遇支出""大病保险支出""上解上级支出""补助下级支出""其他支出"等项目金额加总计算填列。

（9）"社会保险待遇支出"项目，反映本月城乡居民基本医疗保险基金按规定支付的社会保险待遇支出总额。本项目应当根据"社会保险待遇支出"科目本月借方发生额减去贷方发生额后的净额填列。本项目下各明细项目应当根据"社会保险待遇支出"科目下对应明细科目的本月借方发生额减去贷方发生额后的净额填列。

（10）"大病保险支出"项目，反映本月城乡居民基本医疗保险基金划转资金用于大病保险的支出总额。本项目应当根据"大病保险支出"科目本月借方发生额填列。

（11）"上解上级支出"项目，反映本月城乡居民基本医疗保险基金上解上级的支出总额。本项目应当根据"上解上级支出"科目本月借方发生额填列。

（12）"补助下级支出"项目，反映本月城乡居民基本医疗保险基金拨付给下级的补助支出总额。本项目应当根据"补助下级支出"科目本月借方发生额填列。

（13）"其他支出"项目，反映本月城乡居民基本医疗保险基金发生其他支出总额。本项目应当根据"其他支出"科目本月借方发生额填列。

（14）"本期基金结余"项目，反映本月城乡居民基本医疗保险基金基金收入扣除基金支出的基金结余。本项目应当根据本表中"基金收入"项目金额减去"基金支出"项目金额后的差额填列。

6. 工伤保险基金

（1）"基金收入"项目，反映本月工伤保险基金基金收入总额。本项目应当根据本表中"社会保险费收入""财政补贴收入""利息收入""上级补助收入""下级上解收入""其他收入"等项目金额加总计算填列。

（2）"社会保险费收入"项目，反映本月工伤保险基金社会保险费收入总额。本项目应当根据"社会保险费收入"科目本月贷方发生额减去借方发生额后的净额填列。

（3）"财政补贴收入"项目，反映本月工伤保险基金收到的财政补贴收入总额。本项目应当根据"财政补贴收入"科目本月贷方发生额填列。

（4）"利息收入"项目，反映本月工伤保险基金取得的收入户、财政专户、支出户存款和国库存款的利息收入，以及购买国债取得的利息收入。本项目应当根据"利息收入"科目本月贷方发生额填列。

（5）"上级补助收入"项目，反映本月工伤保险基金收到的上级补助收入总额。本项目应当根据"上级补助收入"科目本月贷方发生额填列。

（6）"下级上解收入"项目，反映本月工伤保险基金收到的下级上解收入总额。本项目应当根据"下级上解收入"科目本月贷方发生额填列。

（7）"其他收入"项目，反映本月工伤保险基金取得的其他收入总额。本项目应当根据"其他收入"科目本月贷方发生额填列。

（8）"基金支出"项目，反映本月工伤保险基金基金支出总额。本项目应当根据本表中"社会保险出"等项目金额加总计算填列。

（9）"社会保险待遇支出"项目，反映本月工伤保险基金按规定支付的社会保险待遇支出总额。本项目应当根据"社会保险待遇支出"科目本月借方发生额减去贷方发生额后的净额填列。本项目下各明细项目应当根据"社会保险待遇支出"科目下对应明细科目的本月借方发生额减去贷方发生额后的净额填列。

（10）"劳动能力鉴定支出"项目，反映本月工伤保险基金支出的劳动能力鉴定支出总额。本项目应当根据"劳动能力鉴定支出"科目本月借方发生额填列。

（11）"工伤预防费用支出"项目，反映本月工伤保险基金支出的工伤预防费用总额。本项目应当根据"工伤预防费用支出"科目本月借方发生额填列。

（12）"上解上级支出"项目，反映本月工伤保险基金上解上级的支出总额。本项目应当根据"上解上级支出"科目本月借方发生额填列。

（13）"补助下级支出"项目，反映本月工伤保险基金拨付给下级的补助支出总额。本项目应当根据"补助下级支出"科目本月借方发生额填列。

（14）"其他支出"项目，反映本月工伤保险基金发生其他支出总额。本项目应当根据"其他支出"科目本月借方发生额填列。

（15）"本期基金结余"项目，反映本月工伤保险基金基金收入扣除基金支出的基金结余。本项目应当根据本表中"基金收入"项目金额减去"基金支出"项目金额后的差额填列。

7. 失业保险基金

（1）"基金收入"项目，反映本月失业保险基金收入总额。本项目应当根据本表中"社会保险费收入""财政补贴收入""利息收入""转移收入""上级补助收入""下级上解收入""其他收入"等项目金额加总计算填列。

（2）"社会保险费收入"项目，反映本月失业保险基金社会保险费收入总额。本项目应当根据"社会保险费收入"科目本月贷方发生额减去借方发生额后的净额填列。

（3）"财政补贴收入"项目，反映本月失业保险基金收到的财政补贴收入总额。本项目应当根据"财政补贴收入"科目本月贷方发生额填列。

（4）"利息收入"项目，反映本月失业保险基金取得的收入户、财政专户、支出户存款和国库存款的利息收入，以及购买国债取得的利息收入。本项目应当根据"利息收入"科目本月贷方发生额填列。

（5）"转移收入"项目，反映本月失业保险基金因参保对象跨统筹地区或跨制度流动而划入的收入总额。本项目应当根据"转移收入"科目本月贷方发生额减去借方发生额后的净额填列。

（6）"上级补助收入"项目，反映本月失业保险基金收到的上级补助收入总额。本项目应当根据"上级补助收入"科目本月贷方发生额填列。

（7）"下级上解收入"项目，反映本月失业保险基金收到的下级上解收入总额。本项目应当根据"下级上解收入"科目本月贷方发生额填列。

（8）"其他收入"项目，反映本月失业保险基金取得的其他收入总额。本项目应当根据"其他收入"科目本月贷方发生额填列。

（9）"基金支出"项目，反映本月失业保险基金支出总额。本项目应当根据本表中"社会保险待遇支出""稳定岗位补贴支出""技能提升补贴支出""转移支出""上解上级支出""补助下级支出""其他支出"等项目金额加总计算填列。

（10）"社会保险待遇支出"项目，反映本月失业保险基金按规定支付的社会保险待遇支出总额。本项目应当根据"社会保险待遇支出"科目本月借方发生额减去贷方发生额后的净额填列。本项目下各明细项目应当根据"社会保险待遇支出"科目下对应明细科目的本月借方发生额减去贷方发生额后的净额填列。

（11）"稳定岗位补贴支出"项目，反映本月失业保险基金支付的稳定岗位补贴总额。本项目应当根据"稳定岗位补贴支出"科目本月借方发生额填列。

（12）"技能提升补贴支出"项目，反映本月失业保险基金支付的技能提升补贴总额。本项目应当根据"技能提升补贴支出"科目本月借方发生额填列。

（13）"转移支出"项目，反映本月失业保险基金因参保对象跨统筹地区或跨制度流动而划出的基金总额。本项目应当根据"转移支出"科目本月借方发生额减去贷方发生额后的净额填列。

（14）"上解上级支出"项目，反映本月失业保险基金上解上级的支出总额。本项目应当根据"上解上级支出"科目本月借方发生额填列。

（15）"补助下级支出"项目，反映本月失业保险基金拨付给下级的补助支出总额。本项目应当根据"补助下级支出"科目本月借方发生额填列。

（16）"其他支出"项目，反映本月失业保险基金发生其他支出总额。本项目应当根据"其他支出"科目本月借方发生额填列。

（17）"本期基金结余"项目，反映本月失业保险基金收入扣除基金支出的基金结余。本项目应当根据本表中"基金收入"项目金额减去"基金支出"项目金额后的差额填列。

8. 生育保险基金

（1）"基金收入"项目，反映本月生育保险基金基金收入总额。本项目应当根据本表中"社会保险费收入""财政补贴收入""利息收入""上级补助收入""下级上解收入""其他收入"等项目金额加总计算填列。

（2）"社会保险费收入"项目，反映本月生育保险基金社会保险费收入总额。本项目应当根据"社会保险费收入"科目本月贷方发生额减去借方发生额后的净额填列。

（3）"财政补贴收入"项目，反映本月生育保险基金收到的财政补贴收入总额。本项目应当根据"财政补贴收入"科目本月贷方发生额填列。

（4）"利息收入"项目，反映本月生育保险基金取得的收入户、财政专户、支出户存款和国库存款的利息收入，以及购买国债取得的利息收入。本项目应当根据"利息收入"科目本月贷方发生额填列。

（5）"上级补助收入"项目，反映本月生育保险基金收到的上级补助收入总额。本项目应当根据"上级补助收入"科目本月贷方发生额填列。

（6）"下级上解收入"项目，反映本月生育保险基金收到的下级上解收入总额。本项目应当根据"下级上解收入"科目本月贷方发生额填列。

（7）"其他收入"项目，反映本月生育保险基金取得的其他收入总额。本项目应当根据"其他收入"科目本月贷方发生额填列。

（8）"基金支出"项目，反映本月生育保险基金支出总额。本项目应当根据本表中"社会保险待遇支出""上解上级支出""补助下级支出""其他支出"等项目金额加总计算填列。

（9）"社会保险待遇支出"项目，反映本月生育保险基金按规定支付的社会保险待遇支出总额。本项目应当根据"社会保险待遇支出"科目本月借方发生额减去贷方发生额后的净额填列。本项目下各明细项目应当根据"社会保险待遇支出"科目下对应明细科目的本月借方发生额减去贷方发生额后的净额填列。

（10）"上解上级支出"项目，反映本月生育保险基金上解上级的支出总额。本项目应当根据"上解上级支出"科目本月借方发生额填列。

（11）"补助下级支出"项目，反映本月生育保险基金拨付给下级的补助支出总额。本项目应当根据"补助下级支出"科目本月借方发生额填列。

（12）"其他支出"项目，反映本月生育保险基金发生其他支出总额。本项目应当根据"其他支出"科目本月借方发生额填列。

（13）"本期基金结余"项目，反映本月生育保险基金收入扣除基金支出的基金结余。本项目应当根据本表中"基金收入"项目金额减去"基金支出"项目金额后的差额填列。

本表"本年累计数"栏反映各项目自年初起至本会计期末止的累计发生数。本项目应当根据各项目自年初起至本会计期末止的累计发生额填列。

编制年度收支表时，应当将"本月数"栏改为"本年数"栏，将"本年累计数"栏改为"上年数"栏，"本年数"栏各项目填列本年度相应项目的累计发生数,"上年数"栏各项目应当根据上年度收支表"本年数"栏相应项目数字填列。

(三)附注

附注是社会保险基金财务报表的重要组成部分,由经办机构根据社会保险基金相关管理和财务制度要求编制,所披露的信息应当包括但不限于:

(1)财务报表列示的重要项目的进一步说明,包括其主要构成、增减变动情况等。

(2)未能在财务报表中列示项目的说明。

(3)债券投资情况的说明。

(4)委托投资情况的说明。

(5)国家政策和会计政策变动对财务报表影响的说明。

(6)其他对财务报表数据有重大影响的事项说明。

第三章　社会保险基本制度

══ 导　读 ══

　　本章社会保险基本制度，共三节内容，分别介绍总则与社会保险费征缴、社会保险基金与社会保险经办以及社会保险监督与法律责任。

第一节　总则与社会保险费征缴

一、总则

　　根据《中华人民共和国社会保险法》（2010 年 10 月 28 日第十一届全国人民代表大会常务委员会第十七次会议通过，根据 2018 年 12 月 29 日第十三届全国人民代表大会常务委员会第七次会议《关于修改〈中华人民共和国社会保险法〉的决定》修正，以下简称《社会保险法》）第一章的规定，国家建立基本养老保险、基本医疗保险、工伤保险、失业保险、生育保险等社会保险制度，是为了保障公民在年老、疾病、工伤、失业、生育等情况下依法从国家和社会获得物质帮助的权利。

社会保险制度坚持广覆盖、保基本、多层次、可持续的方针，社会保险水平应当与经济社会发展水平相适应。

中华人民共和国境内的用人单位和个人依法缴纳社会保险费，有权查询缴费记录、个人权益记录，要求社会保险经办机构提供社会保险咨询等相关服务。个人依法享受社会保险待遇，有权监督本单位为其缴费情况。

县级以上人民政府将社会保险事业纳入国民经济和社会发展规划。国家多渠道筹集社会保险资金。县级以上人民政府对社会保险事业给予必要的经费支持。国家通过税收优惠政策支持社会保险事业。

国家对社会保险基金实行严格监管。国务院和省、自治区、直辖市人民政府建立健全社会保险基金监督管理制度，保障社会保险基金安全、有效运行。县级以上人民政府采取措施，鼓励和支持社会各方面参与社会保险基金的监督。

国务院社会保险行政部门负责全国的社会保险管理工作，国务院其他有关部门在各自的职责范围内负责有关的社会保险工作。县级以上地方人民政府社会保险行政部门负责本行政区域的社会保险管理工作，县级以上地方人民政府其他有关部门在各自的职责范围内负责有关的社会保险工作。

社会保险经办机构提供社会保险服务，负责社会保险登记、个人权益记录、社会保险待遇支付等工作。

工会依法维护职工的合法权益，有权参与社会保险重大事项的研究，参加社会保险监督委员会，对与职工社会保险权益有关的事项进行监督。

进城务工的农村居民依法规定参加社会保险。外国人在中国境内就业的，参照《社会保险法》规定参加社会保险。

征收农村集体所有的土地，应当足额安排被征地农民的社会保险费，按照国务院规定将被征地农民纳入相应的社会保险制度。

二、社会保险费征缴

根据《社会保险法》第七章的规定，用人单位应当自成立之日起 30 日内凭营业执照、登记证书或者单位印章，向当地社会保险经办机构申请办理社会保险登记。社会保险经办机构应当自收到申请之日起 15 日内予以审核，发给社会保险登记证件。

用人单位的社会保险登记事项发生变更或者用人单位依法终止的，应当自变更或者终止之日起 30 日内，到社会保险经办机构办理变更或者注销社会保险登记。

市场监督管理部门、民政部门和机构编制管理机关应当及时向社会保险经办机构通报用人单位的成立、终止情况，公安机关应当及时向社会保险经办机构通报个人的出生、死亡以及户口登记、迁移、注销等情况。

用人单位应当自用工之日起 30 日内为其职工向社会保险经办机构申请办理社会保险登记。未办理社会保险登记的，由社会保险经办机构核定其应当缴纳的社会保险费。

自愿参加社会保险的无雇工的个体工商户、未在用人单位参加社会保险的非全日制从业人员以及其他灵活就业人员，应当向社会保险经办机构申请办理社会保险登记。国家建立全国统一的个人社会保障号码。个人社会保障号码为居民身份证号码。

县级以上人民政府加强社会保险费的征收工作。社会保险费实行统一征收，实施步骤和具体办法由国务院规定。

用人单位应当自行申报、按时足额缴纳社会保险费，非因不可抗力等法定事由不得缓缴、减免。职工应当缴纳的社会保险费由用人单位代扣代缴，用人单位应当按月将缴纳社会保险费的明细情况告知本人。

无雇工的个体工商户、未在用人单位参加社会保险的非全日制从业人员以及其他灵活就业人员，可以直接向社会保险费征收机构缴纳社会保险费。

社会保险费征收机构应当依法按时足额征收社会保险费，并将缴费情况定期告知用人单位和个人。

用人单位未按规定申报应当缴纳的社会保险费数额的，按照该单位上月缴费额的110%确定应当缴纳数额；缴费单位补办申报手续后，由社会保险费征收机构按照规定结算。

用人单位未按时足额缴纳社会保险费的，由社会保险费征收机构责令其限期缴纳或者补足。

用人单位逾期仍未缴纳或者补足社会保险费的，社会保险费征收机构可以向银行和其他金融机构查询其存款账户；并可以申请县级以上有关行政部门作出划拨社会保险费的决定，书面通知其开户银行或者其他金融机构划拨社会保险费。用人单位账户余额少于应当缴纳的社会保险费的，社会保险费征收机构可以要求该用人单位提供担保，签订延期缴费协议。

用人单位未足额缴纳社会保险费且未提供担保的，社会保险费征收机构可以申请人民法院扣押、查封、拍卖其价值相当于应当缴纳社会保险费的财产，以拍卖所得抵缴社会保险费。

三、社会保险费申报缴纳管理

（一）总则

根据《社会保险费申报缴纳管理规定》（人力资源和社会保障部令第20号）的规定，为规范社会保险费的申报和缴纳管理工作，根据《中华人民共和国社会保险法》（以下简称《社会保险法》）、《社会保险费征缴暂行条例》，制定本《规定》。

用人单位进行缴费申报和社会保险经办机构征收社会保险费，适用本

《规定》。本《规定》所称社会保险费，是指由用人单位及其职工依法参加社会保险并缴纳的职工基本养老保险费、职工基本医疗保险费、工伤保险费、失业保险费和生育保险费。

社会保险经办机构负责社会保险缴费申报、核定等工作。省、自治区、直辖市人民政府决定由社会保险经办机构征收社会保险费的，社会保险经办机构应当依法征收社会保险费。社会保险经办机构负责征收的社会保险费，实行统一征收。

社会保险费由税务机关征收的，社会保险经办机构应当及时将用人单位和职工应缴社会保险费数额提供给税务机关；税务机关应当及时向社会保险经办机构提供用人单位和职工的缴费情况。社会保险经办机构应当按月将单位和个人缴纳失业保险费的情况提供给负责支付失业保险待遇的经办机构。

（二）社会保险费申报

用人单位应当按月在规定期限内到当地社会保险经办机构办理缴费申报，申报事项包括：

（1）用人单位名称、组织机构代码、地址及联系方式。

（2）用人单位开户银行、户名及账号。

（3）用人单位的缴费险种、缴费基数、费率、缴费数额。

（4）职工名册及职工缴费情况。

（5）社会保险经办机构规定的其他事项。

在一个缴费年度内，用人单位初次申报后，其余月份可以只申报前款规定事项的变动情况；无变动的，可以不申报。

职工应缴纳的社会保险费由用人单位代为申报。代职工申报的事项包括：职工姓名、社会保障号码、用工类型、联系地址、代扣代缴明细等。用人单位代职工申报的缴费明细以及变动情况应当经职工本人签字认可，由用人单位留存备查。

用人单位到社会保险经办机构办理社会保险缴费申报有困难的，经社会保险经办机构同意，可以邮寄申报。邮寄申报以寄出地的邮戳日期为实际申报日期。有条件的地区，用人单位也可以按照社会保险经办机构的规定进行网上申报。

用人单位应当向社会保险经办机构如实申报本《规定》第四条、第五条所列申报事项。用人单位申报材料齐全、缴费基数和费率符合规定、填报数量关系一致的，社会保险经办机构核准后出具缴费通知单；用人单位申报材料不符合规定的，退用人单位补正。社会保险经办机构在开展社会保险稽核工作过程中，发现用人单位未如实申报造成漏缴、少缴社会保险费的，按照社会保险法第八十六条的规定处理。

用人单位应当自用工之日起 30 日内为其职工申请办理社会保险登记并申报缴纳社会保险费。未办理社会保险登记的，由社会保险经办机构核定其应当缴纳的社会保险费。用人单位未按照规定申报应缴纳的社会保险费数额的，社会保险经办机构暂按该单位上月缴费数额的 110% 确定应缴数额；没有上月缴费数额的，社会保险经办机构暂按该单位的经营状况、职工人数、当地上年度职工平均工资等有关情况确定应缴数额。用人单位补办申报手续后，由社会保险经办机构按照规定结算。

用人单位因不可抗力，不能按期办理缴费申报的，可以延期申报；不可抗力情形消除后，应当立即向社会保险经办机构报告。社会保险经办机构应当查明事实，予以核准。

（三）社会保险费缴纳

用人单位应当持社会保险经办机构出具的缴费通知单在规定的期限内采取下列方式之一缴纳社会保险费：

（1）到其开户银行或者其他金融机构缴纳。

（2）与社会保险经办机构约定的其他方式。

社会保险经办机构、用人单位可以与银行或者其他金融机构签订协议，委托银行或者其他金融机构根据社会保险经办机构开出的托收凭证划缴用人单位和为其职工代扣的社会保险费。

职工应当缴纳的社会保险费由用人单位代扣代缴。用人单位依法履行代扣代缴义务时，任何单位或者个人不得干预或者拒绝。用人单位未按时足额代缴的，社会保险经办机构应当责令其限期缴纳，并自欠缴之日起按日加收0.5‰的滞纳金。用人单位不得要求职工承担滞纳金。

征收的社会保险费，应当存入社会保险经办机构按照规定开设的社会保险基金收入户。社会保险经办机构应当按照有关规定定期将收到的基金存入依法开设的社会保险基金财政专户。

社会保险经办机构对已征收的社会保险费，根据用人单位实际缴纳额（包括代扣代缴额）和代扣代缴明细，按照国家有关规定进行记账。

用人单位应当按月将缴纳社会保险费的明细情况告知职工本人。用人单位应当每年向本单位职工代表大会通报或者在本单位住所的显著位置公布本单位全年社会保险费缴纳情况，接受职工监督。

社会保险经办机构应当及时、完整、准确地记录用人单位及其职工的缴费情况，并将缴费情况定期告知用人单位和职工。用人单位和职工有权按照《社会保险个人权益记录管理办法》等规定查询缴费情况。社会保险经办机构应当至少每年一次向社会公布社会保险费征收情况，接受社会监督。

（四）未按时足额缴纳社会保险费的处理

用人单位有下列情形之一的，社会保险经办机构应当于查明欠缴事实之日起5个工作日内发出社会保险费限期补缴通知，责令用人单位在收到通知后5个工作日内补缴，同时告知其逾期仍未缴纳的，将按照《社会保险法》第六十三条、第八十六条的规定处理：

（1）未按规定申报且未缴纳社会保险费的。

（2）申报后未按时足额缴纳社会保险费的。

（3）因瞒报、漏报职工人数、缴费基数等事项而少缴社会保险费的。

用人单位未按照本《规定》第十六条规定的期限补缴的，社会保险经办机构可以按照《社会保险法》第六十三条第二款的规定，向用人单位开户银行或者其他金融机构查询其存款账户。

社会保险经办机构可以根据查询结果向所属的社会保险行政部门申请作出划拨社会保险费的决定，并提交下列材料：

（1）用人单位名称、法定代表人、地址、联系方式。

（2）用人单位开户银行、户名及账号。

（3）申请划拨的事实、理由及依据。

（4）申请划拨的社会保险费数额。

（5）社会保险行政部门要求提供的其他材料。

社会保险行政部门接到社会保险经办机构划拨申请后，应当按照《中华人民共和国行政强制法》的规定，及时作出划拨社会保险费决定，并书面通知用人单位开户银行或者其他金融机构予以划拨。

社会保险行政部门作出的划拨社会保险费决定，应当按照《中华人民共和国行政强制法》的规定送达用人单位，并抄送社会保险经办机构。

经查询，用人单位账户余额少于应当缴纳的社会保险费数额的，或者划拨后用人单位仍未足额清偿社会保险费的，社会保险经办机构可以要求用人单位以抵押、质押的方式提供担保。

用人单位应当到社会保险经办机构认可的评估机构对其抵押财产或者质押财产进行评估，经社会保险经办机构审核后，对能够足额清偿社会保险费的，双方依法签订抵押合同或者质押合同；需要办理登记的，应当依法办理抵押登记或者质押登记。

社会保险经办机构与用人单位签订抵押合同或者质押合同后，应当签订延期缴费协议，并约定协议期满用人单位仍未足额清偿社会保险费的，社会保险经办机构可以参照协议期满时的市场价格，以抵押财产、质押财产折价或者以拍卖、变卖所得抵缴社会保险费。延期缴费协议期限最长不超过1年。

用人单位提供担保并签订延期缴费协议的，其职工在延缴期间按照规定享受社会保险待遇。

用人单位经责令仍未补缴且有下列情形之一的，社会保险经办机构可以按照社会保险法第六十三条第三款的规定，向所在地有管辖权的人民法院申请扣押、查封、拍卖用人单位财产，以拍卖所得抵缴应缴纳的社会保险费、滞纳金：

（1）经查询，用人单位开户银行账户余额少于应缴纳的社会保险费数额且未签订担保合同的。

（2）经划拨，用人单位仍未足额清偿应缴纳的社会保险费且未签订担保合同的。

（3）延期缴费协议期满，因担保财产的市场价格或者权利状况发生变化，用人单位仍未足额清偿应缴纳的社会保险费的。

社会保险经办机构申请人民法院强制执行的，应当提供下列材料：

（1）强制执行申请书。

（2）用人单位欠缴社会保险费及加收滞纳金的事实、理由和依据。

（3）社会保险经办机构限期补缴通知。

（4）用人单位的意见。

（5）用人单位有本规定第二十五条所列情形时的相关材料。

（6）申请强制执行的用人单位财产情况。

（7）法律、行政法规规定以及人民法院要求的其他材料。

强制执行申请书应当由社会保险经办机构负责人签名，加盖社会保险经办机构的印章，并注明日期。

（五）法律责任

社会保险行政部门及其工作人员作出划拨社会保险费决定时，有下列行为之一的，按照《中华人民共和国行政强制法》的规定，由上级社会保险行政部门或者有关部门责令改正，对直接负责的主管人员和其他直接责任人员依法给予处分；给用人单位或者个人造成损失的，依法承担赔偿责任；构成犯罪的，依法追究刑事责任：

（1）违反法定程序作出划拨社会保险费决定的。

（2）未在规定时限内及时作出划拨社会保险费决定并书面通知用人单位开户银行或者其他金融机构的。

（3）决定划拨的社会保险费数额错误的。

（4）向当事人泄露信息影响划拨社会保险费的。

（5）有违反法律、法规和规章的其他行为的。

社会保险经办机构及其工作人员有下列行为之一的，由社会保险行政部门责令改正，视情节轻重对直接负责的主管人员和其他直接责任人员依法给予相应处分：

（1）未按照本规定核定或者确定用人单位应当缴纳的社会保险费数额的。

（2）对已征收的社会保险费未按照国家规定记账的。

（3）未依法责令欠缴社会保险费的用人单位限期补缴社会保险费、加收滞纳金的。

（4）申请人民法院强制执行不符合规定的。

（5）签订担保合同和延期缴费协议不符合规定的。

（6）未按照规定审核、处置担保财产的。

（7）法律、法规和规章规定的其他情形。

社会保险经办机构擅自更改社会保险费缴费基数、费率，导致少收或者多收社会保险费的，由社会保险行政部门责令其追缴应当缴纳的社会保险费或者退还不应当缴纳的社会保险费；对直接负责的主管人员和其他直接责任人员依法给予处分。

用人单位未按照规定向社会保险经办机构进行缴费申报或者未按照规定缴纳社会保险费的，社会保险行政部门应当依法查处。用人单位未按时足额缴纳社会保险费的，由社会保险经办机构按照社会保险法第八十六条的规定，责令其限期缴纳或者补足，并自欠缴之日起按日加收0.5‰的滞纳金；逾期仍不缴纳的，由社会保险行政部门处欠缴数额1倍以上3倍以下的罚款。

用人单位未按月将代扣代缴社会保险费明细情况告知职工本人，或者未按照规定通报、公布本单位全年社会保险费缴纳情况的，职工有权向社会保险行政部门举报、投诉。

第二节　社会保险基金与社会保险经办

一、社会保险基金

根据《社会保险法》第八章的规定，社会保险基金包括基本养老保险基金、基本医疗保险基金、工伤保险基金、失业保险基金和生育保险基金。除基本医疗保险基金与生育保险基金合并建账及核算外，其他各项社会保险基金按照社会保险险种分别建账，分账核算。社会保险基金执行国家统一的会计制度。社会保险基金专款专用，任何组织和个人不得侵占或者挪用。基本养老保险基金逐步实行全国统筹，其他社会保险基金逐步实行省级统筹，具体时间、步骤由国务院规定。

社会保险基金通过预算实现收支平衡。县级以上人民政府在社会保险基金出现支付不足时，给予补贴。社会保险基金按照统筹层次设立预算。除基本医疗保险基金与生育保险基金预算合并编制外，其他社会保险基金预算按照社会保险项目分别编制。社会保险基金预算、决算草案的编制、审核和批准，依照法律和国务院规定执行。社会保险基金存入财政专户，具体管理办法由国务院规定。

社会保险基金在保证安全的前提下，按照国务院规定投资运营实现保值增值。社会保险基金不得违规投资运营，不得用于平衡其他政府预算，不得用于兴建、改建办公场所和支付人员经费、运行费用、管理费用，或者违反法律、行政法规规定挪作其他用途。社会保险经办机构应当定期向社会公布参加社会保险情况以及社会保险基金的收入、支出、结余和收益情况。

国家设立全国社会保障基金，由中央财政预算拨款以及国务院批准的其他方式筹集的资金构成，用于社会保障支出的补充、调剂。全国社会保障基金由全国社会保障基金管理运营机构负责管理运营，在保证安全的前提下实现保值增值。全国社会保障基金应当定期向社会公布收支、管理和投资运营的情况。国务院财政部门、社会保险行政部门、审计机关对全国社会保障基金的收支、管理和投资运营情况实施监督。

二、社会保险经办

根据《社会保险法》第九章的规定，统筹地区设立社会保险经办机构。社会保险经办机构根据工作需要，经所在地的社会保险行政部门和机构编制管理机关批准，可以在本统筹地区设立分支机构和服务网点。社会保险经办机构的人员经费和经办社会保险发生的基本运行费用、管理费用，由同级财政按照国家规定予以保障。

社会保险经办机构应当建立健全业务、财务、安全和风险管理制度。社会保险经办机构应当按时足额支付社会保险待遇。

社会保险经办机构通过业务经办、统计、调查获取社会保险工作所需的数据，有关单位和个人应当及时、如实提供。社会保险经办机构应当及时为用人单位建立档案，完整、准确地记录参加社会保险的人员、缴费等社会保险数据，妥善保管登记、申报的原始凭证和支付结算的会计凭证。社会保险经办机构应当及时、完整、准确地记录参加社会保险的个人缴费和用人单位为其缴费，以及享受社会保险待遇等个人权益记录，定期将个人权益记录单免费寄送本人。用人单位和个人可以免费向社会保险经办机构查询、核对其缴费和享受社会保险待遇记录，要求社会保险经办机构提供社会保险咨询等相关服务。

全国社会保险信息系统按照国家统一规划，由县级以上人民政府按照分级负责的原则共同建设。

第三节　社会保险监督与法律责任

一、社会保险监督

根据《社会保险法》第十章的规定，各级人民代表大会常务委员会听取和审议本级人民政府对社会保险基金的收支、管理、投资运营以及监督检查情况的专项工作报告，组织对本法实施情况的执法检查等，依法行使监督职权。

县级以上人民政府社会保险行政部门应当加强对用人单位和个人遵守社会保险法律、法规情况的监督检查。社会保险行政部门实施监督检查时，被检查的用人单位和个人应当如实提供与社会保险有关的资料，不得拒绝检查或者谎报、瞒报。

财政部门、审计机关按照各自职责，对社会保险基金的收支、管理和投资运营情况实施监督。

社会保险行政部门对社会保险基金的收支、管理和投资运营情况进行监督检查，发现存在问题的，应当提出整改建议，依法作出处理决定或者向有关行政部门提出处理建议。社会保险基金检查结果应当定期向社会公布。

社会保险行政部门对社会保险基金实施监督检查，有权采取下列措施：

（1）查阅、记录、复制与社会保险基金收支、管理和投资运营相关的资料，对可能被转移、隐匿或者灭失的资料予以封存。

（2）询问与调查事项有关的单位和个人，要求其对与调查事项有关的问题作出说明、提供有关证明材料。

（3）对隐匿、转移、侵占、挪用社会保险基金的行为予以制止并责令改正。

统筹地区人民政府成立由用人单位代表、参保人员代表，以及工会代表、专家等组成的社会保险监督委员会，掌握、分析社会保险基金的收支、管理和投资运营情况，对社会保险工作提出咨询意见和建议，实施社会监督。

社会保险经办机构应当定期向社会保险监督委员会汇报社会保险基金的收支、管理和投资运营情况。社会保险监督委员会可以聘请会计师事务所对社会保险基金的收支、管理和投资运营情况进行年度审计和专项审计。审计结果应当向社会公开。社会保险监督委员会发现社会保险基金收支、管理和投资运营中存在问题的，有权提出改正建议；对社会保险经办机构及其工作人员的违法行为，有权向有关部门提出依法处理建议。

社会保险行政部门和其他有关行政部门、社会保险经办机构、社会保险费征收机构及其工作人员，应当依法为用人单位和个人的信息保密，不得以任何形式泄露。

任何组织或者个人有权对违反社会保险法律、法规的行为进行举报、投诉。社会保险行政部门、卫生行政部门、社会保险经办机构、社会保险费征收机构和财政部门、审计机关对属于本部门、本机构职责范围的举报、投诉，应当依法处理；对不属于本部门、本机构职责范围的，应当书面通知并移交有权处理的部门、机构处理。有权处理的部门、机构应当及时处理，不得推诿。

用人单位或者个人认为社会保险费征收机构的行为侵害自己合法权益的，可以依法申请行政复议或者提起行政诉讼。用人单位或者个人对社会保险经办机构不依法办理社会保险登记、核定社会保险费、支付社会保险待遇、办理社会保险转移接续手续或者侵害其他社会保险权益的行为，可以依法申请行政复议或者提起行政诉讼。

个人与所在用人单位发生社会保险争议的，可以依法申请调解、仲裁，提起诉讼。用人单位侵害个人社会保险权益的，个人也可以要求社会保险行政部门或者社会保险费征收机构依法处理。

二、社会保险费征缴监督检查

根据《社会保险费征缴监督检查办法》（劳动和社会保障部令第 3 号，以下简称《办法》）的规定，为加强社会保险费征缴监督检查工作，规范社会保险费征缴监督检查行为，根据《社会保险费征缴暂行条例》（以下简称《条例》）和有关法律、法规规定，制定本《办法》。

对中华人民共和国境内的企业、事业单位、国家机关、社会团体、民办非企业单位、城镇个体工商户（以下简称缴费单位）实施社会保险费征缴监督检查适用本《办法》。上述所称企业是指国有企业、城镇集体企业、外商投资企业、城镇私营企业和其他城镇企业。

劳动保障行政部门负责社会保险费征缴的监督检查工作，对违反《条例》和本《办法》规定的缴费单位及其责任人员，依法作出行政处罚决定，并可以按照《条例》规定委托社会保险经办机构进行与社会保险费征缴有关的检查、调查工作。

劳动保障行政部门的劳动保障监察机构具体负责社会保险费征缴监督检查和行政处罚，包括对缴费单位进行检查、调查取证、拟定行政处罚决定书、送达行政处罚决定书、拟定向人民法院申请强制执行行政处罚决定的申请书、受理群众举报等工作。

社会保险经办机构受劳动保障行政部门的委托，可以对缴费单位履行社会保险登记、缴费申报、缴费义务的情况进行调查和检查，发现缴费单位有瞒报、漏报和拖欠社会保险费等行为时，应当责令其改正。

劳动保障监察机构与社会保险经办机构应当建立按月相互通报制度。社会保险经办机构应当及时将需要给予行政处罚的缴费单位情况向劳动保障监察机构通报，劳动保障监察机构应当及时将查处违反规定的情况通报给社会保险经办机构。

县级以上地方各级劳动保障行政部门对缴费单位监督检查的管辖范围，由省、自治区、直辖市劳动保障行政部门依照社会保险登记、缴费申报和缴费工作管理权限，制定具体规定。

社会保险费征缴监督检查应当包括以下内容：

（1）缴费单位向当地社会保险经办机构办理社会保险登记、变更登记或注销登记的情况。

（2）缴费单位向社会保险经办机构申报缴费的情况。

（3）缴费单位缴纳社会保险费的情况。

（4）缴费单位代扣代缴个人缴费的情况。

（5）缴费单位向职工公布本单位缴费的情况。

（6）法律、法规规定的其他内容。

劳动保障行政部门应当向社会公布举报电话，设立举报信箱，指定专人负责接待群众投诉；对符合受理条件的举报，应当于 7 日内立案受理，并进行调查处理，且一般应当于 30 日内处理结案。

劳动保障行政部门应当建立劳动保障年检制度，进行劳动保障年度检查，掌握缴费单位参加社会保险的情况；对违反《条例》规定的，应当责令其限期改正，并依照《条例》规定给予行政处罚。

劳动保障监察人员在执行监察公务和社会保险经办机构工作人员对缴费单位进行调查、检查时，至少应当由两人共同进行，并应当主动出示执法证件。

劳动保障监察人员执行监察公务和社会保险经办机构工作人员进行调查、检查时，行使下列职权：

（1）可以到缴费单位了解遵守社会保险法律、法规的情况。

（2）可以要求缴费单位提供与缴纳社会保险费有关的用人情况、工资表、财务报表等资料，询问有关人员，对缴费单位不能立即提供有关参加社会保险情况和资料的，可以下达劳动保障行政部门监督检查询问书。

（3）可以记录、录音、录像、照相和复制有关资料。

劳动保障监察人员执行监察公务和社会保险经办机构工作人员进行调查、检查时，承担下列义务：

（1）依法履行职责，秉公执法，不得利用职务之便牟取私利。

（2）保守在监督检查工作中知悉的缴费单位的商业秘密。

（3）为举报人员保密。

缴费单位有下列行为之一，情节严重的，对直接负责的主管人员和其他直接责任人员处以 1 000 元以上 5 000 元以下的罚款；情节特别严重的，对直接负责的主管人员和其他直接责任人员处以 5 000 元以上 10 000 元以下的罚款：

（1）未按规定办理社会保险登记的。

（2）在社会保险登记事项发生变更或者缴费单位依法终止后，未按规定到社会保险经办机构办理社会保险变更登记或者社会保险注销登记的。

（3）未按规定申报应当缴纳社会保险费数额的。

对缴费单位有下列行为之一的，依照《条例》规定，从欠缴之日起，按日加收2‰的滞纳金，并对直接负责的主管人员和其他直接责任人员处以5 000元以上20 000元以下罚款：

（1）因伪造、变造、故意毁灭有关账册、材料造成社会保险费迟延缴纳的。

（2）因不设账册造成社会保险费迟延缴纳的。

（3）因其他违法行为造成社会保险费迟延缴纳的。

对缴费单位有下列行为之一的，应当给予警告，并可以处以5 000元以下的罚款：

（1）伪造、变造社会保险登记证的。

（2）未按规定从缴费个人工资中代扣代缴社会保险费的。

（3）未按规定向职工公布本单位社会保险费缴纳情况的。

对上述违法行为的行政处罚，法律、法规另有规定的，从其规定。

对缴费单位有下列行为之一的，应当给予警告，并可以处以10 000元以下的罚款：

（1）阻挠劳动保障监察人员依法行使监察职权，拒绝检查的。

（2）隐瞒事实真相，谎报、瞒报，出具伪证，或者隐匿、毁灭证据的。

（3）拒绝提供与缴纳社会保险费有关的用人情况、工资表、财务报表等资料的。

（4）拒绝执行劳动保障行政部门下达的监督检查询问书的。

（5）拒绝执行劳动保障行政部门下达的限期改正指令书的。

（6）打击报复举报人员的。

（7）法律、法规及规章规定的其他情况。

对缴费单位或者缴费单位直接负责的主管人员和其他直接责任人员的罚

款，必须全部上缴国库。

缴费单位或者缴费单位直接负责的主管人员和其他直接责任人员，对劳动保障行政部门作出的行政处罚决定不服的，可以于 15 日内，向上一级劳动保障行政部门或者同级人民政府申请行政复议。对行政复议决定不服的，可以自收到行政复议决定书之日起 15 日内向人民法院提起行政诉讼。行政复议和行政诉讼期间，不影响该行政处罚决定的执行。

缴费单位或者缴费单位直接负责的主管人员和其他直接责任人员，在 15 日内拒不执行劳动保障行政部门对其作出的行政处罚决定，又不向上一级劳动保障行政部门或者同级人民政府申请行政复议，或者对行政复议决定不服，又不向人民法院提起行政诉讼的，可以申请人民法院强制执行。

劳动保障行政部门和社会保险经办机构的工作人员滥用职权、徇私舞弊、玩忽职守，构成犯罪的，依法追究刑事责任；尚不构成犯罪的，给予责任人员行政处分。

三、社会保险法律责任

根据《社会保险法》第十一章的规定，用人单位不办理社会保险登记的，由社会保险行政部门责令限期改正；逾期不改正的，对用人单位处应缴社会保险费数额 1 倍以上 3 倍以下的罚款，对其直接负责的主管人员和其他直接责任人员处 500 元以上 3 000 元以下的罚款。

用人单位拒不出具终止或者解除劳动关系证明的，依照《中华人民共和国劳动合同法》的规定处理。

用人单位未按时足额缴纳社会保险费的，由社会保险费征收机构责令限期缴纳或者补足，并自欠缴之日起，按日加收 5‰的滞纳金；逾期仍不缴纳的，由有关行政部门处欠缴数额 1 倍以上 3 倍以下的罚款。

社会保险经办机构以及医疗机构、药品经营单位等社会保险服务机构以欺诈、伪造证明材料或者其他手段骗取社会保险基金支出的，由社会保险行政部门责令退回骗取的社会保险金，处骗取金额2倍以上5倍以下的罚款；属于社会保险服务机构的，解除服务协议；直接负责的主管人员和其他直接责任人员有执业资格的，依法吊销其执业资格。

以欺诈、伪造证明材料或者其他手段骗取社会保险待遇的，由社会保险行政部门责令退回骗取的社会保险金，处骗取金额2倍以上5倍以下的罚款。

社会保险经办机构及其工作人员有下列行为之一的，由社会保险行政部门责令改正；给社会保险基金、用人单位或者个人造成损失的，依法承担赔偿责任；对直接负责的主管人员和其他直接责任人员依法给予处分：

（1）未履行社会保险法定职责的。

（2）未将社会保险基金存入财政专户的。

（3）克扣或者拒不按时支付社会保险待遇的。

（4）丢失或者篡改缴费记录、享受社会保险待遇记录等社会保险数据、个人权益记录的。

（5）有违反社会保险法律、法规的其他行为的。

社会保险费征收机构擅自更改社会保险费缴费基数、费率，导致少收或者多收社会保险费的，由有关行政部门责令其追缴应当缴纳的社会保险费或者退还不应当缴纳的社会保险费；对直接负责的主管人员和其他直接责任人员依法给予处分。

违反《社会保险法》规定，隐匿、转移、侵占、挪用社会保险基金或者违规投资运营的，由社会保险行政部门、财政部门、审计机关责令追回；有违法所得的，没收违法所得；对直接负责的主管人员和其他直接责任人员依法给予处分。

社会保险行政部门和其他有关行政部门、社会保险经办机构、社会保险费征收机构及其工作人员泄露用人单位和个人信息的，对直接负责的主管人员和其他直接责任人员依法给予处分；给用人单位或者个人造成损失的，应当承担赔偿责任。

国家工作人员在社会保险管理、监督工作中滥用职权、玩忽职守、徇私舞弊的，依法给予处分。

违反《社会保险法》规定，构成犯罪的，依法追究刑事责任。

第四章　养老保险基本制度

━━ 导　读 ━━

　　本章养老保险基本制度，共四节内容，分别介绍基本养老保险制度、基本养老保险基金投资管理、企业职工基本养老保险基金中央调剂制度以及养老保险典型案例分析。

第一节　基本养老保险制度

一、社会保险法规定的基本制度

　　（1）根据《社会保险法》第二章的规定，职工应当参加基本养老保险，由用人单位和职工共同缴纳基本养老保险费。无雇工的个体工商户、未在用人单位参加基本养老保险的非全日制从业人员以及其他灵活就业人员可以参加基本养老保险，由个人缴纳基本养老保险费。公务员和参照公务员法管理的工作人员养老保险的办法由国务院规定。

　　（2）基本养老保险实行社会统筹与个人账户相结合。基本养老保险基金由用人单位和个人缴费以及政府补贴等组成。

（3）用人单位应当按照国家规定的本单位职工工资总额的比例缴纳基本养老保险费，记入基本养老保险统筹基金。职工应当按照国家规定的本人工资的比例缴纳基本养老保险费，记入个人账户。

无雇工的个体工商户、未在用人单位参加基本养老保险的非全日制从业人员以及其他灵活就业人员参加基本养老保险的，应当按照国家规定缴纳基本养老保险费，分别记入基本养老保险统筹基金和个人账户。

（4）国有企业、事业单位职工参加基本养老保险前，视同缴费年限期间应当缴纳的基本养老保险费由政府承担。基本养老保险基金出现支付不足时，政府给予补贴。

（5）个人账户不得提前支取，记账利率不得低于银行定期存款利率，免征利息税。个人死亡的，个人账户余额可以继承。

（6）基本养老金由统筹养老金和个人账户养老金组成。基本养老金根据个人累计缴费年限、缴费工资、当地职工平均工资、个人账户金额、城镇人口平均预期寿命等因素确定。

（7）参加基本养老保险的个人，达到法定退休年龄时累计缴费满15年的，按月领取基本养老金。参加基本养老保险的个人，达到法定退休年龄时累计缴费不足15年的，可以缴费至满15年，按月领取基本养老金；也可以转入新型农村社会养老保险或者城镇居民社会养老保险，按照国务院规定享受相应的养老保险待遇。

（8）参加基本养老保险的个人，因病或者非因工死亡的，其遗属可以领取丧葬补助金和抚恤金；在未达到法定退休年龄时因病或者非因工致残完全丧失劳动能力的，可以领取病残津贴。所需资金从基本养老保险基金中支付。

（9）国家建立基本养老金正常调整机制。根据职工平均工资增长、物价上涨情况，适时提高基本养老保险待遇水平。

（10）个人跨统筹地区就业的，其基本养老保险关系随本人转移，缴费年限累计计算。个人达到法定退休年龄时，基本养老金分段计算、统一支付。

具体办法由国务院规定。

（11）国家建立和完善新型农村社会养老保险制度。新型农村社会养老保险实行个人缴费、集体补助和政府补贴相结合。新型农村社会养老保险待遇由基础养老金和个人账户养老金组成。参加新型农村社会养老保险的农村居民，符合国家规定条件的，按月领取新型农村社会养老保险待遇。

（12）国家建立和完善城镇居民社会养老保险制度。省、自治区、直辖市人民政府根据实际情况，可以将城镇居民社会养老保险和新型农村社会养老保险合并实施。

二、机关事业单位工作人员养老保险制度改革

（一）改革的目标和基本原则

根据《国务院关于机关事业单位工作人员养老保险制度改革的决定》（国发〔2015〕2号，以下简称《决定》）的规定，坚持全覆盖、保基本、多层次、可持续方针，以增强公平性、适应流动性、保证可持续性为重点，改革现行机关事业单位工作人员退休保障制度，逐步建立独立于机关事业单位之外、资金来源多渠道、保障方式多层次、管理服务社会化的养老保险体系。

改革应遵循以下基本原则：

（1）公平与效率相结合。既体现国民收入再分配更加注重公平的要求，又体现工作人员之间贡献大小差别，建立待遇与缴费挂钩机制，多缴多得、长缴多得，提高单位和职工参保缴费的积极性。

（2）权利与义务相对应。机关事业单位工作人员要按照国家规定切实履行缴费义务，享受相应的养老保险待遇，形成责任共担、统筹互济的养老保险筹资和分配机制。

（3）保障水平与经济发展水平相适应。立足社会主义初级阶段基本国

情，合理确定基本养老保险筹资和待遇水平，切实保障退休人员基本生活，促进基本养老保险制度可持续发展。

（4）改革前与改革后待遇水平相衔接。立足增量改革，实现平稳过渡。对改革前已退休人员，保持现有待遇并参加今后的待遇调整；对改革后参加工作的人员，通过建立新机制，实现待遇的合理衔接；对改革前参加工作、改革后退休的人员，通过实行过渡性措施，保持待遇水平不降低。

（5）解决突出矛盾与保证可持续发展相促进。统筹规划、合理安排、量力而行，准确把握改革的节奏和力度，先行解决目前城镇职工基本养老保险制度不统一的突出矛盾，再结合养老保险顶层设计，坚持精算平衡，逐步完善相关制度和政策。

（二）改革的范围

本《决定》适用于按照公务员法管理的单位、参照公务员法管理的机关（单位）、事业单位及其编制内的工作人员。

（三）实行社会统筹与个人账户相结合的基本养老保险制度

基本养老保险费由单位和个人共同负担。单位缴纳基本养老保险费（以下简称单位缴费）的比例为本单位工资总额的20%，个人缴纳基本养老保险费（以下简称个人缴费）的比例为本人缴费工资的8%，由单位代扣。按本人缴费工资8%的数额建立基本养老保险个人账户，全部由个人缴费形成。个人工资超过当地上年度在岗职工平均工资300%以上的部分，不计入个人缴费工资基数；低于当地上年度在岗职工平均工资60%的，按当地在岗职工平均工资的60%计算个人缴费工资基数。

个人账户储存额只用于工作人员养老，不得提前支取，每年按照国家统一公布的记账利率计算利息，免征利息税。参保人员死亡的，个人账户余额可以依法继承。

（四）改革基本养老金计发办法

本《决定》实施后参加工作、个人缴费年限累计满15年的人员，退休后按月发给基本养老金。基本养老金由基础养老金和个人账户养老金组成。退休时的基础养老金月标准以当地上年度在岗职工月平均工资和本人指数化月平均缴费工资的平均值为基数，缴费每满1年发给1%。个人账户养老金月标准为个人账户储存额除以计发月数，计发月数根据本人退休时城镇人口平均预期寿命、本人退休年龄、利息等因素确定，具体如表4-1所示。

表4-1　　　　　　　　　个人账户养老金计发月数表

退休年龄	计发月数	退休年龄	计发月数
40	233	56	164
41	230	57	158
42	226	58	152
43	223	59	145
44	220	60	139
45	216	61	132
46	212	62	125
47	207	63	117
48	204	64	109
49	199	65	101
50	195	66	93
51	190	67	84
52	185	68	75
53	180	69	65
54	175	70	56
55	170		

本《决定》实施前参加工作、实施后退休且缴费年限（含视同缴费年限，下同）累计满15年的人员，按照合理衔接、平稳过渡的原则，在发给基础养老金和个人账户养老金的基础上，再依据视同缴费年限长短发给过渡性养老金。具体办法由人力资源和社会保障部会同有关部门制定并指导实施。

本《决定》实施后达到退休年龄但个人缴费年限累计不满 15 年的人员，其基本养老保险关系处理和基本养老金计发比照《实施〈中华人民共和国社会保险法〉若干规定》（人力资源和社会保障部令第 13 号）执行。

本《决定》实施前已经退休的人员，继续按照国家规定的原待遇标准发放基本养老金，同时执行基本养老金调整办法。

机关事业单位离休人员仍按照国家统一规定发给离休费，并调整相关待遇。

（五）建立基本养老金正常调整机制

根据职工工资增长和物价变动等情况，统筹安排机关事业单位和企业退休人员的基本养老金调整，逐步建立兼顾各类人员的养老保险待遇正常调整机制，分享经济社会发展成果，保障退休人员基本生活。

（六）加强基金管理和监督

建立健全基本养老保险基金省级统筹；暂不具备条件的，可先实行省级基金调剂制度，明确各级人民政府征收、管理和支付的责任。机关事业单位基本养老保险基金单独建账，与企业职工基本养老保险基金分别管理使用。基金实行严格的预算管理，纳入社会保障基金财政专户，实行收支两条线管理，专款专用。依法加强基金监管，确保基金安全。

（七）做好养老保险关系转移接续工作

参保人员在同一统筹范围内的机关事业单位之间流动，只转移养老保险关系，不转移基金。参保人员跨统筹范围流动或在机关事业单位与企业之间流动，在转移养老保险关系的同时，基本养老保险个人账户储存额随同转移，并以本人改革后各年度实际缴费工资为基数，按 12% 的总和转移基金，参保缴费不足 1 年的，按实际缴费月数计算转移基金。转移后基本养老保险缴费年限（含视同缴费年限）、个人账户储存额累计计算。

（八）建立职业年金制度

机关事业单位在参加基本养老保险的基础上，应当为其工作人员建立职业年金。单位按本单位工资总额的 8% 缴费，个人按本人缴费工资的 4% 缴费。工作人员退休后，按月领取职业年金待遇。职业年金的具体办法由人力资源和社会保障部、财政部制定。

（九）建立健全确保养老金发放的筹资机制

机关事业单位及其工作人员应按规定及时足额缴纳养老保险费。各级社会保险征缴机构应切实加强基金征缴，做到应收尽收。各级政府应积极调整和优化财政支出结构，加大社会保障资金投入，确保基本养老金按时足额发放，同时为建立职业年金制度提供相应的经费保障，确保机关事业单位养老保险制度改革平稳推进。

（十）逐步实行社会化管理服务

提高机关事业单位社会保险社会化管理服务水平，普遍发放全国统一的社会保障卡，实行基本养老金社会化发放。加强街道、社区人力资源和社会保障工作平台建设，加快老年服务设施和服务网络建设，为退休人员提供方便快捷的服务。

（十一）提高社会保险经办管理水平

各地要根据机关事业单位工作人员养老保险制度改革的实际需要，加强社会保险经办机构能力建设，适当充实工作人员，提供必要的经费和服务设施。人力资源和社会保障部负责在京中央国家机关及所属事业单位基本养老保险的管理工作，同时集中受托管理其职业年金基金。中央国家机关所属京外单位的基本养老保险实行属地化管理。社会保险经办机构应做好机关事业单位养老保险参保登记、缴费申报、关系转移、待遇核定和支付等工作。要按照国家统一制定的业务经办流程和信息管理系统建设要求，建立健全管理制度，由省级统一集中管理数据资源，实现规范化、信息化和专业化管理，不断提高工作效率和服务质量。

（十二）加强组织领导

改革机关事业单位工作人员养老保险制度，直接关系广大机关事业单位工作人员的切身利益，是一项涉及面广、政策性强的工作。各地区、各部门要充分认识改革工作的重大意义，切实加强领导，精心组织实施，向机关事业单位工作人员和社会各界准确解读改革的目标和政策，正确引导舆论，确保此项改革顺利进行。各地区、各部门要按照本决定制定具体的实施意见和办法，报人力资源和社会保障部、财政部备案后实施。人力资源和社会保障部要会同有关部门制定贯彻本决定的实施意见，加强对改革工作的协调和指导，及时研究解决改革中遇到的问题，确保本决定的贯彻实施。

三、建立统一的城乡居民基本养老保险制度

根据《国务院关于建立统一的城乡居民基本养老保险制度的意见》（国发〔2014〕8号）的规定，按照党的十八大精神和十八届三中全会关于整合城乡居民基本养老保险制度的要求，在总结新型农村社会养老保险（以下简称新农保）和城镇居民社会养老保险（以下简称城居保）试点经验的基础上，国务院决定，将新农保和城居保两项制度合并实施，在全国范围内建立统一的城乡居民基本养老保险（以下简称城乡居民养老保险）制度。

（一）指导思想

按照全覆盖、保基本、有弹性、可持续的方针，以增强公平性、适应

流动性、保证可持续性为重点，全面推进和不断完善覆盖全体城乡居民的基本养老保险制度，充分发挥社会保险对保障人民基本生活、调节社会收入分配、促进城乡经济社会协调发展的重要作用。

（二）任务目标

坚持和完善社会统筹与个人账户相结合的制度模式，巩固和拓宽个人缴费、集体补助、政府补贴相结合的资金筹集渠道，完善基础养老金和个人账户养老金相结合的待遇支付政策，强化长缴多得、多缴多得等制度的激励机制，建立基础养老金正常调整机制，健全服务网络，提高管理水平，为参保居民提供方便快捷的服务。"十二五"末，在全国基本实现新农保和城居保制度合并实施，并与职工基本养老保险制度相衔接。2020 年前，全面建成公平、统一、规范的城乡居民养老保险制度，与社会救助、社会福利等其他社会保障政策相配套，充分发挥家庭养老等传统保障方式的积极作用，更好保障参保城乡居民的老年基本生活。

（三）参保范围

年满 16 周岁（不含在校学生），非国家机关和事业单位工作人员及不属于职工基本养老保险制度覆盖范围的城乡居民，可以在户籍地参加城乡居民养老保险。

（四）基金筹集

城乡居民养老保险基金由个人缴费、集体补助、政府补贴构成。

（1）个人缴费。参加城乡居民养老保险的人员应当按规定缴纳养老保险费。缴费标准目前设为每年 100 元、200 元、300 元、400 元、500 元、600 元、700 元、800 元、900 元、1 000 元、1 500 元、2 000 元 12 个档次，省（区、市）人民政府可以根据实际情况增设缴费档次，最高缴费档次标准原则上不超过当地灵活就业人员参加职工基本养老保险的年缴费额，并报人力资源和社会保障部备案。人力资源和社会保障部会同财政部依据城乡居民收入增长等情况适时调整缴费档次标准。参保人自主选择档次缴费，多缴多得。

（2）集体补助。有条件的村集体经济组织应当对参保人缴费给予补助，补助标准由村民委员会召开村民会议民主确定，鼓励有条件的社区将集体补助纳入社区公益事业资金筹集范围。鼓励其他社会经济组织、公益慈善组织、个人为参保人缴费提供资助。补助、资助金额不超过当地设定的最高缴费档次标准。

（3）政府补贴。政府对符合领取城乡居民养老保险待遇条件的参保人全额支付基础养老金，其中，中央财政对中西部地区按中央确定的基础养老金标准给予全额补助，对东部地区给予 50% 的补助。地方人民政府应当对参保人缴费给予补贴，对选择最低档次标准缴费的，补贴标准不低于每人每年 30 元；对选择较高档次标准缴费的，适当增加补贴金额；对选择 500 元及以上档次标准缴费的，补贴标准不低于每人每年 60 元，具体标准和办法由省（区、市）人民政府确定。对重度残疾人等缴费困难群体，地方人民政府为其代缴部分或全部最低标准的养老保险费。

（五）建立个人账户

国家为每个参保人员建立终身记录的养老保险个人账户，个人缴费、地方人民政府对参保人的缴费补贴、集体补助及其他社会经济组织、公益慈善组织、个人对参保人的缴费资助，全部记入个人账户。个人账户储存额按国家规定计息。

（六）养老保险待遇及调整

城乡居民养老保险待遇由基础养老金和个人账户养老金构成，支付终身。

（1）基础养老金。中央确定基础养老金最低标准，建立基础养老金最低标准正常调整机制，根据经济发展和物价变动等情况，适时调整全国基础养老金最低标准。地方人民政府可以根据实际情况适当提高基础养老金标准；对长期缴费的，可适当加发基础养老金，提高和加发部分的资金由地方人民政府支出，具体办法由省（区、市）人民政府规定，并报人力资源和社会保障部备案。

（2）个人账户养老金。个人账户养老金的月计发标准，目前为个人账户全部储存额除以 139（与现行职工基本养老保险个人账户养老金计发系数相同）。参保人死亡，个人账户资金余额可以依法继承。

（七）养老保险待遇领取条件

参加城乡居民养老保险的个人，年满 60 周岁、累计缴费满 15 年，且未领取国家规定的基本养老保障待遇的，可以按月领取城乡居民养老保险待遇。

新农保或城居保制度实施时已年满 60 周岁，在本意见印发之日前未领取国家规定的基本养老保障待遇的，不用缴费，自本意见实施之月起，可以按月领取城乡居民养老保险基础养老金；距规定领取年龄不足 15 年的，应逐年缴费，也允许补缴，累计缴费不超过 15 年；距规定领取年龄超过 15 年的，应按年缴费，累计缴费不少于 15 年。

城乡居民养老保险待遇领取人员死亡的，从次月起停止支付其养老金。有条件的地方人民政府可以结合本地实际探索建立丧葬补助金制度。社会保险经办机构应每年对城乡居民养老保险待遇领取人员进行核对；村（居）民委员会要协助社会保险经办机构开展工作，在行政村（社区）范围内对参保人待遇领取资格进行公示，并与职工基本养老保险待遇等领取记录进行比对，确保不重、不漏、不错。

（八）转移接续与制度衔接

参加城乡居民养老保险的人员，在缴费期间户籍迁移、需要跨地区转移城乡居民养老保险关系的，可在迁入地申请转移养老保险关系，一次性转移个人账户全部储存额，并按迁入地规定继续参保缴费，缴费年限累计计算；已经按规定领取城乡居民养老保险待遇的，无论户籍是否迁移，其养老保险关系不转移。

城乡居民养老保险制度与职工基本养老保险、优抚安置、城乡居民最低生活保障、农村五保供养等社会保障制度以及农村部分计划生育家庭奖励扶助制度的衔接，按有关规定执行。

（九）基金管理和运营

将新农保基金和城居保基金合并为城乡居民养老保险基金，完善城乡居民养老保险基金财务会计制度和各项业务管理规章制度。城乡居民养老保险基金纳入社会保障基金财政专户，实行收支两条线管理，单独记账、独立核算，任何地区、部门、单位和个人均不得挤占挪用、虚报冒领。各地要在整合城乡居民养老保险制度的基础上，逐步推进城乡居民养老保险基金省级管理。城乡居民养老保险基金按照国家统一规定投资运营，实现保值增值。

（十）基金监督

各级人力资源和社会保障部门要会同有关部门认真履行监管职责，建立健全内控制度和基金稽核监督制度，对基金的筹集、上解、划拨、发放、存储、管理等进行监控和检查，并按规定披露信息，接受社会监督。财政部门、审计部门按各自职责，对基金的收支、管理和投资运营情况实施监督。对虚报冒领、挤占挪用、贪污浪费等违纪违法行为，有关部门按国家有关法律法规严肃处理。要积极探索有村（居）民代表参加的社会监督的有效方式，做到基金公开透明，制度在阳光下运行。

（十一）经办管理服务与信息化建设

省（区、市）人民政府要切实加强城乡居民养老保险经办能力建设，结合本地实际，科学整合现有公共服务资源和社会保险经办管理资源，充实加强基层经办力量，做到精确管理、便捷服务。要注重运用现代管理方式和政府购买服务方式，降低行政成本，提高工作效率。要加强城乡居民养老保险工作人员专业培训，不断提高公共服务水平。社会保险经办机构要认真记录参保人缴费和领取待遇情况，建立参保档案，按规定妥善保存。地方人民政府要为经办机构提供必要的工作场地、设施设备、经费保障。城乡居民养老保险工作经费纳入同级财政预算，不得从城乡居民养老保险基金中开支。基层财政确有困难的地区，省市级财政可给予适当补助。

各地要在现有新农保和城居保业务管理系统基础上，整合形成省级集中的城乡居民养老保险信息管理系统，纳入"金保工程"建设，并与其他公民信息管理系统实现信息资源共享；要将信息网络向基层延伸，实现省、市、县、乡镇（街道）、社区实时联网，有条件的地区可延伸到行政村；要大力推行全国统一的社会保障卡，方便参保人持卡缴费、领取待遇和查询本人参保信息。

（十二）加强组织领导和政策宣传

地方各级人民政府要充分认识建立城乡居民养老保险制度的重要性，将其列入当地经济社会发展规划和年度目标管理考核体系，切实加强组织领导；要优化财政支出结构，加大财政投入，为城乡居民养老保险制度建设提供必要的财力保障。各级人力资源和社会保障部门要切实履行主管部门职责，会同有关部门做好城乡居民养老保险工作的统筹规划和政策制定、统一管理、综合协调、监督检查等工作。

各地区和有关部门要认真做好城乡居民养老保险政策宣传工作，全面准确地宣传解读政策，正确把握舆论导向，注重运用通俗易懂的语言和群众易于接受的方式，深入基层开展宣传活动，引导城乡居民踊跃参保、持续缴费、增加积累，保障参保人的合法权益。

各省（区、市）人民政府要根据本意见，结合本地区实际情况，制定具体实施办法，并报人力资源和社会保障部备案。

四、阶段性降低社会保险费率

根据《人力资源和社会保障部 财政部关于阶段性降低社会保险费率的通知》（人社部发〔2016〕36号）的规定，从2016年5月1日起，企业职工基本养老保险单位缴费比例超过20%的省（区、市），将单位缴费比例降至20%；单位缴费比例为20%且2015年底企业职工基本养老保险基金累计结余可支付月数高于9个月的省（区、市），可以阶段性将单位缴费比例降低至19%，降低费率的期限暂按两年执行。具体方案由各省（区、市）确定。

社会保险费率调整工作政策性强，社会关注度高。各地要把思想和行动统一到党中央、国务院决策部署上来，加强组织领导，精心组织实施。要健全基本养老保险激励约束机制，确保基金应收尽收，实现可持续发展和长期精算平衡，并确保参保人员各项社会保险待遇标准不降低和待遇按时足额支付。要加强政策宣传，正确引导社会舆论。各地具体调整费率方案，经省级人民政府批准后执行，并报人力资源和社会保障部、财政部备案。

根据《人力资源和社会保障部 财政部关于继续阶段性降低社会保险费率的通知》（人社部发〔2018〕25号）的规定，自2018年5月1日起，企业职工基本养老保险单位缴费比例超过19%的省（区、市），以及按照《人力资源和社会保障部、财政部关于阶段性降低社会保险费率的通知》（人社部发〔2016〕36号）单位缴费比例降至19%的省（区、市），基金累计结余可支付月数（截至2017年底，下同）高于9个月的，可阶段性执行19%的单位缴费比例至2019年4月30日。具体方案由各省（区、市）研究确定。

继续阶段性降低社会保险费率，是党中央、国务院做出的重要部署，政策性强，社会关注度高。各地务必精心组织实施，一是要做好政策的衔接，保证政策连续性，确保基金征缴工作平稳有序；二是要加强政策宣传，正确引导舆论，切实增强广大参保企业和群众的获得感；三是要加强基金收支管理，防范和化解基金运行风险，确保参保人员各项社会保险待遇标准不降低和待遇按时足额支付。

根据《国家税务总局关于落实继续阶段性降低社会保险费率相关事项的通知》（税总函〔2018〕176号）的规定，为进一步降低企业用工成本，增强企业发展活力，根据党中央、国务院决策部署，人力资源和社会保障部、财政部印发了《关于继续阶段性降低社会保险费率的通知》（人社部发〔2018〕25号，以下简称《通知》）。现就税务系统落实相关事项通知如下：

（1）充分认识降费减负重要意义。继续阶段性降低社会保险费率，是贯彻党的十九大和中央经济工作会议精神，落实2018年《政府工作报告》关于降费减负部署的重要举措，税务机关务必从政治和全局的高度，充分认识各项降费减负政策重要意义，认真学习《通知》精神，精心组织实施，确保政策落地不走样、不拖沓，为企业减负和改善民生作出贡献。

（2）深入开展宣传力求政策广泛知晓。税务机关要创新宣传方式，加大宣传力度，力求缴费人及时了解并享受降费减负政策，增强改革获得感。要通过互联网站、移动客户端、新闻媒体、12366纳税服务热线、办税服务厅等多种渠道对费率调整进行广泛解释辅导，让缴费人准确了解政策要点，及时享受政策红利。

（3）切实加强征管推进"放管服"改革。税务机关应按照各省确定的降费减负方案，准确把握政策调整界限，及时配置更新系统参数，确保征管工作平稳有序。要进一步发挥税收征管信息化优势，深化与相关部门间数据共享，提升数据传递效率。要按照"放管服"改革要求，进一步简化工作流程，保证业务办理顺畅，为缴费人提供更加优质高效便利的服务，持续优化营商环境。要密切跟踪政策执行情况，关注舆情动态，对出现问题要迅速应对解决，并及时向上级税务机关和当地党委、政府报告。

根据《国务院办公厅关于印发降低社会保险费率综合方案的通知》（国办发〔2019〕13号）的规定，自2019年5月1日起，降低城镇职工基本养老保险（包括企业和机关事业单位基本养老保险，以下简称养老保险）单位缴费比例。各省、自治区、直辖市及新疆生产建设兵团（以下统称省）养老保险单位缴费比例高于16%的，可降至16%；目前低于16%的，要研究提出过渡办法。各省具体调整或过渡方案于2019年4月15日前报人力资源和社会保障部、财政部备案。

调整就业人员平均工资计算口径。各省应以本省城镇非私营单位就业人员平均工资和城镇私营单位就业人员平均工资加权计算的全口径城镇单位就业人员平均工资，核定社保个人缴费基数上下限，合理降低部分参保人员和企业的社保缴费基数。调整就业人员平均工资计算口径后，各省要制定基本养老金计发办法的过渡措施，确保退休人员待遇水平平稳衔接。

完善个体工商户和灵活就业人员缴费基数政策。个体工商户和灵活就业人员参加企业职工基本养老保险，可以在本省全口径城镇单位就业人员平均工资的60%至300%之间选择适当的缴费基数。

各省要结合降低养老保险单位缴费比例、调整社保缴费基数政策等措施，加快推进企业职工基本养老保险省级统筹，逐步统一养老保险参保缴费、单位及个人缴费基数核定办法等政策，2020年底前实现企业职工基本养老保险基金省级统收统支。

加大企业职工基本养老保险基金中央调剂力度，2019年基金中央调剂比例提高至3.5%，进一步均衡各省之间养老保险基金负担，确保企业离退休人员基本养老金按时足额发放。

第二节 基本养老保险基金投资管理

一、总则

根据《基本养老保险基金投资管理办法》（以下简称《办法》）（国发〔2015〕48号）的规定，为了规范基本养老保险基金投资管理行为，保护基金委托人及相关当事人的合法权益，根据社会保险法、劳动法、证券投资基金法、信托法、合同法等法律法规和国务院有关规定，制定本办法。

本《办法》所称基本养老保险基金（以下简称养老基金），包括企业职工、机关事业单位工作人员和城乡居民养老基金。

各省、自治区、直辖市养老基金结余额，可按照本《办法》规定，预留一定支付费用后，确定具体投资额度，委托给国务院授权的机构进行投资运营。委托投资的资金额度、划出和划回等事项，要向人力资源和社会保障部、财政部报告。

养老基金投资应当坚持市场化、多元化、专业化的原则，确保资产安全，实现保值增值。

养老基金投资委托人（以下简称委托人）与养老基金投资受托机构（以下简称受托机构）签订委托投资合同，受托机构与养老基金托管机构（以下简称托管机构）签订托管合同、与养老基金投资管理机构（以下简称投资管理机构）签订投资管理合同。委托人、受托机构、托管机构、投资管理机构的权利义务，依照本办法在养老基金委托投资合同、托管合同和投资管理合同中约定。

养老基金资产独立于委托人、受托机构、托管机构、投资管理机构的固有财产及其管理的其他财产。委托人、受托机构、托管机构、投资管理机构不得将养老基金资产归入其固有财产。

委托人、受托机构、托管机构、投资管理机构因养老基金资产的管理、运营或者其他情形取得的财产和收益归入养老基金资产，权益归养老基金所有。

受托机构、托管机构、投资管理机构和其他为养老基金投资管理提供服务的法人或者其他组织因依法解散、被依法撤销或者被依法宣告破产等原因进行清算的，基金资产不属于其清算财产。

养老基金资产的债权，不得与委托人、受托机构、托管机构、投资管理机构和其他为养老基金投资管理提供服务的自然人、法人或者其他组织固有财产的债务相互抵销；养老基金不同投资组合基金资产的债权债务，不得相互抵销。

养老基金资产的债务由基金资产本身承担。非因养老基金资产本身承担的债务，不得对基金资产强制执行。

养老基金投资按照国家规定享受税收优惠。具体办法由财政部会同有关部门另行制定。

国家对养老基金投资实行严格监管。养老基金投资应当严格遵守相关法律法规，严禁从事内幕交易、利用未公开信息交易、操纵市场等违法行为，严禁通过关联交易等损害养老基金及他人利益、获取不正当利益。任何组织和个人不得贪污、侵占、挪用投资运营的养老基金。

二、委托人

省、自治区、直辖市人民政府作为养老基金委托投资的委托人，可指定省级社会保险行政部门、财政部门承办具体事务。

委托人应当履行下列职责：

（1）制定养老基金归集办法，将投资运营的养老基金归集到省级社会保障基金财政专户。

（2）与受托机构签订养老基金委托投资合同。

（3）向受托机构划拨委托投资资金；向受托机构下达划回委托投资资金的指令，接收划回的投资资金。

（4）根据受托机构提交的养老基金收益率，进行养老基金的记账、结算和收益分配。

（5）定期汇总养老基金投资管理情况，并以适当方式向社会公布。

（6）国家规定和合同约定的其他职责。

三、受托机构

本《办法》所称受托机构，是指国家设立、国务院授权的养老基金管理机构。

受托机构应当履行下列职责：

（1）建立健全养老基金受托投资内部管理制度、风险管理制度和绩效评估办法。

（2）选择、监督、更换托管机构、投资管理机构。

（3）制定养老基金投资运营策略并组织实施。

（4）根据委托投资合同接收委托人划拨的委托投资资金；根据委托人通知划出委托投资资金。

（5）接受委托人查询，定期向委托人提交养老基金管理和财务会计报告；发生重大事件时，及时向委托人和有关监管部门报告；定期向国务院有关主管部门提交开展养老基金受托管理业务情况的报告；定期向社会公布养老基金投资情况。

（6）根据托管合同、投资管理合同对养老基金托管、投资情况进行监督。

（7）按照国家规定保存养老基金受托业务活动记录、账册、报表和其他相关资料。

（8）国家规定和合同约定的其他职责。

受托机构应当将养老基金单独管理、集中运营、独立核算，可对部分养老基金资产进行直接投资，其他养老基金资产委托其他专业机构投资。同一个养老基金投资组合，托管机构与投资管理机构不得为同一机构。

申请养老基金托管业务、投资管理业务的机构，需向受托机构提交申请。受托机构成立专家评审委员会，参照公开招标的原则对具备条件的养老基金托管业务、投资管理业务申请人进行评审。评审办法及评审结果报国务院有关主管部门备案。建立健全受托机构、托管机构和投资管理机构竞争机制，不断优化治理结构，提升养老基金投资运营水平。

受托机构及其董事（理事）、监事、管理人员和其他从业人员不得有下列行为：

（1）违反与委托人合同约定。

（2）利用养老基金资产或者职务之便牟取不正当利益。

（3）侵占、挪用受托管理的养老基金资产。

（4）泄露因职务便利获取的未公开信息，或者利用该信息从事或明示、暗示他人进行相关的交易活动。

（5）法律、行政法规和国务院有关主管部门规定禁止的其他行为。

四、托管机构

本《办法》所称托管机构，是指接受养老基金受托机构委托，具有全国社会保障基金、企业年金基金托管经验，或者具有良好的基金托管业绩和社会信誉，负责安全保管养老基金资产的商业银行。

托管机构应当履行下列职责：

（1）安全保管养老基金资产。

（2）以养老基金名义开设基金资产的资金账户、证券账户和期货账户等。

（3）及时办理清算、交割事宜。

（4）负责养老基金会计核算和估值，复核、审查和确认投资管理机构计算的基金资产净值。

（5）按照规定监督投资管理机构的投资活动，并定期向受托机构报告监督情况。

（6）定期向受托机构提交养老基金托管和财务会计报告；定期向国务院有关主管部门提交开展养老基金托管业务情况的报告。

（7）按照国家规定保存养老基金托管业务活动记录、账册、报表和其他相关资料。

（8）国家规定和合同约定的其他职责。

托管机构发现投资管理机构依据交易程序尚未成立的投资指令违反法律、行政法规、其他有关规定或者合同约定的，应当拒绝执行，立即通知投资管理机构，并及时向受托机构和国务院有关主管部门报告。托管机构发现投资管理机构依据交易程序已经成立的投资指令违反法律、行政法规、其他有关规定或者合同约定的，应当立即通知投资管理机构，并及时向受托机构和国务院有关主管部门报告。

有下列情形之一的，托管机构职责终止：

（1）违反与受托机构合同约定，情节严重的。

（2）利用养老基金资产为其牟取不正当利益，或者为他人牟取不正当利益的。

（3）依法解散、被依法撤销、被依法宣告破产或者被依法接管的。

（4）受托机构有充分理由认为托管机构应当被终止职责的。

（5）国务院有关主管部门有充分理由和依据认为托管机构应当被终止职责的。

（6）国务院有关主管部门规定和合同约定的其他情形。

托管机构职责终止的，应当妥善保管养老基金托管业务资料，在 45 日内办理基金托管业务移交手续，新的托管机构应当接收并行使相应职责。

托管机构及其董事、监事、管理人员和其他从业人员不得有下列行为：

（1）将托管的养老基金资产与其固有财产混合管理。

（2）将托管的养老基金资产与托管的其他财产混合管理。

（3）将托管的不同养老基金资产混合管理。

（4）侵占、挪用托管的养老基金资产。

（5）利用养老基金资产或者职务之便为他人牟取不正当利益。

（6）泄露因职务便利获取的未公开信息，或者利用该信息从事或明示、暗示他人进行相关的交易活动。

（7）法律、行政法规和国务院有关主管部门规定禁止的其他行为。

五、投资管理机构

本《办法》所称投资管理机构，是指接受受托机构委托，具有全国社会保障基金、企业年金基金投资管理经验，或者具有良好的资产管理业绩、财务状况和社会信誉，负责养老基金资产投资运营的专业机构。

投资管理机构应当建立良好的内部治理结构，明确股东会、董事会、监事会和高级管理人员的职责权限，确保独立投资运营；应当健全资产配置、风险管理和绩效评估等制度。投资管理机构及其股东、董事、监事、管理人员和其他从业人员不得从事损害养老基金资产和受托机构利益的证券交易及其他活动；在行使权利或者履行职责时，应当遵循回避原则。

投资管理机构应当履行下列职责：

（1）按照投资管理合同，管理养老基金投资组合和项目。

（2）对所管理的不同养老基金资产分别管理、分别记账。

（3）及时与托管机构核对养老基金会计核算和估值结果。

（4）进行养老基金会计核算，编制养老基金财务会计报告。

（5）按照国家规定保存养老基金投资业务活动记录、账册、报表和其他相关资料。

（6）国家规定和合同约定的其他职责。

投资管理机构从当期收取的管理费中，提取 20% 作为风险准备金，专项用于弥补委托投资资产出现的投资损失。

有下列情形之一的，投资管理机构应当及时向受托机构和国务院有关主管部门报告：

（1）养老基金资产市场价值大幅度波动。

（2）有可能使养老基金资产的价值受到重大影响的其他事项。

（3）国务院有关主管部门规定或者合同约定的其他报告事项。

有下列情形之一的，投资管理机构职责终止：

（1）违反与受托机构合同约定，情节严重的。

（2）利用养老基金资产为其牟取不正当利益，或者为他人牟取不正当利益的。

（3）依法解散、被依法撤销、被依法宣告破产或者被依法接管的。

（4）受托机构有充分理由认为投资管理机构应当被终止职责的。

（5）国务院有关主管部门有充分理由和依据认为投资管理机构应当被终止职责的。

（6）国务院有关主管部门规定和合同约定的其他情形。

投资管理机构职责终止的，应当妥善保管养老基金投资运营业务资料，在 45 日内办理基金投资运营业务移交手续，新的投资管理机构应当接收并行使相应职责。

投资管理机构及其董事、监事、管理人员和其他从业人员不得有下列行为：

（1）将其固有财产或者他人财产混同于养老基金资产从事证券投资。

（2）不公平对待养老基金资产与其管理的其他财产。

（3）不公平对待其管理的不同养老基金资产。

（4）利用养老基金资产或者职务之便为他人牟取不正当利益。

（5）向受托机构违规承诺收益或者承担损失。

（6）侵占、挪用养老基金资产。

（7）泄露因职务便利获取的未公开信息，或者利用该信息从事或明示、暗示他人进行相关的交易活动。

（8）从事可能使养老基金资产承担无限责任的投资。

（9）法律、行政法规和国务院有关主管部门规定禁止的其他行为。

六、养老基金投资

养老基金限于境内投资。投资范围包括：银行存款，中央银行票据，同业存单；国债，政策性、开发性银行债券，信用等级在投资级以上的金融债、企业（公司）债、地方政府债券、可转换债（含分离交易可转换债）、短期融资券、中期票据、资产支持证券，债券回购；养老金产品，上市流通的证券投资基金，股票，股权，股指期货，国债期货。

国家重大工程和重大项目建设，养老基金可以通过适当方式参与投资。国有重点企业改制、上市，养老基金可以进行股权投资。范围限定为中央企业及其一级子公司，以及地方具有核心竞争力的行业龙头企业，包括省级财政部门、国有资产管理部门出资的国有或国有控股企业。

养老基金投资比例，按照公允价值计算应当符合下列规定：

（1）投资银行活期存款，1年期以内（含1年）的定期存款，中央银行票据，剩余期限在1年期以内（含1年）的国债，债券回购，货币型养老金产品，货币市场基金的比例，合计不得低于养老基金资产净值的5%。清算备付金、证券清算款以及一级市场证券申购资金视为流动性资产。

（2）投资一年期以上的银行定期存款、协议存款、同业存单，剩余期限在一年期以上的国债，政策性、开发性银行债券，金融债，企业（公司）债，地方政府债券，可转换债（含分离交易可转换债），短期融资券，中期票据，资产支持证券，固定收益型养老金产品，混合型养老金产品，债券基金的比例，合计不得高于养老基金资产净值的135%。其中，债券正回购的资金余额在每个交易日均不得高于养老基金资产净值的40%。

（3）投资股票、股票基金、混合基金、股票型养老金产品的比例，合计不得高于养老基金资产净值的30%。养老基金不得用于向他人贷款和提供担保，不得直接投资于权证，但因投资股票、分离交易可转换债等投资品种而衍生获得的权证，应当在权证上市交易之日起10个交易日内卖出。

（4）投资国家重大项目和重点企业股权的比例，合计不得高于养老基金资产净值的20%。由于市场涨跌、资金划拨等原因出现被动投资比例超标的，养老基金投资比例调整应当在合同规定的交易日内完成。

养老基金资产参与股指期货、国债期货交易，只能以套期保值为目的，并按照中国金融期货交易所套期保值管理的有关规定执行；在任何交易日日终，所持有的卖出股指期货、国债期货合约价值，不得超过其对冲标的账面价值。

根据金融市场变化和投资运营情况，国务院有关主管部门适时报请国务院对养老基金投资范围和比例进行调整。

七、估值和费用

受托机构根据《企业会计准则第22号——金融工具确认和计量》《证券投资基金会计核算业务指引》等规定，对养老基金进行会计核算和估值。当月发生的委托投资资金划入、划出和投资收益分配，以上月末的估值结果作为核算依据。

托管机构提取的托管费年费率不高于托管养老基金资产净值的 0.05%。投资管理机构提取的投资管理费年费率不高于投资管理养老基金资产净值的 0.5%。受托机构应当在投资管理合同中规定投资管理机构的业绩基准，制定绩效考核办法。根据养老基金管理情况，国务院有关主管部门适时对托管费、投资管理费率进行调整。

受托机构按照养老基金年度净收益的 1% 提取风险准备金，专项用于弥补养老基金投资发生的亏损。余额达到养老基金资产净值 5% 时可不再提取。风险准备金与本金一起投资运营，单独记账，归委托人所有。

八、报告制度

受托机构、托管机构、投资管理机构应当按照本办法的规定报告养老基金投资运营的情况，保证报告内容没有虚假记载、误导性陈述或者重大遗漏，并对报告内容的真实性、完整性负责。

受托机构要按下列要求进行信息披露和报告有关事项：

（1）每年一次向社会公布养老基金资产、收益等财务状况。

（2）向委托人和国务院有关主管部门每季度提交养老基金财务会计报告、投资资产、收益等情况报告。

（3）向委托人和国务院有关主管部门、经济综合部门报送养老基金资产年度审计报告。

（4）养老基金发生重大事件的，应立即报告委托人和国务院有关主管部门，并编制临时报告书，经核准后予以公告。

托管机构应当按照托管合同和受托机构的要求，向受托机构提交养老基金托管月度报告、季度报告和年度报告；如发生特殊情况，还应当提供临时报告或者进行重大信息披露。托管机构应当对投资管理机构编制报告的有关内容进行复核，并根据需要出具复核意见。

投资管理机构应当按照投资管理合同及受托机构的要求，向受托机构提交养老基金投资运营月度报告、季度报告和年度报告；如发生特殊情况，还应当提供临时报告或者进行重大信息披露。

托管机构、投资管理机构应当向国务院有关主管部门提交养老基金季度报告和年度报告。

有下列情形之一的，托管机构、投资管理机构应当及时向受托机构和国务院有关主管部门报告：

（1）减资、合并、分立、依法解散、被依法撤销、决定申请破产或者被申请破产的。

（2）涉及重大诉讼或者仲裁的。

（3）董事长、总经理及其他高级管理人员发生变动的。

（4）托管合同、投资管理合同规定的其他报告事项。

受托机构应当将委托管理合同、托管合同、投资管理合同报国务院有关主管部门备案。

九、监督检查

人力资源和社会保障部、财政部依法对受托机构、托管机构、投资管理机构及相关主体开展养老基金投资管理业务情况实施监管，加强投资风险防范。人民银行、银监会、证监会、保监会按照各自职责，对托管机构、投资管理机构的经营活动进行监督。相关部门在监督过程中应加强沟通与信息共享。

人力资源和社会保障部、财政部开展调查或者检查应当由两人以上进行，并出示有效证件，承担下列义务：

（1）依法履行职责，秉公执法，不得利用职务之便牟取私利。

（2）保守在调查或者检查时知悉的商业秘密。

（3）为举报人保密。

受托机构、托管机构、投资管理机构和其他为养老基金投资管理提供服务的自然人、法人或者其他组织应当积极配合监督检查，如实提供有关文件和资料，不得拒绝、阻挠或者逃避检查，不得谎报、隐匿或者销毁相关证据材料。

受托机构、托管机构、投资管理机构管理运营养老基金资产，其他自然人、法人或者组织为养老基金投资运营提供服务，应当严格遵守相关职业准则和行业规范，履行诚实信用、谨慎勤勉的义务。

养老基金投资管理从业人员应当遵守法律、行政法规和相关规章制度，恪守职业道德和行为规范。

养老基金投资运营情况应当通过报刊、网站等媒体定期向社会公布，保障公众知情权，接受社会监督。任何组织和个人有权对违法违规行为进行举报、投诉，有关主管部门应当认真调查处理。

十、法律责任

受托机构及其董事（理事）、监事、管理人员和其他从业人员有本《办法》第十九条所列行为之一的，责令改正，给予警告，有违法所得的，没收违法所得。对直接负责的主管人员和其他直接责任人员给予相应处分，由所在机构暂停或者撤销其养老基金投资管理职务。

托管机构、投资管理机构及其董事、监事、管理人员和其他从业人员有本《办法》第二十五条和第三十三条所列行为之一的，责令改正，给予警告，并可暂停其接收新的养老基金托管或者投资管理业务。有违法所得的，没收违法所得，处以托管机构、投资管理机构违法所得 1 倍以上 5 倍以下管理费扣减；没有违法所得的，处以托管机构、投资管理机构 50 万元以下管理费扣减，情节严重的，可处以 50 万元以上、100 万元以下管理费扣减。对直接负责的主管人员和其他直接责任人员给予警告，由所在机构暂停或者撤销其养老基金投资管理职务。

投资管理机构违反本《办法》规定，超出投资范围或者违反投资比例规定进行投资的，责令改正，给予警告，并可暂停其接收新的养老基金投资管理业务，同时处以 50 万元以下管理费扣减。对直接负责的主管人员和其他直接责任人员给予警告，由所在机构暂停或者撤销其养老基金投资管理职务。

托管机构、投资管理机构未能按照规定提供报告或者提供报告有虚假记载、误导性陈述、重大遗漏的，责令限期改正；逾期不改正的，给予警告，并处以 10 万元以下管理费扣减。

托管机构、投资管理机构违反本《办法》其他有关规定的，责令限期改正。逾期不改正的，给予警告，并可暂停其接收新的养老基金托管或者投资管理业务。

托管机构、投资管理机构受到 3 次以上警告的，由受托机构终止其养老基金托管或者投资管理职责，3 年内不得再次申请。

受托机构、托管机构、投资管理机构及其董事（理事）、监事、管理和从业人员侵占、挪用养老基金资产取得的财产和收益，归入基金资产。

托管机构、投资管理机构违反本《办法》规定，给养老基金资产或者委托人造成损失的，应当分别对各自的行为依法承担赔偿责任；因共同行为给养老基金资产或者委托人造成损失的，应当承担连带赔偿责任；除依法给予处罚外，由受托机构终止其养老基金托管或者投资管理职责，5 年内不得再次申请。

会计师事务所等服务机构出具的文件有虚假记载、误导性陈述或者重大遗漏的，责令限期改正，没收业务收入，并依法处以业务收入 1 倍以上 5 倍以下的罚款；对直接负责的主管人员和其他直接责任人员给予警告。

国家工作人员在养老基金投资管理、监督工作中滥用职权、玩忽职守、徇私舞弊的，依法追究责任。

本《办法》规定的处罚，由人力资源和社会保障部、财政部或者人民银行、银监会、证监会、保监会按照各自职责作出决定。对违反本《办法》规定的同一行为，不得给予两次以上的处罚。

对违反本《办法》规定进行养老基金投资运营的相关单位和责任人，记入信用记录并纳入全国统一信用信息共享交换平台。

违反本《办法》规定，情节严重，构成犯罪的，依法追究刑事责任。

第三节　企业职工基本养老保险基金中央调剂制度

根据《国务院关于建立企业职工基本养老保险基金中央调剂制度的通知》（国发〔2018〕18号）的规定，为深入贯彻习近平新时代中国特色社会主义思想和党的十九大精神，均衡地区间企业职工基本养老保险基金（以下简称养老保险基金）负担，实现基本养老保险制度可持续发展，国务院决定建立养老保险基金中央调剂制度，自2018年7月1日起实施。

一、总体要求

（一）指导思想

全面贯彻党的十九大和十九届二中、三中全会精神，以习近平新时代中国特色社会主义思想为指导，坚持党的基本理论、基本路线、基本方略，牢固树立和贯彻落实新发展理念，统筹推进"五位一体"总体布局和协调推进"四个全面"战略布局，紧扣满足人民日益增长的美好生活需要，着力解决发展不平衡不充分的突出问题，围绕建立健全更加公平更可持续养老保险制度目标，从基本国情和养老保险制度建设实际出发，遵循社会保险大数法则，建立养老保险基金中央调剂制度，作为实现养老保险全国统筹的第一步。加快统一养老保险政策、明确各级政府责任、理顺基金管理体制、健全激励约束机制，不断加大调剂力度，尽快实现养老保险全国统筹。

（二）基本原则

第一，促进公平。通过实行部分养老保险基金中央统一调剂使用，合理均衡地区间基金负担，提高养老保险基金整体抗风险能力。

第二，明确责任。实行省级政府扩面征缴和确保发放责任制，中央政府通过转移支付和养老保险中央调剂基金（以下简称中央调剂基金）进行补助，建立中央与省级政府责任明晰、分级负责的管理体制。

第三，统一政策。国家统一制定职工基本养老保险政策，逐步统一缴费比例、缴费基数核定办法、待遇计发和调整办法等，最终实现养老保险各项政策全国统一。

第四，稳步推进。合理确定中央调剂基金筹集比例，平稳起步，逐步提高，进一步统一经办规程，建立省级集中的信息系统，不断提高管理和信息化水平。

二、主要内容

在现行企业职工基本养老保险省级统筹基础上，建立中央调剂基金，对各省份养老保险基金进行适度调剂，确保基本养老金按时足额发放。

（一）中央调剂基金筹集

中央调剂基金由各省份养老保险基金上解的资金构成。按照各省份职工平均工资的 90% 和在职应参保人数作为计算上解额的基数，上解比例从 3% 起步，逐步提高。其计算公式为：

某省份上解额 =（某省份职工平均工资 ×90%）× 某省份在职应参保人数 × 上解比例。

各省份职工平均工资，为统计部门提供的城镇非私营单位和私营单位就业人员加权平均工资。

各省份在职应参保人数，暂以在职参保人数和国家统计局公布的企业就业人数二者的平均值为基数核定。将来条件成熟时，以覆盖常住人口的全民参保计划数据为基础确定在职应参保人数。

（二）中央调剂基金拨付

中央调剂基金实行以收定支，当年筹集的资金全部拨付地方。中央调剂基金按照人均定额拨付，根据人力资源和社会保障部、财政部核定的各省份离退休人数确定拨付资金数额。其计算公式为：

某省份拨付额＝核定的某省份离退休人数 × 全国人均拨付额。

其中：

全国人均拨付额＝筹集的中央调剂基金 ÷ 核定的全国离退休人数。

（三）中央调剂基金管理

中央调剂基金是养老保险基金的组成部分，纳入中央级社会保障基金财政专户，实行收支两条线管理，专款专用，不得用于平衡财政预算。中央调剂基金采取先预缴预拨后清算的办法，资金按季度上解下拨，年终统一清算。

各地在实施养老保险基金中央调剂制度之前累计结余基金原则上留存地方，用于本省（自治区、直辖市）范围内养老保险基金余缺调剂。

（四）中央财政补助

现行中央财政补助政策和补助方式保持不变。中央政府在下达中央财政补助资金和拨付中央调剂基金后，各省份养老保险基金缺口由地方政府承担。省级政府要切实承担确保基本养老金按时足额发放和弥补养老保险基金缺口的主体责任。

三、健全保障措施

（一）完善省级统筹制度

各省（自治区、直辖市）要在统一基本养老保险制度、缴费政策、待遇政策、基金使用、基金预算和经办管理的基础上，推进养老保险基金统收统支工作，并建立地方各级政府养老保险基金缺口责任分担机制。

（二）强化基金预算管理

各级政府及财政、人力资源和社会保障部门要切实加强基金预算编制和审核工作，严格规范收支内容、标准和范围，并按照批准的预算和规定的程序执行，不得随意调整。进一步强化基金预算的严肃性和硬约束，确保应收尽收，杜绝违规支出。

（三）建立健全考核奖惩机制

将各省（自治区、直辖市）养老保险扩面征缴、确保基本养老金发放、严格养老保险基金管理、养老保险基金中央调剂制度落实等情况列入省级政府工作责任制考核内容，对工作业绩好的省级政府进行奖励，对出现问题的省级政府及相关责任人进行问责。具体办法另行制定。

（四）推进信息化建设

建立全国养老保险缴费和待遇查询系统、养老保险基金中央调剂监控系统以及全国共享的中央数据库。在中央与地方之间以及各部门之间实现信息、数据互联互通，有效监控在职应参保人数和离退休人数，及时掌握和规范中央调剂基金与省级统筹基金收支行为，防范风险。

四、组织实施

建立养老保险基金中央调剂制度是加强基本养老保险体系建设的重要内容，事关改革、发展和稳定全局。各地区、各有关部门要统一思想，提高认识，加强领导，密切协调配合，精心组织实施。人力资源和社会保障部、财政部要加强指导和监督检查，及时研究解决工作中遇到的问题，确保养老保险基金中央调剂制度顺利实施，同时抓紧制定养老保险全国统筹的时间表、路线图。

第四节　养老保险典型案例分析

一、赔偿养老保险待遇损失案

劳动者以用人单位未为其缴纳养老保险费致使其不能依法享受养老保险待遇为由，请求用人单位赔偿养老保险待遇损失的，人民法院应当予以支持。养老保险待遇损失应当以上年度统筹区域社会平均养老金为标准，按照劳动者在用人单位的工作年限与以统筹区域人口平均预期寿命计算的享受养老保险待遇的年限的比例进行计算。

1. 基本案情

2007 年 2 月，冯某某开始在重庆市江津区某某机械有限责任公司（以下简称公司）上班。2007 年 11 月 9 日至 2012 年 8 月 15 日，该公司先后三次与冯某某签订了书面劳动合同，但未为冯某某缴纳社会保险费。

2012 年 7 月 5 日，冯某某以公司未给其参加社会保险为由，向公司发出《解除劳动合同通知书》，要求解除双方之间的劳动关系。在公司于次日收到该通知书后，冯某某提起仲裁、诉讼，要求公司赔偿社会保险待遇损失。

2. 法院审判

《最高人民法院关于审理劳动争议案件适用法律若干问题的解释（三）》第一条规定：劳动者以用人单位未为其办理社会保险手续，且社会保险经办机构不能补办导致其无法享受社会保险待遇为由，要求用人单位赔偿损失而发生争议的，人民法院应予受理。

冯某某在公司工作期间，公司未依法为其缴纳社会保险费，故某某机械公司应承担冯某某在其单位工作时间年限相应的损失赔偿责任。赔偿数额应当以上年度统筹区域社会平均社会保险费为标准，按照劳动者在用人单位的工作年限与以统筹区域人口平均预期寿命计算的享受社会保险待遇的年限的比例进行计算。

重庆市江津区 2011 年度社会平均养老金标准为 1 515.33 元 / 月，重庆地区人口平均预期寿命 75.7 岁，冯某某在某某机械公司的工作时间为 5.33 年，故某某机械公司应当支付冯某某养老保险待遇损失 101 442.51 元（1515.33 元 / 月 ×12 月 / 年 ×15.7 年 ×5.33/15 年）。

二、用人单位将养老保险费按月发给职工案

1. 基本案情

申请人李某于 2004 年 8 月 10 日进入被申请人——达州市某某宾馆工作。2007 年 1 月 27 日，双方当事人签订了从即日起至 12 月 31 日的劳动合同，合同中约定"基本养老保险费由用人单位在工资中按月发给劳动者、参保缴费手续由劳动者本人办理"。双方当事人所签订的劳动合同于 2007 年

12月31日到期后未续签，但劳动关系延续至2010年7月20日申请人自动辞职时止。自2004年8月10日至2010年7月20日期间，被申请人未给申请人申报缴纳养老保险，现申请人要求被申请人为其缴纳该期间的基本养老保险费。

申请人认为，在劳动合同中约定由被申请人将基本养老保险费在工资中发放给本人违反了相关规定，被申请人依法应当为其补缴养老保险费。

被申请人认为，根据双方签订的劳动合同约定，合同期内申请人的参保缴费手续由其本人办理，且基本养老保险费是在每月工资中发给申请人的。双方签订的劳动合同是双方当事人真实意思的表示，具有法律效力，故申请人要求为其缴纳2004年8月10日至2010年7月20日期间的基本养老保险费的请求不应得到支持。

2. 仲裁裁决

本案经调解未能达成协议，仲裁裁决被申请人应在仲裁裁决书生效后30日内为申请人申报缴纳2004年8月10日至2010年7月20日间的基本养老保险费，双方当事人按比例承担各自应缴纳的费用。

3. 案例分析

本案争议的焦点是在劳动合同中约定"基本养老保险费由用人单位在工资中按月发给劳动者、参保缴费手续由劳动者本人办理"是否有效的问题。根据《中华人民共和国劳动法》（以下简称《劳动法》）第七十二条："用人单位和劳动者必须依法参加社会保险，缴纳社会保险费"的规定，用人单位为劳动者申报缴纳社会保险是用人单位的法定义务。同时根据《社会保险费征缴暂行条例》第四条和第十二条规定：缴费单位、缴费个人应当按时足额缴纳社会保险费、应当以货币形式全额缴纳社会保险费；缴费个人应当缴纳的社会保险费，由所在单位从其本人工资中代扣代缴。因此，我们认定双方当事人在劳动合同中约定的"基本养老保险费由用人单位在工资中按月发给劳动者、参保缴费手续由劳动者本人办理"内容违反了上述规定，应属无效条款。

根据《劳动法》第十八条规定：无效的劳动合同，从订立的时候起，就没有法律约束力，故双方当事人在劳动合同中约定的此项内容从劳动合同订立时起就没有法律约束力。且《四川省完善企业职工基本养老保险制度实施办法的实施细则》规定：职工与企业签订劳动合同之月起，应按规定参加企业职工基本养老保险；职工如未与企业签订劳动合同，但存在事实劳动关系的，应从企业支付工资之月起按规定参加企业职工基本养老保险。

本案中申请人要求被申请人为其缴纳该期间的基本养老保险费符合《劳动法》《社会保险费征缴暂行条例》及《四川省完善企业职工基本养老保险制度实施办法的实施细则》的规定，依法所以得到了支持。

三、死亡后违规领取养老保险待遇案

1. 基本案情

覃某为某市一企业退休人员，退休后回外市老家生活。社保部门在例行的养老保险待遇领取资格大数据比对认证中发现，覃某的生存状态为"死亡"，家属可能涉嫌冒领养老金。后经实地走访调查，调取覃某的户口注销以及火化证明，证实覃某已身故。覃某之子承认其父死亡后未及时向社保部门申报，继续冒领4个月养老金合计5800元的事实，在讲明相关法律后果后，家属最终退回了全部冒领的养老金。

2. 案例分析

《中华人民共和国刑法》第二百六十六条规定：诈骗公私财物，数额较大的，处三年以下有期徒刑、拘役或者管制，并处或者单处罚金；数额巨大或者有其他严重情节的，处三年以上十年以下有期徒刑，并处罚金；数额特别巨大或者有其他特别严重情节的，处十年以上有期徒刑或者无期徒刑，并处罚金或者没收财产。

《全国人民代表大会常务委员会关于〈中华人民共和国刑法〉第二百六十六条的解释》规定：以欺诈、伪造证明材料或者其他手段骗取养老、医疗、工伤、失业、生育等社会保险金或者其他社会保障待遇的，属于刑法第二百六十六条规定的诈骗公私财物的行为。

根据《最高人民法院、最高人民检察院关于办理诈骗案件具体应用法律若干问题的解释》，结合江苏省经济社会发展的实际状况，诈骗公私财物价值人民币六千元以上的，为"数额较大"；诈骗公私财物价值人民币六万元以上的，为"数额巨大"；诈骗公私财物价值人民币五十万元以上的，为"数额特别巨大"。

本案中，覃某之子主观上具有非法占有养老金的目的，而客观上通过隐瞒死亡真相的方式冒领养老金，若覃某之子冒领的养老金金额达到 6 000 元以上的，对照江苏省的标准，诈骗金额达到"数额较大"的，即构成诈骗罪，将被处三年以下有期徒刑、拘役或者管制，并处或者单处罚金。

企业退休人员死亡后，其家属可按规定至社保部门领取丧葬抚恤费，家属切不可因为一时贪念，瞒报退休人员死亡之事实，最终因小失大，甚至面临牢狱之灾。

四、判刑后违规领取养老保险待遇案

1. 基本案情

汤某为一名企业退休人员，退休后因犯罪被判处有期徒刑五年。社保经办机构在大数据比对中发现汤某涉嫌存在违规领取养老金的情形。通过走访调查监狱管理局以及汤某亲属，汤某女儿承认其父为在押服刑人员，尚在监狱服刑，并如数退回了汤某在押服刑期间已经违规领取的养老金。

2. **案例分析**

《劳动和社会保障部关于退休人员被判刑后有关养老保险待遇问题的复函》（劳社厅函〔2001〕44 号）和《关于对劳社厅函〔2001〕44 号补充说明的函》（劳社厅函〔2003〕315 号）规定，退休人员被判处拘役、有期徒刑及以上刑罚或被劳动教养的，服刑或劳动教养＊期间停发基本养老金。

本案中，汤某被判处有期徒刑五年，其在监狱服刑期间，不具备领取养老金的条件，已经领取的养老金应当如数退还。

当前，社保经办机构依托司法、民政、公安等部门大数据，对所有待遇领取人员实施领取状态比对。企业退休人员被追究刑事责任的，本人或其家属应及时向当地社保部门申报，切不可抱有侥幸心理。一旦涉及欺诈冒领行为，将会面临列入严重失信人员名单甚至追究刑事责任的后果，实属得不偿失。

五、欺诈冒领养老保险金案

1. 基本案情

翁某原为 T 县一名企业退休职工，于 1997 年 8 月办理特殊工种提前退休后，回到 P 市生活。T 县社保中心根据其家人每年提交的领取养老金资格证明，为其发放养老金。

2012 年 5 月，T 县人社局接到来自 P 市的电话，举报翁某的家属刘某冒领养老金一事。T 县人社局成立专门调查组，前往 P 市开展实地调查，通过走访周边群众和调取翁某死亡的火化证明，证实翁某已于多年前身故。经

---

① 2013 年 11 月 15 日公布的《中共中央关于全面深化改革若干重大问题的决定》宣布，废除劳动教养制度，下同。

查，其家属刘某冒领养老金达 8.5 万元。最终，刘某被人民法院以诈骗罪判处有期徒刑 4 年，并处罚金 6 万元。

2. 案例分析

2014 年 4 月 25 日，全国人大常委会发布关于《中华人民共和国刑法》第二百六十六条解释的公告，明确了骗取社会保险金或者其他社会保险待遇属于诈骗公私财物行为，这为严厉打击骗取养老金等社会保险金、社会保险待遇的行为提供了明确的法律依据。本案中刘某在其家属亡故后没有及时进行死亡申报，反而主观恶意编造假材料，冒领养老保险金。且诈骗金额 8.5 万元属于"数额巨大"，即对于诈骗公私财物数额巨大或者有其他严重情节的，处三年以上十年以下有期徒刑，并处罚金。

第五章　医疗保险基本制度

════ 导　读 ════

　　本章医疗保险基本制度，共六节内容，分别介绍基本医疗保险制度、基本医疗保险用药管理、基本医疗保险定点医疗机构与零售药店管理、医疗保险管理制度、基本医疗保险异地就医医疗费用结算以及医疗保险典型案例分析。

第一节　基本医疗保险制度

一、社会保险法规定的基本制度

　　根据《社会保险法》第三章的规定，职工应当参加职工基本医疗保险，由用人单位和职工按照国家规定共同缴纳基本医疗保险费。无雇工的个体工商户、未在用人单位参加职工基本医疗保险的非全日制从业人员以及其他灵活就业人员可以参加职工基本医疗保险，由个人按照国家规定缴纳基本医疗保险费。

国家建立和完善新型农村合作医疗制度。新型农村合作医疗的管理办法，由国务院规定。

国家建立和完善城镇居民基本医疗保险制度。城镇居民基本医疗保险实行个人缴费和政府补贴相结合。享受最低生活保障的人、丧失劳动能力的残疾人、低收入家庭六十周岁以上的老年人和未成年人等所需个人缴费部分，由政府给予补贴。

职工基本医疗保险、新型农村合作医疗和城镇居民基本医疗保险的待遇标准按照国家规定执行。

参加职工基本医疗保险的个人，达到法定退休年龄时累计缴费达到国家规定年限的，退休后不再缴纳基本医疗保险费，按照国家规定享受基本医疗保险待遇；未达到国家规定年限的，可以缴费至国家规定年限。

符合基本医疗保险药品目录、诊疗项目、医疗服务设施标准以及急诊、抢救的医疗费用，按照国家规定从基本医疗保险基金中支付。

参保人员医疗费用中应当由基本医疗保险基金支付的部分，由社会保险经办机构与医疗机构、药品经营单位直接结算。社会保险行政部门和卫生行政部门应当建立异地就医医疗费用结算制度，方便参保人员享受基本医疗保险待遇。

下列医疗费用不纳入基本医疗保险基金支付范围：

（1）应当从工伤保险基金中支付的。

（2）应当由第三人负担的。

（3）应当由公共卫生负担的。

（4）在境外就医的。

医疗费用依法应当由第三人负担，第三人不支付或者无法确定第三人的，由基本医疗保险基金先行支付。基本医疗保险基金先行支付后，有权向第三人追偿。

社会保险经办机构根据管理服务的需要，可以与医疗机构、药品经营单位签订服务协议，规范医疗服务行为。医疗机构应当为参保人员提供合理、必要的医疗服务。

个人跨统筹地区就业的，其基本医疗保险关系随本人转移，缴费年限累计计算。

二、阶段性减征职工基本医疗保险费

根据《国家医保局 财政部 国家税务总局关于阶段性减征职工基本医疗保险费的指导意见》（医保发〔2020〕6号）的规定，为贯彻落实习近平总书记关于新冠肺炎疫情防控工作的重要指示精神，切实减轻企业负担，支持企业复工复产，根据社会保险法有关规定，经国务院同意，实行阶段性减征职工基本医疗保险（以下简称职工医保）单位缴费。

自2020年2月起，各省、自治区、直辖市及新疆生产建设兵团（以下统称省）可指导统筹地区根据基金运行情况和实际工作需要，在确保基金收支中长期平衡的前提下，对职工医保单位缴费部分实行减半征收，减征期限不超过5个月。

原则上，统筹基金累计结存可支付月数大于6个月的统筹地区，可实施减征；可支付月数小于6个月但确有必要减征的统筹地区，由各省指导统筹考虑安排。缓缴政策可继续执行，缓缴期限原则上不超过6个月，缓缴期间免收滞纳金。

各省要指导统筹地区持续完善经办管理服务，确保待遇支付，实施减征和缓缴不能影响参保人享受当期待遇。参保单位应依法履行代扣代缴个人缴费的义务，医保经办机构要做好个人权益记录，确保个人权益不受影响。优化办事流程，不增加参保单位事务性负担。

各省要指导统筹地区切实加强基金管理，做好统计监测，跟踪分析基金运行情况，采取切实管用的措施，管控制度运行风险，确保基金收支中长期平衡。减征产生的统筹基金收支缺口由统筹地区自行解决。各省可根据减征情况，合理调整 2020 年基金预算。

已经实施阶段性降低单位费率等援企政策的省可继续执行，也可按照本指导意见精神指导统筹地区调整政策。已实施阶段性降低职工医保单位费率的统筹地区，不得同时执行减半征收措施。

三、深化基本医疗保险支付方式改革

根据《国务院办公厅关于进一步深化基本医疗保险支付方式改革的指导意见》（国办发〔2017〕55 号）的规定，医保支付是基本医保管理和深化医改的重要环节，是调节医疗服务行为、引导医疗资源配置的重要杠杆。新一轮医改以来，各地积极探索医保支付方式改革，在保障参保人员权益、控制医保基金不合理支出等方面取得积极成效，但医保对医疗服务供需双方特别是对供方的引导制约作用尚未得到有效发挥。

（一）总体要求

（1）指导思想。

按照党中央、国务院决策部署，落实全国卫生与健康大会精神，紧紧围绕深化医药卫生体制改革目标，正确处理政府和市场关系，全面建立并不断完善符合我国国情和医疗服务特点的医保支付体系。健全医保支付机制和利益调控机制，实行精细化管理，激发医疗机构规范行为、控制成本、合理收治和转诊患者的内生动力，引导医疗资源合理配置和患者有序就医，支持建立分级诊疗模式和基层医疗卫生机构健康发展，切实保障广大参保人员基本医疗权益和医保制度长期可持续发展。

（2）基本原则。

一是保障基本。坚持以收定支、收支平衡、略有结余，不断提高医保基金使用效率，着力保障参保人员基本医疗需求，促进医疗卫生资源合理利用，筑牢保障底线。

二是建立机制。发挥医保第三方优势，健全医保对医疗行为的激励约束机制以及对医疗费用的控制机制。建立健全医保经办机构与医疗机构间公开平等的谈判协商机制、"结余留用、合理超支分担"的激励和风险分担机制，提高医疗机构自我管理的积极性，促进医疗机构从规模扩张向内涵式发展转变。

三是因地制宜。各地要从实际出发，充分考虑医保基金支付能力、医保管理服务能力、医疗服务特点、疾病谱分布等因素，积极探索创新，实行符合本地实际的医保支付方式。

四是统筹推进。统筹推进医疗、医保、医药各项改革，注重改革的系统性、整体性、协调性，发挥部门合力，多措并举，实现政策叠加效应。

（3）主要目标。

2017年起，进一步加强医保基金预算管理，全面推行以按病种付费为主的多元复合式医保支付方式。各地要选择一定数量的病种实施按病种付费，国家选择部分地区开展按疾病诊断相关分组（DRGs）付费试点，鼓励各地完善按人头、按床日等多种付费方式。到2020年，医保支付方式改革覆盖所有医疗机构及医疗服务，全国范围内普遍实施适应不同疾病、不同服务特点的多元复合式医保支付方式，按项目付费占比明显下降。

（二）改革的主要内容

（1）实行多元复合式医保支付方式。针对不同医疗服务特点，推进医保支付方式分类改革。对住院医疗服务，主要按病种、按疾病诊断相关分组付费，长期、慢性病住院医疗服务可按床日付费；对基层医疗服务，可按人头付费，积极探索将按人头付费与慢性病管理相结合；对不宜打包付费的复杂病例和门诊费用，可按项目付费。探索符合中医药服务特点的支付方式，鼓励提供和使用适宜的中医药服务。

（2）重点推行按病种付费。原则上对诊疗方案和出入院标准比较明确、诊疗技术比较成熟的疾病实行按病种付费。逐步将日间手术以及符合条件的中西医病种门诊治疗纳入医保基金病种付费范围。建立健全谈判协商机制，以既往费用数据和医保基金支付能力为基础，在保证疗效的基础上科学合理确定中西医病种付费标准，引导适宜技术使用，节约医疗费用。做好按病种收费、付费政策衔接，合理确定收费、付费标准，由医保基金和个人共同分担。加快制定医疗服务项目技术规范，实现全国范围内医疗服务项目名称和内涵的统一。逐步统一疾病分类编码（ICD—10）、手术与操作编码系统，明确病历及病案首页书写规范，制定完善符合基本医疗需求的临床路径等行业技术标准，为推行按病种付费打下良好基础。

（3）开展按疾病诊断相关分组付费试点。探索建立按疾病诊断相关分组付费体系。按疾病病情严重程度、治疗方法复杂程度和实际资源消耗水平等进行病种分组，坚持分组公开、分组逻辑公开、基础费率公开，结合实际确定和调整完善各组之间的相对比价关系。可以疾病诊断相关分组技术为支撑进行医疗机构诊疗成本与疗效测量评价，加强不同医疗机构同一病种组间的横向比较，利用评价结果完善医保付费机制，促进医疗机构提升绩效、控制费用。加快提升医保精细化管理水平，逐步将疾病诊断相关分组用于实际付费并扩大应用范围。疾病诊断相关分组收费、付费标准包括医保基金和个人付费在内的全部医疗费用。

（4）完善按人头付费、按床日付费等支付方式。支持分级诊疗模式和家庭医生签约服务制度建设，依托基层医疗卫生机构推行门诊统筹按人头付费，促进基层医疗卫生机构提供优质医疗服务。各统筹地区要明确按人头付费的基本医疗服务包范围，保障医保目录内药品、基本医疗服务费用和一般诊疗费的支付。逐步从糖尿病、高血压、慢性肾功能衰竭等治疗方案标准、评估指标明确的慢性病入手，开展特殊慢性病按人头付费，鼓励医疗机构做好健康管理。有条件的地区可探索将签约居民的门诊基金按人头支付给基层医疗卫生机构或家庭医生团队，患者向医院转诊的，由基层医疗卫生机构或家庭医生团队支付一定的转诊费用。对于精神病、安宁疗护、医疗康复等需要长期住院治疗且日均费用较稳定的疾病，可采取按床日付费的方式，同时加强对平均住院天数、日均费用以及治疗效果的考核评估。

（5）强化医保对医疗行为的监管。完善医保服务协议管理，将监管重点从医疗费用控制转向医疗费用和医疗质量双控制。根据各级各类医疗机构的功能定位和服务特点，分类完善科学合理的考核评价体系，将考核结果与医保基金支付挂钩。中医医疗机构考核指标应包括中医药服务提供比例。有条件的地方医保经办机构可以按协议约定向医疗机构预付一部分医保资金，缓解其资金运行压力。医保经办机构要全面推开医保智能监控工作，实现医保费用结算从部分审核向全面审核转变，从事后纠正向事前提示、事中监督转变，从单纯管制向监督、管理、服务相结合转变。不断完善医保信息系统，确保信息安全。积极探索将医保监管延伸到医务人员医疗服务行为的有效方式，探索将监管考核结果向社会公布，促进医疗机构强化医务人员管理。

（三）配套改革措施

（1）加强医保基金预算管理。按照以收定支、收支平衡、略有结余的原则，科学编制并严格执行医保基金收支预算。加快推进医保基金收支决算公开，接受社会监督。

各统筹地区要结合医保基金预算管理完善总额控制办法，提高总额控制指标的科学性、合理性。完善与总额控制相适应的考核评价体系和动态调整机制，对超总额控制指标的医疗机构合理增加的工作量，可根据考核情况按协议约定给予补偿，保证医疗机构正常运行。健全医保经办机构与医疗机构之间的协商机制，促进医疗机构集体协商。总额控制指标应向基层医疗卫生机构、儿童医疗机构等适当倾斜，制定过程按规定向医疗机构、相关部门和社会公开。

　　有条件的地区可积极探索将点数法与预算总额管理、按病种付费等相结合，逐步使用区域（或一定范围内）医保基金总额控制代替具体医疗机构总额控制。采取点数法的地区确定本区域（或一定范围内）医保基金总额控制指标后，不再细化明确各医疗机构的总额控制指标，而是将项目、病种、床日等各种医疗服务的价值以一定点数体现，年底根据各医疗机构所提供服务的总点数以及地区医保基金支出预算指标，得出每个点的实际价值，按照各医疗机构实际点数付费，促进医疗机构之间分工协作、有序竞争和资源合理配置。

　　（2）完善医保支付政策措施。严格规范基本医保责任边界，基本医保重点保障符合"临床必需、安全有效、价格合理"原则的药品、医疗服务和基本服务设施相关费用。公共卫生费用、与疾病治疗无直接关系的体育健身或养生保健消费等，不得纳入医保支付范围。各地要充分考虑医保基金支付能力、社会总体承受能力和参保人个人负担，坚持基本保障和责任分担的原则，按照规定程序调整待遇政策。科学合理确定药品和医疗服务项目的医保支付标准。

　　结合分级诊疗模式和家庭医生签约服务制度建设，引导参保人员优先到基层首诊，对符合规定的转诊住院患者可以连续计算起付线，将符合规定的家庭医生签约服务费纳入医保支付范围。探索对纵向合作的医疗联合体等分工协作模式实行医保总额付费，合理引导双向转诊，发挥家庭医生在医保控费方面的"守门人"作用。鼓励定点零售药店做好慢性病用药供应保障，患者可凭处方自由选择在医疗机构或到医疗机构外购药。

　　（3）协同推进医药卫生体制相关改革。建立区域内医疗卫生资源总量、医疗费用总量与经济发展水平、医保基金支付能力相适应的宏观调控机制，控制医疗费用过快增长。推行临床路径管理，提高诊疗行为透明度。推进同级医疗机构医学检查检验结果互认，减少重复检查。建立医疗机构效率和费用信息公开机制，将费用、患者负担水平等指标定期公开，接受社会监督，并为参保人就医选择提供参考。完善公立医疗机构内部绩效考核和收入分配机制，引导医疗机构建立以合理诊疗为核心的绩效考核评价体系，体现多劳多得、优劳优酬。规范和推动医务人员多点执业。

（四）组织实施

（1）加强组织领导。各省（区、市）要高度认识深化医保支付方式改革的重要性，在医改领导小组领导下，协调推进医保支付方式及相关领域改革，妥善做好政策衔接，发挥政策合力。各级人力资源和社会保障、卫生计生、财政、发展改革、中医药等部门要根据各自职能，协同推进医保支付方式改革，明确时间表、路线图，做好规划和组织落实工作。

（2）切实抓好落实。各统筹地区要按照本意见精神，在总结经验的基础上，结合本地实际，于2017年9月底前制定具体改革实施方案。人力资源和社会保障部、国家卫生计生委会同财政部、国家中医药局成立按疾病诊断相关分组付费试点工作组，2017年选择部分地区开展按疾病诊断相关分组付费试点，并加强技术指导。

（3）做好交流评估。加强不同地区间医保支付方式改革成果交流，及时总结推广好的经验做法。各统筹地区要开展改革效果评估，既对改革前后医疗费用、医疗服务数量和质量、医保待遇水平、参保人员健康水平等进行纵向评估，又与周边地区、经济和医疗水平相似地区进行横向比较，通过评估为完善政策提供支持。

四、整合城乡居民基本医疗保险制度

根据《国务院关于整合城乡居民基本医疗保险制度的意见》（国发〔2016〕3号）的规定，整合城镇居民基本医疗保险（以下简称城镇居民医保）和新型农村合作医疗（以下简称新农合）两项制度，建立统一的城乡居民基本医疗保险（以下简称城乡居民医保）制度，是推进医药卫生体制改革、实现城乡居民公平享有基本医疗保险权益、促进社会公平正义、增进人民福祉的重大举措，对促进城乡经济社会协调发展、全面建成小康社会具有重要意义。

（一）总体要求与基本原则

（1）总体要求。

落实党中央、国务院关于深化医药卫生体制改革的要求，按照全覆盖、保基本、多层次、可持续的方针，加强统筹协调与顶层设计，遵循先易后难、循序渐进的原则，从完善政策入手，推进城镇居民医保和新农合制度整合，逐步在全国范围内建立起统一的城乡居民医保制度，推动保障更加公平、管理服务更加规范、医疗资源利用更加有效，促进全民医保体系持续健康发展。

（2）基本原则。

第一，统筹规划、协调发展。要把城乡居民医保制度整合纳入全民医保体系发展和深化医改全局，统筹安排，合理规划，突出医保、医疗、医药三医联动，加强基本医保、大病保险、医疗救助、疾病应急救助、商业健康保险等衔接，强化制度的系统性、整体性、协同性。

第二，立足基本、保障公平。要准确定位，科学设计，立足经济社会发展水平、城乡居民负担和基金承受能力，充分考虑并逐步缩小城乡差距、地区差异，保障城乡居民公平享有基本医保待遇，实现城乡居民医保制度可持续发展。

第三，因地制宜、有序推进。要结合实际，全面分析研判，周密制订实施方案，加强整合前后的衔接，确保工作顺畅接续、有序过渡，确保群众基本医保待遇不受影响，确保医保基金安全和制度运行平稳。

第四，创新机制、提升效能。要坚持管办分开，落实政府责任，完善管理运行机制，深入推进支付方式改革，提升医保资金使用效率和经办管理服务效能。充分发挥市场机制作用，调动社会力量参与基本医保经办服务。

（二）整合基本制度政策

（1）统一覆盖范围。城乡居民医保制度覆盖范围包括现有城镇居民医保和新农合所有应参保（合）人员，即覆盖除职工基本医疗保险应参保人员以外的其他所有城乡居民。农民工和灵活就业人员依法参加职工基本医疗保险，有困难的可按照当地规定参加城乡居民医保。各地要完善参保方式，促进应保尽保，避免重复参保。

（2）统一筹资政策。坚持多渠道筹资，继续实行个人缴费与政府补助相结合为主的筹资方式，鼓励集体、单位或其他社会经济组织给予扶持或资助。各地要统筹考虑城乡居民医保与大病保险保障需求，按照基金收支平衡的原则，合理确定城乡统一的筹资标准。现有城镇居民医保和新农合个人缴费标准差距较大的地区，可采取差别缴费的办法，利用2-3年时间逐步过渡。整合后的实际人均筹资和个人缴费不得低于现有水平。完善筹资动态调整机制。在精算平衡的基础上，逐步建立与经济社会发展水平、各方承受能力相适应的稳定筹资机制。逐步建立个人缴费标准与城乡居民人均可支配收入相衔接的机制。合理划分政府与个人的筹资责任，在提高政府补助标准的同时，适当提高个人缴费比重。

（3）统一保障待遇。遵循保障适度、收支平衡的原则，均衡城乡保障待遇，逐步统一保障范围和支付标准，为参保人员提供公平的基本医疗保障。妥善处理整合前的特殊保障政策，做好过渡与衔接。城乡居民医保基金主要用于支付参保人员发生的住院和门诊医药费用。稳定住院保障水平，政策范围内住院费用支付比例保持在75%左右。进一步完善门诊统筹，逐步提高门诊保障水平。逐步缩小政策范围内支付比例与实际支付比例间的差距。

（4）统一医保目录。统一城乡居民医保药品目录和医疗服务项目目录，明确药品和医疗服务支付范围。各省（区、市）要按照国家基本医保用药管理和基本药物制度有关规定，遵循临床必需、安全有效、价格合理、技术适宜、基金可承受的原则，在现有城镇居民医保和新农合目录的基础上，适当考虑参保人员需求变化进行调整，有增有减、有控有扩，做到种类基本齐全、结构总体合理。完善医保目录管理办法，实行分级管理、动态调整。

（5）统一定点管理。统一城乡居民医保定点机构管理办法，强化定点服务协议管理，建立健全考核评价机制和动态的准入退出机制。对非公立医疗机构与公立医疗机构实行同等的定点管理政策。原则上由统筹地区管理机构负责定点机构的准入、退出和监管，省级管理机构负责制订定点机构的准入原则和管理办法，并重点加强对统筹区域外的省、市级定点医疗机构的指导与监督。

（6）统一基金管理。城乡居民医保执行国家统一的基金财务制度、会计制度和基金预决算管理制度。城乡居民医保基金纳入财政专户，实行"收支两条线"管理。基金独立核算、专户管理，任何单位和个人不得挤占挪用。结合基金预算管理全面推进付费总额控制。基金使用遵循以收定支、收支平衡、略有结余的原则，确保应支付费用及时足额拨付，合理控制基金当年结余率和累计结余率。建立健全基金运行风险预警机制，防范基金风险，提高使用效率。强化基金内部审计和外部监督，坚持基金收支运行情况信息公开和参保人员就医结算信息公示制度，加强社会监督、民主监督和舆论监督。

（三）理顺管理体制

（1）整合经办机构。鼓励有条件的地区理顺医保管理体制，统一基本医保行政管理职能。充分利用现有城镇居民医保、新农合经办资源，整合城乡居民医保经办机构、人员和信息系统，规范经办流程，提供一体化的经办服务。完善经办机构内外部监督制约机制，加强培训和绩效考核。

（2）创新经办管理。完善管理运行机制，改进服务手段和管理办法，优化经办流程，提高管理效率和服务水平。鼓励有条件的地区创新经办服务模式，推进管办分开，引入竞争机制，在确保基金安全和有效监管的前提下，以政府购买服务的方式委托具有资质的商业保险机构等社会力量参与基本医保的经办服务，激发经办活力。

（四）提升服务效能

（1）提高统筹层次。城乡居民医保制度原则上实行市（地）级统筹，各地要围绕统一待遇政策、基金管理、信息系统和就医结算等重点，稳步推进市（地）级统筹。做好医保关系转移接续和异地就医结算服务。根据统筹地区内各县（市、区）的经济发展和医疗服务水平，加强基金的分级管理，充分调动县级政府、经办管理机构基金管理的积极性和主动性。鼓励有条件的地区实行省级统筹。

（2）完善信息系统。整合现有信息系统，支撑城乡居民医保制度运行和功能拓展。推动城乡居民医保信息系统与定点机构信息系统、医疗救助信息系统的业务协同和信息共享，做好城乡居民医保信息系统与参与经办服务的商业保险机构信息系统必要的信息交换和数据共享。强化信息安全和患者信息隐私保护。

（3）完善支付方式。系统推进按人头付费、按病种付费、按床日付费、总额预付等多种付费方式相结合的复合支付方式改革，建立健全医保经办机构与医疗机构及药品供应商的谈判协商机制和风险分担机制，推动形成合理的医保支付标准，引导定点医疗机构规范服务行为，控制医疗费用不合理增长。通过支持参保居民与基层医疗机构及全科医师开展签约服务、制定差别化的支付政策等措施，推进分级诊疗制度建设，逐步形成基层首诊、双向转诊、急慢分治、上下联动的就医新秩序。

（4）加强医疗服务监管。完善城乡居民医保服务监管办法，充分运用协议管理，强化对医疗服务的监控作用。各级医保经办机构要利用信息化手段，推进医保智能审核和实时监控，促进合理诊疗、合理用药。卫生计生行政部门要加强医疗服务监管，规范医疗服务行为。

（五）精心组织实施，确保整合工作平稳推进

（1）加强组织领导。整合城乡居民医保制度是深化医改的一项重点任务，关系城乡居民切身利益，涉及面广、政策性强。各地各有关部门要按照全面深化改革的战略布局要求，充分认识这项工作的重要意义，加强领导，精心组织，确保整合工作平稳有序推进。各省级医改领导小组要加强统筹协调，及时研究解决整合过程中的问题。

（2）明确工作进度和责任分工。各省（区、市）要于2016年6月底前对整合城乡居民医保工作作出规划和部署，明确时间表、路线图，健全工作推进和考核评价机制，严格落实责任制，确保各项政策措施落实到位。各统筹地区要于2016年12月底前出台具体实施方案。综合医改试点省要将整合城乡居民医保作为重点改革内容，加强与医改其他工作的统筹协调，加快推进。各地人力资源和社会保障、卫生计生部门要完善相关政策措施，加强城乡居民医保制度整合前后的衔接；财政部门要完善基金财务会计制度，会同相关部门做好基金监管工作；保险监管部门要加强对参与经办服务的商业保险机构的从业资格审查、服务质量和市场行为监管；发展改革部门要将城乡居民医保制度整合纳入国民经济和社会发展规划；编制管理部门要在经办资源和管理体制整合工作中发挥职能作用；医改办要协调相关部门做好跟踪评价、经验总结和推广工作。

（3）做好宣传工作。要加强正面宣传和舆论引导，及时准确解读政策，宣传各地经验亮点，妥善回应公众关切，合理引导社会预期，努力营造城乡

居民医保制度整合的良好氛围。

第二节　基本医疗保险用药管理

一、总则

根据《基本医疗保险用药管理暂行办法》（国家医疗保障局令第 1 号）的规定，各级医疗保障部门对基本医疗保险用药范围的确定、调整，以及基本医疗保险用药的支付、管理和监督等，适用本办法。

基本医疗保险用药范围通过制定《基本医疗保险药品目录》（以下简称《药品目录》）进行管理，符合《药品目录》的药品费用，按照国家规定由基本医疗保险基金支付。《药品目录》实行通用名管理，《药品目录》内药品的同通用名药品自动属于基本医疗保险基金支付范围。

基本医疗保险用药管理坚持以人民为中心的发展思想，切实保障参保人员合理的用药需求；坚持"保基本"的功能定位，既尽力而为，又量力而行，用药保障水平与基本医疗保险基金和参保人承受能力相适应；坚持分级管理，明确各层级职责和权限；坚持专家评审，适应临床技术进步，实现科学、规范、精细、动态管理；坚持中西药并重，充分发挥中药和西药各自优势。

《药品目录》由凡例、西药、中成药、协议期内谈判药品和中药饮片五部分组成。省级医疗保障行政部门按国家规定增补的药品单列。为维护临床用药安全和提高基本医疗保险基金使用效益，《药品目录》对部分药品的医保支付条件进行限定。

国务院医疗保障行政部门负责建立基本医疗保险用药管理体系，制定和调整全国范围内基本医疗保险用药范围，使用和支付的原则、条件、标准及程序等，组织制定、调整和发布国家《药品目录》并编制统一的医保代码，对全国基本医疗保险用药工作进行管理和监督。国家医疗保障经办机构受国务院医疗保障行政部门委托承担国家《药品目录》调整的具体组织实施工作。

省级医疗保障行政部门负责本行政区域内的基本医疗保险用药管理，制定本地区基本医疗保险用药管理政策措施，负责《药品目录》的监督实施等工作。各省（自治区、直辖市）以国家《药品目录》为基础，按照国家规定的调整权限和程序将符合条件的民族药、医疗机构制剂、中药饮片纳入省级医保支付范围，按规定向国务院医疗保障行政部门备案后实施。

统筹地区医疗保障部门负责《药品目录》及相关政策的实施，按照医保协议对定点医药机构医保用药行为进行审核、监督和管理，按规定及时结算和支付医保费用，并承担相关的统计监测、信息报送等工作。

凡例是对《药品目录》的编排格式、名称剂型规范、备注等内容的解释和说明。西药部分，收载化学药品和生物制品。中成药部分，收载中成药和民族药。协议期内谈判药品部分，收载谈判协议有效期内的药品。中药饮片部分，收载基本医疗保险基金予以支付的饮片，并规定不得纳入基本医疗保险基金支付的饮片。

各省（自治区、直辖市）医疗保障部门要参照本暂行办法，在国家规定的权限内，制定本省（自治区、直辖市）调整《药品目录》的具体办法。

发生严重危害群众健康的公共卫生事件或紧急情况时，国务院医疗保障行政部门可临时调整或授权省级医疗保障行政部门临时调整医保药品支付范围。

原则上《药品目录》不再新增 OTC 药品。

二、《药品目录》的制定和调整

纳入国家《药品目录》的药品应当是经国家药品监管部门批准，取得药品注册证书的化学药、生物制品、中成药（民族药），以及按国家标准炮制的中药饮片，并符合临床必需、安全有效、价格合理等基本条件。支持符合条件的基本药物按规定纳入《药品目录》。

以下药品不纳入《药品目录》：

（1）主要起滋补作用的药品。

（2）含国家珍贵、濒危野生动植物药材的药品。

（3）保健药品。

（4）预防性疫苗和避孕药品。

（5）主要起增强性功能、治疗脱发、减肥、美容、戒烟、戒酒等作用的药品。

（6）因被纳入诊疗项目等原因，无法单独收费的药品。

（7）酒制剂、茶制剂，各类果味制剂（特别情况下的儿童用药除外），口腔含服剂和口服泡腾剂（特别规定情形的除外）等。

（8）其他不符合基本医疗保险用药规定的药品。

《药品目录》内的药品，有下列情况之一的，经专家评审后，直接调出《药品目录》：

（1）被药品监管部门撤销、吊销或者注销药品批准证明文件的药品。

（2）被有关部门列入负面清单的药品。

（3）综合考虑临床价值、不良反应、药物经济性等因素，经评估认为风险大于收益的药品。

（4）通过弄虚作假等违规手段进入《药品目录》的药品。

（5）国家规定的应当直接调出的其他情形。

《药品目录》内的药品，符合以下情况之一的，经专家评审等规定程序后，可以调出《药品目录》：

（1）在同治疗领域中，价格或费用明显偏高且没有合理理由的药品。

（2）临床价值不确切，可以被更好替代的药品。

（3）其他不符合安全性、有效性、经济性等条件的药品。

国务院医疗保障行政部门建立完善动态调整机制，原则上每年调整一次。国务院医疗保障行政部门根据医保药品保障需求、基本医疗保险基金的收支情况、承受能力、目录管理重点等因素，确定当年《药品目录》调整的范围和具体条件，研究制定调整工作方案，依法征求相关部门和有关方面的意见并向社会公布。对企业申报且符合当年《药品目录》调整条件的药品纳入该年度调整范围。

建立《药品目录》准入与医保药品支付标准（以下简称支付标准）衔接机制。除中药饮片外，原则上新纳入《药品目录》的药品同步确定支付标准。独家药品通过准入谈判的方式确定支付标准。非独家药品中，国家组织药品集中采购（以下简称集中采购）中选药品，按照集中采购有关规定确定支付标准；其他非独家药品根据准入竞价等方式确定支付标准。执行政府定价的麻醉药品和第一类精神药品，支付标准按照政府定价确定。

中药饮片采用专家评审方式进行调整，其他药品的调整程序主要包括企业申报、专家评审、谈判或准入竞价、公布结果。

建立企业（药品上市许可持有人，以下统称企业）申报制度。根据当年调整的范围，符合条件的企业按规定向国家医疗保障经办机构提交必要的资料。提交资料的具体要求和办法另行制定。

国家医疗保障经办机构按规定组织医学、药学、药物经济学、医保管理等方面专家，对符合当年《药品目录》调整条件的全部药品进行评审，并提出如下药品名单：

（1）建议新增纳入《药品目录》的药品。经专家评审后，符合条件的国家组织集中采购中选药品或政府定价药品，可直接纳入《药品目录》；其他药品按规定提交药物经济学等资料。

（2）原《药品目录》内建议直接调出的药品。该类药品直接从《药品目录》中调出。

（3）原《药品目录》内建议可以调出的药品。该类药品按规定提交药物经济学等资料。

（4）原《药品目录》内药品建议调整限定支付范围的。其中缩小限定支付范围或者扩大限定支付范围但对基本医疗保险基金影响较小的，可以直接调整；扩大限定支付范围且对基本医疗保险基金影响较大的，按规定提交药物经济学等资料。

国家医疗保障经办机构按规定组织药物经济学、医保管理等方面专家开展谈判或准入竞价。其中独家药品进入谈判环节，非独家药品进入企业准入竞价环节。谈判或者准入竞价成功的，纳入《药品目录》或调整限定支付范围；谈判或者准入竞价不成功的，不纳入或调出《药品目录》，或者不予调整限定支付范围。

国务院医疗保障行政部门负责确定并印发《药品目录》，公布调整结果。

原则上谈判药品协议有效期为两年。协议期内，如有谈判药品的同通用名药物（仿制药）上市，医保部门可根据仿制药价格水平调整该药品的支付标准，也可以将该通用名纳入集中采购范围。协议期满后，如谈判药品仍为独家，周边国家及地区的价格等市场环境未发生重大变化且未调整限定支付范围或虽然调整了限定支付范围但对基本医疗保险基金影响较小的，根据协议期内基本医疗保险基金实际支出（以医保部门统计为准）与谈判前企业提交的预算影响分析进行对比，按相关规则调整支付标准，并续签协议。具体规则另行制定。

对于因更名、异名等原因需要对药品的目录归属进行认定的，由国务院医疗保障行政部门按程序进行认定后发布。

国务院医疗保障行政部门负责编制国家医保药品代码，按照医保药品分类和代码规则建立药品编码数据库。原则上每季度更新一次。

三、《药品目录》的使用

协议期内谈判药品原则上按照支付标准直接挂网采购。协议期内，谈判药品的同通用名药品在价格不高于谈判支付标准的情况下，按规定挂网采购。其他药品按照药品招采有关政策执行。

在满足临床需要的前提下，医保定点医疗机构须优先配备和使用《药品目录》内药品。逐步建立《药品目录》与定点医疗机构药品配备联动机制，定点医疗机构根据《药品目录》调整结果及时对本医疗机构用药目录进行调整和优化。

四、医保用药的支付

参保人使用《药品目录》内药品发生的费用，符合以下条件的，可由基本医疗保险基金支付：

（1）以疾病诊断或治疗为目的。

（2）诊断、治疗与病情相符，符合药品法定适应症及医保限定支付范围。

（3）由符合规定的定点医药机构提供，急救、抢救的除外。

（4）由统筹基金支付的药品费用，应当凭医生处方或住院医嘱。

（5）按规定程序经过药师或执业药师的审查。

国家《药品目录》中的西药和中成药分为"甲类药品"和"乙类药品"。"甲类药品"是临床治疗必需、使用广泛、疗效确切、同类药品中价格或治疗费用较低的药品。"乙类药品"是可供临床治疗选择使用，疗效确切、同类药品中比"甲类药品"价格或治疗费用略高的药品。协议期内谈判药品纳入"乙类药品"管理。

各省级医疗保障部门按国家规定纳入《药品目录》的民族药、医疗机构制剂纳入"乙类药品"管理。中药饮片的"甲乙分类"由省级医疗保障行政部门确定。

参保人使用"甲类药品"按基本医疗保险规定的支付标准及分担办法支付；使用"乙类药品"按基本医疗保险规定的支付标准，先由参保人自付一定比例后，再按基本医疗保险规定的分担办法支付。"乙类药品"个人先行自付的比例由省级或统筹地区医疗保障行政部门确定。

支付标准是基本医疗保险参保人员使用《药品目录》内药品时，基本医疗保险基金支付药品费用的基准。基本医疗保险基金依据药品的支付标准以及医保支付规定向定点医疗机构和定点零售药店支付药品费用。支付标准的制定和调整规则另行制定。

五、医保用药的管理与监督

综合运用协议、行政、司法等手段，加强《药品目录》及用药政策落实情况的监管，提升医保用药安全性、有效性、经济性。

定点医药机构应健全组织机构，完善内部制度规范，建立健全药品"进、销、存"全流程记录和管理制度，提高医保用药管理能力，确保医保用药安全合理。

将《药品目录》和相关政策落实责任纳入定点医药机构协议内容，强化用药合理性和费用审核，定期开展监督检查。将医保药品备药率、非医保药品使用率等与定点医疗机构的基金支付挂钩。加强定点医药机构落实医保用药管理政策，履行药品配备、使用、支付、管理等方面职责的监督检查。

建立目录内药品企业监督机制，引导企业遵守相关规定。将企业在药品推广使用、协议遵守、信息报送等方面的行为与《药品目录》管理挂钩。

基本医疗保险用药管理工作主动接受纪检监察部门和社会各界监督。加强专家管理，完善专家产生、利益回避、责任追究等机制。加强内控制度建设，完善投诉举报处理、利益回避、保密等内部管理制度，落实合法性和公平竞争审查制度。

对于调入或调出《药品目录》的药品，专家应当提交评审结论和报告。逐步建立评审报告公开机制，接受社会监督。

第三节　基本医疗保险定点医疗机构与零售药店管理

一、城镇职工基本医疗保险定点医疗机构管理

根据《城镇职工基本医疗保险定点医疗机构管理暂行办法》（以下简称《办法》）（劳社部发〔1999〕14 号）的规定，本《办法》所称的定点医疗机构，是指经统筹地区劳动保障行政部门审查，并经社会保险经办机构确定的，为城镇职工基本医疗保险参保人员提供医疗服务的医疗机构。

定点医疗机构审查和确定的原则是：方便参保人员就医并便于管理；兼顾专科与综合、中医与西医，注重发挥社区卫生服务机构的作用；促进医疗卫生资源的优化配置，提高医疗卫生资源的利用效率，合理控制医疗服务成本和提高医疗服务质量。

以下类别的经卫生行政部门批准并取得《医疗机构执业许可证》的医疗机构，以及经军队主管部门批准有资格开展对外服务的军队医疗机构，可以申请定点资格：

（1）综合医院、中医医院、中西医结合医院、民族医医院、专科医院。

（2）中心卫生院、乡（镇）卫生院、街道卫生院、妇幼保健院（所）。

（3）综合门诊部、专科门诊部、中医门诊部、中西医结合门诊部、民族医门诊部。

（4）诊所、中医诊所、民族医诊所、卫生所、医务室。

（5）专科疾病防治院（所、站）。

（6）经地级以上卫生行政部门批准设置的社区卫生服务机构。

定点医疗机构应具备以下条件：

（1）符合区域医疗机构设置规划。

（2）符合医疗机构评审标准。

（3）遵守国家有关医疗服务管理的法律、法规和标准，有健全和完善的医疗服务管理制度。

（4）严格执行国家、省（自治区、直辖市）物价部门规定的医疗服务和药品的价格政策，经物价部门监督检查合格。

（5）严格执行城镇职工基本医疗保险制度的有关政策规定，建立了与基本医疗保险管理相适应的内部管理制度，配备了必要的管理人员和设备。

愿意承担城镇职工基本医疗保险定点服务的医疗机构，应向统筹地区劳动保障行政部门提出书面申请，并提供以下材料：

（1）执业许可证副本。

（2）大型医疗仪器设备清单。

（3）上一年度业务收支情况和门诊、住院诊疗服务量（包括门诊诊疗人次、平均每一诊疗人次医疗费、住院人数、出院者平均住院日、平均每一出院者住院医疗费、出院者平均每天住院医疗费等），以及可承担医疗保险服务的能力。

（4）符合医疗机构评审标准的证明材料。

（5）药品监督管理和物价部门监督检查合格的证明材料。

（6）由劳动保障行政部门规定的其他材料。

劳动保障行政部门根据医疗机构的申请及提供的各项材料对医疗机构进

行审查。审查合格的发给定点医疗机构资格证书，并向社会公布，供参保人员选择。

　　参保人员在获得定点资格的医疗机构范围内，提出个人就医的定点医疗机构选择意向，由所在单位汇总后，统一报送统筹地区社会保险经办机构。社会保险经办机构根据参保人的选择意向统筹确定定点医疗机构。

　　获得定点资格的专科医疗机构和中医医疗机构（含中西医结合医疗机构和民族医医疗机构），可作为统筹地区全体参保人员的定点医疗机构。除获得定点资格的专科医疗机构和中医医疗机构外，参保人员一般可再选择 3 至 5 家不同层次的医疗机构，其中至少应包括 1 至 2 家基层医疗机构（包括一级医院以及各类卫生院、门诊部、诊所、卫生所、医务室和社区卫生服务机构）。有管理能力的地区可扩大参保人员选择定点医疗机构的数量。

　　参保人员对选定的定点医疗机构，可在 1 年后提出更改要求，由统筹地区社会保险经办机构办理变更手续。

　　社会保险经办机构要与定点医疗机构签订包括服务人群、服务范围、服务内容、服务质量、医疗费用结算办法、医疗费用支付标准以及医疗费用审核与控制等内容的协议，明确双方的责任、权利和义务。协议有效期一般为 1 年。任何一方违反协议，对方均有权解除协议，但须提前 3 个月通知对方和有关参保人，并报统筹地区劳动保障行政部门备案。

　　参保人员应在选定的定点医疗机构就医，并可自主决定在定点医疗机构购药或持处方到定点零售药店购药。除急诊和急救外，参保人员在非选定的定点医疗机构就医发生的费用，不得由基本医疗保险基金支付。

　　参保人员在不同等级的定点医疗机构就医，个人负担医疗费用的比例可有所差别，以鼓励参保人员到基层定点医疗机构就医。参保人员在不同等级定点医疗机构就医时个人负担医疗费用的具体比例和参保人员转诊、转院管理办法，由统筹地区劳动保障行政部门制定。

　　定点医疗机构应配备专（兼）职管理人员，与社会保险经办机构共同做好定点医疗服务管理工作对基本医疗保险参保人员的医疗费用要单独建账，并按要求及时、准确地向社会保险经办机构提供参保人员医疗费用的发生情况等有关信息。

社会保险经办机构要加强对定点医疗机构参保人员医疗费用的检查和审核。定点医疗机构有义务提供审核医疗费用所需的全部诊治资料及账目清单。

社会保险经办机构要按照基本医疗保险的有关政策规定和与定点医疗机构签订的协议，按时足额与定点医疗机构结算医疗费用。对不符合规定的医疗费用，社会保险经办机构不予支付。

劳动保障行政部门要组织卫生、物价等有关部门加强对医疗机构服务和管理情况的监督检查。对违反规定的定点医疗机构，劳动保障行政部门可视不同情况，责令其限期改正，或通报卫生行政部门给予批评，或取消定点资格。

二、城镇职工基本医疗保险定点零售药店管理

根据《城镇职工基本医疗保险定点零售药店管理暂行办法》（以下简称《办法》）（劳社部发〔1999〕16号）的规定，本《办法》所称的定点零售药店，是指经统筹地区劳动保障行政部门资格审查，并经社会保险经办机构确定的，为城镇职工基本医疗保险参保人员提供处方外配服务的零售药店。处方外配是指参保人员持定点医疗机构处方，在定点零售药店购药的行为。

定点零售药店审查和确定的原则是：保证基本医疗保险用药的品种和质量；引入竞争机制，合理控制药品服务成本；方便参保人员就医后购药和便于管理。

定点零售药店应具备以下资格与条件：

（1）持有《药品经营企业许可证》《药品经营企业合格证》和《营业执照》，经药品监督管理部门年检合格。

（2）遵守《中华人民共和国药品管理法》及有关法规，有健全和完善的药品质量保证制度，能确保供药安全、有效和服务质量。

（3）严格执行国家、省（自治区、直辖市）规定的药品价格政策，经物价部门监督检查合格。

（4）具备及时供应基本医疗保险用药、24 小时提供服务的能力。

（5）能保证营业时间内至少有一名药师在岗，营业人员需经地级以上药品监督管理部门培训合格。

（6）严格执行城镇职工基本医疗保险制度有关政策规定，有规范的内部管理制度，配备必要的管理人员和设备。

愿意承担城镇职工基本医疗保险定点服务的零售药店，应向统筹地区劳动保障行政部门提出书面申请，并提供以下材料：

（1）药品经营企业许可证、合格证和营业执照的副本。

（2）药师以上药学技术人员的职称证明材料。

（3）药品经营品种清单及上一年度业务收支情况。

（4）药品监督管理、物价部门监督检查合格的证明材料。

（5）劳动保障行政部门规定的其他材料。

劳动保障行政部门根据零售药店的申请及提供的各项材料，对零售药店的定点资格进行审查。

统筹地区社会保险经办机构在获得定点资格的零售药店范围内确定定点零售药店，统发定点零售药店标牌，并向社会公布，供参保人员选择购药。

社会保险经办机构要与定点零售药店签订包括服务范围、服务内容、服务质量、药费结算办法以及药费审核与控制等内容的协议，明确双方的责任、权利和义务。协议有效期一般为 1 年。任何一方违反协议。对方均有权解除协议，但须提前通知对方和参保人，并报劳动保障行政部门备案。

外配处方必须由定点医疗机构医师开具，有医师签名和定点医疗机构盖章。处方要有药师审核签字，并保存 2 年以上以备核查。

定点零售药店应配备专（兼）职管理人员，与社会保险经办机构共同做好各项管理工作。对外配处方要分别管理、单独建账。定点零售药店要定期向统筹地区社会保险经办机构报告处方外配服务及费用发生情况。

社会保险经办机构要加强对定点零售药店处方外配服务情况的检查和费用的审核。定点零售药店有义务提供与费用审核相关的资料及账目清单。

社会保险经办机构要按照基本医疗保险有关政策规定和与定点零售药店签订的协议，按时足额结算费用。对违反规定的费用，社会保险经办机构不予支付。

劳动保障行政部门要组织药品监督管理、物价、医药行业主管部门等有关部门，加强对定点零售药店处方外配服务和管理的监督检查。要对定点零售药店的资格进行年度审核。对违反规定的定点零售药店，劳动保障行政部门可视不同情况，责令其限期改正，或取消其定点资格。

第四节　医疗保险管理制度

一、加强和改进基本医疗保险参保工作

根据《国家医保局　财政部　国家税务总局关于加强和改进基本医疗保险参保工作的指导意见》（医保发〔2020〕33号）的规定，基本医疗保险（以下简称基本医保）制度为参保群众依法合理享受基本医疗保障、促进人民健康发挥了重要作用。为深入推进全民参保计划，进一步提高基本医保参保质量，保障参保群众权益，优化参保缴费服务，建好国家医疗保障信息平台基础信息管理子系统，应当加强和改进基本医保参保工作。

（一）总体要求

（1）指导思想。以习近平新时代中国特色社会主义思想为指导，全面贯彻党的十九大和十九届二中、三中、四中全会精神，坚持以人民为中心的发展思想，坚持推进高质量发展，以实现覆盖全民、依法参保为目标，以完善经办管理政策为重点，以信息系统互联互通为手段，巩固提高统筹层次，加强部门数据共享比对，严格控制重复参保，大力提升参保质量，切实维护参保人医保权益，稳步做实全民参保计划，为医疗保障高质量发展奠定坚实基础。

（2）总体原则。坚持全面覆盖，补齐短板。落实全民参保计划和依法参保要求，着眼保基本、全覆盖，有针对性加强重点人群特别是困难人群参保缴费服务，改进参保薄弱环节服务。

坚持分类完善，精准施策。对建档立卡贫困人口、学生、新生儿、缴费中断人员等参保对象，根据实际情况，不搞"一刀切"，分类制定针对性政策，保障合理待遇。

坚持优化服务，保障待遇。持续加强参保政策宣传，提升参保缴费服务便利化水平，保障参保人依法享有基本医疗保障待遇，增强群众获得感。

坚持技术支撑，提高质量。依托全国医疗保障信息平台基础信息管理子系统参保功能模块，清理无效、虚假、重复数据，实时识别参保人参保缴费状态，提升参保质量。

（3）主要目标。深入实施全民参保计划，自 2021 年参保年度起，全国参保信息实现互联互通、动态更新、实时查询，参保信息质量明显提升；到 2025 年，基本医保参保率稳中有升，管理服务水平明显提升，群众获得感满意度持续增强。

（二）主要任务

（1）合理设定参保扩面目标。各地要根据本地区常住人口、户籍人口、就业人口、城镇化率等指标，科学合理确定年度参保扩面目标。职工基本医疗保险（以下简称职工医保）要逐步以本地区劳动就业人口作为参保扩面对象，城乡居民基本医疗保险（以下简称居民医保）逐步实现以本地区非就业居民为参保扩面对象。进一步落实持居住证参保政策。

（2）落实参保缴费政策。坚持和完善覆盖全民、依法参加的基本医疗保险制度。各级医疗保障部门要完善与本地区公安、民政、人力资源和社会保障、卫生健康、市场监管、税务、教育、司法、扶贫、残联等部门的数据共享交换机制，加强人员信息比对和共享，核实断保、停保人员情况，精准锁定未参保人群，形成本地区全民参保计划库。与用人单位签订劳动合同并与用人单位建立稳定劳动关系的人员，按照规定参加职工医保。落实对符合条件的困难人员参加居民医保个人缴费补贴政策。以农民工、城乡居民、残疾人、灵活就业人员、生活困难人员为重点，加强参保服务，落实各项参保政策。完善新就业形态从业人员参保缴费方式。

（3）做好跨制度参保的待遇衔接。参保人已连续 2 年（含 2 年）以上参加基本医疗保险的，因就业等个人状态变化在职工医保和居民医保间切换参保关系的，且中断缴费时间不超过 3 个月的，缴费后即可正常享受待遇，确保参保人待遇无缝衔接。中断缴费时间超过 3 个月的，各统筹地区可根据自身情况设置不超过 6 个月的待遇享受等待期，待遇享受等待期满后暂停原参保关系。

（4）有序清理重复参保。重复参保是指同一参保人重复参加同一基本医疗保险制度（制度内重复参保）或重复参加不同基本医疗保险制度（跨制度重复参保），具体表现为同一时间段内同一参保人有两条及以上参保缴费状态正常的参保信息记录。原则上不允许重复参保。

重复参加职工医保的，原则上保留就业地参保关系；重复参加居民医保的，原则上保留常住地参保关系；学生重复参保，原则上保留学籍地参保关系；跨制度重复参保且连续参加职工医保一年以上（含一年）的，原则上保留职工医保参保关系。以上各类情形在保留一个参保关系同时，应及时终止重复的参保关系。以非全日制、临时性工作等灵活就业形式的跨制度重复参保，保留一个可享受待遇的参保关系，暂停重复的参保关系。

（5）完善个人参保缴费服务机制。国家医保信息平台基础信息管理子系统建成后，各级医疗保障部门要利用国家统一医保信息平台基础信息管理子系统实时核对功能，及时查询参保人缴费状态，联合税务部门完善参保缴费服务，减少重复参保缴费。加大参保缴费宣传引导力度，推动服务向基层下沉，加大医保电子凭证推广使用力度，利用移动端、在线平台、共享经济平台等多种途径，拓展多样化的参保缴费渠道，提高参保缴费政策知晓度，提升服务便利性。

参保人在居民医保缴费后，在相应待遇享受期未开始前因重复缴费、参加职工医保或其他统筹地区居民医保，可在终止相关居民医保参保关系的同时，依申请为个人办理退费。待遇享受期开始后，对暂停的居民医保参保关系，原则上个人缴费不再退回；已通过医疗救助渠道享受参保缴费补贴的救助对象，可根据其需要终止的参保关系所在地缴费渠道依申请完成退费；灵活就业人员按年度一次性缴纳职工医保费以后，中途就业随单位参加职工医保的，可依申请退回其就业后当年剩余月份以灵活就业人员身份缴纳的职工医保费；对其他情况，由省级医疗保障部门会同相关部门，结合各地实际，明确可以退费和不予退费的具体情形。

（6）加强财政补助资金管理。除大中专学生入学当年重复参加居民医保情形外，其他重复参加居民医保的，需终止相关居民医保参保关系，并扣减重复参保当年涉及的各级财政补助资金。跨制度重复参保且连续参加职工医保一年以上（含一年）、参保缴费状态正常的，在按本意见规定的原则处理后扣减重复参保当年居民医保的各级财政补助资金。

（三）加强改进重点人群参保缴费服务

（1）建档立卡贫困人口。按照精准到人要求，建立与扶贫、税务部门沟通机制，实行参保专项台账管理。按规定落实分类资助参保政策，确保动态参保、应保尽保。用好医疗保障信息系统脱贫攻坚运行调度模块、政策监测模块、督战模块，实时监测建档立卡贫困人口参保情况。为确保贫困人口稳定脱贫，贫困人口在职工医保和居民医保之间切换参保、转移接续参保关系时，不设等待期，不受居民医保规定缴费时间限制，在参保缴费后，即可享受相应待遇，医疗保障经办机构应及时暂停原参保关系。对在户籍地和居住地重复参加城乡居民医保的贫困人口，在征得本人同意后，确定需要保留的居民医保参保关系，应由本人作出书面承诺交医疗保障部门留存备案。

（2）大中专学生（含全日制研究生）。大中专学生原则上应在学籍地参加居民医保。若大中专学生为建档立卡贫困人口，可以选择在建档立卡贫困人口身份认定地参保。因入学形成的重复参保，学籍地医疗保障部门应依托全国信息平台参保功能模块，及时通知原参保地医疗保障部门终止参保关系。就业后形成的重复参保，就业地医疗保障部门应依托全国信息平台参保功能模块，及时通知原学籍地医疗保障部门暂停参保关系。具备条件的统筹地区在确保与学生原参保地医疗保险待遇无缝衔接的前提下，可将大中专学生参加居民医保的参保缴费期从学年调整为自然年度，作出调整的统筹地区学生在入学当年学籍地如发生医疗费用，采用异地就医直接结算报销费用，报销比例不受转外就医调减比例规定限制。

（3）新生儿。新生儿参保登记应使用本人真实姓名和身份证明。原则上新生儿出生后90天内由监护人按相关规定办理参保登记，自出生之日所发生的医疗费用均可纳入医保报销。对已使用父母姓名参保的新生儿，医疗保障部门应要求其监护人尽快更新信息。新生儿未在规定时间内参加居民医保的，按所在统筹地区具体规定执行。

（4）退役军人。军人退出现役后、由部队保障的随军未就业军人配偶实现就业后，按规定参加基本医疗保险并办理关系转移接续的，不受待遇享受等待期限制。已参加基本医疗保险的随军未就业军人配偶，在军人退出现役后，按所在统筹地区规定办理参保和关系转移接续。医疗保障部门要为相关人群业务办理提供便利，做好管理服务。

（5）短期季节性务工人员及灵活就业人员。已经参加居民医保的短期季节性务工人员或灵活就业人员，在居民医保待遇享受期内参加职工医保，医疗保障部门应保证参保人享受新参加的医保待遇，暂停原居民医保待遇；参保人短期务工结束后，医疗保障部门及时恢复原居民医保待遇，确保待遇有效衔接。

（6）被征地农民。被征地农民在政府代缴医保费期间就业并参加职工医保的，医疗保障部门应做好参保关系转移接续，并及时暂停原居民医保待遇。

（四）工作要求

（1）落实工作责任。各地要统一思想认识，强化责任担当，狠抓贯彻落实，确保让参保人获得更加满意的服务。各级医疗保障部门应加强源头把关，注重全过程动态管理，确保参保人身份真实，保障合理待遇。要将参保计划完成情况、参保质量等工作纳入对省级医疗保障部门的绩效考核。各地可结合实际制定实施细则。

（2）加强宣传引导。进一步做好参保缴费宣传，创新宣传方式，拓展宣传渠道，对未参保人员实行精准推送式宣传，使群众全面了解医保政策和参保意义，调动群众参保缴费积极性，切实维护参保人合法权益。

（3）注重部门协作。医疗保障、税务部门要优化完善信息系统和数据共享平台，对清理的重复参保信息妥善保管，以备后续查验。医疗保障、财政、税务部门要密切协作，加强沟通，稳妥有序做好参保工作，遇有重大情况和问题，及时向国家医保局、财政部、国家税务总局报告。

二、加强基本医疗保险基金预算管理

根据《财政部 人力资源和社会保障部 国家卫生计生委关于加强基本医疗保险基金预算管理发挥医疗保险基金控费作用的意见》（财社〔2016〕242号）的规定，我国基本医疗保险制度自建立以来，覆盖范围不断扩大，保障水平逐步提高，在保障参保人员基本医疗需求、提高群众健康水平等方面发挥了重要作用，但也面临医疗费用不合理增长、基金运行压力增大等问题，存在中长期不可持续的风险。不合理增长的医疗费用部分抵消了政府投入的效果，加重了社会和个人负担。为加强基本医疗保险基金收支预算管理，控制医疗费用不合理增长，减轻个人负担，确保基本医疗保险制度和基金可持续运行，根据《预算法》《社会保险法》和国务院有关规定，现提出如下意见。

（一）加强基本医疗保险基金收支预算管理

（1）科学编制收支预算。各统筹地区要严格按照"以收定支、收支平衡、略有结余"的原则编制收支预算。根据缴费基数（或缴费标准）、缴费率、参保人数等因素，全面、准确、完整编制基本医疗保险基金收入预算。地方各级财政部门要按照规定足额安排行政事业单位参加基本医疗保险单位缴费支出预算；要按照不低于国家规定标准以及中央和地方分担比例，足额安排政府对城乡居民基本医疗保险参保居民的补助支出预算。综合考虑以前年度支出规模、本地医疗费用水平、医疗费用控制目标、参保人员年龄结构、享受待遇人数、待遇政策调整等因素编制年度支出预算。原则上不应编制当年赤字预算，不得编制基金历年累计结余赤字预算。除基本医疗保险待遇支出、用于大病保险支出、转移支出、上解上级支出、补助下级支出外，原则上不应编制其他支出预算。确需编制其他支出预算或编制预算时需动用历年累计结余弥补当年支出的，需符合社会保险基金财务制度有关规定，并作出详细说明，报同级人民政府审批。各地要在做好年度预算工作基础上，根据国家关于社会保险基金预算和中期财政规划具体部署和安排，结合地方中期财政规划，做好基本医疗保险基金中期收支测算工作。

（2）依法足额征收保费。各统筹地区要进一步扩大基本医疗保险覆盖范围，确保应保尽保。要加强和规范职工基本医疗保险费征收管理，做好缴费基数核定和日常稽核等工作，确保依法按时足额征收职工基本医疗保险费。要按照不低于国家规定的标准足额征收城乡居民基本医疗保险个人缴费，逐步建立个人缴费标准与城乡居民可支配收入相衔接机制，稳步提高个人缴费占总体筹资的比重。统筹地区财政部门要按规定及时将各级财政安排的城乡居民基本医疗保险补助资金拨付至社会保险基金财政专户。加大监督检查力度，进一步提高征收率，杜绝违规缓缴、减免和拖欠等行为，确保应收尽收。

（3）规范个人账户支出。加强职工基本医疗保险个人账户支出管理，个人账户原则上不得用于非医疗支出。逐步优化统账结构，提高统筹基金共济和支付能力。同步改革门诊费用支付方式，开展门诊费用统筹，逐步提高门诊大病及慢性病保障水平，确保参保人员门诊保障水平不降低。

（4）完善待遇支付政策。基本医疗保险待遇标准要与筹资水平及当地经济发展水平相适应。提高基本医疗保障水平不应超过基本医疗保险基金承受能力。在确保基金收支平衡的前提下，合理提高基本医疗保险报销封顶线，全面实施城乡居民大病保险和重特大疾病医疗救助，切实落实各项制度保障责任，做好政策衔接，形成制度合力，稳步提高大病保障水平，缓解因病致贫、因病返贫。结合推进分级诊疗制度建设，完善参保人员在不同层级医疗机构就医的差别化支付政策，充分发挥基本医疗保险支付政策的引导约束作用，促进患者有序流动。适当提高基层医疗卫生机构政策范围内医疗费用报销比例，对符合规定的转诊住院患者可以连续计算起付线。合理拉开基层、县级和城市大医院间报销水平差距，引导参保患者有序就诊，减少无序就医造成的不必要支出。

（5）坚持基金精算平衡。地方各级人力资源和社会保障、卫生计生、财政等部门要开展基本医疗保险基金中长期精算，并于每年6月底前完成上年度精算报告。参考精算结果，及时完善本地区基本医疗保险实施办法，确保基金精算平衡。

（二）严格基本医疗保险基金预算执行

（1）严格收支预算执行。基本医疗保险基金预算应严格按照批准的预算和规定的程序执行，不得随意调整。基本医疗保险经办机构应按规定报告预算执行情况。在执行中因特殊情况需要增加支出或减少收入，应当编制基本医疗保险基金预算调整方案，按社会保险基金预算调整程序经批准后执行。

（2）实施全程实时监控。各统筹地区要按照国家统一规划和部署，完善医疗保险信息系统，对定点医疗机构医疗费用实行事前提醒、事中监控、事后审核的全程实时监管。重点对药品、高值医用耗材使用情况及大型医用设备检查等医疗行为进行跟踪监测评估，及时发现违规行为，并依据《社会保险法》《执业医师法》《医疗机构管理条例》等有关法律法规和定点协议对相关医疗机构及医务人员做出相应处罚，促进诊疗行为规范，防止发生不合理医疗费用支出。

（3）做好相关信息披露。推进基本医疗保险基金预算及执行情况向社会公开。基本医疗保险经办机构要按规定公开参保人员医疗保险待遇政策及享受情况等信息，接受社会各界的监督。定点医疗机构要按规定及时公开医院收支情况、医药价格、次均门诊及住院费用、主要病种例均费用等信息，各级卫生计生、人力资源和社会保障等部门要对各定点医疗机构费用指标进行排序，定期公布排序结果。

（三）实施基本医疗保险支付方式改革

（1）全面改革支付方式。各统筹地区要结合本地实际，全面实施以总额预算为基础，门诊按人头付费，住院按病种、按疾病诊断相关分组（DRGs）、按床日付费等多种方式相结合，适应不同人群、不同疾病及医疗服务特点的复合支付方式，逐步减少按项目付费，将支付方式改革覆盖所有医疗机构和医疗服务。充分发挥基本医疗保险激励约束和控制医疗费用不合理增长作用，促进医疗机构和医务人员主动控制成本和费用，提高医疗资源和基金使用效率，从源头上减轻参保人员医药费用负担。各统筹地区要按要求制定出台全面推进基本医疗保险支付方式改革实施方案，要对支付方式改革效果进行定期评估，并及时改进完善。各省级人力资源和社会保障、卫生计生部门要通过设立专家库、改革案例库等方式，加强对统筹地区的指导。

（2）建立质量控制机制。完善服务协议管理和定点医疗机构考核办法，在全面改革支付方式的同时，建立健全对定点医疗机构服务数量及质量的考核评价机制。适应不同支付方式的特点，完善考核办法，并将考核结果与基金支付挂钩，避免医疗机构为控制成本推诿病人、减少必要服务或降低服务质量。

（3）建立激励约束机制。建立健全"结余留用、合理超支分担"的激励约束机制，激励医疗机构提高服务效率和质量。实行按病种付费、按人头付费、按床日付费等支付方式的地区，医疗机构实际发生费用低于约定支付标准的，结余部分由医疗机构留用；实际费用超过约定支付标准的，超出部分由医疗机构承担，对于合理超支部分，可在协商谈判基础上，由医疗机构和医疗保险基金分担。

（4）建立谈判协商机制。统筹地区人力资源和社会保障、卫生计生、财政等相关部门应指导基本医疗保险经办机构与定点医疗机构建立谈判协商机制，鼓励参保人员代表参与谈判协商过程。支付方式改革方案要确保医疗保险基金可承受、群众负担总体不增加、医疗机构有激励。坚持公平、公正、公开，要确保定点医疗机构参与支付方式改革方案制定及实施全过程。

（5）同步推进配套改革。按照国务院统一部署，大力推动医保、医疗、医药"三医"联动改革，加快推进公立医院和基层医疗卫生机构体制机制改革，改革医疗服务价格形成机制，制定医疗保险药品支付标准，大力整顿药品生产流通秩序，采取综合措施，有效控制医疗费用不合理增长。

（四）加强考核通报和组织实施

（1）建立绩效考核机制。各地要加强对基本医疗保险经办机构的绩效考核，将预算编制、费用控制、服务质量等纳入考核范围，促使其工作重心从审核报销向费用控制、加强收支预算管理、提高服务质量转移。鼓励各统筹地区探索建立与基本医疗保险经办机构工作绩效挂钩的激励机制。

（2）建立表扬通报机制。"十三五"期间，财政部、人力资源和社会保障部、国家卫生计生委将联合对各地加强收支预算管理、推进支付方式改革、控制医疗费用不合理增长等情况进行考核（考核指标见附件），对工作推进快、成效好的省份予以通报表扬，对工作进度滞后的省份予以通报批评。将通报考核内容纳入财政部驻各省（区、市）财政监察专员办事处审核范围。

（3）做好组织实施工作。各地要充分认识加强基本医疗保险基金预算管理、控制医疗费用不合理增长的重要性和紧迫性，将此项工作作为今后一段时间完善医疗保险制度、深化医药卫生体制改革的重点任务抓好落实。要明确各自职责，加强协同配合，及时研究解决重大问题，形成工作合力。要加强政策解读和舆论引导，妥善回应社会关切，争取各方理解和支持。省级财政、人力资源和社会保障、卫生计生等部门要加强对统筹地区的指导，按要求向财政部、人力资源和社会保障部、国家卫生计生委等部门报送基本医疗保险基金运行及控制医疗费用不合理增长等有关情况。

三、全国新型农村合作医疗异地就医联网结报

根据国家卫生计生委和财政部联合发布《关于印发全国新型农村合作医疗异地就医联网结报实施方案的通知》（国卫基层发〔2016〕23 号）的规定，加快基本医保异地就医联网结报工作是推进健康中国建设的重要内容，对于深化医药卫生体制改革、落实分级诊疗、完善基本医保制度建设、提升城乡居民的获得感具有重要意义。为贯彻落实《2016 年政府工作报告》有关加快推进基本医保全国联网和异地就医结算工作的要求，全面推进新型农村合作医疗（以下简称新农合，包括卫生计生部门负责的城乡居民基本医疗保险，下同）异地就医联网结报工作，现制定以下方案。

（一）工作目标

通过完善异地就医补偿管理政策、信息系统功能和服务网络，建立起有效的异地就医运行管理机制，逐步实现全国新农合跨省就医联网结报。2016年，完善国家和省级新农合信息平台，基本建成新农合异地就医信息系统，实现省内异地就医直接结报，开展新农合转诊住院患者跨省定点就医结报试点。2017 年，基本实现新农合转诊住院患者跨省定点就医结报。

（二）基本原则

（1）坚持以人为本。从维护广大参合群众的切身利益出发，把方便群众作为推进异地就医结报工作的出发点和落脚点，切实提高参合患者异地就医结报的便捷性、及时性。

（2）坚持与分级诊疗同步推进。异地就医结报服务主要针对规范转诊患者，发挥基本医保对患者流向的引导和调节作用，促进形成合理就医秩序。

（3）坚持以就医地管理为主。跨省患者就医原则上按照就医地的相关政策要求执行，由就医地省级管理经办机构代表参合地区统筹负责跨省就医患者的管理和服务。

（4）坚持分类指导。结合各地新农合信息化建设进展，医疗机构分别通过不同途径与国家新农合信息平台（以下简称国家平台）对接，确保形成顺畅的信息交换通道和有效的工作机制。按照"成熟一个省（区、市），联通一个省（区、市），实施一个省（区、市）"的原则，积极推进。

（三）建设完善异地就医信息系统

（1）完善国家和省级异地就医结报网络。根据国家卫生计生委办公厅《关于全面推进国家新型农村合作医疗信息平台建设工作的通知》（国卫办基层函〔2015〕870号）要求，按照人口健康信息化建设的总体框架和顶层设计，加快推进国家平台和省级新农合信息平台（以下简称省级平台）建设，依托电子政务外网或虚拟专网构建全国新农合跨省就医数据交换通道。国家平台要发挥枢纽作用，负责跨省就医转诊、结报等数据交换工作；省级平台负责联通省内定点联网医疗机构，即时上传本省患者到外省的转诊信息，汇集并上传外省转诊患者在本省定点联网医疗机构就医结报的相关数据；医疗机构按照属地化原则通过省级平台与国家平台联通，委预算管理医院、暂不具备联通条件的省（区、市）所属三级医疗机构，直接与国家平台联通。

（2）建立异地就医信息系统并完善功能。在完善国家和省级平台基础上，加快建立全国新农合异地就医信息系统，使其具备转诊、结算等管理功能。各省级平台负责跨省就医结报，对于省级平台功能暂不完善的，可将本省的补偿方案配置在国家平台上，由国家平台结报。对于尚未建成省级平台的地区，可以依托本省（区、市）区域人口健康信息平台建设异地就医信息系统。对于新农合交由其他部门管理的省（区、市），要充分利用已建成的新农合信息平台承担为外省转入患者提供转诊结报等管理服务工作，或协调城镇医保部门做好相关工作。各统筹地区也可根据实际情况，在务工人员集中地通过点对点签约的方式，选择医疗机构先行开展跨省就医结报。省内异地就医结报工作由各省份根据实际情况统筹安排。

（3）实现异地就医信息系统互联与数据共享。利用已建成的医疗机构与国家和省级平台联通通道，实现医疗机构和统筹地区之间信息系统的广泛互联。联网医疗机构要根据《国家卫生计生委办公厅关于印发国家新型农村合作医疗信息平台联通技术方案（试行）的通知》（卫办农卫函〔2013〕456号）要求，生成规范的数据交换内容，按时提交至国家或省级平台。对于采用疾病诊断分组支付的医疗机构，要按照规范格式生成数据交换内容。

（4）统一数据交换频率。跨省转诊、住院登记及出院结报信息要实时交换；在院诊断及费用信息原则上要每日上传；出院病案首页信息在患者出院后5个工作日内上传；垫付资金回款申请和拨付信息要按月定期交换。

（四）制定异地就医结报政策

（1）规范异地就医补偿政策。各省（区、市）要规范并相对统一省内和省外异地就医补偿政策，实现用药目录、诊疗项目等方面的统一，规范异地就医业务流程。对于跨省就医患者，报销政策应当依据定点协议执行。在确保资金运行平稳的前提下，可参照就医地的报销目录，支付比例仍执行参合地规定；也可选择执行参合地省（区、市）制定的统一政策。

（2）建立异地就医转诊制度。建立完善分级诊疗制度是做好异地就医结报工作的基础，各省（区、市）要建立新农合异地就医转诊制度。符合条件的参合患者经参合地转诊备案后到省外就医，参合地经办机构应当即时将规范化转诊信息报送至省级平台或国家平台，医疗机构通过国家或省级新农合信息平台获取患者转诊信息并提供服务。鼓励各地将居民健康卡作为异地就医时参合身份识别的主要依据和结报凭证。

（3）实行定点联网就医。各省（区、市）根据辖区内医疗机构服务能力、服务患者对象和与新农合平台联通情况，确定辖区内开展跨省就医结报的联网医疗机构。联网医疗机构要包含各级别、综合与专科医疗机构，特别是为异地患者服务较多的医疗机构。既要有解决转诊患者疑难杂症需求的三级医疗机构，又要有方便群众就近和急诊就医的若干二级和部分具备一定住院条件的基层医疗机构。国家卫生计生委预算管理医院和各省（区、市）人民医院（省立医院）、中医院要率先联网并开展跨省就医结报。各省（区、市）将辖区内具备跨省结算条件的联网医疗机构名单提交至国家卫生计生委，由国家新农合信息平台门户网站公布供各地选择。各地在国家平台公布的联网医疗机构名单中选择本省（区、市）患者跨省就医的定点医疗机构签署协议，在试点基础上全面推开跨省转诊就医结报工作。各地在推进异地就医联网结报过程中，要统筹考虑与大病保险、医疗救助、精准扶贫等工作的衔接。

（五）规范异地就医结算机制

（1）落实管理服务职责。对跨省就医转诊患者，原则上以省（区、市）为单位进行对接，以就医地管理为主，参合地配合。由就医地省级新农合管理经办部门负责结报管理和服务工作，参合地省级新农合管理经办部门负责相关协调和配合工作。对于新农合交由其他部门管理的省份，应当承担省外新农合患者转诊至本省份定点联网医疗机构就医结报和结算管理工作，卫生计生行政部门要积极协调基本医保管理经办部门承担相应管理服务责任，也可委托卫生、保险或金融机构承担，并与国家卫生计生委做好衔接。

（2）建立结算中心。国家卫生计生委依托中国医学科学院（国家平台承建单位）承担国家级异地就医结算管理职能，负责跨省就医的信息技术指导、信息系统日常运行、维护，协调处理全国跨省就医结报工作，具备一定的结算功能。省级卫生计生行政部门要通过在省级经办机构增加结算职能或指定有关单位承担等方式，尽快明确承担省级结算功能的机构（以下简称省级结算中心）。要充分发挥市场机制作用，调动社会力量参与基本医保经办服务。鼓励金融保险等第三方机构参与国家和省级结算中心建设，鼓励各地委托商业保险等机构经办异地就医结报管理服务工作，承办新农合大病保险的商业保险机构可利用现有的结算渠道，为异地就医结算提供服务。积极推进新农合与大病保险和医疗救助的一站式结报。鼓励金融机构发挥信用担保作用，垫付个人自付部分费用。

（3）规范结算流程。经规范转诊至省外定点联网医疗机构就医的患者，出院结算时仅支付自付金额，新农合基金支付部分由医疗机构垫付，医疗机构定期向就医所在省级结算中心申请垫付资金回款，结算中心审核回款申请材料，并按月将核准金额拨付给医疗机构。参合地省级结算中心定期与就医地省级结算中心进行资金结算，并负责与省内各统筹地区进行资金结算。对于不具备提供直接结报条件的地区，应当协调定点联网医疗机构提供异地转诊就医服务，并配合做好结报工作。参合患者在定点联网医疗机构就医后，医疗机构应当在5个工作日内向国家或省级平台推送规范化的就诊信息和出院结算信息。参合地经办机构根据国家平台提供的就医费用信息，依据本地政策计算补偿费用，将补偿费用直接汇至参合患者的居民健康卡或银行账户中。

（六）进度安排

2016年6月底前，各省（区、市）要完善省内异地就医报销政策，确保政策落实。

2016年7月底前，各省（区、市）要制定跨省异地就医结报工作方案，上报辖区内提供跨省就医结报服务的联网医疗机构名单和省内异地就医实施情况。

2016 年 8 月底前，各省（区、市）要完善省级平台信息系统，使其具备跨省转诊、结报等功能。开发全国联网结报相关数据交换接口，实现国家和省级平台以及医疗机构信息系统间的互联互通。

2016 年 10 月底前，各省（区、市）要建成省级结算中心，或委托相关单位承担跨省就医结算职能。全面实现省内异地就医结报。各省（区、市）至少要推出 2 个地级市，并遴选若干所省外联网医疗机构，签署相关协议，开展跨省就医联网结报试点工作；同时，要选择若干所省内联网医疗机构为其他省份患者提供服务。

按照"联通一个省（区、市），公布一个省（区、市）"的原则，及时公布各省（区、市）新农合跨省就医结报工作进展。国家卫生计生委将会同相关部门对各省（区、市）跨省就医结报工作进行督查。对进展缓慢的，国家卫生计生委将采取约谈、通报等形式加以督促，确保按时完成任务。

（七）工作要求

（1）加强组织领导。各级卫生计生行政部门要将新农合异地就医结报工作作为深化医药卫生体制改革的重要任务，纳入医改目标考核管理，统筹谋划、精心组织、协调推进、攻坚克难，确保任务目标的全面实现。省级卫生计生行政部门要统筹负责新农合异地就医结报组织领导和监督管理工作，积极争取相关部门支持，协调制定跨省就医结报工作方案。既要切实履行属地化管理职责，加强对定点联网医疗机构医疗服务行为和服务质量的监管，控制不合理费用增长，又要协调做好异地就医结报资金回款工作。新农合交由其他部门管理的省（区、市）也要树立为其他省份参合患者服务意识，积极协调督促辖区内定点联网医疗机构提供跨省就医联网结报服务。新农合各统筹地区经办机构要为跨省就医联网结报创造条件、提供方便，积极配合就医地新农合经办机构和定点医疗机构办理结报和清算工作。中国医学科学院医学信息研究所要配合各级卫生计生行政部门落实跨省就医结报工作，制定相关系统标准应用、用户权限管理和数据安全保护等相关技术规范，做好技术支持和培训工作，加强对各地试点追踪指导，定期汇总公布各地进展情况。

（2）明确医疗机构责任。各级医疗机构要高度重视跨省就医结报工作，积极创造条件成为跨省结报定点联网医疗机构。三级医疗机构尤其是委预算管理医院要积极发挥带头作用，主动参与，为患者提供跨省结报服务。定点联网医疗机构要及时改造医院管理信息系统，积极与国家人口健康信息平台（新农合信息平台）互联互通并传输数据。要加强内部管理，完善相关工作机制，优化就医结报流程，切实提升服务水平。依据网上转诊信息，优先为转诊患者提供就医服务。设置跨省就医指定窗口，做好患者身份识别、出院结报工作，及时交换跨省就医数据。

（3）做好其他人群的政策衔接。长期外出务工并建立稳定劳动合同关系的人员，应当依法参加城镇职工医保并享受相应报销待遇；投靠子女的老年人和其他异地长期居住的人员，可依据《居住证暂行条例》在居住地办理居住证，参加居住地城乡居民医保，享受相应待遇。暂不能参加务工地或居住地基本医保的，可经参合地备案后按转诊标准享受相应结报待遇。

（4）做好宣传引导。各地要利用多种形式大力宣传，让广大参合居民了解跨省就医结报工作的政策和做法，积极配合相关工作。要做好信息公开工作，及时公开电话号码等联系方式，方便参合患者查询、咨询和投诉监督。

（5）注重信息安全。各级卫生计生行政部门、新农合经办机构、结算中心和医疗机构要高度重视异地就医患者信息安全和隐私保护工作，严格按照国家信息安全等级保护制度和国家卫生计生委公布的《人口健康信息管理办法（试行）》要求，完善安全管理制度、操作规程和技术规范。县级以上卫生计生行政部门担负主管部门的责任，各级各类医疗卫生服务机构作为责任单位，切实加强信息安全管理和个人隐私保护。

第五节　基本医疗保险异地就医医疗费用结算

一、基本医疗保险异地就医结算服务工作

根据人力资源和社会保障部、财政部联合发布《关于基本医疗保险异地就医结算服务工作的意见》（人社部发〔2009〕190号）的规定，为贯彻落实《中共中央 国务院关于深化医药卫生体制改革的意见》（中发〔2009〕6号）、《国务院关于印发医药卫生体制改革近期重点实施方案（2009—2011年）的通知》（国发〔2009〕12号）精神，切实加强和改进以异地安置退休人员为重点的基本医疗保险异地就医（以下简称异地就医）结算服务，现提出以下意见：

（1）加强和改进异地就医结算服务的基本原则和指导思想是，以人为本、突出重点、循序渐进、多措并举，以异地安置退休人员为重点，提高参保地的异地就医结算服务水平和效率，加强就医地的医疗服务监控，大力推进区域统筹和建立异地协作机制，方便必需异地就医参保人员的医疗费用结算，减少个人垫付医疗费，并逐步实现参保人员就地就医、持卡结算。

（2）按国务院医改近期重点实施方案的要求提高统筹层次，有条件的地区实行市（地）级统筹，在同一统筹地区范围内统一基本医疗保险的政策、标准和管理、结算方式，实行统一结算，减少异地就医结算。

（3）参保人员短期出差、学习培训或度假等期间，在异地发生疾病并就地紧急诊治发生的医疗费用，一般由参保地按参保地规定报销。

（4）参保人员因当地医疗条件所限需异地转诊的，医疗费用结算按照参保地有关规定执行。参保地负责审核、报销医疗费用。有条件的地区可经地区间协商，订立协议，委托就医地审核。

（5）异地长期居住的退休人员在居住地就医，常驻异地工作的人员在工作地就医，原则上执行参保地政策。参保地经办机构可采用邮寄报销、在参保人员较集中的地区设立代办点、委托就医地基本医疗保险经办机构（以下简称经办机构）代管报销等方式，改进服务，方便参保人员。

（6）加快基本医疗保险信息系统建设，鼓励有条件的地区实行城市间或区域间的信息、资源共享和联网结算。各地可积极探索利用各种社会服务资源参与异地就医结算服务。

（7）对经国家组织动员支援边疆等地建设，按国家有关规定办理退休手续后，已按户籍管理规定异地安置的参保退休人员，要探索与当地医疗保障体系相衔接的办法。具体办法由参保地与安置地协商确定、稳妥实施。

（8）统筹地区经办机构认真履行本地参保人员就医管理和医疗费用审核结算的职责，同时要为在本地就医的异地参保人员和其参保地经办机构提供相应服务，对医疗服务进行监控。市（地）级统筹地区经办机构要加强对县（区）级经办机构的指导，做好医疗保险政策、信息系统建设、经办管理、医疗服务管理和技术标准等方面的衔接，保证异地就医结算服务工作顺利开展。

（9）省级人力资源和社会保障等部门及经办机构在国家政策指导下，负责统一组织协调并实施省内参保人员异地就医结算服务工作，规范异地就医结算的业务流程、基金划转及基础管理等工作。加大金保工程建设投入，加强医疗保险信息系统建设，推行社会保障"一卡通"，逐步扩大联网范围，实现持卡结算。确有需要且有条件的省（自治区、直辖市）可建立异地就医结算平台。省级人力资源和社会保障部门要根据本意见的要求，会同财政部门制定实施办法，并报人力资源和社会保障部。

（10）建立异地就医协作机制的地区，相关协作服务费标准由协作双方协商确定，所需经费列入同级财政预算。跨省（自治区、直辖市）异地就医结算协作方案及联网结算方案，报人力资源和社会保障部备案。

二、进一步做好基本医疗保险异地就医医疗费用结算工作

根据人力资源和社会保障部、财政部、国家卫生和计划生育委员会联合发布《关于进一步做好基本医疗保险异地就医医疗费用结算工作的指导意见》（人社部发〔2014〕93 号）的规定，2009 年《关于基本医疗保险异地就医结算服务工作的意见》（人社部发〔2009〕190 号）印发以来，各地积极探索推进异地就医结算工作，为参保群众提供便捷服务。目前，在全国范围内，基本医疗保险市级统筹基本实现，大多数省份建立了省内异地就医结算平台并开展了直接结算，一些地区还进行了"点对点"跨省结算的尝试。但此项工作与群众期盼还存在差距，异地就医结算手续依然比较复杂，异地医疗服务监管尚不到位。根据党的十八届三中全会决定精神，现就进一步做好基本医疗保险异地就医医疗费用结算（以下简称异地就医结算）工作，提升基本医疗保险管理服务水平，提出以下意见：

（一）进一步明确推进异地就医结算工作的目标任务

（1）总体思路。完善市（地）级（以下简称市级）统筹，规范省（自治区、直辖市，以下简称省）内异地就医结算，推进跨省异地就医结算，着眼城乡统筹，以异地安置退休人员和异地住院费用为重点，依托社会保险信息系统，分层次推进异地就医结算服务。要根据分级诊疗的要求，做好异地转诊病人的医疗费用结算管理。要不断提高医疗保险管理服务水平，完善医疗服务监控机制，在方便参保人员异地就医结算的同时，严防欺诈骗保行为，维护广大参保人合法权益。

（2）近期目标。2014 年，在现有工作基础上，完善基本医疗保险市级统筹，基本实现市级统筹区内就医直接结算，规范和建立省级异地就医结算平台；2015 年，基本实现省内异地住院费用直接结算，建立国家级异地就医结算平台；2016 年，全面实现跨省异地安置退休人员住院医疗费用直接结算。

有条件的地区可以加快工作节奏，积极推进。

（二）完善市级统筹，实现市域范围内就医直接结算

以全面实现市域范围内医疗费用直接结算为目标，推进和完善基本医疗保险市级统筹。首先做到基本医疗保险基金预算和筹资待遇政策、就医管理的统一和信息系统的一体化衔接，逐步提升基本医疗保险服务便利性。实现城乡基本医疗保险制度整合的地区，要同步推动城乡居民医保实现市级统筹。

已经实行市级统筹的地区要进一步提高市级统筹质量。采取统收统支模式的，要明确地市和区县级社会保险经办机构（以下简称经办机构）职责，落实分级管理责任；采取调剂金模式的，要规范调剂金的收取和调剂管理办法，以逐步实现制度政策、基金管理、就医结算、经办服务、信息系统方面的统一。有条件的地方要加快推进省级统筹。

（三）规范省内异地就医直接结算

各省要按照国家统一规范，建立完善省级异地就医结算平台，支持省内统筹地区之间就医人员信息、医疗服务数据以及费用结算数据等信息的交换，并通过平台开展省内异地就医直接结算工作。

各省人力资源和社会保障部门要加强对各统筹地区医疗保险政策的指导，按照国家要求建立统一的药品目录、诊疗项目和医疗服务设施信息标准库，完善与异地就医相关的结算办法和经办流程。要完善定点医疗机构管理，建立并维护支持异地就医直接结算的定点医疗机构数据库。定点医疗机构名单应向社会公布。

异地就医人员的医疗保险待遇执行参保地政策。各统筹地区要建立规范的异地就医报送办法。符合条件的参保人员经同意异地就医后，参保地经办机构应将人员信息通过省级平台传送给就医地经办机构。就医地经办机构负责为异地就医人员提供经办服务，对相关医疗服务行为进行监管，并将相关

信息及时如实传送给参保地经办机构。

（四）完善跨省异地就医人员政策

加强跨省异地就医的顶层设计，统筹考虑各类跨省异地就医人员需求，逐步推进跨省异地就医直接结算。当前重点解决跨省异地安置退休人员的住院费用，有条件的地方可以在总结经验的基础上，结合本地户籍和居住证制度改革，探索将其他长期跨省异地居住人员纳入住院医疗费用直接结算范围。

跨省异地安置退休人员是指离开参保统筹地区长期跨省异地居住，并根据户籍管理规定已取得居住地户籍的参保退休人员。这部分人员可自愿向参保地经办机构提出异地医疗费用直接结算申请，经审核同意并由居住地经办机构登记备案后，其住院医疗费用可以在居住地实行直接结算。

跨省异地安置退休人员在居住地发生的住院医疗费用，原则上执行居住地规定的支付范围（包括药品目录、诊疗项目和医疗服务设施标准）。医疗保险统筹基金的起付标准、支付比例和支付限额原则上执行参保地规定的本地就医时的标准，不按照转外就医支付比例执行。经本人申请，可以将个人账户资金划转给个人，供门诊就医、购药时使用。

（五）做好异地就医人员管理服务

各统筹地区经办机构应当根据跨省异地安置退休人员、异地转诊人员、异地急诊人员等不同人群的特点，落实管理责任，加强医疗服务监管，做好服务。

对经登记备案的跨省异地安置退休人员，居住地的经办机构应一视同仁地将其纳入管理，在定点医疗机构和零售药店确定、医疗信息记录、医疗行为监控等方面提供与本地参保人相同的服务和管理。跨省异地安置退休人员发生的应由统筹基金支付的住院医疗费用，通过各省级异地就医结算平台实行跨省直接结算。

对于异地转诊的参保人员，经办机构要适应分级诊疗模式和转诊转院制度，建立参保地与就医地之间的协作机制，引导形成合理的就医秩序。就医地经办机构应协助参保地经办机构进行医疗票据核查等工作，保证费用的真实性，防范和打击伪造医疗票据和文书等欺诈行为。

对于异地急诊的参保人员，原则上在参保地按规定进行报销；需要通过医疗机构对费用真实性进行核查的，就医地经办机构应予以协助。

参保人员异地就医费用按规定实行直接结算的，应由医疗保险基金支付的部分，原则上先由就医地医疗保险基金垫付，再由参保地经办机构与就医地经办机构按月结算。

对异地就医造成的就医地经办机构增加的必要工作经费，由就医地经办机构同级财政统筹安排。鼓励各地探索委托商业保险机构经办等购买服务的方式，提高异地就医结算管理和服务水平。

（六）大力提升异地就医信息化管理水平

按照国家电子政务建设和信息惠民工程建设的要求，着力推进社会保险业务信息管理系统省级集中，建立完善中央和省级异地就医费用结算平台，统一信息系统接口、操作流程、数据库标准和信息传输规则，推进《社会保险药品分类与代码》等技术标准的应用。通过省级异地就医结算平台或省级集中社会保险业务管理系统，支持省内统筹地区之间的异地就医结算数据传输和问题协调。国家级异地就医结算平台与各省级异地就医平台对接，逐步通过平台实现跨省异地就医数据交换等功能。

（七）加强组织落实

各级人力资源和社会保障部门负责异地就医结算的统筹协调工作。各省人力资源和社会保障部门要按照国家统一要求，协调省内有关部门制定本省份推进异地就医结算的工作计划，要加强与其他省份的沟通，积极推进跨省异地就医结算工作。统筹地区人力资源和社会保障部门要树立全局观念，积极为来本地就医的参保人员提供医疗保险管理服务。有条件的省要统筹考虑生育保险、工伤保险等其他涉及医疗服务的社会保险，制定统一的社会保险异地就医管理办法。

财政部门要结合异地就医结算工作的开展，完善有关会计核算办法，会同有关部门完善社会保险基金财务制度。根据经办机构用款计划，及时足额划拨异地就医结算资金。加大资金支持力度，确保异地就医工作经费的落实。

卫生计生部门要会同有关部门，研究制定分级诊疗办法，建立健全转诊转院制度，引导形成合理的就医流向。要加大监管力度，规范医疗行为，促进合理规范诊疗。

医疗保险异地就医费用结算工作是健全全民医保体系的重要任务之一，事关人民群众切身利益。各有关部门要高度重视，加强配合，密切协作，确保工作落到实处，同时注意全面准确地做好宣传工作，合理引导社会预期。各地在工作中遇有重要情况要及时报告，有关部门要加强专项督查，推动工作进展。

本意见适用于人力资源和社会保障部门负责的基本医疗保险。

三、做好基本医疗保险跨省异地就医住院医疗费用直接结算工作

根据《人力资源和社会保障部 财政部关于做好基本医疗保险跨省异地就医住院医疗费用直接结算工作的通知》（人社部发〔2016〕120 号）的规定，为切实增强公平性、适应流动性、保证可持续性，加快推进基本医疗保险全国联网和异地就医住院医疗费用直接结算工作，更好保障人民群众基本医疗保险权益，按照党中央、国务院要求，根据《关于进一步做好基本医疗保险异地就医医疗费用结算工作的指导意见》（人社部发〔2014〕93 号），现将有

关事项通知如下。

（一）目标任务

2016 年底，基本实现全国联网，启动跨省异地安置退休人员住院医疗费用直接结算工作；2017 年开始逐步解决跨省异地安置退休人员住院医疗费用直接结算，年底扩大到符合转诊规定人员的异地就医住院医疗费用直接结算。结合本地户籍和居住证制度改革，逐步将异地长期居住人员和常驻异地工作人员纳入异地就医住院医疗费用直接结算覆盖范围。

（二）基本原则

（1）规范便捷。坚持为参保人员提供方便快捷的结算服务，参保人员只需支付按规定由个人承担的住院医疗费用，其他费用由就医地经办机构与定点医疗机构按协议约定审核后支付。

（2）循序渐进。坚持先省内后跨省、先住院后门诊、先异地安置后转诊转院、先基本医保后补充保险，结合各地信息系统建设实际情况，优先联通异地就医集中的地区，稳步全面推进直接结算工作。

（3）有序就医。坚持与整合城乡医疗保险制度相结合，与分级诊疗制度的推进相结合，建立合理的转诊就医机制，引导参保人员有序就医。

（4）统一管理。坚持基本医疗保险异地就医政策、流程、结算方式基本稳定，统一将异地就医纳入就医地经办机构与定点医疗机构的谈判协商、总额控制、智能监控、医保医生管理、医疗服务质量监督等各项管理服务范围。

（三）规范异地就医流程

（1）规范转出流程。参保人员跨省异地就医前，应到参保地经办机构进行登记。参保地经办机构应根据本地规定为参保人员办理异地就医备案手续，建立异地就医备案人员库并实现动态管理。参保地经办机构将异地就医人员信息上报至人力资源和社会保障部社会保险经办机构（以下简称部级经办机构），形成全国异地就医备案人员库，供就医地经办机构和定点医疗机构获取异地就医参保人员信息。

（2）规范结算流程。参保人员异地就医出院结算时，就医地经办机构根据全国统一的大类费用清单，将异地就医人员住院医疗费用等信息经国家异地就医结算系统实时传送至参保地经办机构，参保地经办机构根据大类费用按照当地规定进行计算，区分参保人员个人与各项医保基金应支付的金额，并将计算结果经国家异地就医结算系统回传至就医地定点医疗机构，用于定点医疗机构与参保人员直接结算。

（3）强化跨省综合协调。部级经办机构按照《基本医疗保险跨省异地就医住院医疗费用直接结算经办规程（试行）》（以下简称《经办规程》）负责协调和督促各省（区、市）按规定及时拨付资金。对无故拖延拨付资金的省份，部级经办机构可暂停该省份跨省异地就医直接结算服务。各省级经办机构负责协调和督促统筹地区及时上缴跨省异地就医预付及清算资金。

（四）加强异地就医管理服务

（1）实行就医地统一管理。就医地经办机构应将异地就医人员纳入本地统一管理，在定点医疗机构确定、医疗信息记录、医疗行为监控、医疗费用审核和稽核等方面提供与本地参保人相同的服务和管理，并在与定点医疗机构协议管理中予以明确。探索实行与就医地付费方式改革相一致的异地就医费用结算办法。

（2）规范待遇政策。跨省异地就医原则上执行就医地支付范围及有关规定（基本医疗保险药品目录、诊疗项目和医疗服务设施标准）。基本医疗保险统筹基金的起付标准、支付比例和最高支付限额原则上执行参保地政策。

（3）明确传输信息内容。参保人员直接结算时，就医地经办机构通过国家异地就医结算系统按照统一格式向参保地经办机构传输大类费用信息，医疗费用明细信息延后传输。

（4）高起点、全兼容。根据需要为其他部门管理的新农合参合人员提供服务。新农合由其他部门管理的统筹地区，其参合人员需要到北京、上海、广东等已实现城乡居民基本医疗保险管理体制和制度整合的省份就医，统筹地区应预留社保信息系统接口，确定信息系统对接及相应业务流程，通过参保地系统对接为确有需要的参合人员一视同仁提供跨省异地就医直接结算服务。

（五）强化异地就医资金管理

（1）跨省异地就医费用医保基金支付部分在地区间实行先预付后清算。部级经办机构根据往年跨省异地就医医保基金支付金额核定预付金额度。预付金额度为可支付两个月资金。各省（区、市）可通过预收省内各统筹地区异地就医资金等方式实现资金的预付。预付金原则上来源于各统筹地区医疗保险基金。跨省异地就医清算按照部级统一清分，省、市两级清算的方式，按月全额清算。跨省异地就医预付及清算资金由参保地省级财政专户与就医地省级财政专户进行划拨。各省级经办机构应将收到的预付及清算单于 5 个工作日内提交给同级财政部门。参保地省级财政部门在确认跨省异地就医资金全部缴入省级财政专户，对经办机构提交的预付及清算单和用款申请计划审核无误后，在 10 个工作日内向就医地省级财政部门划拨预付和清算资金。就医地省级财政部门依据预付及清算单收款。各省级财政部门在完成预付和清算资金划拨及收款后，5 个工作日内将划拨及收款信息以书面形式反馈省级经办机构，省级经办机构据此进行会计核算，并将划拨及收款信息及时反馈部级经办机构。因费用审核发生的争议及纠纷，按《经办规程》规定妥善处理。

（2）划拨跨省异地就医资金过程中发生的银行手续费、银行票据工本费不得在基金中列支。

（3）预付金在就医地财政专户中产生的利息归就医地所有。

（4）跨省异地就医医疗费用结算和清算过程中形成的预付款项和暂收款项按相关会计制度规定进行核算。

（六）加快国家和省级异地就医结算平台建设

（1）建设国家平台。部级经办机构承担制定并实施全国异地就医结算业务流程、标准规范，全国异地就医数据管理与应用，跨省异地就医资金预付和结算管理、对账费用清分、智能监控、运行监测，跨省业务协同和争议处理等职能。人力资源和社会保障部统一规划，依托金保工程，建设和维护国家异地就医结算系统，推进跨省异地就医结算电子签章应用。

（2）建设和完善省级异地就医平台。省级经办机构承担全国异地就医结算业务流程、标准规范在本辖区内的组织实施，本省异地就医业务数据管理，辖区内跨省异地就医直接结算、资金预付和清算、智能监控、运行监测、业务协同管理、争议处理等职能。各省（区、市）人力资源和社会保障部门按人力资源和社会保障部统一建设要求，建设和完善省级异地就医结算系统。

（3）加快社会保障卡发行。各地要将社会保障卡作为参保人员跨省异地就医身份识别和直接结算的唯一凭证，对有异地就医需求的人员优先发卡，建立跨省用卡服务机制。要按照全国跨省用卡技术方案和统一接口规范，完成用卡环境改造，支持跨省用卡鉴权。

（4）大力推进《社会保险药品分类与代码》等技术标准的应用，加快社会保险诊疗项目和社会保险医疗服务设施标准建设，首先在国家与省级平台应用，逐步完善统筹地区经办机构与定点医疗机构医疗服务类代码转换和规范，实现全国就医结算代码统一。

（七）工作要求

（1）加强组织领导。各级人力资源和社会保障部门要将跨省异地就医直接结算工作作为深化医药卫生体制改革的重要任务，加强领导、统筹谋划、精心组织、协调推进、攻坚克难，纳入目标任务考核管理，确保按时完成任务。财政部门要按规定及时划拨跨省异地就医资金，合理安排经办机构工作经费，加强与经办机构对账管理，确保账账相符、账款相符。

（2）加快推进国家与省级系统联网对接。各地要按照年底前完成全国联网的要求，倒排时间，在完成省级异地就医结算系统改造后，主动开展与国家异地就医结算系统联调测试。已经开展省与省点对点直接结算的省份，可继续对接运行，并逐步向国家异地就医结算系统对接过渡。

（3）加强队伍建设。要加强国家和省级平台的队伍建设，特别是异地安置退休人员和转诊人员集中的统筹地区，应根据管理服务的需要，积极协调相关部门，加强机构、人员和办公条件保障，合理配置专业工作人员，保证服务质量，提高工作效率。

（4）做好宣传引导。各地要充分利用现有12333咨询服务电话和各地人力资源和社会保障门户网站，拓展多种信息化服务渠道，引导合理有序就医，提供就医地定点医疗机构分布信息、参保地报销政策信息、跨统筹地区基本医疗保险业务经办指南、查询投诉等服务。

四、基本医疗保险跨省异地就医住院医疗费用直接结算经办规程

根据《人力资源和社会保障部 财政部关于做好基本医疗保险跨省异地就医住院医疗费用直接结算工作的通知》（人社部发〔2016〕120号）所附《基本医疗保险跨省异地就医住院医疗费用直接结算经办规程（试行）》（以下简称《规程》）的规定，为推进参保人员异地就医住院医疗费用联网结算，加强异地就医管理，提高服务水平，根据《关于进一步做好基本医疗保险异地就医医疗费用结算工作的指导意见》（人社部发〔2014〕93号）等文件要求，制定本《规程》。

（一）总则

本规程所称跨省异地就医是指参保人员在省外定点医疗机构住院发生的诊疗行为。本规程适用于基本医疗保险参保人员跨省异地就医直接结算经办管理服务工作。

跨省异地就医直接结算工作实行统一管理、分级负责。人力资源和社会保障部社会保险经办机构（以下简称部级经办机构）负责统一组织、指导协调省际间异地就医管理服务工作，依托国家异地就医结算系统，为跨省异地就医管理服务和费用直接结算提供支撑；省级经办机构负责完善省级异地就医结算管理功能，统一组织协调并实施跨省异地就医管理服务工作；各统筹地区经办机构按国家和省级要求做好跨省异地就医经办工作。

跨省异地就医费用医保基金支付部分实行先预付后清算。预付金原则上来源于各统筹地区医疗保险基金。

各地要优化经办流程，实现跨省异地就医参保人员持卡就医结算。具备条件的，可将公务员医疗补助、补充医疗保险、城乡居民大病保险及城乡医疗救助等纳入"一单制"结算。

省级经办机构对跨省异地就医医疗费用结算和清算过程中形成的预付款项和暂收款项按相关会计制度规定进行核算。

异地就医业务档案由参保地经办机构和就医地经办机构按其办理的业务分别保管。

（二）范围对象

参加基本医疗保险的下列人员，可以申请办理跨省异地就医住院医疗费用直接结算。

（1）异地安置退休人员：指退休后在异地定居并且户籍迁入定居地的人员。

（2）异地长期居住人员：指在异地居住生活且符合参保地规定的人员。

（3）常驻异地工作人员：指用人单位派驻异地工作且符合参保地规定的人员。

（4）异地转诊人员：指符合参保地转诊规定的人员。

（三）登记备案

参保地经办机构按规定及时为参保人员办理登记备案手续，有条件的地区可以探索网站、手机等多种形式办理。参保地经办机构收到异地安置退休人员、异地长期居住人员、常驻异地工作人员和异地转诊人员提交的跨省异地就医申请时，经办人员应即时审核确认，填写生成《_____省（区、市）跨省异地就医登记备案表》，该表一式两联，盖章后一联留存参保地经办机构，一联交予申请人签收。

跨省异地就医备案人员信息变更程序如下：

（1）已完成异地就医备案的人员，若异地居住地、定点医疗机构、联系电话等信息发生变更，或转诊人员在异地医疗期间如需再次转院或入院，直接向参保地经办机构申请变更，并经其审核确认。

（2）异地就医人员的待遇享受状况变更，如暂停、恢复、终止等，参保地经办机构必须及时办理。

参保地经办机构应将跨省异地就医参保人员备案信息实时上报至部级经办机构。

（四）就医管理

省级经办机构应按照合理分布、分步纳入的原则，在省内异地定点医疗机构范围内，选择确定跨省异地就医定点医疗机构，并报部级经办机构统一备案、统一公布。跨省异地定点医疗机构发生中止医保服务、取消或新增定点等情形的，省级经办机构应及时上报部级经办机构，由部级经办机构统一公布。

异地安置退休人员、异地长期居住人员、常驻异地工作人员，在办理异地就医备案手续时，应当在跨省异地定点医疗机构范围内自行选定就医地定点医疗机构。

异地转诊人员办理异地就医备案手续时，应当按参保地规定在跨省异地定点医疗机构范围内确定转诊的定点医疗机构。

异地就医人员应持社会保障卡就医，执行就医地医疗机构就医流程和服务规范。

就医地经办机构应要求定点医疗机构对异地就医患者进行身份识别，确认相关信息，为异地就医人员提供优良的医疗服务。就医地经办机构负责医疗费用具体审核。

（五）预付金管理

预付金是参保地省级经办机构预付给就医地省级经办机构用于支付参保地异地就医人员医疗费用的资金，原则上按可支付上年两个月异地就医医疗费用的额度核定，按年清算。预付金在就医地财政专户中产生的利息归就医地所有。

预付金建立之初由各省级经办机构上报预付金额度，部级经办机构汇总确认，生成《_____ 省（区、市）跨省异地就医预付金付款通知书》《_____ 省（区、市）跨省异地就医预付金收款通知书》，各省级经办机构在国家异地就医结算系统下载后按当地规定通知同级财政部门付款和收款。

部级经办机构每年1月底前，根据上一年度各省跨省异地就医直接结算资金支出情况，核定各省级经办机构本年度应付、应收预付金，生成《全国跨省异地就医费用预付金明细表》，出具预付金额度调整通知书，通过国家异地就医结算系统进行发布。

省级经办机构通过国家异地就医结算系统下载预付金额度调整通知书，

5个工作日内提交同级财政部门。参保地省级财政部门在确认跨省异地就医资金全部缴入省级财政专户，对经办机构提交的预付单和用款申请计划审核无误后10个工作日内进行划款。各省应于每年2月底前完成预付金的收付工作。

建立预付金预警和调增机制。预付金使用率为预警指标，是指异地就医月度清算资金占预付金的比例。预付金使用率达到70%，为黄色预警。预付金使用率达到90%及以上时，为红色预警，启动预付金紧急调增流程。

当预付金使用率出现红色预警时，就医地省级经办机构向部级经办机构报送预付金额度调增申请。部级经办机构收到申请后，对就医地提出调增的额度进行审核确认并向参保地省级经办机构下达《＿＿＿＿＿＿省（区、市）跨省异地就医预付金额度紧急调增通知书》。

参保地省级经办机构接到部级经办机构下达预付金紧急调增通知书，5个工作日内，提交同级财政部门。省级财政部门在确认跨省异地就医资金全部缴入省级财政专户，对经办机构提交的预付单和用款申请计划审核无误后10个工作日内，完成预付金紧急调增资金的拨付。

省级财政部门在完成预付金额度及调增资金的付款和收款后，5个工作日内将拨付汇总表、收款汇总表以书面形式反馈到省级经办机构，省级经办机构同时向部级经办机构反馈到账信息。

就医地省级财政部门在规定期限内未收到参保地拨付的预付金或预付金紧急调增资金、清算资金，省级经办机构可向部级经办机构提出暂停参保地跨省异地就医直接结算的申请。部级经办机构负责协调和督促各省（区、市）按规定及时拨付资金。各省级经办机构负责协调和督促统筹地区及时上缴跨省异地就医预付及清算资金。

（六）医疗费用结算

医疗费用对账是指就医地经办机构与定点医疗机构就住院医疗费用确认医保基金支付金额的行为。医疗费用结算是指就医地经办机构按协议或有关规定向定点医疗机构支付费用的行为。

异地就医人员直接结算的住院医疗费，原则上执行就医地规定的支付范围及有关规定（基本医疗保险药品目录、医疗服务设施和诊疗项目范围）。医保基金起付标准、支付比例、最高支付限额等执行参保地政策。

参保人员出院结算时，就医地经办机构将其住院费用明细信息转换为全国统一的大类费用信息，经国家、省异地就医结算系统传输至参保地，参保地按照当地政策规定计算参保人员个人以及各项医保基金应支付的金额，并将结果回传至就医地定点医疗机构。

参保人员出院时，按照医疗机构出具的《＿＿＿＿省（区、市）跨省异地就医住院结算单》结清应由个人承担的费用；属于医保基金支付的费用，由就医地经办机构与定点医疗机构按协议结算。参保人员因故全额垫付医疗费用的，相关信息由医疗机构上传，医保基金支付的费用回参保地按规定报销。

国家异地就医结算系统每日自动生成日对账信息，实现参保地、就医地省级异地就医结算系统和国家异地就医结算系统的三方对账，做到数据相符。如出现对账信息不符的情况，省级经办机构应及时查明原因，必要时提请部级经办机构协调处理。

就医地经办机构在参保人出院结算后 5 日内将医疗费用明细上传国家异地就医结算系统，参保地经办机构可通过国家异地就医结算系统查询和下载医疗费用及其明细项目。

就医地经办机构应当在次月 20 日前完成与异地定点医疗机构对账确认工作，并按协议约定，按时将确认的费用拨付给医疗机构。

就医地经办机构负责结算在本辖区发生的异地就医医疗费。其中，同属省本级和省会城市的定点医疗机构，其费用原则上由省本级经办机构负责结算，省本级不具备经办条件的，可由省会城市负责结算；同属地市级和县（市、区）的定点医疗机构，其费用原则上由地市级经办机构负责结算。

（七）医疗费用清算

异地就医费用清算是指省级经办机构之间、省级经办机构与辖区内经办机构之间确认有关异地就医医疗费用的应收或应付额，据实划拨的过程。

部级经办机构于每月 21 日前，根据就医地经办机构与医疗机构对账确认后的医疗费用，生成《全国跨省异地就医费用清算表》《＿＿＿＿省（区、市）跨省异地就医应付医疗费用清算表》《＿＿＿＿省（区、市）跨省异地就医职工医保基金支付明细表》《＿＿＿＿省（区、市）跨省异地就医居民医保基金支付明细表》《＿＿＿＿省（区、市）跨省异地就医职工医保基金审核扣款明细表》《＿＿＿＿省（区、市）跨省异地就医居民医保基金审核扣款明细表》《＿＿＿＿省（区、市）跨省异地就医应收医疗费用清算表》，各省级经办机构可通过国家异地就医结算系统精确查询本省内各统筹区的上述清算信息，于每月 25 日前确认上述内容。

部级经办机构于每月底前根据确认后的《全国跨省异地就医费用清算表》，生成《＿＿＿＿省（区、市）跨省异地就医费用付款通知书》《＿＿＿＿省（区、市）跨省异地就医费用收款通知书》，在国家异地就医结算系统发布。

各省级经办机构通过国家异地就医结算系统下载《＿＿＿＿省（区、市）跨省异地就医费用收款通知书》《＿＿＿＿省（区、市）跨省异地就医费用付款通知书》后，于 5 个工作日内提交同级财政部门，财政部门在确认跨省异地就医资金全部缴入省级财政专户，对经办机构提交的清算单和用款申请计划审核无误后 10 个工作日内向就医地省级财政部门划拨资金。省级财政部门在完成清算资金拨付、收款后，在 5 个工作日内将划拨及收款信息以书面形式反馈到省级经办机构，省级经办机构向部级经办机构反馈到账信息。

省级经办机构之间完成清算后的 5 个工作日内，完成辖区内各统筹地区异地就医资金的上解或下拨。

（八）稽核监督

异地就医医疗服务实行就医地管理。就医地经办机构要将异地就医工作纳入定点医疗机构协议管理范围，细化和完善协议条款，保障参保人员权益。

就医地经办机构应当建立异地就医人员的投诉渠道，及时受理投诉并将结果告知投诉人。对查实的重大违法违规行为按相关规定执行，并逐级上报部级经办机构。

就医地经办机构发现异地就医人员有严重违规行为的，应暂停其直接结算，同时上报部级经办机构协调参保地经办机构，由参保地经办机构根据相关规定进行处理。

就医地经办机构对定点医疗机构违规行为涉及的医疗费用不予支付，已支付的违规费用予以扣除，用于冲减参保地异地就医结算费用。对定点医疗机构违背服务协议规定并处以违约金的，由就医地医疗保险经办机构按规定处理。

部级经办机构适时组织跨省异地就医联审互查，对就医地责任落实情况进行考评，协调处理因费用审核、资金拨付发生的争议及纠纷。

各级经办机构应加强异地就医费用稽核管理，建立异地就医结算运行监控制度，定期编报异地就医结算运行分析报告。

第六节　医疗保险典型案例分析

一、医院变造就诊记录套用医师名义骗保

1. 基本案情

2015 年 5 月，天津市医保监督所执法人员通过医疗保险实时监控系统费用趋势变化发现，西青区某社区卫生服务中心门诊药品费和治疗费增幅较

大。通过进一步筛查，执法人员发现该社区卫生服务中心口腔科上传的低位骨埋伏阻生智齿摘除术的"数量"栏目下出现0.3、0.4、0.8例手术等不足1例手术的数量，疑似该社区卫生服务中心未真正为患者做手术。同时，执法人员在了解医师出诊情况时发现，该社区卫生服务中心李某某、高某某和翟某某三位医师的出诊天数及接诊次数呈现异常，另外有大量微波治疗骨科疾患和醒脑开窍针刺法的医保费用上传记录，具有违规骗取医保基金的重大嫌疑，遂按执法流程立案调查。

执法人员持检查通知书于2015年5月对该卫生服务中心进行实地检查。针对实时监控系统发现的该社区卫生服务中心上传低位骨埋伏阻生智齿摘除术数量出现0.3、0.4、0.8例手术的情况，检查了口腔科，并约谈了该科室医师李某某，核查其实际手术情况与上传的"低位骨埋伏阻生智齿摘除术"不符，医师李某某存在串换手术项目的违规行为。针对李某某、高某某和翟某某三位医师出诊天数及接诊次数超出正常的情况，检查了医师工作站，发现该三位医师均未在岗。经调查，当日李某某医师工作站被其助理医师周某冒用，高某某医师工作站被医师王某冒用，翟某某医师工作站被医师刘某冒用，该社区卫生服务中心存在冒用医师工作站的违规行为。针对大量微波治疗骨科疾患的医保费用上传记录的情况，检查了中医科、康复医学科等科室，发现该社区卫生服务中心仅有微波治疗仪，可以开展微波治疗（每次收费10元），而这些科室将所有微波治疗项目均以微波治疗骨科疾患（每次收费30元）上传费用，该社区卫生服务中心存在高收费的违规行为。针对大量醒脑开窍针刺法费用上传记录的情况，对医师醒脑开窍培训证进行核实，发现该社区卫生服务中心医师吕某某未取得醒脑开窍针刺治疗资质，该医师存在违规为患者开具醒脑开窍针刺法的违规行为。

经调查核实，该社区卫生服务中心存在变造参保人员就诊记录、套用备案医师名义申报医药费用和以其他手段骗取社会保险基金支出的医保违规行为。

2. 处理结果

根据《中华人民共和国社会保险法》第八十七条、《天津市基本医疗保险规定》第四十九条第一款第（一）、第（五）项规定，责令该社区卫生服务中心退回骗取的医疗保险金 43 868.59 元，并处骗取金额 2 倍的罚款，共计87 737.18 元。

二、医院降低住院标准套取医保基金

1. 基本案情

2014 年 10 月，媒体报道天津市津南区某民营医院每天免费接送附近小区不符合住院标准的老人到医院住院，免费做各项检查，出院时用社保卡结算。市医保监督所了解到这一情况后，查询发现该院是 2013 年新定点的医疗服务机构，城镇职工基本医疗保险患者较少，主要是城乡居民基本医疗保险患者，门诊量及住院量较大。

在随后进行的现场检查中，执法人员发现，因媒体曝光，医院里异常冷清，没有住院的老人，但经调取该院住院病历，发现其中 6 份病历存在降低住院标准收治患者的违规行为。该院三层住院病房、两个护理部、88 张床位，每天有交接班记录，有每天的输液医嘱核对单，并且有输液时间及当班护士签字，医生有白班和夜班的交接班记录，一次性输液器进货单据显示其进货量比实时监控系统上传数量多。约谈院长后确认该 6 份病例的"患者"并不符合住院标准，但仍办理了住院手续，虚开诊疗项目，给予每人现金、药品等实惠。

经核实确认，该医院存在将不符合住院条件的参保人员收入住院治疗骗取医保基金支出的违规行为，共涉及医保基金申报金额 32 500.51 元，涉及支付金额 21 554.21 元。

2. 处理结果

根据《中华人民共和国社会保险法》第八十七条、《天津市基本医疗保险规定》第四十九条第一款第（二）项规定，责令该院退回骗取的医保资金 21 554.21 元，并处骗取金额 2 倍的罚款，共计 43 108.42 元。

三、冒用医保服务药师工作站骗保

1. 基本案情

2016 年 1 月，天津市医保监督所接到群众举报，津南区某民营药店存在冒用医保服务药师工作站骗取医保基金的违规行为。经实时监控系统查询，该药店医保服务药师本人就医时间与其工作站费用申报时间存在大量重叠的异常情况，遂按执法流程进行立案调查。

执法人员持检查通知书于 2 月 15 日对该药店进行实地检查。检查过程中发现，该药店医保服务药师胡某某未在药店工作且有大量医保费用上传。经进一步核实发现，药师胡某某有多次在某家医院就诊记录，在同一时间内该药店仍使用胡某某药师工作站为医保患者售药的上传记录。执法人员对药师胡某某及该药店负责人张某某进行约谈核实，在事实和证据面前均承认其违规行为。

经调查确认，该药店存在冒用备案药师名义申报医药费用的医保违规行为，涉及医保基金申报金额 30 247.42 元，医保基金支付 22 685.6 元。

2. 处理结果

根据《中华人民共和国社会保险法》第八十七条《天津市基本医疗保险规定》第五十条第（六）项规定，责令该药店退回骗取的医疗保险金 22 685.6 元，并处骗取金额 2 倍的罚款，共计 45 371.2 元。

四、药店敛存社保卡以物串药

1. 基本案情

2014 年 9 月，天津市人力社保局局长信箱接到群众举报，称天津市滨海新区大港街道某药房，存在敛存大量社保卡以及将非基本医疗保险药品或其他物品替换为基本医疗保险药品出售的骗保行为，在该药房可以刷医保卡换取电炖锅、微波炉、电饼铛、按摩椅、洗衣液、沐浴露等各种生活用品。市人力社保局责成市医保监督所立即进行查处。医保监督所执法人员通过医保实时监控系统对该药房进行数据分析发现，该药房有两名注册药师，其中马某某上传医保费用过高。根据举报内容和数据分析结果，执法人员遂按照执法流程对该药房进行立案调查。

执法人员持检查通知书对该药房进行实地调查核实，在检查中发现该药房敛存的 39 张社保卡，并发现大量按名单装订成册的本应该给患者的医保票据第一联以及微波炉、豆浆机、毛巾被、洗发膏、卫生纸、沐浴露等几十种生活用品。同时，发现有相关记录的存卡本、取卡本、押金本、现金日记账本，并有参保人员签字。执法人员现场对该药房销量前 10 名的药品进行了盘点，其中有 9 种药品实物库存与系统库存完全不符，执法人员遂调取该药房 2014 年购药进货凭证以及 2014 年药品盘点表进行核对，经统计该药房药品购进数大于医保上传数量。执法人员对检查当日所搜集的证据进一步分析发现，该药房存卡本上记录的是参保人员将其社保卡存放在药房的时间；取卡本上记录的是参保人员取走其社保卡的时间；押金本上记录的是参保人员将社保卡存放在药房时付给药房的押金；现金日记账本上记录的是参保人员在该药房购买的各种药品、物品明细以及具体的购买时间，同时在"存"一栏中记录了将上述非基本医疗保险药品或其他物品替换为基本医疗保险药品费用的申报金额。

执法人员将相关账本上涉及的人员姓名信息与该药房上传医保数据进行逐一比对，确认该药房存在敛存他人社保卡骗取基本医疗保险基金以及将非医保药品或其他物品替换为医保药品出售的违规行为，且均经药师马某某上传，共涉及医保申报金额为 56 407.21 元，医保支付 42 305.4 元。

2. 处理结果

根据《中华人民共和国社会保险法》第八十七条《天津市基本医疗保险规定》第五十条第（二）、第（三）项规定，责令该药店退回骗取的医疗保险金 42 305.4 元，并处骗取金额 3 倍的罚款，共计 126 916.2 元。根据《天津市基本医疗保险就医诊疗监督管理办法》第二十四条规定，终止马某某药师为参保人员提供医疗服务的资格。

五、使用他人社保卡倒药卖药

1. 基本案情

2016 年 9 月，天津市医保监督所与市药品监督稽查执法大队开展联合执法检查过程中发现，天津某生物科技有限公司 48 岁在职职工赵某参与药品倒卖，涉嫌骗取医保基金行为。执法人员按照执法程序予以立案调查。

在约谈过程中，据赵某交代，因贪图便宜，使用其母社保卡就医购药，并将所购药品出售获利，直至被查获。

执法人员通过实时监控系统发现赵某使用其母社保卡在天津市河东区某医院就医，通过普通门诊、糖尿病门特、偏瘫门特三种方式，共购买门冬胰岛素 30 注射液 2 支、复方丹参滴丸 2 盒、金水宝胶囊 2 盒、硫酸氢氯吡咯雷片 5 盒、大活络胶囊 6 盒、速效救心丸 2 盒共 6 种 19 盒医保药品，并将上述全部药品出售给药贩子。

经核实确认，参保人员赵某存在倒卖医保药品的违规行为，涉及医保基金申报金额 840.20 元，医保支付 726.86 元。

2. 处理结果

根据《中华人民共和国社会保险法》第八十七条、《天津市基本医疗保险规定》第五十二条第（四）项之规定，责令参保人员赵某退回骗取的医疗保险金 726.86 元，并处骗取金额 2 倍的罚款，共计 1 453.72 元。

六、国家医保局公布八起诈骗取医保基金典型案例

（一）内蒙古自治区呼伦贝尔市牙克石市图里河镇中心卫生院以虚假住院骗取医保基金案

经查，内蒙古自治区呼伦贝尔市牙克石市图里河镇中心卫生院存在疑似违规病历 207 份，存在过度检查、过度诊断、过度医疗等违反协议管理行为。其中 2016 年 6 月至 2017 年 10 月，虚假住院 7 例，涉及医保基金 2.2 万元。

市医保部门依据《中华人民共和国社会保险法》第八十七条、《内蒙古自治区城镇基本医疗保险条例》第五十四条以及《呼伦贝尔市城（乡）基本医疗保险定点医疗机构（一级综合）服务协议书》规定，追回医保基金 2.2 万元，并处 5 倍罚款 11 万元。卫计部门对该卫生院负责人作出停止工作决定，并对相关违法违纪工作人员进行处理。

（二）安徽省淮南市毛集第二医院以虚假住院骗取阜阳市颍上县医保基金案

经查，淮南市毛集第二医院以免费体检为由，获取阜阳市颍上县参合群众信息，编造住院治疗材料，套取新农合基金。2016 年 8 月至 2018 年 8 月，该院共编造 450 人次虚假住院信息，骗取新农合基金 136 万元。

市医保部门依据《中华人民共和国社会保险法》第八十七条《安徽省基本医疗保险监督管理暂行办法》第十七条、第三十八条以及《新型农村合

作医疗定点医疗机构违法违规行为查处办法》第十四条、第十五条规定，终止与淮南市毛集第二医院医保服务协议，并将有关线索移交公安机关立案调查。经颍上县人民检察院批准，公安机关已刑事拘留6人，取保候审4人，网上追逃2人。卫计部门依据《医疗机构管理条例实施细则》第七十九条规定，吊销该院《医疗机构执业许可证》。

（三）江西省萍乡市安源区人民大药房串换药品骗取医保基金案

经查，江西省萍乡市安源区人民大药房2017年1月至2018年10月，医保系统内销售数据大于其店内销售数据，存在替换、串换药品等问题，涉及金额4.9万元。

市医保部门依据《中华人民共和国社会保险法》第八十七条《萍乡市基本医疗保险定点零售药店服务协议》第三十三条规定，追回违规销售药品费用4.9万元，并暂停其医保服务协议3个月。

（四）湖北省黄冈市蕲春县五洲医院套取医保基金案

经查，湖北省黄冈市蕲春县五洲医院于2018年8月，通过挂床住院、以体检为由诱导住院、无医嘱用药等方式，骗取医保基金4.1万元。

市医保部门依据《中华人民共和国社会保险法》第八十七条《黄冈市基本医疗保险医疗机构服务协议书》第五十条、第五十一条、第五十二条、第五十三条、第五十四条之规定，约谈该院负责人，责令其立即停止违规行为。从2018年11月16日起暂停该院的医保定点资格，按照违规金额的5倍从该医院医保结算款中扣减20.5万元，并移交卫计部门进一步查处。

（五）湖南省茶陵县洣江卫生院虚构五保户住院骗取医保基金案

经查，洣江卫生院院长雷某指使医生联系洣江敬老院，假借为洣江敬老院五保户体检的名义，收集敬老院五保户花名册，于2018年2月对刘某、陈某等 28 名五保户以挂床住院、虚构费用的方式违规办理住院手续,并安排卫生院工作人员制作虚假医患交流记录、病历诊断书、处方等相关资料,违规套取医保基金 3.6 万元。

县医保部门依据《中华人民共和国社会保险法》第八十七条《茶陵县基本医疗保险定点医疗机构管理监督办法(试行)》第二十条、《茶陵县基本医疗保险定点医疗机构服务协议书》第四十七条规定,关停该院医保报销系统,暂停医保服务,责令全面整改,追回套取医保基金 3.6 万元,并按违规费用的 5 倍拒付医保基金,并建议卫计部门对该院相关医务人员作出处理。纪检监察部门给予雷某党内严重警告处分,并给予该院 6 名相关工作人员诚勉谈话处理。

(六)重庆市开州区普渡村卫生室骗取医保基金案

经查,重庆市开州区普渡村卫生室和智慧药品超市负责人均为李某,该村卫生室于 2018 年 2 月至 2018 年 11 月,通过刷卡报销智慧药品超市药品费用、串换药品等方式骗取医保基金 20.09 万元。

市医保部门依据《中华人民共和国社会保险法》第八十七条《重庆市医疗保险协议医疗机构医疗服务协议》第二十五条和《重庆市开州区医疗保险村卫生室(社区卫生服务站)医疗服务协议》第十九条之规定,暂停其医保网络结算 3 个月,暂停李某医保医师资格 6 个月,追回违规费用 20.09 万元,并处 1 倍违约金,拒付该村卫生室 2018 年度一般诊疗费用 1.35 万元,责令智慧药品超市限期整改。

(七)四川省达州市仁爱医院诱导病人住院骗取医保基金案

经查,四川省达州市仁爱医院于 2018 年 1 月至 2018 年 6 月,采取免收病人自付费用、车辆接送、出院赠送棉被和药品等方式诱导病人住院,通过多记、虚记费用的方式骗取医保基金 9.03 万元。

市医保部门依据《中华人民共和国社会保险法》第八十八条、《通川区基本医疗保险定点医疗机构服务协议》第五十六条、第五十七条规定，追回违法违规费用9.03万元，并处5倍罚款45.15万元，取消该院医保定点医疗机构资格。卫计部门依据《医疗机构管理条例》第四十八条规定，吊销该院《医疗机构执业许可证》，并处罚款34.2万元。公安部门依法逮捕2人，取保候审1人。纪检监察部门对人社（医保）、卫计部门相关工作人员给予纪律处理。

（八）甘肃省天水市秦安中西医结合医院诱导病人住院骗取医保基金案

经查，甘肃省天水市秦安中西医结合医院于2018年1月至2018年10月，通过过度治疗、将可门诊治疗的参保个人收治住院、以免费体检为由诱导参保人员住院等方式骗取医保基金13.62万元。

市医保部门依据《中华人民共和国社会保险法》第七十九条、第八十二条、《甘肃省城乡居民基本医疗保险定点医疗机构违约行为基金扣减办法（附件）》第八条、第十二条、第十三条、第十四条以及《天水市医疗保险定点医疗机构医疗服务协议》第五十条、第五十一条、第五十二条规定，从2018年12月11日起解除该院医保服务协议，取消该院医保定点医疗机构资格，追回违法违规费用13.62万元，并处5倍罚款68.1万元，追回审计发现的多收床位费、分解住院、扩大报销范围违规报销基金2.95万元。

第六章　工伤保险基本制度

── 导　读 ──

　　本章工伤保险基本制度，共五节内容，分别介绍工伤保险基本法律制度、工伤保险辅助器具配置管理、加强重点行业参加工伤保险工作、工伤预防费使用管理与工伤保险基金省级统筹以及工伤保险司法解释与典型案例。

第一节　工伤保险基本法律制度

一、社会保险法规定的基本制度

　　根据《社会保险法》第四章的规定，职工应当参加工伤保险，由用人单位缴纳工伤保险费，职工不缴纳工伤保险费。

　　国家根据不同行业的工伤风险程度确定行业的差别费率，并根据使用工伤保险基金、工伤发生率等情况在每个行业内确定费率档次。行业差别费率和行业内费率档次由国务院社会保险行政部门制定，报国务院批准后公布施行。社会保险经办机构根据用人单位使用工伤保险基金、工伤发生率和所属行业费率档次等情况，确定用人单位缴费费率。

用人单位应当按照本单位职工工资总额，根据社会保险经办机构确定的费率缴纳工伤保险费。

职工因工作原因受到事故伤害或者患职业病，且经工伤认定的，享受工伤保险待遇；其中，经劳动能力鉴定丧失劳动能力的，享受伤残待遇。工伤认定和劳动能力鉴定应当简捷、方便。

职工因下列情形之一导致本人在工作中伤亡的，不认定为工伤：

（1）故意犯罪。

（2）醉酒或者吸毒。

（3）自残或者自杀。

（4）法律、行政法规规定的其他情形。

因工伤发生的下列费用，按照国家规定从工伤保险基金中支付：

（1）治疗工伤的医疗费用和康复费用。

（2）住院伙食补助费。

（3）到统筹地区以外就医的交通食宿费。

（4）安装配置伤残辅助器具所需费用。

（5）生活不能自理的，经劳动能力鉴定委员会确认的生活护理费。

（6）一次性伤残补助金和一至四级伤残职工按月领取的伤残津贴。

（7）终止或者解除劳动合同时，应当享受的一次性医疗补助金。

（8）因工死亡的，其遗属领取的丧葬补助金、供养亲属抚恤金和因工死亡补助金。

（9）劳动能力鉴定费。

因工伤发生的下列费用，按照国家规定由用人单位支付：

（1）治疗工伤期间的工资福利。

（2）五级、六级伤残职工按月领取的伤残津贴。

（3）终止或者解除劳动合同时，应当享受的一次性伤残就业补助金。

工伤职工符合领取基本养老金条件的，停发伤残津贴，享受基本养老保险待遇。基本养老保险待遇低于伤残津贴的，从工伤保险基金中补足差额。

职工所在用人单位未依法缴纳工伤保险费，发生工伤事故的，由用人单位支付工伤保险待遇。用人单位不支付的，从工伤保险基金中先行支付。从工伤保险基金中先行支付的工伤保险待遇应当由用人单位偿还。用人单位不偿还的，社会保险经办机构可以依照《社会保险法》第六十三条的规定追偿。

由于第三人的原因造成工伤，第三人不支付工伤医疗费用或者无法确定第三人的，由工伤保险基金先行支付。工伤保险基金先行支付后，有权向第三人追偿。

工伤职工有下列情形之一的，停止享受工伤保险待遇：

（1）丧失享受待遇条件的。

（2）拒不接受劳动能力鉴定的。

（3）拒绝治疗的。

二、工伤保险条例规定的制度

（一）总则

根据《工伤保险条例》（以下简称《条例》）（2003 年 4 月 27 日中华人民共和国国务院令第 375 号公布，根据 2010 年 12 月 20 日《国务院关于修改〈工伤保险条例〉的决定》修订）的规定，为了保障因工作遭受事故伤害或者患职业病的职工获得医疗救治和经济补偿，促进工伤预防和职业康复，分散用人单位的工伤风险，制定本《条例》。

中华人民共和国境内的企业、事业单位、社会团体、民办非企业单位、基金会、律师事务所、会计师事务所等组织和有雇工的个体工商户（以下称用人单位）应当依照本《条例》规定参加工伤保险，为本单位全部职工或者雇工

（以下称职工）缴纳工伤保险费。中华人民共和国境内的企业、事业单位、社会团体、民办非企业单位、基金会、律师事务所、会计师事务所等组织的职工和个体工商户的雇工，均有依照本《条例》的规定享受工伤保险待遇的权利。

工伤保险费的征缴按照《社会保险费征缴暂行条例》关于基本养老保险费、基本医疗保险费、失业保险费的征缴规定执行。

用人单位应当将参加工伤保险的有关情况在本单位内公示。用人单位和职工应当遵守有关安全生产和职业病防治的法律法规，执行安全卫生规程和标准，预防工伤事故发生，避免和减少职业病危害。职工发生工伤时，用人单位应当采取措施使工伤职工得到及时救治。

国务院社会保险行政部门负责全国的工伤保险工作。县级以上地方各级人民政府社会保险行政部门负责本行政区域内的工伤保险工作。社会保险行政部门按照国务院有关规定设立的社会保险经办机构（以下称经办机构）具体承办工伤保险事务。

社会保险行政部门等部门制定工伤保险的政策、标准，应当征求工会组织、用人单位代表的意见。

本《条例》所称工资总额，是指用人单位直接支付给本单位全部职工的劳动报酬总额。本《条例》所称本人工资，是指工伤职工因工作遭受事故伤害或者患职业病前 12 个月平均月缴费工资。本人工资高于统筹地区职工平均工资 300% 的，按照统筹地区职工平均工资的 300% 计算；本人工资低于统筹地区职工平均工资 60% 的，按照统筹地区职工平均工资的 60% 计算。

公务员和参照公务员法管理的事业单位、社会团体的工作人员因工作遭受事故伤害或者患职业病的，由所在单位支付费用。具体办法由国务院社会保险行政部门会同国务院财政部门规定。

无营业执照或者未经依法登记、备案的单位以及被依法吊销营业执照或者撤销登记、备案的单位的职工受到事故伤害或者患职业病的，由该单位向伤残职工或者死亡职工的近亲属给予一次性赔偿，赔偿标准不得低于本《条例》规定的工伤保险待遇；用人单位不得使用童工，用人单位使用童工造成童工伤残、死亡的，由该单位向童工或者童工的近亲属给予一次性赔偿，赔偿标准不得低于本《条例》规定的工伤保险待遇。具体办法由国务院社会保险行政部门规定。上述规定的伤残职工或者死亡职工的近亲属就赔偿数额与单位发生争议的，以及上述规定的童工或者童工的近亲属就赔偿数额与单位发生争议的，按照处理劳动争议的有关规定处理。

（二）工伤保险基金

工伤保险基金由用人单位缴纳的工伤保险费、工伤保险基金的利息和依法纳入工伤保险基金的其他资金构成。

工伤保险费根据以支定收、收支平衡的原则，确定费率。国家根据不同行业的工伤风险程度确定行业的差别费率，并根据工伤保险费使用、工伤发生率等情况在每个行业内确定若干费率档次。行业差别费率及行业内费率档次由国务院社会保险行政部门制定，报国务院批准后公布施行。统筹地区经办机构根据用人单位工伤保险费使用、工伤发生率等情况，适用所属行业内相应的费率档次确定单位缴费费率。

国务院社会保险行政部门应当定期了解全国各统筹地区工伤保险基金收支情况，及时提出调整行业差别费率及行业内费率档次的方案，报国务院批准后公布施行。

用人单位应当按时缴纳工伤保险费。职工个人不缴纳工伤保险费。用人单位缴纳工伤保险费的数额为本单位职工工资总额乘以单位缴费费率之积。对难以按照工资总额缴纳工伤保险费的行业，其缴纳工伤保险费的具体方式，由国务院社会保险行政部门规定。

工伤保险基金逐步实行省级统筹。跨地区、生产流动性较大的行业，可以采取相对集中的方式异地参加统筹地区的工伤保险。具体办法由国务院社会保险行政部门会同有关行业的主管部门制定。

工伤保险基金存入社会保障基金财政专户，用于本《条例》规定的工伤保险待遇，劳动能力鉴定，工伤预防的宣传、培训等费用，以及法律、法规规定的用于工伤保险的其他费用的支付。工伤预防费用的提取比例、使用和管理的具体办法，由国务院社会保险行政部门会同国务院财政、卫生行政、安全生产监督管理等部门规定。任何单位或者个人不得将工伤保险基金用于投资运营、兴建或者改建办公场所、发放奖金，或者挪作其他用途。

工伤保险基金应当留有一定比例的储备金，用于统筹地区重大事故的工伤保险待遇支付；储备金不足支付的，由统筹地区的人民政府垫付。储备金占基金总额的具体比例和储备金的使用办法，由省、自治区、直辖市人民政府规定。

（三）工伤认定

职工有下列情形之一的，应当认定为工伤：

（1）在工作时间和工作场所内，因工作原因受到事故伤害的。

（2）工作时间前后在工作场所内，从事与工作有关的预备性或者收尾性工作受到事故伤害的。

（3）在工作时间和工作场所内，因履行工作职责受到暴力等意外伤害的。

（4）患职业病的。

（5）因工外出期间，由于工作原因受到伤害或者发生事故下落不明的。

（6）在上下班途中，受到非本人主要责任的交通事故或者城市轨道交通、客运轮渡、火车事故伤害的。

（7）法律、行政法规规定应当认定为工伤的其他情形。

职工有下列情形之一的，视同工伤：

（1）在工作时间和工作岗位，突发疾病死亡或者在 48 小时之内经抢救无效死亡的。

（2）在抢险救灾等维护国家利益、公共利益活动中受到伤害的。

（3）职工原在军队服役，因战、因公负伤致残，已取得革命伤残军人证，到用人单位后旧伤复发的。

职工有上述第（1）项、第（2）项情形的，按照本条例的有关规定享受工伤保险待遇；职工有上述第（3）项情形的，按照本条例的有关规定享受除一次性伤残补助金以外的工伤保险待遇。

职工有下列情形之一的，不得认定为工伤或者视同工伤：

（1）故意犯罪的。

（2）醉酒或者吸毒的。

（3）自残或者自杀的。

职工发生事故伤害或者按照职业病防治法规定被诊断、鉴定为职业病，所在单位应当自事故伤害发生之日或者被诊断、鉴定为职业病之日起30日内，向统筹地区社会保险行政部门提出工伤认定申请。遇有特殊情况，经报社会保险行政部门同意，申请时限可以适当延长。用人单位未按前款规定提出工伤认定申请的，工伤职工或者其近亲属、工会组织在事故伤害发生之日或者被诊断、鉴定为职业病之日起1年内，可以直接向用人单位所在地统筹地区社会保险行政部门提出工伤认定申请。按照上述规定应当由省级社会保险行政部门进行工伤认定的事项，根据属地原则由用人单位所在地的设区的市级社会保险行政部门办理。用人单位未在上述规定的时限内提交工伤认定申请，在此期间发生符合本条例规定的工伤待遇等有关费用由该用人单位负担。

提出工伤认定申请应当提交下列材料：

（1）工伤认定申请表。

（2）与用人单位存在劳动关系（包括事实劳动关系）的证明材料。

（3）医疗诊断证明或者职业病诊断证明书（或者职业病诊断鉴定书）。

工伤认定申请表应当包括事故发生的时间、地点、原因以及职工伤害程度等基本情况。工伤认定申请人提供材料不完整的，社会保险行政部门应当一次性书面告知工伤认定申请人需要补正的全部材料。申请人按照书面告知要求补正材料后，社会保险行政部门应当受理。

社会保险行政部门受理工伤认定申请后，根据审核需要可以对事故伤害进行调查核实，用人单位、职工、工会组织、医疗机构以及有关部门应当予以协助。职业病诊断和诊断争议的鉴定，依照职业病防治法的有关规定执行。对依法取得职业病诊断证明书或者职业病诊断鉴定书的，社会保险行政部门不再进行调查核实。职工或者其近亲属认为是工伤，用人单位不认为是工伤的，由用人单位承担举证责任。

社会保险行政部门应当自受理工伤认定申请之日起60日内作出工伤认定的决定，并书面通知申请工伤认定的职工或者其近亲属和该职工所在单位。社会保险行政部门对受理的事实清楚、权利义务明确的工伤认定申请，应当在15日内作出工伤认定的决定。作出工伤认定决定需要以司法机关或者有关行政主管部门的结论为依据的，在司法机关或者有关行政主管部门尚未作出结论期间，作出工伤认定决定的时限中止。社会保险行政部门工作人员与工伤认定申请人有利害关系的，应当回避。

（四）劳动能力鉴定

职工发生工伤，经治疗伤情相对稳定后存在残疾、影响劳动能力的，应当进行劳动能力鉴定。

劳动能力鉴定是指劳动功能障碍程度和生活自理障碍程度的等级鉴定。劳动功能障碍分为十个伤残等级，最重的为一级，最轻的为十级。生活自理障碍分为三个等级：生活完全不能自理、生活大部分不能自理和生活部分不能自理。劳动能力鉴定标准由国务院社会保险行政部门会同国务院卫生行政部门等部门制定。

劳动能力鉴定由用人单位、工伤职工或者其近亲属向设区的市级劳动能力鉴定委员会提出申请，并提供工伤认定决定和职工工伤医疗的有关资料。

省、自治区、直辖市劳动能力鉴定委员会和设区的市级劳动能力鉴定委员会分别由省、自治区、直辖市和设区的市级社会保险行政部门、卫生行政部门、工会组织、经办机构代表以及用人单位代表组成。

劳动能力鉴定委员会建立医疗卫生专家库。列入专家库的医疗卫生专业技术人员应当具备下列条件：

（1）具有医疗卫生高级专业技术职务任职资格。

（2）掌握劳动能力鉴定的相关知识。

（3）具有良好的职业品德。

设区的市级劳动能力鉴定委员会收到劳动能力鉴定申请后，应当从其建立的医疗卫生专家库中随机抽取 3 名或者 5 名相关专家组成专家组，由专家组提出鉴定意见。设区的市级劳动能力鉴定委员会根据专家组的鉴定意见作出工伤职工劳动能力鉴定结论；必要时，可以委托具备资格的医疗机构协助进行有关的诊断。设区的市级劳动能力鉴定委员会应当自收到劳动能力鉴定申请之日起 60 日内作出劳动能力鉴定结论，必要时，作出劳动能力鉴定结论的期限可以延长 30 日。劳动能力鉴定结论应当及时送达申请鉴定的单位和个人。

申请鉴定的单位或者个人对设区的市级劳动能力鉴定委员会作出的鉴定结论不服的，可以在收到该鉴定结论之日起 15 日内向省、自治区、直辖市劳动能力鉴定委员会提出再次鉴定申请。省、自治区、直辖市劳动能力鉴定委员会作出的劳动能力鉴定结论为最终结论。

劳动能力鉴定工作应当客观、公正。劳动能力鉴定委员会组成人员或者参加鉴定的专家与当事人有利害关系的，应当回避。

自劳动能力鉴定结论作出之日起 1 年后，工伤职工或者其近亲属、所在单位或者经办机构认为伤残情况发生变化的，可以申请劳动能力复查鉴定。

（五）工伤保险待遇

职工因工作遭受事故伤害或者患职业病进行治疗，享受工伤医疗待遇。

职工治疗工伤应当在签订服务协议的医疗机构就医，情况紧急时可以先到就近的医疗机构急救。治疗工伤所需费用符合工伤保险诊疗项目目录、工伤保险药品目录、工伤保险住院服务标准的，从工伤保险基金支付。工伤保险诊疗项目目录、工伤保险药品目录、工伤保险住院服务标准，由国务院社会保险行政部门会同国务院卫生行政部门、食品药品监督管理部门等部门规定。职工住院治疗工伤的伙食补助费，以及经医疗机构出具证明，报经办机构同意，工伤职工到统筹地区以外就医所需的交通、食宿费用从工伤保险基金支付，基金支付的具体标准由统筹地区人民政府规定。工伤职工治疗非工伤引发的疾病，不享受工伤医疗待遇，按照基本医疗保险办法处理。工伤职工到签订服务协议的医疗机构进行工伤康复的费用，符合规定的，从工伤保险基金支付。

社会保险行政部门作出认定为工伤的决定后发生行政复议、行政诉讼的，行政复议和行政诉讼期间不停止支付工伤职工治疗工伤的医疗费用。

工伤职工因日常生活或者就业需要，经劳动能力鉴定委员会确认，可以安装假肢、矫形器、假眼、假牙和配置轮椅等辅助器具，所需费用按照国家规定的标准从工伤保险基金支付。

职工因工作遭受事故伤害或者患职业病需要暂停工作接受工伤医疗的，在停工留薪期内，原工资福利待遇不变，由所在单位按月支付。停工留薪期一般不超过 12 个月。伤情严重或者情况特殊，经设区的市级劳动能力鉴定委员会确认，可以适当延长，但延长不得超过 12 个月。工伤职工评定伤残等级后，停发原待遇，按照有关规定享受伤残待遇。工伤职工在停工留薪期满后仍需治疗的，继续享受工伤医疗待遇。生活不能自理的工伤职工在停工留薪期需要护理的，由所在单位负责。

工伤职工已经评定伤残等级并经劳动能力鉴定委员会确认需要生活护理的，从工伤保险基金按月支付生活护理费。生活护理费按照生活完全不能自理、生活大部分不能自理或者生活部分不能自理 3 个不同等级支付，其标准分别为统筹地区上年度职工月平均工资的 50%、40% 或者 30%。

职工因工致残被鉴定为一级至四级伤残的，保留劳动关系，退出工作岗位，享受以下待遇：

（1）从工伤保险基金按伤残等级支付一次性伤残补助金，标准为：一级伤残为 27 个月的本人工资，二级伤残为 25 个月的本人工资，三级伤残为 23 个月的本人工资，四级伤残为 21 个月的本人工资。

（2）从工伤保险基金按月支付伤残津贴，标准为：一级伤残为本人工资的 90%，二级伤残为本人工资的 85%，三级伤残为本人工资的 80%，四级伤残为本人工资的 75%。伤残津贴实际金额低于当地最低工资标准的，由工伤保险基金补足差额。

（3）工伤职工达到退休年龄并办理退休手续后，停发伤残津贴，按照国家有关规定享受基本养老保险待遇。基本养老保险待遇低于伤残津贴的，由工伤保险基金补足差额。

职工因工致残被鉴定为一级至四级伤残的，由用人单位和职工个人以伤残津贴为基数，缴纳基本医疗保险费。

职工因工致残被鉴定为五级、六级伤残的，享受以下待遇：

（1）从工伤保险基金按伤残等级支付一次性伤残补助金，标准为：五级伤残为 18 个月的本人工资，六级伤残为 16 个月的本人工资。

（2）保留与用人单位的劳动关系，由用人单位安排适当工作。难以安排工作的，由用人单位按月发给伤残津贴，标准为：五级伤残为本人工资的 70%，六级伤残为本人工资的 60%，并由用人单位按照规定为其缴纳应缴纳的各项社会保险费。伤残津贴实际金额低于当地最低工资标准的，由用人单位补足差额。

经工伤职工本人提出，该职工可以与用人单位解除或者终止劳动关系，由工伤保险基金支付一次性工伤医疗补助金，由用人单位支付一次性伤残就业补助金。一次性工伤医疗补助金和一次性伤残就业补助金的具体标准由省、自治区、直辖市人民政府规定。

职工因工致残被鉴定为七级至十级伤残的，享受以下待遇：

（1）从工伤保险基金按伤残等级支付一次性伤残补助金，标准为：七级伤残为 13 个月的本人工资，八级伤残为 11 个月的本人工资，九级伤残为 9 个月的本人工资，十级伤残为 7 个月的本人工资。

（2）劳动、聘用合同期满终止，或者职工本人提出解除劳动、聘用合同的，由工伤保险基金支付一次性工伤医疗补助金，由用人单位支付一次性伤残就业补助金。一次性工伤医疗补助金和一次性伤残就业补助金的具体标准由省、自治区、直辖市人民政府规定。

职工因工死亡，其近亲属按照下列规定从工伤保险基金领取丧葬补助金、供养亲属抚恤金和一次性工亡补助金：

（1）丧葬补助金为 6 个月的统筹地区上年度职工月平均工资。

（2）供养亲属抚恤金按照职工本人工资的一定比例发给由因工死亡职工生前提供主要生活来源、无劳动能力的亲属。标准为：配偶每月 40%，其他亲属每人每月 30%，孤寡老人或者孤儿每人每月在上述标准的基础上增加 10%。核定的各供养亲属的抚恤金之和不应高于因工死亡职工生前的工资。供养亲属的具体范围由国务院社会保险行政部门规定。

（3）一次性工亡补助金标准为上一年度全国城镇居民人均可支配收入的 20 倍。

伤残津贴、供养亲属抚恤金、生活护理费由统筹地区社会保险行政部门根据职工平均工资和生活费用变化等情况适时调整。调整办法由省、自治区、直辖市人民政府规定。

职工因工外出期间发生事故或者在抢险救灾中下落不明的，从事故发生当月起 3 个月内照发工资，从第 4 个月起停发工资，由工伤保险基金向其供养亲属按月支付供养亲属抚恤金。生活有困难的，可以预支一次性工亡补助金的 50%。职工被人民法院宣告死亡的，按照本条例第三十九条职工因工死亡的规定处理。

工伤职工有下列情形之一的，停止享受工伤保险待遇：

（1）丧失享受待遇条件的。

（2）拒不接受劳动能力鉴定的。

（3）拒绝治疗的。

用人单位分立、合并、转让的，承继单位应当承担原用人单位的工伤保险责任；原用人单位已经参加工伤保险的，承继单位应当到当地经办机构办理工伤保险变更登记。用人单位实行承包经营的，工伤保险责任由职工劳动关系所在单位承担。职工被借调期间受到工伤事故伤害的，由原用人单位承担工伤保险责任，但原用人单位与借调单位可以约定补偿办法。企业破产的，在破产清算时依法拨付应当由单位支付的工伤保险待遇费用。

职工被派遣出境工作，依据前往国家或者地区的法律应当参加当地工伤保险的，参加当地工伤保险，其国内工伤保险关系中止；不能参加当地工伤保险的，其国内工伤保险关系不中止。

职工再次发生工伤，根据规定应当享受伤残津贴的，按照新认定的伤残等级享受伤残津贴待遇。

（六）监督管理

经办机构具体承办工伤保险事务，履行下列职责：

（1）根据省、自治区、直辖市人民政府规定，征收工伤保险费。

（2）核查用人单位的工资总额和职工人数，办理工伤保险登记，并负责保存用人单位缴费和职工享受工伤保险待遇情况的记录。

（3）进行工伤保险的调查、统计。

（4）按照规定管理工伤保险基金的支出。

（5）按照规定核定工伤保险待遇。

（6）为工伤职工或者其近亲属免费提供咨询服务。

经办机构与医疗机构、辅助器具配置机构在平等协商的基础上签订服务协议，并公布签订服务协议的医疗机构、辅助器具配置机构的名单。具体办法由国务院社会保险行政部门分别会同国务院卫生行政部门、民政部门等部门制定。

经办机构按照协议和国家有关目录、标准对工伤职工医疗费用、康复费用、辅助器具费用的使用情况进行核查，并按时足额结算费用。

经办机构应当定期公布工伤保险基金的收支情况，及时向社会保险行政部门提出调整费率的建议。

社会保险行政部门、经办机构应当定期听取工伤职工、医疗机构、辅助器具配置机构以及社会各界对改进工伤保险工作的意见。

社会保险行政部门依法对工伤保险费的征缴和工伤保险基金的支付情况进行监督检查。财政部门和审计机关依法对工伤保险基金的收支、管理情况进行监督。

任何组织和个人对有关工伤保险的违法行为，有权举报。社会保险行政部门对举报应当及时调查，按照规定处理，并为举报人保密。

工会组织依法维护工伤职工的合法权益，对用人单位的工伤保险工作实行监督。

职工与用人单位发生工伤待遇方面的争议，按照处理劳动争议的有关规定处理。

有下列情形之一的，有关单位或者个人可以依法申请行政复议，也可以依法向人民法院提起行政诉讼：

（1）申请工伤认定的职工或者其近亲属、该职工所在单位对工伤认定申请不予受理的决定不服的。

（2）申请工伤认定的职工或者其近亲属、该职工所在单位对工伤认定结论不服的。

（3）用人单位对经办机构确定的单位缴费费率不服的。

（4）签订服务协议的医疗机构、辅助器具配置机构认为经办机构未履行有关协议或者规定的。

（5）工伤职工或者其近亲属对经办机构核定的工伤保险待遇有异议的。

（七）法律责任

单位或者个人违反规定挪用工伤保险基金，构成犯罪的，依法追究刑事责任；尚不构成犯罪的，依法给予处分或者纪律处分。被挪用的基金由社会保险行政部门追回，并入工伤保险基金；没收的违法所得依法上缴国库。

社会保险行政部门工作人员有下列情形之一的，依法给予处分；情节严重，构成犯罪的，依法追究刑事责任：

（1）无正当理由不受理工伤认定申请，或者弄虚作假将不符合工伤条件的人员认定为工伤职工的。

（2）未妥善保管申请工伤认定的证据材料，致使有关证据灭失的。

（3）收受当事人财物的。

经办机构有下列行为之一的，由社会保险行政部门责令改正，对直接负责的主管人员和其他责任人员依法给予纪律处分；情节严重，构成犯罪的，依法追究刑事责任；造成当事人经济损失的，由经办机构依法承担赔偿责任：

（1）未按规定保存用人单位缴费和职工享受工伤保险待遇情况记录的。

（2）不按规定核定工伤保险待遇的。

（3）收受当事人财物的。

医疗机构、辅助器具配置机构不按服务协议提供服务的，经办机构可以解除服务协议。经办机构不按时足额结算费用的，由社会保险行政部门责令改正；医疗机构、辅助器具配置机构可以解除服务协议。

用人单位、工伤职工或者其近亲属骗取工伤保险待遇，医疗机构、辅助器具配置机构骗取工伤保险基金支出的，由社会保险行政部门责令退还，处骗取金额 2 倍以上 5 倍以下的罚款；情节严重，构成犯罪的，依法追究刑事责任。

从事劳动能力鉴定的组织或者个人有下列情形之一的，由社会保险行政部门责令改正，处 2 000 元以上 10 000 元以下的罚款；情节严重，构成犯罪的，依法追究刑事责任：

（1）提供虚假鉴定意见的。

（2）提供虚假诊断证明的。

（3）收受当事人财物的。

用人单位依照规定应当参加工伤保险而未参加的，由社会保险行政部门责令限期参加，补缴应当缴纳的工伤保险费，并自欠缴之日起，按日加收万分之五的滞纳金；逾期仍不缴纳的，处欠缴数额 1 倍以上 3 倍以下的罚款。依照规定应当参加工伤保险而未参加工伤保险的用人单位职工发生工伤的，由该用人单位按照本条例规定的工伤保险待遇项目和标准支付费用。用人单位参加工伤保险并补缴应当缴纳的工伤保险费、滞纳金后，由工伤保险基金和用人单位依照本条例的规定支付新发生的费用。

用人单位违反规定，拒不协助社会保险行政部门对事故进行调查核实的，由社会保险行政部门责令改正，处 2 000 元以上 20 000 元以下的罚款。

三、调整工伤保险费率政策

根据《人力资源和社会保障部　财政部关于调整工伤保险费率政策的通知》（人社部发〔2015〕71 号）的规定，按照党的十八届三中全会提出的"适时适当降低社会保险费率"的精神，为更好贯彻《社会保险法》《工伤保险条例》，使工伤保险费率政策更加科学、合理，适应经济社会发展的需要，经国务院批准，自 2015 年 10 月 1 日起，调整现行工伤保险费率政策。

（一）关于行业工伤风险类别划分

按照《国民经济行业分类》（GB/T 4754—2011）对行业的划分，根据不同行业的工伤风险程度，由低到高，依次将行业工伤风险类别划分为一类至八类，具体参见表 6-1 所示。

表 6-1　　　　　　　　　　　工伤保险行业风险分类表

行业类别	行业名称
一	软件和信息技术服务业，货币金融服务，资本市场服务，保险业，其他金融业，科技推广和应用服务业，社会工作，广播、电视、电影和影视录音制作业，中国共产党机关，国家机构，人民政协、民主党派，社会保障，群众团体、社会团体和其他成员组织，基层群众自治组织，国际组织
二	批发业，零售业，仓储业，邮政业，住宿业，餐饮业，电信、广播电视和卫星传输服务，互联网和相关服务，房地产业，租赁业，商务服务业，研究和试验发展，专业技术服务业，居民服务业，其他服务业，教育，卫生，新闻和出版业，文化艺术业
三	农副食品加工业，食品制造业，酒、饮料和精制茶制造业，烟草制品业，纺织业，木材加工和木、竹、藤、棕、草制品业，文教、工美、体育和娱乐用品制造业，计算机、通信和其他电子设备制造业，仪器仪表制造业，其他制造业，水的生产和供应业，机动车、电子产品和日用产品修理业，水利管理业，生态保护和环境治理业，公共设施管理业，娱乐业
四	农业，畜牧业，农、林、牧、渔服务业，纺织服装、服饰业，皮革、毛皮、羽毛及其制品和制鞋业，印刷和记录媒介复制业，医药制造业，化学纤维制造业，橡胶和塑料制品业，金属制品业，通用设备制造业，专用设备制造业，汽车制造业，铁路、船舶、航空航天和其他运输设备制造业，电气机械和器材制造业，废弃资源综合利用业，金属制品、机械和设备修理业，电力、热力生产和供应业，燃气生产和供应业，铁路运输业，航空运输业，管道运输业，体育
五	林业，开采辅助活动，家具制造业，造纸和纸制品业，建筑安装业，建筑装饰和其他建筑业，道路运输业，水上运输业，装卸搬运和运输代理业
六	渔业，化学原料和化学制品制造业，非金属矿物制品业，黑色金属冶炼和压延加工业，有色金属冶炼和压延加工业，房屋建筑业，土木工程建筑业
七	石油和天然气开采业，其他采矿业，石油加工、炼焦和核燃料加工业
八	煤炭开采和洗选业，黑色金属矿采选业，有色金属矿采选业，非金属矿采选业

（二）关于行业差别费率及其档次确定

不同工伤风险类别的行业执行不同的工伤保险行业基准费率。各行业工伤风险类别对应的全国工伤保险行业基准费率为，一类至八类分别控制在该行业用人单位职工工资总额的 0.2%、0.4%、0.7%、0.9%、1.1%、1.3%、1.6%、1.9% 左右。

通过费率浮动的办法确定每个行业内的费率档次。一类行业分为三个档次，即在基准费率的基础上，可向上浮动至120%、150%，二类至八类行业分为五个档次，即在基准费率的基础上，可分别向上浮动至120%、150%或向下浮动至80%、50%。

各统筹地区人力资源和社会保障部门要会同财政部门，按照"以支定收、收支平衡"的原则，合理确定本地区工伤保险行业基准费率具体标准，并征求工会组织、用人单位代表的意见，报统筹地区人民政府批准后实施。基准费率的具体标准可根据统筹地区经济产业结构变动、工伤保险费使用等情况适时调整。

（三）关于单位费率的确定与浮动

统筹地区社会保险经办机构根据用人单位工伤保险费使用、工伤发生率、职业病危害程度等因素，确定其工伤保险费率，并可依据上述因素变化情况，每1至3年确定其在所属行业不同费率档次间是否浮动。对符合浮动条件的用人单位，每次可上下浮动1档或2档。统筹地区工伤保险最低费率不低于本地区一类风险行业基准费率。费率浮动的具体办法由统筹地区人力资源和社会保障部门商财政部门制定，并征求工会组织、用人单位代表的意见。

（四）关于费率报备制度

各统筹地区确定的工伤保险行业基准费率具体标准、费率浮动具体办法，应报省级人力资源和社会保障部门和财政部门备案并接受指导。省级人力资源和社会保障部门、财政部门应每年将各统筹地区工伤保险行业基准费率标准确定和变化以及浮动费率实施情况汇总报人力资源和社会保障部、财政部。

四、工伤保险待遇调整和确定机制

根据《人力资源和社会保障部关于工伤保险待遇调整和确定机制的指导意见》（人社部发〔2017〕58号）的规定，工伤保险待遇是工伤保险制度的重要内容。随着经济社会发展，职工平均工资与生活费用发生变化，适时调整工伤保险待遇水平，既是工伤保险制度的内在要求，也是促进社会公平、维护社会和谐的职责所在，是各级党委、政府保障和改善民生的具体体现。根据《工伤保险条例》，现就工伤保险待遇调整和确定机制，制定如下指导意见。

（一）总体要求

全面贯彻党的十八大和十八届三中、四中、五中、六中全会精神，深入贯彻习近平总书记系列重要讲话精神和治国理政新理念新思想新战略，紧紧围绕统筹推进"五位一体"总体布局和协调推进"四个全面"战略布局，坚持以人民为中心的发展思想，依据社会保险法和《工伤保险条例》，建立工伤保险待遇调整和确定机制，科学合理确定待遇调整水平，提高工伤保险待遇给付的服务与管理水平，推进建立更加公平、更可持续的工伤保险制度，不断增强人民群众的获得感与幸福感。

工伤保险待遇调整和确定要与经济发展水平相适应，综合考虑职工工资增长、居民消费价格指数变化、工伤保险基金支付能力、相关社会保障待遇调整情况等因素，兼顾不同地区待遇差别，按照基金省级统筹要求，适度、稳步提升，实现待遇平衡。原则上每2年至少调整1次。

（二）主要内容

（1）伤残津贴的调整。伤残津贴是对因工致残而退出工作岗位的工伤职工工资收入损失的合理补偿。一级至四级伤残津贴调整以上年度省（区、市）一级至四级工伤职工月人均伤残津贴为基数，综合考虑职工平均工资增长和居民消费价格指数变化情况，侧重职工平均工资增长因素，兼顾工伤保险基金支付能力和相关社会保障待遇调整情况，综合进行调节。伤残津贴调整可以采取定额调整和适当倾斜的办法，对伤残程度高、伤残津贴低于平均水平的工伤职工予以适当倾斜。一级至四级工伤职工伤残津贴调整公式如下：

$$Z_1 = S \times (G \times a + X \times b) \pm C$$

$a+b=1$，$a>b$，$C \geqslant 0$。

其中：Z_1——一级至四级工伤职工伤残津贴人均调整额。

S——上年度省（区、市）一级至四级工伤职工月人均伤残津贴。

G——上年度省（区、市）职工平均工资增长率。

X——上年度省（区、市）居民消费价格指数。

a——职工平均工资增长率的权重系数。

b——居民消费价格指数的权重系数。

C——省（区、市）工伤保险基金支付能力和相关社会保障待遇调整等因素综合调节额。

当职工平均工资下降时，$G=0$；当居民消费价格指数为负时，$X=0$。

五级、六级工伤职工的伤残津贴按照《工伤保险条例》的规定执行。

（2）供养亲属抚恤金的调整。供养亲属抚恤金是工亡职工供养亲属基本生活的合理保障。供养亲属抚恤金调整以上年度省（区、市）月人均供养亲属抚恤金为基数，综合考虑职工平均工资增长和居民消费价格指数变化情况，侧重居民消费价格指数变化，兼顾工伤保险基金支付能力和相关社会保障待遇调整情况，综合进行调节。供养亲属抚恤金调整采取定额调整的办法。供养亲属抚恤金调整公式如下：

$$Z_2 = F \times (G \times a + X \times b) \pm C$$

$a+b=1$，$a<b$，$C \geqslant 0$。

其中：Z_2——供养亲属抚恤金人均调整额。

F——上年度省（区、市）月人均供养亲属抚恤金。

G——上年度省（区、市）职工平均工资增长率。

X——上年度省（区、市）居民消费价格指数。

a——职工平均工资增长率的权重系数。

b——居民消费价格指数的权重系数。

C——省（区、市）工伤保险基金支付能力和相关社会保障待遇调整等因素综合调节额。

当职工平均工资下降时，$G=0$；当居民消费价格指数为负时，$X=0$。

（3）生活护理费的调整。生活护理费根据《工伤保险条例》和《劳动能力鉴定 职工工伤与职业病致残等级》相关规定进行计发，按照上年度省（区、市）职工平均工资增长比例同步调整。职工平均工资下降时不调整。

（4）住院伙食补助费的确定。省（区、市）可参考当地城镇居民消费支出结构，科学确定工伤职工住院伙食补助费标准。住院伙食补助费原则上不超过上年度省（区、市）城镇居民日人均消费支出额的40%。

（5）其他待遇。一次性伤残补助金、一次性工亡补助金、丧葬补助金按照《工伤保险条例》规定的计发标准计发。工伤医疗费、辅助器具配置费、工伤康复和统筹地区以外就医期间交通、食宿费用等待遇，根据《工伤保险条例》和相关目录、标准据实支付。

一次性伤残就业补助金和一次性工伤医疗补助金，由省（区、市）综合考虑工伤职工伤残程度、伤病类别、年龄等因素制定标准，注重引导和促进工伤职工稳定就业。

（三）工作要求

（1）高度重视，加强部署。建立工伤保险待遇调整和确定机制，关系广大工伤职工及工亡职工供养亲属的切身利益。各地要切实加强组织领导，提高认识，扎实推进，从2018年开始，要按照指导意见规定，结合当地实际，做好待遇调整和确定工作，与工伤保险基金省级统筹工作有机结合、紧密配合、同步推进，防止出现衔接问题和政策冲突。

（2）统筹兼顾，加强管理。要统筹考虑工伤保险待遇调整涉及的多种因素，详细论证，周密测算，选好参数和系数，确定科学、合理的调整额，建立科学、有效的调整机制。省（区、市）人力资源和社会保障部门要根据《工伤保险条例》和本指导意见制定调整方案，报经省（区、市）人民政府批准后实施。要加强管理，根据《工伤保险条例》规定，统筹做好工伤保险其他待遇的调整、确定和计发，进一步加强待遇支付管理，依规发放和支付，防止跑冒滴漏、恶意骗保，维护基金安全。

（3）正确引导，确保稳定。工伤保险待遇调整直接涉及民生，关乎公平与效率。要加强工伤保险政策宣传，正确引导舆论，争取社会对待遇调整工作的理解与支持，为调整工作营造良好舆论氛围。做好调整方案的风险评估工作，制定应急处置预案，确保待遇调整工作平稳、有序、高效。待遇调整情况请及时报人力资源和社会保障部。

第二节　工伤保险辅助器具配置管理

一、总则

根据《工伤保险辅助器具配置管理办法》（2016 年 2 月 16 日人力资源和社会保障部、民政部、国家卫生和计划生育委员会令第 27 号公布，根据 2018 年 12 月 14 日《人力资源和社会保障部关于修改部分规章的决定》修订，以下简称《办法》）的规定，为了规范工伤保险辅助器具配置管理，维护工伤职工的合法权益，根据《工伤保险条例》，制定本《办法》。

工伤职工因日常生活或者就业需要，经劳动能力鉴定委员会确认，配置假肢、矫形器、假眼、假牙和轮椅等辅助器具的，适用本《办法》。

人力资源和社会保障行政部门负责工伤保险辅助器具配置的监督管理工作。民政、卫生计生等行政部门在各自职责范围内负责工伤保险辅助器具配置的有关监督管理工作。社会保险经办机构（以下称经办机构）负责对申请承担工伤保险辅助器具配置服务的辅助器具装配机构和医疗机构（以下称工伤保险辅助器具配置机构）进行协议管理，并按照规定核付配置费用。

设区的市级（含直辖市的市辖区、县）劳动能力鉴定委员会（以下称劳动能力鉴定委员会）负责工伤保险辅助器具配置的确认工作。

省、自治区、直辖市人力资源和社会保障行政部门负责制定工伤保险辅助器具配置机构评估确定办法。经办机构按照评估确定办法，与工伤保险辅助器具配置机构签订服务协议，并向社会公布签订服务协议的工伤保险辅助器具配置机构（以下称协议机构）名单。

人力资源和社会保障部根据社会经济发展水平、工伤职工日常生活和就业需要等，组织制定国家工伤保险辅助器具配置目录，确定配置项目、适用范围、最低使用年限等内容，并适时调整。省、自治区、直辖市人力资源和社会保障行政部门可以结合本地区实际，在国家目录确定的配置项目基础上，制定省级工伤保险辅助器具配置目录，适当增加辅助器具配置项目，并确定本地区辅助器具配置最高支付限额等具体标准。

用人单位未依法参加工伤保险，工伤职工需要配置辅助器具的，按照本办法的相关规定执行，并由用人单位支付配置费用。

二、确认与配置程序

工伤职工认为需要配置辅助器具的，可以向劳动能力鉴定委员会提出辅助器具配置确认申请，并提交下列材料：

（1）居民身份证或者社会保障卡等有效身份证明原件。

（2）有效的诊断证明、按照医疗机构病历管理有关规定复印或者复制的检查、检验报告等完整病历材料。

工伤职工本人因身体等原因无法提出申请的，可由其近亲属或者用人单位代为申请。

劳动能力鉴定委员会收到辅助器具配置确认申请后，应当及时审核；材料不完整的，应当自收到申请之日起5个工作日内一次性书面告知申请人需要补正的全部材料；材料完整的，应当在收到申请之日起60日内作出确认结论。伤情复杂、涉及医疗卫生专业较多的，作出确认结论的期限可以延长30日。

劳动能力鉴定委员会专家库应当配备辅助器具配置专家，从事辅助器具配置确认工作。劳动能力鉴定委员会应当根据配置确认申请材料，从专家库中随机抽取3名或者5名专家组成专家组，对工伤职工本人进行现场配置确认。专家组中至少包括1名辅助器具配置专家、2名与工伤职工伤情相关的专家。

专家组根据工伤职工伤情，依据工伤保险辅助器具配置目录有关规定，提出是否予以配置的确认意见。专家意见不一致时，按照少数服从多数的原则确定专家组的意见。劳动能力鉴定委员会根据专家组确认意见作出配置辅助器具确认结论。其中，确认予以配置的，应当载明确认配置的理由、依据和辅助器具名称等信息；确认不予配置的，应当说明不予配置的理由。

劳动能力鉴定委员会应当自作出确认结论之日起20日内将确认结论送达工伤职工及其用人单位，并抄送经办机构。

工伤职工收到予以配置的确认结论后，及时向经办机构进行登记，经办机构向工伤职工出具配置费用核付通知单，并告知下列事项：

（1）工伤职工应当到协议机构进行配置。

（2）确认配置的辅助器具最高支付限额和最低使用年限。

（3）工伤职工配置辅助器具超目录或者超出限额部分的费用，工伤保险基金不予支付。

工伤职工可以持配置费用核付通知单，选择协议机构配置辅助器具。协议机构应当根据与经办机构签订的服务协议，为工伤职工提供配置服务，并如实记录工伤职工信息、配置器具产品信息、最高支付限额、最低使用年限以及实际配置费用等配置服务事项。上述规定的配置服务记录经工伤职工签字后，分别由工伤职工和协议机构留存。

协议机构或者工伤职工与经办机构结算配置费用时，应当出具配置服务记录。经办机构核查后，应当按照工伤保险辅助器具配置目录有关规定及时支付费用。

工伤职工配置辅助器具的费用包括安装、维修、训练等费用，按照规定由工伤保险基金支付。经经办机构同意，工伤职工到统筹地区以外的协议机构配置辅助器具发生的交通、食宿费用，可以按照统筹地区人力资源和社会保障行政部门的规定，由工伤保险基金支付。

辅助器具达到规定的最低使用年限的，工伤职工可以按照统筹地区人力资源和社会保障行政部门的规定申请更换。工伤职工因伤情发生变化，需要更换主要部件或者配置新的辅助器具的，经向劳动能力鉴定委员会重新提出确认申请并经确认后，由工伤保险基金支付配置费用。

三、管理与监督

辅助器具配置专家应当具备下列条件之一：

（1）具有医疗卫生中高级专业技术职务任职资格。

（2）具有假肢师或者矫形器师职业资格。

（3）从事辅助器具配置专业技术工作 5 年以上。

辅助器具配置专家应当具有良好的职业品德。

工伤保险辅助器具配置机构的具体条件，由省、自治区、直辖市人力资源和社会保障行政部门会同民政、卫生计生行政部门规定。

经办机构与工伤保险辅助器具配置机构签订的服务协议，应当包括下列内容：

（1）经办机构与协议机构名称、法定代表人或者主要负责人等基本信息。

（2）服务协议期限。

（3）配置服务内容。

（4）配置费用结算。

（5）配置管理要求。

（6）违约责任及争议处理。

（7）法律、法规规定应当纳入服务协议的其他事项。

配置的辅助器具应当符合相关国家标准或者行业标准。统一规格的产品或者材料等辅助器具在装配前应当由国家授权的产品质量检测机构出具质量检测报告，标注生产厂家、产品品牌、型号、材料、功能、出品日期、使用期和保修期等事项。

协议机构应当建立工伤职工配置服务档案，并至少保存至服务期限结束之日起 2 年。经办机构可以对配置服务档案进行抽查，并作为结算配置费用的依据之一。

经办机构应当建立辅助器具配置工作回访制度，对辅助器具装配的质量和服务进行跟踪检查，并将检查结果作为对协议机构的评价依据。

工伤保险辅助器具配置机构违反国家规定的辅助器具配置管理服务标准，侵害工伤职工合法权益的，由民政、卫生计生行政部门在各自监管职责范围内依法处理。

有下列情形之一的，经办机构不予支付配置费用：

（1）未经劳动能力鉴定委员会确认，自行配置辅助器具的。

（2）在非协议机构配置辅助器具的。

（3）配置辅助器具超目录或者超出限额部分的。

（4）违反规定更换辅助器具的。

工伤职工或者其近亲属认为经办机构未依法支付辅助器具配置费用，或者协议机构认为经办机构未履行有关协议的，可以依法申请行政复议或者提起行政诉讼。

四、法律责任

经办机构在协议机构管理和核付配置费用过程中收受当事人财物的，由人力资源和社会保障行政部门责令改正，对直接负责的主管人员和其他直接责任人员依法给予处分；情节严重，构成犯罪的，依法追究刑事责任。

从事工伤保险辅助器具配置确认工作的组织或者个人有下列情形之一的，由人力资源和社会保障行政部门责令改正，处 2 000 元以上 10 000 元以下的罚款；情节严重，构成犯罪的，依法追究刑事责任：

（1）提供虚假确认意见的。

（2）提供虚假诊断证明或者病历的。

（3）收受当事人财物的。

协议机构不按照服务协议提供服务的，经办机构可以解除服务协议，并按照服务协议追究相应责任。经办机构不按时足额结算配置费用的，由人力资源和社会保障行政部门责令改正；协议机构可以解除服务协议。

用人单位、工伤职工或者其近亲属骗取工伤保险待遇，辅助器具装配机构、医疗机构骗取工伤保险基金支出的，按照《工伤保险条例》第六十条的规定，由人力资源和社会保障行政部门责令退还，处骗取金额 2 倍以上 5 倍以下的罚款；情节严重，构成犯罪的，依法追究刑事责任。

第三节　加强重点行业参加工伤保险工作

一、尘肺病重点行业工伤保险工作

根据《人力资源和社会保障部　国家卫生健康委关于做好尘肺病重点行业工伤保险有关工作的通知》（人社部发〔2019〕125号）的规定，为切实做好尘肺病重点行业和企业职工工伤保险权益保障工作，预防和减少尘肺病重点行业和企业职业伤害事故的发生，加强尘肺病工伤职工职业健康保护工作，按照国务院第46次常务会议精神，现就做好尘肺病重点行业工伤保险有关工作通知如下。

（一）高度重视尘肺病工伤职工权益保障工作

党中央、国务院高度重视尘肺病患者特别是尘肺病农民工的权益保障工作。各地要以习近平新时代中国特色社会主义思想为指导，深入贯彻党的十九大以及十九届二中、三中、四中全会精神，坚持以人民为中心的发展思想，将大力推进尘肺病重点行业和企业参加工伤保险，依法落实已参保尘肺病工伤职工的工伤保险待遇作为重要任务抓好抓实。要按照预防为主、防治结合的方针，有效加强职业性尘肺病预防控制，切实保障劳动者职业健康权益。

（二）开展尘肺病重点行业工伤保险扩面专项行动

自2020年开始，依据卫生健康系统粉尘危害基础数据库信息，在煤矿、非煤矿山、冶金、建材等尘肺病重点行业，开展为期三年的工伤保险扩面专项行动，原则上做到应保尽保。各地卫生健康部门要及时向人力资源和社会保障部门提供粉尘危害基础数据库信息，特别是尘肺病重点行业的企业数、企业名称、地址、经营范围、法人代表、职工人数、职工个人身份信息及其工作岗位等信息的更新情况。各地人力资源和社会保障部门要根据卫生健康部门粉尘危害基础数据库信息数据情况，有针对性地制定扩面专项行动工作计划，加大扩面工作实施力度，将尘肺病重点行业职工依法纳入工伤保险保障范围。

（三）开展尘肺病重点行业工伤预防专项行动

自 2020 年开始，在煤矿、非煤矿山、冶金、建材等尘肺病重点行业开展为期三年的工伤预防专项行动，有效降低工伤发生率。各地人力资源和社会保障部门要积极会同卫生健康等部门，按照人力资源和社会保障部等四部门印发的《工伤预防费使用管理暂行办法》（人社部规〔2017〕13 号）的规定和程序要求，结合本地区尘肺病重点行业分布的实际情况，将相关尘肺病重点行业列入本地区的年度工伤预防重点领域，合理确定本地区涉及尘肺病重点企业工伤预防项目，并切实做好项目的组织实施、绩效评估和验收等工作。粉尘危害高发企业要依法承担起尘肺病预防的主体责任，切实做好粉尘危害预防控制、组织劳动者进行职业健康检查以及尘肺病预防宣传和培训等工作。

（四）进一步提升尘肺病工伤职工待遇保障能力和水平

各地要全面落实职业病防治法和《工伤保险条例》等法律法规的规定，做好职业性尘肺病人诊断和相关待遇保障工作。职业病诊断机构应严格依据相关法律法规和规章规定，对符合职业性尘肺病相关诊断标准的，及时作出职业性尘肺病诊断。对已诊断且明确参加了工伤保险的职业性尘肺病工伤职工，社会保险经办机构要按规定及时支付工伤保险待遇。要加强尘肺病工伤职工的医疗救治工作，切实将工伤保险药品目录中尘肺病用药充分用于尘肺病工伤职工的治疗，及时将符合工伤医疗诊疗规范的尘肺病治疗技术和手段纳入工伤保险基金支付范围。要加强对尘肺病工伤职工的管理服务工作，为尘肺病工伤职工依法申请工伤保险待遇提供方便快捷的支持。要认真落实好工伤保险待遇定期调整的工作机制，切实做好尘肺病工伤职工权益保障工作。

（五）加强组织领导确保各项工作任务落实

各地人力资源和社会保障、卫生健康等部门要切实加强组织领导、密切协调配合，在国家职业病防治工作机制的统一指导下，通过建立长效沟通机制、细化任务分工、实现信息共享等措施，将各项工作任务抓细抓实。各地特别是尘肺病重点行业相对集中的地区，要围绕做好尘肺病重点行业和企业工伤保险工作制定工作方案，加强统一调度、定期督导检查、建立信息通报等制度，确保相关工作任务在规定时限内取得实效。人力资源和社会保障部、国家卫生健康委将定期对各地工作推进落实情况进行调度，并对各地工作进展情况和成效进行总结评估和交流。

二、工程建设项目参加工伤保险工作

根据《人力资源和社会保障部 交通运输部 水利部 能源局 铁路局 民航局关于铁路、公路、水运、水利、能源、机场工程建设项目参加工伤保险工作的通知》（人社部发〔2018〕3号）的规定，党中央、国务院高度重视建筑业农民工工伤权益保障问题。2014年12月，经国务院批准，人力资源和社会保障部、住房城乡建设部、安全监管总局、全国总工会制定印发了《关于进一步做好建筑业工伤保险工作的意见》（人社部发〔2014〕103号，以下简称《意见》），做出了工伤优先，项目参保，概算提取，一次参保，全员覆盖的制度安排，并明确交通运输、铁路、水利等相关行业参照执行。三年来，在各部门的协力推动以及各地共同努力下，住建领域新开工工程建设项目参保率已达到 99.73%，累计 4 000 多万人次建筑业农民工纳入工伤保险保障。部分地区结合实际一并推动交通运输、铁路、水利等相关行业工程建设项目参加工伤保险工作，取得了一定成效，为全面推开创造了条件。为全面贯彻党中央、国务院关于切实保障和改善民生的重大部署，深入落实《意见》要求，加大力度将在各类工程建设项目中流动就业的农民工纳入工伤保险保障，现就铁路、公路、水运、水利、能源、机场（以下简称交通运输等行业）工程建设项目参加工伤保险工作通知如下。

（一）切实增强做好工作的责任感和紧迫感

《国务院办公厅关于促进建筑业持续健康发展的意见》（国办发〔2017〕19 号）再次强调要"建立健全与建筑业相适应的社会保险参保缴费方式，大力推进建筑施工单位参加工伤保险"，明确了做好建筑行业工程建设项目农民工职业伤害保障工作的政策方向和制度安排。各地要在进一步健全住建领域工程建设项目按项目参加工伤保险长效工作机制的同时，进一步增强责任感和紧迫感，按照《意见》要求，全面启动交通运输等行业工程建设项目参加工伤保险工作，结合行业用工特点，做好参保办法、办理流程、保障服务等具体制度安排，确保在各类工地上流动就业的农民工依法享有工伤保险保障。

（二）推进形成更高水平更高效率的部门协作机制

按项目参加工伤保险工作涉及多部门职责，必须协调联动，合力推进。在推进住建领域工程建设项目参加工伤保险工作中，各地普遍建立的联席会议、联合督查、信息共享、经办对接等部门协作机制，发挥了重要作用，创造积累了行之有效的经验做法。各地要在现有工作基础上，扩大协作范围，丰富协作内容，针对交通运输等行业工程建设项目施工管理、用工管理的特点，设计高效、便捷、管用的管理服务流程和参保约束机制，切实做到"先参保，再开工"。

按照"谁审批，谁负责"的原则，各类工程建设项目在办理相关手续、进场施工前，均应向行业主管部门或监管部门提交施工项目总承包单位或项目标段合同承建单位参加工伤保险的证明，作为保证工程安全施工的具体措施之一。未参加工伤保险的项目和标段，主管部门、监管部门要及时督促整改，即时补办参加工伤保险手续，杜绝"未参保，先开工"甚至"只施工，不参保"现象。各级行业主管部门、监管部门要将施工项目总承包单位或项目标段合同承建单位参加工伤保险情况纳入企业信用考核体系，未参保项目发生事故造成生命财产重大损失的，责成工程责任单位限期整改，必要时可对总承包单位或标段合同承建单位启动问责程序。

（三）依法合理确定缴费比例

建筑施工企业相对固定的职工，应按用人单位参加工伤保险。不能按用人单位参加工伤保险的职工特别是短期雇佣的农民工，应按项目优先参加工伤保险，一般应由施工项目总承包单位或项目标段合同承建单位按照劳动雇佣关系一次性代缴本项目工伤保险费，覆盖项目使用的所有职工，包括专业承包单位、劳务分包单位使用的农民工。各类工程建设项目可以项目或标段为单位，按照项目或标段的建筑安装工程费（或工程合同价）的一定比例参保缴费。对人工成本占比较低的工程建设项目，可按照人工成本乘以工伤保险行业基准费率的方式计算工伤保险费。对于难以确定直接人工成本的工程建设项目，可参照本地区社会平均工资确定缴费基数。各统筹地区要按照"以支定收、收支平衡"原则，根据当地工伤保险基金的运行情况，科学合理确定费率。同时，注重发挥浮动费率作用，低保费起步，逐步实现收支平衡。

（四）进一步加强督查和定期通报工作

从 2017 年起，人力资源和社会保障部已将新开工项目参保率纳入人力资源和社会保障事业发展指标体系，定期分省通报调度。各地人力资源和社会保障部门要以此为契机，会同有关部门进一步强化督查措施，提高数据的可靠性和可应用性。要在全面启动交通运输等行业工程建设项目参加工伤保险工作的同时，将同口径数据纳入通报调度安排，并作为督查重点。各地人力资源和社会保障部门要在门户网站上定期通报当地工程建设项目参保率情况，并加强与住房城乡建设、交通运输、水利、能源、铁路和民航部门的数据共享。

（五）着力提高经办服务质量和管理水平

按项目参加工伤保险是适应流动用工特点做出的政策创新。各地人力资源和社会保障部门要为参保工程建设项目及标段和工伤职工提供更加优质便捷的人性化服务，积极探索优化适合按项目参加工伤保险的登记、缴费、认定、劳动能力鉴定、待遇支付等服务流程，开辟绿色通道、专门窗口等，提供一站式服务。要最大限度缩短参加工伤保险工作流程、简化手续，力争实现施工企业办理参保缴费备案当日办结，避免因办理项目参加工伤保险而影响工程开工进度。施工项目总承包单位或项目标段合同承建单位应当在工程项目施工期内督促专业承包单位、劳务分包单位建立职工花名册、考勤记录、工资发放表等台账，对项目施工期内全部施工人员实行动态实名制管理。施工人员发生工伤后，以劳动合同为基础确认劳动关系，对未签订劳动合同的，由人力资源和社会保障部门参照工资支付凭证或记录、工作证、招工登记表、考勤记录及其他劳动者证言等证据，确认事实劳动关系。对在工地内发生、事实清楚、当事双方无争议的工伤案件实行"快认快结"，一般应当在 10 日内作出工伤认定的决定。对在参保工程建设项目施工期间发生工伤，项目竣工时尚未完成工伤认定或劳动能力鉴定的，建筑施工企业要保证工伤职工医疗救治和停工留薪期间的法定待遇，在完成工伤认定及劳动能力鉴定后工伤职工依法享受各项工伤保险待遇。

各地人力资源和社会保障部门要会同各部门按照《工伤预防费使用管理暂行办法》（人社部规〔2017〕13 号），指导建筑施工企业积极开展工伤预防宣传和培训工作，要建立健全政府部门、行业协会、施工企业等多层次的培训体系，不断提升职工特别是农民工的工伤保险意识，控制和减少工伤发生。对积极开展工伤预防，有效减少工伤发生的项目承包单位，符合条件的，要优先落实浮动费率政策。

各地人力资源和社会保障、交通运输、水利、能源、铁路、民航等部门要依据国家法律法规和本通知要求，结合本地实际制定具体实施方案，合力做好工程建设领域职工特别是农民工工伤保险权益保障工作。

三、加快推进建筑业工伤保险工作

根据《人力资源和社会保障部办公厅关于加快推进建筑业工伤保险工作的通知》（人社厅发〔2016〕43号）的规定，人力资源和社会保障部、住房城乡建设部、国家安全生产监管总局、中华全国总工会联合下发了《关于进一步做好建筑业工伤保险工作的意见》（人社部发〔2014〕103号，以下简称《意见》），人力资源和社会保障部结合全民参保登记计划，组织实施了"同舟计划"——建筑业工伤保险专项扩面行动，并根据建筑施工企业的用工特点，制定了专门经办规程和统计办法。

一年多来，各地人力资源和社会保障部门会同有关部门，结合实际创造性落实《意见》要求，层层落实"同舟计划"参保扩面任务，突出抓好宣传培训和联合督查工作，推进建筑业参加工伤保险政策落地及相关管理服务工作取得积极进展。但工作中也暴露出一些突出问题，部分地区尚未形成有效推进工作的合力，工作进展较慢；宣传培训工作力度不够，建筑施工企业按项目参保的惠民政策社会知晓度不高；参保扩面、工伤认定、经办管理服务等工作还不能完全适应建筑业按项目参保的工作要求等。

2016年是深入推进建筑业工伤保险工作的关键一年，各地务必进一步加强领导、狠抓落实，切实推动工作再上一个台阶，为2017年全面实现建筑施工企业依法参加工伤保险奠定坚实基础。现就有关要求通知如下：

第一，加强领导，进一步发挥好人社部门的牵头作用。深入推进建筑业工伤保险工作需要多部门联动，人社部门作为社会保险行政管理部门，必须将这项工作作为当前工伤保险扩面的首要任务，牵头推进工作落实。各级人社部门主要负责同志，尤其是分管工伤保险工作的负责同志要亲自做好相关协调工作和任务安排，既要争取党委、政府分管领导的支持，更要协调相关部门建立良好的沟通合作机制。要重点加强对地市一级工作落实的督导，对工作进展慢、特别是仍存在部门配合不畅问题的地市，要协调当地党委、政府分管领导牵头推进落实。要会同住建、安监、工会等部门研究制定2016、2017年推进建筑业参加工伤保险工作的具体措施，并对推进工作中联合会商、联合督查、信息共享等工作措施作出制度性安排。有关推进工作措施于5月30日前报部工伤保险司、社保中心备案。

第二，整合力量，进一步形成推进工作的合力。要进一步与住建、安监、工会等部门密切合作，整合各自的职能优势，建立畅通高效的长效协调机制，进一步形成工作合力。积极协调住建部门和安监部门发挥对建筑企业管理的职能优势，落实将工伤保险参保证明作为保证工程安全施工的具体措施之一，安全施工措施未落实的项目不予核发"施工许可证"和"安全生产许可证"，及时将建筑项目施工许可等信息予以公开，逐步完善信息共享机制，共同推动建筑业工伤保险工作；对不需要核发施工许可证的建筑项目，各地劳动保障监察、社保经办机构要积极发挥管理监督职能，督促建筑企业参加工伤保险，实行早期介入，共同做到建筑业参保扩面"无死角"。

第三，改进服务，进一步简化参保手续。适应按项目参保特点，最大限度缩短流程、简化手续，力争实现施工企业办理参保缴费备案当日办结，避免因办理项目参保而拖延施工许可证的申领，影响工程开工进度。有条件的地区，可以将建筑项目参保事项纳入政府行政审批大厅办理，或协调住建部门，在统筹地区住建部门行政办事场所设立工伤保险参保经办窗口，也可委托住建部门办理参保核定手续并开具缴费通知单，方便施工企业在办理施工许可等行政审批手续时"一站式"办结参保手续。

第四，提升效率，开设工伤认定和待遇支付绿色通道。适应建筑施工企业职工流动性大的特点，对于在工地内发生、事实清楚、当事双方无争议的案件实行"快认快结"，一般应当在10日内作出工伤认定的决定，可以开辟绿色通道，尽可能缩短劳动能力鉴定等待时限和待遇支付时限。有条件的地区对工伤认定后仍在医疗救治期间的职工特别是伤情较重人员，及时办理医疗费用联网实时结算手续，减轻施工企业和工伤职工的医疗费垫付压力。

第五，适应特点，完善按项目参保统计工作。建筑业按项目参加工伤保险，参保人数的统计有一定的复杂性。为适应建筑业按项目参保统计要求，各地在按照《关于规范建筑业按项目参加工伤保险统计方法的通知（试行）》（人社厅发〔2015〕159号）要求统计参保人数的同时，应根据开工项目数、在建项目数、参保项目数统计项目参保率，于每双月10日前将上两月项目参保率报送工伤保险司和社保中心（见附件），部里将定期通报各地工作进展。

第六，扩充系统，创新信息化服务水平。各地要按照《关于扩充社会保险管理信息系统功能支持建筑业按项目参加工伤保险工作的通知》（人社信息函〔2016〕17号）要求，扩充社会保险管理信息系统相关功能，支持建筑业按项目参加工伤保险，实现工伤保险参保登记、缴费、工伤认定、劳动能力鉴定等业务办理的全流程信息化。按照《关于加快推进社会保障卡应用的意见》（人社部发〔2014〕52号）要求，推进社会保障卡在建筑业工伤保险领域应用。加快推进全民参保计划的实施，建立完善全民参保登记数据库，通过信息比对、入户调查、资源共享、动态更新等措施，支持和促进按项目参保的人员管理。建立与住建、安监、工会等部门的信息交换机制，畅通信息共享渠道，共享项目用工、施工许可证发放、参保、安全生产管理等信息资源。

第七，加强宣传培训，提升工伤保险参保积极性和社会知晓度。要充分运用传统媒体、新媒体等手段，高密度开展建筑业从业人员特别是农民工喜闻乐见的宣传活动。要在建筑项目施工现场设立工伤保险政策及参保流程宣传栏，实现宣传全覆盖，确保全体进场农民工知晓"个人不缴费、项目全参保、干活要打卡、咨询找社保"。要联合住建、安监、工会等部门，对各类新建、在建项目的有关管理人员进行培训，提高按项目参加工伤保险的自觉性和主动性，杜绝因不清楚、不了解、不会办而影响参保工作。已开展工伤预防试点的地区，可使用工伤预防经费对宣传培训活动予以必要经费保障，其他地区应由同级人社部门作出经费安排。

第八，加强监督，有效防范和查处恶意骗保行为。在为建筑施工企业按项目参加工伤保险提供便捷、高效服务的同时，要加强管理监督工作，把住关键环节，做到快而不乱、便而不疏。对利用项目参保浑水摸鱼、造假骗保的行为，一经发现，要会同有关部门严肃处理、依法严惩。

做好建筑业工伤保险工作，是党中央、国务院对工伤保险工作提出的新要求，是当前社保扩面的重点任务。各地要在政策全面落地的基础上，加大力度，扎实有效推进建筑业按项目参加工伤保险工作全面落实。同时，应适时启动与交通运输、铁路、水利、能源等部门的沟通协调工作，尽早使这一惠民政策覆盖相关领域从业人员。

四、进一步做好建筑业工伤保险工作

根据《人力资源和社会保障部办公厅关于进一步做好建筑业工伤保险工作的通知》（人社厅函〔2017〕53号）的规定，建筑业工伤保险专项扩面行动——"同舟计划"实施两年来，各地人力资源和社会保障部门认真贯彻《关于进一步做好建筑业工伤保险工作的意见》（人社部发〔2014〕103号，以下简称《意见》），主动作为，扎实推进，建筑业按项目参加工伤保险工作取得显著成效。但工作中还存在亟待解决的突出问题，如工作进展不平衡，有12个省份新开工项目参保率低于全国平均水平；部分地区过于依赖行政强制力的集中推动，确保项目参保工作的长效机制还没有建立；交通运输、铁路、水利等相关行业建设项目参加工伤保险工作尚未启动等。为推动建立健全建筑业按项目参加工伤保险的长效工作机制，巩固建筑项目"先参保、再开工"政策成效，完成"同舟计划"确定的目标任务，现就进一步做好建筑业按项目参加工伤保险工作通知如下：

第一，进一步提高认识，增强做好建筑业工伤保险工作的责任感、紧迫感。党中央、国务院高度重视建筑业工人合法权益保护问题。近期，《国务院办公厅关于促进建筑业持续健康发展的意见》（国办发〔2017〕19号）再次强调，要"建立健全与建筑业相适应的社会保险参保缴费方式，大力推进建筑施工单位参加工伤保险。"这不仅是当前工伤保险扩面的中心任务，也是促进建筑业持续健康发展、保护建筑业工人合法权益的重要举措，各级人社部门要增强政治责任感和工作紧迫感，切实抓好工作落实，围绕项目参保模式积极推进政策创新和管理服务创新，着力建立健全建筑业按项目参保长效工作机制，同时，为灵活就业人员、分享经济等新业态从业人员的参保管理工作积累经验，奠定基础。

第二，进一步加强领导，推动形成更高水平、更高效率的部门协作机制。建筑业按项目参加工伤保险工作涉及多部门职责，需要多部门联动。各级人社部门要进一步发挥好牵头作用，会同有关部门加强和完善联席会议、联合督查、信息共享、定期会商等行之有效的部门协作机制。要联合有关部门，切实把握好政策关键点，在"项目参保证明作为保证工程安全施工的具体措施之一，不落实不予核发施工许可证"的问题上不开口子，不搞变通，守住政策底线。3月底前，请各地将省（区、市）一级部门协作机制建立、运行情况，书面报部工伤保险司备案。

第三，进一步强化督查通报，夯实项目参保长效工作机制。实践证明，督查、通报是推进项目参保工作的有效抓手，也是建立健全项目参保长效工作机制的关键措施。各地要进一步发挥督查对推进项目参保工作的作用，突出加强对工作进度慢、参保率回落较大地区的督查。4 月底前，请各地人社厅局将 2017 年度开展专项督查和会同有关部门开展联合督查的工作方案报部工伤保险司、社保中心备案。要进一步坚持和完善项目参保率定期调度通报制度，探索将新开工项目参保率纳入人社事业发展计划指标。4 月 10 日前，请各地将截至 3 月底的《建筑项目参保情况统计表》及省（区、市）内项目参保率定期调度通报制度建立情况报部工伤保险司、社保中心，之后逢单月 10 日前报送《建筑项目参保情况统计表》。

第四，进一步创新管理服务，推动实现从"要我参保"到"我要参保"的转变。建筑业按项目参加工伤保险，是适应建筑业用工特点做出的政策创新。在项目参保模式下，要高度重视管理服务创新，优化流程，减少环节，提高效率，逐步开辟绿色通道、专门窗口，提供一站式服务，逐步实现工伤医疗费用联网实时结算。借鉴商业保险管理经验，创新人性化服务内容，进一步提升工伤保险在为参保企业、项目和工伤职工服务上的便捷性和可及性。

第四节　工伤预防费使用管理与工伤保险基金省级统筹

一、工伤预防费使用管理

根据《工伤预防费使用管理暂行办法》（以下简称《办法》）（人社部规〔2017〕13 号）的规定，为更好地保障职工的生命安全和健康，促进用人单位做好工伤预防工作，降低工伤事故伤害和职业病的发生率，规范工伤预防费的使用和管理，根据《社会保险法》《工伤保险条例》及相关规定，制定本《办法》。

本《办法》所称工伤预防费是指统筹地区工伤保险基金中依法用于开展工伤预防工作的费用。工伤预防费使用管理工作由统筹地区人力资源和社会保障行政部门会同财政、卫生计生、安全监管行政部门按照各自职责做好相关工作。

工伤预防费用于下列项目的支出：

（1）工伤事故和职业病预防宣传。

（2）工伤事故和职业病预防培训。

在保证工伤保险待遇支付能力和储备金留存的前提下，工伤预防费的使用原则上不得超过统筹地区上年度工伤保险基金征缴收入的3%。因工伤预防工作需要，经省级人力资源和社会保障部门和财政部门同意，可以适当提高工伤预防费的使用比例。

工伤预防费使用实行预算管理。统筹地区社会保险经办机构按照上年度预算执行情况，根据工伤预防工作需要，将工伤预防费列入下一年度工伤保险基金支出预算。具体预算编制按照预算法和社会保险基金预算有关规定执行。

统筹地区人力资源和社会保障部门应会同财政、卫生计生、安全监管部门以及本辖区内负有安全生产监督管理职责的部门，根据工伤事故伤害、职业病高发的行业、企业、工种、岗位等情况，统筹确定工伤预防的重点领域，并通过适当方式告知社会。

统筹地区行业协会和大中型企业等社会组织根据本地区确定的工伤预防重点领域，于每年工伤保险基金预算编制前提出下一年拟开展的工伤预防项目，编制项目实施方案和绩效目标，向统筹地区的人力资源和社会保障行政部门申报。统筹地区人力资源和社会保障部门会同财政、卫生计生、安全监管等部门，根据项目申报情况，结合本地区工伤预防重点领域和工伤保险等工作重点，以及下一年工伤预防费预算编制情况，统筹考虑工伤预防项目的轻重缓急，于每年10月底前确定纳入下一年度的工伤预防项目并向社会公开。列入计划的工伤预防项目实施周期最长不超过2年。

纳入年度计划的工伤预防实施项目，原则上由提出项目的行业协会和大中型企业等社会组织负责组织实施。行业协会和大中型企业等社会组织根据项目实际情况，可直接实施或委托第三方机构实施。直接实施的，应当与社会保险经办机构签订服务协议。委托第三方机构实施的，应当参照政府采购法和招投标法规定的程序，选择具备相应条件的社会、经济组织以及医疗卫生机构提供工伤预防服务，并与其签订服务合同，明确双方的权利义务。服务协议、服务合同应报统筹地区人力资源和社会保障部门备案。面向社会和中小微企业的工伤预防项目，可由人力资源和社会保障、卫生计生、安全监管部门参照政府采购法等相关规定，从具备相应条件的社会、经济组织以及医疗卫生机构中选择提供工伤预防服务的机构，推动组织项目实施。参照政府采购法实施的工伤预防项目，其费用低于采购限额标准的，可协议确定服务机构。具体办法由人力资源和社会保障部门会同有关部门确定。

提供工伤预防服务的机构应遵守《社会保险法》《工伤保险条例》以及相关法律法规的规定，并具备以下基本条件：

（1）具备相应条件，且从事相关宣传、培训业务 2 年以上并具有良好市场信誉。

（2）具备相应的实施工伤预防项目的专业人员。

（3）有相应的硬件设施和技术手段。

（4）依法应具备的其他条件。

对确定实施的工伤预防项目，统筹地区社会保险经办机构可以根据服务协议或者服务合同的约定，向具体实施工伤预防项目的组织支付 30%-70% 预付款。项目实施过程中，提出项目的单位应及时跟踪项目实施进展情况，保证项目有效进行。对于行业协会和大中型企业等社会组织直接实施的项目，由人力资源和社会保障部门组织第三方中介机构或聘请相关专家对项目实施情况和绩效目标实现情况进行评估验收，形成评估验收报告；对于委托第三方机构实施的，由提出项目的单位或部门通过适当方式组织评估验收，评估验收报告报人力资源和社会保障部门备案。评估验收报告作为开展下一年度项目重要依据。评估验收合格后，由社会保险经办机构支付余款。具体程序按社会保险基金财务制度、工伤保险业务经办管理等规定执行。

社会保险经办机构要定期向社会公布工伤预防项目实施情况和工伤预防费用使用情况，接受参保单位和社会各界的监督。

工伤预防费按本办法规定使用，违反本办法规定使用的，对相关责任人参照《社会保险法》《工伤保险条例》等法律法规的规定处理。

工伤预防服务机构提供的服务不符合法律和合同规定、服务质量不高的，三年内不得从事工伤预防项目。工伤预防服务机构存在欺诈、骗取工伤保险基金行为的，按照有关法律法规等规定进行处理。

统筹地区人力资源和社会保障、卫生计生、安全监管等部门应分别对工作场所工伤发生情况、职业病报告情况和安全事故情况进行分析，定期相互通报基本情况。

各省、自治区、直辖市人力资源和社会保障行政部门可以结合本地区实际，会同财政、卫生计生和安全监管等行政部门制定具体实施办法。

企业规模的划分标准按照工业和信息化部、国家统计局、国家发展改革委、财政部《关于印发中小企业划型标准规定的通知》（工信部联企业〔2011〕300号）执行。

二、开展工伤保险基金省级统筹工作

根据《人力资源和社会保障部 财政部关于工伤保险基金省级统筹的指导意见》（人社部发〔2017〕60号）的规定，实行基金省级统筹是工伤保险制度体系建设的重要举措，是推进工伤保险制度公平可持续发展的必然要求，对提高基金使用效率、增强保障能力具有重要意义。

（一）指导思想和基本原则

（1）指导思想。全面贯彻党的十八大和十八届三中、四中、五中、六中全会精神，深入贯彻习近平总书记系列重要讲话精神和治国理政新理念新思想新战略，紧紧围绕统筹推进"五位一体"总体布局和协调推进"四个全面"战略布局，坚持以人民为中心的发展思想，落实社会保险法和《工伤保险条例》，以更好保障工伤职工合法权益为出发点，以促进工伤保险制度更加公平、更可持续为落脚点，逐步建立规范、高效的工伤保险基金省级统筹管理体系。

（2）基本原则。坚持制度统一，分级管理，提高工伤保险服务水平；坚持职责明晰，强化考核，确保省级统筹有效运行；坚持统调结合，缺口分担，建立基金管理良性机制；坚持目标明确，分步实施，推进工伤保险健康发展。

（二）主要内容

实行省级统筹，要求在省（区、市）内统一工伤保险参保范围和参保对象，统一工伤保险费率政策和缴费标准，统一工伤认定和劳动能力鉴定办法，统一工伤保险待遇支付标准，统一工伤保险经办流程和信息系统。

在基金管理上，有条件的省（区、市）可以实行基金统收统支管理；不具备条件的省（区、市）也可以在省级建立调剂金，由市（地）按照一定的规则和比例上解到省级社保基金财政专户集中管理，用于调剂解决各市（地）工伤保险基金支出缺口。

（三）保障措施

（1）做好政策标准平稳衔接。实行省级统筹，全省（区、市）统一工伤保险各项政策及待遇标准，要统筹考虑各地经济发展水平差异、待遇计发基数变化情况，采取过渡办法，逐步实现待遇平衡。在行业费率调整方面，应按照平稳有序的原则，逐步调整到位，避免基金征缴和支付大幅波动，确保工伤保险制度平稳运行。

（2）明确各级责权划分。实行省级统筹，要明确各级在管理上的主体责任，坚持"以支定收，收支平衡"的原则，完善基金预算管理，健全基金征缴责任制和考核指标，建立职、权、责约束机制和基金缺口分担机制。各市（地）要强化基金征缴主体责任，严格执行基金支出范围和标准，根据《工伤保险条例》的规定，加强工伤认定、劳动能力鉴定管理，规范、优化流程，提高工作质量。地方各级财政要切实保证工伤认定调查必要的经费支出。

（3）加强基金管理使用。各省（区、市）要切实加强工伤保险基金管理，按《工伤保险条例》要求建立储备金。实行省级统收统支管理的省份，在处理各市（地）原结余基金时，可根据地方实际，采取不同时期结余基金分别上解、分步实施等方法。实行省级调剂金管理的省份，要结合本地实际确定合理的调剂金上解比例。建立省级调剂金后，各市（地）不再建立储备金和调剂金，原各市（地）自行筹集并建立的储备金、调剂金纳入本地基金结余，如当年出现基金缺口的，应按照动用本地区累计结余、省级调剂金的先后顺序解决。省级调剂金具体使用和管理办法由各省（区、市）制定。各省（区、市）应按照"以支定收、收支平衡"的原则和《工伤保险条例》相关规定及时调整缴费费率。

（4）做好信息系统的整合。各省（区、市）要依托"金保工程"整合现有资源，建立支持省级统筹的社会保险信息系统，提供工伤认定、劳动能力鉴定申报、参保权益信息查询、经办管理等网上服务，支持工伤医疗费即时结算。实现省、市、县三级管理部门信息的纵向互联，与银行、医疗和康复等机构的横向互通，与财政、住建、安监、工会等部门的信息共享，实现工伤保险业务运行、医疗费监控、基金监督、管理决策的信息化。

（四）工作要求

（1）高度重视，加强领导。实行省级统筹，关系工伤保险制度的公平可持续发展，是社会保险制度建设的重要内容。各省（区、市）人力资源和社会保障厅（局）要切实加强组织领导，根据需要成立由分管厅（局）领导担任组长的领导小组，制定专门工作方案，明确任务要求和进度安排，确保在2020年底全面实现省级统筹。成立领导小组情况及专门工作方案应于10月底前报人力资源和社会保障部备案。

（2）周密部署，平稳实施。实施省级统筹，政策性强，涉及面广，各省（区、市）务必作出周密、细致的工作部署，确保实施工作平稳有序。已经实施省级统筹的省（区、市）要以本指导意见下发为契机，主动对标对表，一揽子解决工作中遇到的问题。

（3）加强宣传，引导舆论。实行省级统筹，要在政策风险评估的基础上，同步对宣传和舆论引导工作作出部署安排，加强针对性宣传，为省级统筹的平稳实施营造良好舆论氛围。

三、加快推进工伤保险基金省级统筹工作

根据《人力资源和社会保障部办公厅关于加快推进工伤保险基金省级统筹工作的通知》（人社厅函〔2019〕164号）的规定，《人力资源和社会保障部财政部关于工伤保险基金省级统筹的指导意见》（人社部发〔2017〕60号，以下简称《指导意见》）印发以来，各地人力资源和社会保障部门高度重视，在深入调研的基础上及时制定实施方案，明确任务要求和进度安排，多数省份工作已取得积极进展和成效。但也有一些省份思想认识不够到位，工作推进相对缓慢，离2020年实现省级统筹的目标还有不小的差距。2019年1月，中央脱贫攻坚专项巡视明确将"部分地区农民工工伤保险目前只能做到市级统筹"列入整改问题之一。为落实巡视整改要求，加快推进工伤保险基金省级

统筹工作，现就有关问题通知如下。

（一）进一步提高政治站位

推进工伤保险基金省级统筹是贯彻党的十九大精神、完善工伤保险制度的重要举措，是一场系统性、深层次的重大改革；是落实中央脱贫攻坚专项巡视整改的重要政治任务和政治责任，是树牢"四个意识"、坚定"四个自信"、坚决做到"两个维护"的重要体现；是坚持以人民为中心发展思想、更好保障工伤职工权益，提高基金共济能力和使用效率，推动工伤保险事业高质量发展的必然要求。各地人力资源和社会保障部门要进一步提高政治站位，充分认清推进省级统筹工作的重要意义，切实增强责任感、使命感和紧迫感，主动担当作为，加大工作力度，确保2020年底前全部实现工伤保险基金省级统筹工作目标。

（二）进一步明确政策要求

推进工伤保险基金省级统筹，核心是工伤保险基金在全省（区、市）范围内统筹调剂使用，基础是统一参保缴费、待遇支付等政策标准和规范工伤认定、劳动能力鉴定、工伤预防、工伤医疗和工伤康复等管理服务，难点在打破原有的管理模式和利益格局，关键要明确各级职责分担、建立激励约束机制。同时，全面推进工伤保险信息化建设，建成省级集中的社会保险信息系统，为实现省级统筹提供必要支撑。

要切实加强基金管理，实行全省（区、市）基金收支预算管理制度，加快提升基金预算编制水平，支持有条件的省份实行基金统收统支管理，稳妥处理各市（地）原基金结余；目前暂不具备条件的省份可以先在省级建立调剂金，由市（地）按照一定规则和比例将基金上解到省级社保财政专户集中管理，用于调剂解决各市（地）工伤保险基金支出缺口。

各地要认真研判推进省级统筹中可能出现的风险，立足各地经济发展水平差异等情况，按照平稳有序、逐步过渡的原则，扎实做好待遇支付、行业费率等政策标准平稳衔接，确保工伤保险制度平稳运行。

（三）进一步优化管理服务

实行省级统筹是优化管理服务、加快信息化建设的有力抓手。各地人力资源和社会保障部门要以推进省级统筹为契机，梳理经办管理、服务效能和信息化建设方面存在的问题，认真落实"放管服"改革和行风建设要求，统一业务规程和推动业务流程再造，在办事手续和流程上做减法，在提升服务和监管上做加法，持续推进基本公共服务均等化，努力提高管理服务效能。要以推进社会保险等信息系统省级集中整合建设为抓手，加快推动工伤认定、劳动能力鉴定、工伤保险业务经办一体化建设，全面开展协议机构联网直接结算，强化数据分析、公共服务、社会保障卡应用，尽快实现工伤保险信息化建设目标，为工伤保险决策科学化、管理精准化、服务人本化提供有力支撑。要强化顶层设计和整体谋划，打造适应新形势新任务的工伤保险经办管理服务体系，加强专业化队伍建设，确保各项工伤待遇足额、及时发放，确保不发生系统性风险。

（四）进一步加快工作进度

工伤保险基金实现省级统筹是一项必须完成的硬任务。推进这项工作，比认识更重要的是决心，比方法更重要的是担当。已经基本实现省级统筹的省份，应主动对标对表《指导意见》，及时研究解决工作中遇到的问题，尤其要重点关注市（地）以下责任意愿减弱、工作质量下降等问题，在推进"基金上统、管理下沉"上拿出管用的实招硬招。尚未实现省级统筹的省份，应倒排工期、加快进度，在深入调研基础上抓紧制定完善实施意见，尤其要抓住本地区实行省级统筹的突出问题和关键环节，找出体制机制症结和短板，明确工作重点，拿出解决办法。各地省级统筹实施意见应于 2019 年年底前报人力资源和社会保障部备案。我部将根据各地情况适时组织调研、验收等工作。对工作进展缓慢的，我部将通过函询、约谈等方式进行督办。

（五）进一步加强组织领导

推进工伤保险省级统筹是一项系统工程。各地人力资源和社会保障部门要切实加强组织领导，完善工作机制，注重统筹协调，强化上下联动，形成工作合力，确保改革举措落地生根。要明确各级人力资源和社会保障部门在管理上的主体责任，科学制定实行省级统筹的各项管理办法，健全省级统筹考核指标，强化考核结果运用，把"基金上统，管理下沉"落到实处。要加强经办内控和基金监督，落实责任，落实措施，做好基金管理风险防控工作。要切实加强宣传引导，通过形式多样的宣传工作，把目标任务讲清楚，把工作要求讲清楚，把确保不影响待遇支付讲清楚，争取各方面的理解和支持，为推进改革营造良好的氛围。

第五节　工伤保险司法解释与典型案例

一、工伤保险司法解释

根据《最高人民法院关于审理工伤保险行政案件若干问题的规定》（2014年4月21日最高人民法院审判委员会第1613次会议通过，法释〔2014〕9号，以下简称《规定》）的规定，为正确审理工伤保险行政案件，根据《中华人民共和国社会保险法》《中华人民共和国劳动法》《中华人民共和国行政诉讼法》《工伤保险条例》及其他有关法律、行政法规规定，结合行政审判实际，制定本《规定》。

人民法院审理工伤认定行政案件，在认定是否存在《工伤保险条例》第十四条第（六）项"本人主要责任"、第十六条第（二）项"醉酒或者吸毒"和第十六条第（三）项"自残或者自杀"等情形时，应当以有权机构出具的事故责任认定书、结论性意见和人民法院生效裁判等法律文书为依据，但有相反证据足以推翻事故责任认定书和结论性意见的除外。前述法律文书不存在或者内容不明确，社会保险行政部门就前款事实作出认定的，人民法院应当结合其提供的相关证据依法进行审查。《工伤保险条例》第十六条第（一）项"故意犯罪"的认定，应当以刑事侦查机关、检察机关和审判机关的生效法律文书或者结论性意见为依据。

人民法院受理工伤认定行政案件后，发现原告或者第三人在提起行政诉讼前已经就是否存在劳动关系申请劳动仲裁或者提起民事诉讼的，应当中止行政案件的审理。

社会保险行政部门认定下列单位为承担工伤保险责任单位的，人民法院应予支持：

（1）职工与两个或两个以上单位建立劳动关系，工伤事故发生时，职工为之工作的单位为承担工伤保险责任的单位。

（2）劳务派遣单位派遣的职工在用工单位工作期间因工伤亡的，派遣单位为承担工伤保险责任的单位。

（3）单位指派到其他单位工作的职工因工伤亡的，指派单位为承担工伤保险责任的单位。

（4）用工单位违反法律、法规规定将承包业务转包给不具备用工主体资格的组织或者自然人，该组织或者自然人聘用的职工从事承包业务时因工伤亡的，用工单位为承担工伤保险责任的单位。

（5）个人挂靠其他单位对外经营，其聘用的人员因工伤亡的，被挂靠单位为承担工伤保险责任的单位。

上述第（4）、（5）项明确的承担工伤保险责任的单位承担赔偿责任或者社会保险经办机构从工伤保险基金支付工伤保险待遇后，有权向相关组织、单位和个人追偿。

社会保险行政部门认定下列情形为工伤的，人民法院应予支持：

（1）职工在工作时间和工作场所内受到伤害，用人单位或者社会保险行政部门没有证据证明是非工作原因导致的。

（2）职工参加用人单位组织或者受用人单位指派参加其他单位组织的活动受到伤害的。

（3）在工作时间内，职工来往于多个与其工作职责相关的工作场所之间的合理区域因工受到伤害的。

（4）其他与履行工作职责相关，在工作时间及合理区域内受到伤害的。

社会保险行政部门认定下列情形为"因工外出期间"的，人民法院应予支持：

（1）职工受用人单位指派或者因工作需要在工作场所以外从事与工作职责有关的活动期间。

（2）职工受用人单位指派外出学习或者开会期间。

（3）职工因工作需要的其他外出活动期间。

职工因工外出期间从事与工作或者受用人单位指派外出学习、开会无关的个人活动受到伤害，社会保险行政部门不认定为工伤的，人民法院应予支持。

对社会保险行政部门认定下列情形为"上下班途中"的，人民法院应予支持：

（1）在合理时间内往返于工作地与住所地、经常居住地、单位宿舍的合理路线的上下班途中。

（2）在合理时间内往返于工作地与配偶、父母、子女居住地的合理路线的上下班途中。

（3）从事属于日常工作生活所需要的活动，且在合理时间和合理路线的上下班途中。

（4）在合理时间内其他合理路线的上下班途中。

由于不属于职工或者其近亲属自身原因超过工伤认定申请期限的，被耽误的时间不计算在工伤认定申请期限内。

有下列情形之一耽误申请时间的，应当认定为不属于职工或者其近亲属自身原因：

（1）不可抗力。

（2）人身自由受到限制。

（3）属于用人单位原因。

（4）社会保险行政部门登记制度不完善。

（5）当事人对是否存在劳动关系申请仲裁、提起民事诉讼。

职工因第三人的原因受到伤害，社会保险行政部门以职工或者其近亲属已经对第三人提起民事诉讼或者获得民事赔偿为由，作出不予受理工伤认定申请或者不予认定工伤决定的，人民法院不予支持。

职工因第三人的原因受到伤害，社会保险行政部门已经作出工伤认定，职工或者其近亲属未对第三人提起民事诉讼或者尚未获得民事赔偿，起诉要求社会保险经办机构支付工伤保险待遇的，人民法院应予支持。

职工因第三人的原因导致工伤，社会保险经办机构以职工或者其近亲属已经对第三人提起民事诉讼为由，拒绝支付工伤保险待遇的，人民法院不予支持，但第三人已经支付的医疗费用除外。

因工伤认定申请人或者用人单位隐瞒有关情况或者提供虚假材料，导致工伤认定错误的，社会保险行政部门可以在诉讼中依法予以更正。

工伤认定依法更正后，原告不申请撤诉，社会保险行政部门在作出原工伤认定时有过错的，人民法院应当判决确认违法；社会保险行政部门无过错的，人民法院可以驳回原告诉讼请求。

最高人民法院以前颁布的司法解释与本《规定》不一致的，以本《规定》为准。

二、工伤保险典型案例

（一）张成兵与上海市松江区人力资源和社会保障局工伤认定行政上诉案

用工单位违反法律、法规规定将承包业务转包或者发包给不具备用工主体资格的组织或者自然人，该组织或者自然人聘用的职工因工伤亡的，用工单位为承担工伤保险责任的单位。

1. 基本案情

南通六建公司系国基电子（上海）有限公司 A7 厂房工程的承包人，其以《油漆承揽合同》的形式将油漆工程分包给自然人李某某，约定李某某所雇人员应当接受南通六建公司管理。李某某又将部分油漆工程转包给自然人王某某，王某某招用张成兵进行油漆施工。李某某和王某某均无用工主体资格，也无承揽油漆工程的相应资质。2008 年 3 月 10 日，张成兵在进行油漆施工中不慎受伤。11 月 10 日，松江区劳动仲裁委员会裁决确定张成兵与南通六建公司之间存在劳动关系，但该裁决书未送达南通六建公司。12 月 29 日，张成兵提出工伤认定申请，并提交了劳动仲裁裁决书。上海市松江区人力资源和社会保障局立案审查后，认为张成兵受伤符合工伤认定条件，且南通六建公司经告知，未就张成兵所受伤害是否应被认定为工伤进行举证。上海市松江区人力资源和社会保障局遂于 2009 年 2 月 19 日认定张成兵受伤为工伤。南通六建公司不服，经复议未果，遂起诉请求撤销上海市松江区人力资源和社会保障局作出的工伤认定。

2. 法院审判

经上海市松江区人民法院一审，上海市第一中级人民法院二审认为，根据《劳动和社会保障部关于确立劳动关系有关事项的通知》（劳社部发〔2005〕12 号）第四条规定，建筑施工、矿山企业等用人单位将工程（业务）

或经营权发包给不具备用工主体资格的组织或自然人，对该组织或自然人招用的劳动者，由具备用工主体资格的发包方承担用工主体责任。本案中，南通六建公司作为建筑施工单位将油漆工程发包给无用工主体资格的自然人李某某，约定李某某所雇用的人员应服从南通六建公司管理。后李某某又将部分油漆工程再发包给王某某，并由王某某招用了上诉人张成兵进行油漆施工。上海市松江区人力资源和社会保障局依据上述规定及事实认定上诉人与被上诉人具有劳动关系的理由成立。根据《工伤保险条例》规定，张成兵在江苏南通六建建设集团有限公司承建的厂房建设项目中进行油漆施工不慎受到事故伤害，属于工伤认定范围。据此，维持上海市松江区人力资源和社会保障局作出被诉工伤认定的具体行政行为。

（二）孙立兴诉天津新技术产业园区劳动局工伤认定行政案

工作原因、工作场所的认定应当考虑是否与履行工作职责相关，是否在合理区域内受到伤害的。

1. 基本案情

孙立兴系中力公司员工，2003 年 6 月 10 日上午受中力公司负责人指派去北京机场接人。其从中力公司所在天津市南开区华苑产业园区国际商业中心（以下简称商业中心）八楼下楼，欲到商业中心院内开车，当行至一楼门口台阶处时，孙立兴脚下一滑，从四层台阶处摔倒在地面上，经医院诊断为颈髓过伸位损伤合并颈部神经根牵拉伤、上唇挫裂伤、左手臂擦伤、左腿皮擦伤。孙立兴向园区劳动局提出工伤认定申请，园区劳动局于 2004 年 3 月 5 日作出《工伤认定决定书》，认为没有证据表明孙立兴的摔伤事故是在工作场所、基于工作原因造成的，决定不认定为工伤。

2. 法院审判

经天津市第一中级人民法院一审，天津市高级人民法院二审认为，该案焦点问题是孙立兴摔伤地点是否属于工作场所和工作原因。《工伤保险条例》

规定，职工在工作时间和工作场所内，因工作原因受到事故伤害，应当认定为工伤。该规定中的"工作场所"，指职工从事职业活动的场所，在有多个工作场所的情形下，还应包括职工来往于多个工作场所之间的必经区域。本案中，位于商业中心八楼的中力公司办公室，是孙立兴的工作场所，而其完成去机场接人的工作任务需驾驶的汽车，是其另一处工作场所。汽车停在商业中心一楼的门外，孙立兴要完成开车任务，必须从商业中心八楼下到一楼门外停车处，故从商业中心八楼到停车处是孙立兴来往于两个工作场所之间的必经的区域，应当认定为工作场所。园区劳动局认为孙立兴摔伤地点不属于其工作场所，将完成工作任务的必经之路排除在工作场所之外，既不符合立法本意，也有悖于生活常识。孙立兴为完成开车接人的工作任务，从位于商业中心八楼的中力公司办公室下到一楼，并在一楼门口台阶处摔伤，系为完成工作任务所致。上诉人园区劳动局以孙立兴不是开车时受伤为由，认为孙立兴不属于"因工作原因"摔伤，理由不能成立。故判决撤销被告园区劳动局所作的《工伤认定决定书》，限其在判决生效后 60 日内重新作出具体行政行为。

（三）何培祥诉江苏省新沂市劳动和社会保障局工伤认定行政案

1. 基本案情

原告何培祥系原北沟镇石涧小学教师，2006 年 12 月 22 日上午，原告被石涧小学安排到新沂城西小学听课，中午在新沂市区就餐。因石涧小学及原告居住地到城西小学无直达公交车，原告采取骑摩托车、坐公交车、步行相结合方式往返。下午 3 时 40 分左右，石涧小学邢汉民、何继强、周恩宇等开车经过石涧村大陈庄水泥路时，发现何培祥骑摩托车摔倒在距离石涧小学约二三百米的水泥路旁，随即送往医院抢救治疗。12 月 27 日，原告所在单位就何培祥的此次伤害事故向被告江苏省新沂市劳动和社会保障局提出工伤认定申请，后因故撤回。2007 年 6 月，原告就此次事故伤害直接向被告提出工伤认定申请。经历了二次工伤认定，二次复议，二次诉讼后，被告于2009年12月26日作出《职工工伤认定》，认定何培祥所受机动车事故伤害虽发生在上下班的合理路线上，但不是在上下班的合理时间内，不属于上下班途中，不认定为工伤。原告不服，向新沂市人民政府申请复议，复议机关作出复议决定，维持了被告作出的工伤认定决定。之后，原告诉至法院，请求撤销被告作出的工伤认定决定。

2. 法院审判

经江苏省新沂市人民法院一审，徐州市中级人民法院二审认为，上下班途中的"合理时间"与"合理路线"，是两种相互联系的认定属于上下班途中受机动车事故伤害情形的必不可少的时空概念，不应割裂开来。结合本案，何培祥在上午听课及中午就餐结束后返校的途中骑摩托车摔伤，其返校上班目的明确，应认定为合理时间。故判决撤销被告新沂市劳动和社会保障局作出的《职工工伤认定》；责令被告在判决生效之日起六十日内就何培祥的工伤认定申请重新作出决定。

（四）邹政贤诉广东省佛山市禅城区劳动和社会保障局工伤认定行政案

由于不属于职工或者其近亲属自身原因超过工伤认定申请期限的，被耽误的时间不计算在工伤认定申请期限内。

1. 基本案情

宏达豪纺织公司系经依法核准登记设立的企业法人，其住所位于被告广东省佛山市禅城区劳动和社会保障局辖区内。邓尚艳与宏达豪纺织公司存在事实劳动关系。2006年4月24日邓尚艳在宏达豪纺织公司擅自增设的经营场所内，操作机器时左手中指被机器压伤，经医院诊断为"左中指中节闭合性骨折、软组织挫伤、仲腱断裂"。7月28日邓尚艳在不知情的情况下向被告申请工伤认定时，列"宏达豪纺织厂"为用人单位。被告以"宏达豪纺织厂"不具有用工主体资格、不能与劳动者形成劳动关系为由不予受理其工伤认定申请。邓尚艳后通过民事诉讼途径最终确认与其存在事实劳动关系的用人单位是宏达豪纺织公司。2008 年 1 月 16 日，邓尚艳以宏达豪纺织公司为用人单位向被告申请工伤认定，被告于 1 月 28 日作出《工伤认定决定书》，认定邓尚艳于 2006 年 4 月 24 日所受到的伤害为工伤。2008 年 3 月 24 日，宏达豪纺织公司经工商行政管理部门核准注销。邹政贤作为原宏达豪纺织公司的法定代表人于 2009 年 3 月 10 日收到该《工伤认定决定书》后不服，向佛山市劳动和社会保障局申请行政复议，复议机关维持该工伤认定决定。邹政贤仍不服，向佛山市禅城区人民法院提起行政诉讼。广东省佛山市禅城区人民法院判决维持被告作出的《工伤认定决定书》。宣判后，邹政贤不服，向广东省佛山市中级人民法院提起上诉。

2. 法院审判

法院经审理认为，因宏达豪纺织公司未经依法登记即擅自增设营业点从事经营活动，故 2006 年 7 月 28 日邓尚艳在不知情的情况下向禅城劳动局申请工伤认定时，错列"宏达豪纺织厂"为用人单位并不存在主观过错。另外，邓尚艳在禅城劳动局以"宏达豪纺织厂"不具有用工主体资格、不能与劳动者形成劳动关系为由不予受理其工伤认定申请并建议邓尚艳通过民事诉讼途径解决后，才由生效民事判决最终确认与其存在事实劳动关系的用人单位是宏达豪纺织公司。故禅城劳动局 2008 年 1 月 16 日收到邓尚艳以宏达豪纺织公司为用人单位的工伤认定申请后，从《工伤保险条例》切实保护劳动者合法权益的立法目的考量，认定邓尚艳已在 1 年的法定申请时效内提出过工伤认定申请，是因存在不能归责于其本人的原因而导致其维护合法权益的时间被拖长，受理其申请并作出是工伤的认定决定，程序并无不当。被告根据其认定的事实，适用法规正确。依照行政诉讼法的规定，判决维持被告作出的《工伤认定决定书》。

（五）冉某某与重庆某建筑劳务有限责任公司工伤保险待遇纠纷案

"超龄人员"因工受伤且被评定为五至十级伤残的，用人单位应当参照《工伤保险条例》的有关规定向其支付包括一次性工伤医疗补助金在内的工伤保险待遇，但不支付一次性伤残就业补助金。

1. 基本案情

某建设公司将其承包的重庆市弹子石中学校置换迁建工程劳务分包给某劳务公司，冉某某在上述工地上从事木工工作。2018 年 10 月 9 日，冉某某在工地顶模板板面搬运材料时踩滑，从模板板面跌落至负一层受伤。伤后冉某某被送往医院住院治疗。冉某某受伤时已满 63 周岁，未享受基本养老保险待遇。2019 年 3 月 11 日，重庆市南岸区人力资源和社会保障局作出《认定工伤决定书》，认定冉某某于 2018 年 10 月 9 日受到的伤害为工伤。2019 年 5 月 5 日，重庆市南岸区劳动能力鉴定委员会出具鉴定结论书，认定冉某某伤残等级为拾级，无生活自理障碍。冉某某经仲裁后提起诉讼，请求某劳务公司支付其工伤保险待遇。

2. 法院审判

用人单位使用超过法定退休年龄但未办理退休、未享受基本养老保险待遇的劳动者在工作中受到事故伤害，经社会保险行政部门受理后认定用人单位承担工伤主体责任，由用人单位承担赔偿责任，可参照《工伤保险条例》有关规定一次性赔偿。冉某某受伤时已达到法定退休年龄且未享受基本养老保险待遇，经重庆市南岸区人力资源和社会保障局认定为工伤，因此某劳务公司应参照《工伤保险条例》的规定赔偿冉某某一次性伤残补助金、一次性工伤医疗补助金、住院伙食补助费、交通费等工伤保险待遇，但因冉某某已达到法定退休年龄，不应享受一次性伤残就业补助金。人民法院遂判决某劳务公司支付冉某某一次性伤残补助金、一次性工伤医疗补助金、住院伙食补助费、交通费等工伤保险待遇 13 628 元。

（六）唐某乙、唐某丙、万某、王某与廖某、重庆某电镀公司工伤保险待遇纠纷案

企业在设立过程中招用的劳动者因工伤亡的，由设立后的企业承担工伤保险待遇赔偿责任。

1. 基本案情

2018年2月，唐某甲经廖某招用至筹建中的某电镀公司从事杂工工作。唐某甲与廖某约定每天工资100元，按月领取。2018年4月10日12时许，唐某甲与其他工友共同乘坐李某驾驶的轻型厢式货车，返回廖某提供的宿舍休息就餐，车辆行驶中唐某甲从车厢内跌落至道路上，致唐某甲当场死亡。经交警部门认定，李某负事故全部责任。某电镀公司于2018年6月1日通过企业名称网上预先核准，于2018年6月7日领取营业执照。事故发生后，廖某以丧葬费名义向唐某甲的近亲属唐某乙、唐某丙、万某、王某垫付了10万元。后唐某乙、唐某丙、万某、王某提起诉讼，请求某电镀公司、廖某共同支付一次性赔偿金、丧葬补助等其他赔偿金合计991 880元。

2. 法院审判

《民法总则》第七十五条第一款规定，设立人为设立法人从事的民事活动，其法律后果由法人承受；法人未成立的，其法律后果由设立人承受，设立人为二人以上的，享有连带债权，承担连带债务。《工伤保险条例》第六十六条规定，无营业执照或者未经依法登记、备案的单位以及被依法吊销营业执照或者撤销登记、备案的单位的职工受到事故伤害或者患职业病的，由该单位向伤残职工或者死亡职工的近亲属给予一次性赔偿，赔偿标准不得低于本条例规定的工伤保险待遇。《非法用工单位伤亡人员一次性赔偿办法》第二条规定，本办法所称非法用工单位伤亡人员，是指无营业执照或者未经依法登记、备案的单位以及被依法吊销营业执照或者撤销登记、备案的单位受到事故伤害或者患职业病的职工，或者用人单位使用童工造成的伤残、死

亡童工。前款所列单位必须按照本办法的规定向伤残职工或者死亡职工的近亲属、伤残童工或者死亡童工的近亲属给予一次性赔偿。从上述规定可以看出，廖某在设立某电镀公司的过程中招用的唐某从事相关工作，符合上述规定的非法用工情形。根据上述规定，廖某在设立某电镀公司的过程中招用唐某甲并导致唐某甲死亡，应由设立后的某电镀公司承担赔偿责任，而不应由廖某承担赔偿责任。一审法院判令廖某向唐某乙、唐某丙、万某、王某支付一次性赔偿金、丧葬补助等其他赔偿金不当，二审法院改判由某电镀公司向唐某乙、唐某丙、万某、王某支付一次性赔偿金、丧葬补助等其他赔偿金。

（七）劳动者可请求撤销显失公平的工伤待遇和解协议

劳动者在与用人单位达成调解协议后被认定工伤及评定伤残等级，调解协议具有可撤销情形的，劳动者可在撤销调解协议后主张相关工伤保险待遇。

1. 基本案情

陈某系江苏某建筑公司木工，建筑公司未给陈某缴纳工伤保险。2015年1月1日，陈某在工作中不慎被钢管砸伤脚部。2015年12月4日，经派出所调解，建筑公司支付陈某赔偿款28 000元。2016年12月26日，陈某受到的伤害被认定为工伤。2017年3月14日，经苏州市劳动能力鉴定委员会鉴定，陈某的伤残等级为拾级。2017年10月27日，江苏省劳动能力鉴定委员会出具通知书，再次鉴定陈某的伤残程度为拾级。后陈某向建筑公司主张法定工伤保险待遇，建筑公司不予支付。陈某遂申请仲裁，请求裁令建筑公司支付法定工伤保险待遇。仲裁委支持陈某的仲裁申请。建筑公司不服，诉至法院。

2. 法院审判

法院认为，虽然双方就工伤事宜签订了调解协议，但赔偿事宜的协商系在工伤认定及伤残等级鉴定作出之前，陈某的法定赔偿额为76 134.9元，远超双方约定的28 000元，故该调解协议对陈某而言是显失公平的，符合可撤销情形。陈某在法定期限内申请仲裁，要求建筑公司按法定标准支付工伤保险待遇，可视为陈某主张了撤销权，故建筑公司应重新按法定标准向陈某支付工伤保险待遇。

3. 案例分析

当事人就工伤保险待遇达成的调解协议，其内容并非对是劳动关系存续期间劳动权利义务的约定，亦非继续性合同，而是就工伤待遇赔偿责任的承担达成的一次性或分期给付契约，其性质并非劳动合同，对其效力的判断应适用民法总则相关规定。如果该调解协议系在未经劳动行政部门认定工伤和评定伤残等级的情形下签订，说明工伤职工对自己的工伤待遇标准尚不十分清楚。当劳动者实际所获补偿明显低于法定标准，调解协议符合显失公平、重大误解等可撤销情形的，劳动者可申请撤销双方之前签订的调解协议，并在此基础上要求用人单位按法定标准支付工伤保险待遇。希望通过这则案例提醒劳动者，在发生工伤事故后应注意自身合法权益的保护，不能因不了解法律规定而轻易放弃了本应当属于自己的权利。

4. 案例索引

案号：张家港法院（2017）苏 0582 民初 13447 号

苏州中院（2018）苏 05 民终 3368 号

（八）"大龄员工"上班遇车祸按工伤标准赔付

1. 基本案情

张梅（化名）2013 年 7 月便满 50 岁。当年 3 月，她在一小区找了份物业保洁员的工作，与该小区物业管理公司签订了一年的《劳务合同》。

2014 年 1 月 10 日，张梅在上班途中遇上车祸，因伤势过重医治无效离世。期间，张梅尚未享受养老保险待遇或领取退休金。

2. 法院审判

该案经重庆一中院二审认为，张梅与物管公司之间的关系，符合劳动关系的实质要件，应认定双方存在劳动关系，用人单位应当参照工伤保险待遇的标准向劳动者赔付。

3. 案例分析

现在有很多餐馆、酒楼、小区物管招收大龄员工。该案中，张梅虽与物管公司签订的是《劳务合同》，但张梅系在用人单位持续用工期间，达到法定退休年龄，且之后由用人单位继续用工，其尚未依法享受养老保险待遇或领取退休金，故不能仅依据其达到法定退休年龄的事实否认劳动关系。所以，当劳动者在继续用工时，遭受意外伤害或因职业危害引起职业病时，用人单位应当参照工伤保险待遇的标准向劳动者赔付。

（九）工伤赔偿已拿十多年伤残等级增加案

1. 基本案情

北碚的周强（化名），曾是一名煤矿工人。2001 年 5 月，他在上班中挫伤腰部，经鉴定为伤残等级 8 级。事后，周强通过诉讼方式，与单位解除了劳动关系，并得到了解除合同经济补偿金、医疗费、一次性工伤津贴、一次性伤残补助金、就业补助金等共计 1.8 万余元。

2012 年 5 月，周强对自己的伤残等级申请了复查鉴定。发现伤残等级由 8 级升至 6 级，周强再次找上原单位，提出重新赔偿。

2. 法院审判

重庆一中院二审认为，《工伤保险条例》所规定的劳动能力复查鉴定权，应以工伤职工与原用人单位尚保留劳动关系为前提。且周强与用人单位解除劳动关系后，其伤情变化是否与原先的工伤事故之间具有关联性也无法确定。

最后，重庆一中院作出终审裁定，依法驳回周强的诉讼。

3. 案例分析

劳动者在工作中遭受意外伤害或因职业危害引起职业病后，工伤职工如果准备与用人单位解除劳动关系并一次性领取工伤保险待遇，需要特别慎重。建议劳动者待病情稳定，以及伤残等级不会再发生新的变化之后，再行解除劳动关系。

（十）北京市首例工伤保险基金先行赔付案

1. 基本案情

王先生是北京某校园礼仪服饰公司服装生产部的负责人。2010 年 6 月，他与公司法定代表人马某一同驾车赴外地考察。回京途中，发生交通事故，造成二人烧伤死亡。王先生符合《工伤保险条例》被认定为工伤，但因公司未给王先生缴纳工伤保险，其亲属未能获得工伤赔偿，遂其亲属提起民事诉讼。法院判决确定某校园礼仪服饰公司应向王先生家属支付一次性工亡补助金，并支付王先生之子自 2010 年 7 月起至 18 岁期间的抚恤金。

判决生效后，因某校园礼仪服饰公司无财产可供执行，始终予未支付。2017 年 4 月，王先生亲属向朝阳区社保中心提交《工伤保险基金先行支付申请书》及相关材料，请求先行支付相关工伤保险待遇。因催告未果，朝阳区社保中心遂先行支付给王先生的亲属。9 月，朝阳区社保中心作出《依法先行支付工伤保险待遇追偿书》（下称《追偿书》），要求某校园礼仪服饰公司偿还该中心先行支付的工伤保险待遇 43 万余元。该公司不服追偿申请行政复议，后朝阳区政府作出维持复议《决定书》，维持朝阳区社保中心作出的《追偿书》。

因不服《追偿书》和《决定书》，2018 年，某校园礼仪服饰公司提起行政诉讼，要求撤销《追偿书》和《决定书》。

2. 法院审判

根据《社会保险法》及《工伤保险条例》相关规定，朝阳区社保中心作为社会保险经办机构作出《追偿书》，是履行法定义务和行使法定职权的行政行为，社会保险经办机构积极行使法律赋予的追偿权，是对工伤保险基金的有力维护和管理，和对用人单位履行社会保险缴纳义务的强化。社会保险经办机构并无判断是否应扣除相应项目的自由裁量权。该公司的主张是对生效文书的质疑，并非工伤保险先行支付审核行政诉讼审查范围，故不予支持。

判后，某校园礼仪服饰公司提出上诉。经审理，二审法院驳回上诉、维持原判。

3. 案例分析

社会保险经办机构履行先行支付义务后，即取得向用人单位追偿的权利。工伤保险基金具有强制性、互济性和社会性，为维护社保基金的合法使用，发挥其应有功能和价值，不放纵不履行强制缴纳工伤保险义务的违法行为的需要，社会保险经办机构追偿权的行使既是法定职责也是法定义务，不得随意放弃。

第七章　失业保险基本制度

—— 导　读 ——

　　本章失业保险基本制度，共五节内容，分别介绍失业保险基本法律制度、失业保险金申领发放制度、失业保险金管理制度、失业保险基金省级统筹与支持企业稳定就业以及失业保险典型案例分析。

第一节　失业保险基本法律制度

一、社会保险法规定的制度

　　根据《社会保险法》第五章的规定，职工应当参加失业保险，由用人单位和职工按照国家规定共同缴纳失业保险费。

　　失业人员符合下列条件的，从失业保险基金中领取失业保险金：

　　（1）失业前用人单位和本人已经缴纳失业保险费满1年的。

　　（2）非因本人意愿中断就业的。

　　（3）已经进行失业登记，并有求职要求的。

　　失业人员失业前用人单位和本人累计缴费满1年不足5年的，领取失业保险金的期限最长为 12 个月；累计缴费满 5 年不足 10 年的，领取失业保险金的期限最长为 18 个月；累计缴费 10 年以上的，领取失业保险金的期限最长为 24 个月。重新就业后，再次失业的，缴费时间重新计算，领取失业保险金的期限与前次失业应当领取而尚未领取的失业保险金的期限合并计算，最长不超过 24 个月。

失业保险金的标准，由省、自治区、直辖市人民政府确定，不得低于城市居民最低生活保障标准。

失业人员在领取失业保险金期间，参加职工基本医疗保险，享受基本医疗保险待遇。失业人员应当缴纳的基本医疗保险费从失业保险基金中支付，个人不缴纳基本医疗保险费。

失业人员在领取失业保险金期间死亡的，参照当地对在职职工死亡的规定，向其遗属发给一次性丧葬补助金和抚恤金。所需资金从失业保险基金中支付。个人死亡同时符合领取基本养老保险丧葬补助金、工伤保险丧葬补助金和失业保险丧葬补助金条件的，其遗属只能选择领取其中的一项。

用人单位应当及时为失业人员出具终止或者解除劳动关系的证明，并将失业人员的名单自终止或者解除劳动关系之日起 15 日内告知社会保险经办机构。失业人员应当持本单位为其出具的终止或者解除劳动关系的证明，及时到指定的公共就业服务机构办理失业登记。失业人员凭失业登记证明和个人身份证明，到社会保险经办机构办理领取失业保险金的手续。失业保险金领取期限自办理失业登记之日起计算。

失业人员在领取失业保险金期间有下列情形之一的，停止领取失业保险金，并同时停止享受其他失业保险待遇：

（1）重新就业的。

（2）应征服兵役的。

（3）移居境外的。

（4）享受基本养老保险待遇的。

（5）无正当理由，拒不接受当地人民政府指定部门或者机构介绍的适当工作或者提供的培训的。

职工跨统筹地区就业的，其失业保险关系随本人转移，缴费年限累计计算。

二、失业保险条例规定的制度

（一）总则

根据《失业保险条例》（中华人民共和国国务院令第 258 号）的规定，为了保障失业人员失业期间的基本生活，促进其再就业，制定本条例。

城镇企业事业单位、城镇企业事业单位职工依照本条例的规定，缴纳失业保险费。城镇企业事业单位失业人员依照本条例的规定，享受失业保险待遇。本条所称城镇企业，是指国有企业、城镇集体企业、外商投资企业、城镇私营企业以及其他城镇企业。

国务院劳动保障行政部门主管全国的失业保险工作。县级以上地方各级人民政府劳动保障行政部门主管本行政区域内的失业保险工作。劳动保障行政部门按照国务院规定设立的经办失业保险业务的社会保险经办机构依照本条例的规定，具体承办失业保险工作。

失业保险费按照国家有关规定征缴。

省、自治区、直辖市人民政府根据当地实际情况，可以决定本条例适用于本行政区域内的社会团体及其专职人员、民办非企业单位及其职工、有雇工的城镇个体工商户及其雇工。

（二）失业保险基金

失业保险基金由下列各项构成：

（1）城镇企业事业单位、城镇企业事业单位职工缴纳的失业保险费。

（2）失业保险基金的利息。

（3）财政补贴。

（4）依法纳入失业保障基金的其他资金。

城镇企业事业单位按照本单位工资总额的2%缴纳失业保险费。城镇企业事业单位职工按照本人工资的1%缴纳失业保险费。城镇企业事业单位招用的农民合同制工人本人不缴纳失业保险费。

失业保险基金在直辖市和设区的市实行全市统筹；其他地区的统筹层次由省、自治区人民政府规定。

省、自治区可以建立失业保险调剂金。失业保险调剂金以统筹地区依法应当征收的失业保险费为基数，按照省、自治区人民政府规定的比例筹集。统筹地区的失业保险基金不敷使用时，由失业保险调剂金调剂、地方财政补贴。失业保险调剂金的筹集、调剂使用以及地方财政补贴的具体办法，由省、自治区人民政府规定。

省、自治区、直辖市人民政府根据本行政区域失业人员数量和失业保险基金数额，报经国务院批准，可以适当调整本行政区域失业保险费的费率。

失业保险基金用于下列支出：

（1）失业保险金。

（2）领取失业保险金期间的医疗补助金。

（3）领取失业保险金期间死亡的失业人员的丧葬补助金和其供养的配偶、直系亲属的抚恤金。

（4）领取失业保险金期间接受职业培训、职业介绍的补贴，补贴的办法和标准由省、自治区、直辖市人民政府规定。

（5）国务院规定或者批准的与失业保险有关的其他费用。

失业保险基金必须存入财政部门在国有商业银行开设的社会保障基金财政专户，实行收支两条线管理，由财政部门依法进行监督。存入银行和按照国家规定购买国债的失业保险基金，分别按照城乡居民同期存款利率和国债利息计息。失业保险基金的利息并入失业保险基金。失业保险基金专款专用，不得挪作他用，不得用于平衡财政收支。

失业保险基金收支的预算、决算，由统筹地区社会保险经办机构编制，经同级劳动保障行政部门复核、同级财政部门审核，报同级人民政府审批。

失业保险基金的财务制度和会计制度按照国家有关规定执行。

（三）失业保险待遇

具备下列条件的失业人员，可以领取失业保险金：

（1）按照规定参加失业保险，所在单位和本人已按照规定履行缴费义务满1年的。

（2）非因本人意愿中断就业的。

（3）已办理失业登记，并有求职要求的。

失业人员在领取失业保险金期间，按照规定同时享受其他失业保险待遇。

失业人员在领取失业保险金期间有下列情形之一的，停止领取失业保险金，并同时停止享受其他失业保险待遇：

（1）重新就业的。

（2）应征服兵役的。

（3）移居境外的。

（4）享受基本养老保险待遇的。

（5）被判刑收监执行或者被劳动教养的。

（6）无正当理由，拒不接受当地人民政府指定的部门或者机构介绍的工作的。

（7）有法律、行政法规规定的其他情形的。

城镇企业事业单位应当及时为失业人员出具终止或者解除劳动关系的证明，告知其按照规定享受失业保险待遇的权利，并将失业人员的名单自终止或者解除劳动关系之日起 7 日内报社会保险经办机构备案。城镇企业事业单位职工失业后，应当持本单位为其出具的终止或者解除劳动关系的证明，及时到指定的社会保险经办机构办理失业登记。失业保险金自办理失业登记之日起计算。失业保险金由社会保险经办机构按月发放。社会保险经办机构为失业人员开具领取失业保险金的单证，失业人员凭单证到指定银行领取失业保险金。

失业人员失业前所在单位和本人按照规定累计缴费时间满 1 年不足 5 年的，领取失业保险金的期限最长为 12 个月；累计缴费时间满 5 年不足 10 年的，领取失业保险金的期限最长为 18 个月；累计缴费时间 10 年以上的，领取失业保险金的期限最长为 24 个月。重新就业后，再次失业的，缴费时间重新计算，领取失业保险金的期限可以与前次失业应领取而尚未领取的失业保险金的期限合并计算，但是最长不得超过 24 个月。

失业保险金的标准，按照低于当地最低工资标准、高于城市居民最低生活保障标准的水平，由省、自治区、直辖市人民政府确定。

失业人员在领取失业保险金期间患病就医的，可以按照规定向社会保险经办机构申请领取医疗补助金。医疗补助金的标准由省、自治区、直辖市人民政府规定。

失业人员在领取失业保险金期间死亡的，参照当地对在职职工的规定，对其家属一次性发给丧葬补助金和抚恤金。

单位招用的农民合同制工人连续工作满 1 年，本单位并已缴纳失业保险费，劳动合同期满未续订或者提前解除劳动合同的，由社会保险经办机构根据其工作时间长短，对其支付一次性生活补助。补助的办法和标准由省、自治区、直辖市人民政府规定。

城镇企业事业单位成建制跨统筹地区转移，失业人员跨统筹地区流动的，失业保险关系随之转迁。

失业人员符合城市居民最低生活保障条件的，按照规定享受城市居民最低生活保障待遇。

（四）管理和监督

劳动保障行政部门管理失业保险工作，履行下列职责：

（1）贯彻实施失业保险法律、法规。

（2）指导社会保险经办机构的工作。

（3）对失业保险费的征收和失业保险待遇的支付进行监督检查。

社会保险经办机构具体承办失业保险工作，履行下列职责：

（1）负责失业人员的登记、调查、统计。

（2）按照规定负责失业保险基金的管理。

（3）按照规定核定失业保险待遇，开具失业人员在指定银行领取失业保险金和其他补助金的单证。

（4）拨付失业人员职业培训、职业介绍补贴费用。

（5）为失业人员提供免费咨询服务。

（6）国家规定由其履行的其他职责。

财政部门和审计部门依法对失业保险基金的收支、管理情况进行监督。

社会保险经办机构所需经费列入预算，由财政拨付。

（五）罚则

不符合享受失业保险待遇条件，骗取失业保险金和其他失业保险待遇的，由社会保险经办机构责令退还；情节严重的，由劳动保障行政部门处骗取金额1倍以上3倍以下的罚款。

社会保险经办机构工作人员违反规定向失业人员开具领取失业保险金或者享受其他失业保险待遇单证，致使失业保险基金损失的，由劳动保障行政部门责令追回；情节严重的，依法给予行政处分。

劳动保障行政部门和社会保险经办机构的工作人员滥用职权、徇私舞弊、玩忽职守，造成失业保险基金损失的，由劳动保障行政部门追回损失的失业保险基金；构成犯罪的，依法追究刑事责任；尚不构成犯罪的，依法给予行政处分。

任何单位、个人挪用失业保险基金的，追回挪用的失业保险基金；有违法所得的，没收违法所得，并入失业保险基金；构成犯罪的，依法追究刑事责任；尚不构成犯罪的，对直接负责的主管人员和其他直接责任人员依法给予行政处分。

三、扩大失业保险保障范围

根据《人力资源和社会保障部 财政部关于扩大失业保险保障范围的通知》（人社部发〔2020〕40号）的规定，为深入贯彻落实党中央、国务院关于扩大失业保险保障范围、更好保障失业人员基本生活的决策部署，确保失业人员待遇应发尽发、应保尽保，经国务院同意，现就扩大失业保险保障范围有关事项通知如下：

第一，充分认识做好失业人员生活保障的重要意义。扩大失业保险保障范围是党中央、国务院为应对新冠肺炎疫情影响、保障基本民生作出的一项重要决策部署，对于做好困难群众兜底保障、维护社会稳定具有重要意义。各地要切实把思想和行动统一到党中央、国务院决策部署上来，进一步增强责任感和紧迫感，充分发挥失业保险保生活基础功能，抓紧抓实抓细政策落地见效，努力扩大受益面，切实保障参保失业人员基本生活。

第二，及时发放失业保险金。对参保缴费满1年、非因本人意愿中断就业、已办理失业登记并有求职要求的失业人员，应及时足额发放失业保险金，代缴基本医疗保险费，按规定发放价格临时补贴、丧葬补助金和抚恤金。自2019年12月起，延长大龄失业人员领取失业保险金期限，对领取失业保险金期满仍未就业且距法定退休年龄不足1年的失业人员，可继续发放失业保险金至法定退休年龄。

第三，阶段性实施失业补助金政策。2020年3月至12月，领取失业保险金期满仍未就业的失业人员、不符合领取失业保险金条件的参保失业人员，可以申领6个月的失业补助金，标准不超过当地失业保险金的80%。领取失业补助金期间不享受失业保险金、代缴基本医疗保险费、丧葬补助金和抚恤金。失业人员领取失业补助金期满、被用人单位招用并参保、死亡、应征服兵役、移居境外、享受城镇职工基本养老保险或城乡居民养老保险待遇、被判刑收监执行的，停发失业补助金。领取失业补助金期限不核减参保缴费年限。失业补助金按月发放，从失业保险基金"其他支出"科目列支。

第四，阶段性扩大失业农民工保障范围。对《失业保险条例》规定的参保单位招用、个人不缴费且连续工作满1年的失业农民工，及时发放一次性生活补助。2020年5月至12月，对2019年1月1日之后参保不满1年的失业农民工，参照参保地城市低保标准，按月发放不超过3个月的临时生活补助。与城镇职工同等参保缴费的失业农民工，按参保地规定发放失业保险金或失业补助金。

第五，阶段性提高价格临时补贴标准。2020年3月至6月，对领取失业保险金和失业补助金人员发放的价格临时补贴，补贴标准在现行标准基础上提高1倍。

第六，畅通失业保险待遇申领渠道。各地要优化经办流程，减少证明材料，取消附加条件，让参保失业人员方便快捷得到保障。参保失业人员可凭社会保障卡或身份证件申领失业保险金、失业补助金、一次性生活补助或临时生活补助，可不提供解除或者终止劳动关系、失业登记证明等材料。经办机构应通过核验参保信息库中的参保缴费信息，确认申领人员是否符合领取条件对应的失业状态，不得增加其他义务、条件或时限要求。各地要在实现线上申领失业保险金基础上，于6月底前实现失业补助金等其他失业保险待遇线上申领；人力资源和社会保障部建立领取失业保险金、失业补助金全国线上申领入口，并向地方提供全国参保信息联网核验服务。

第七，切实防范基金运行风险。各地要密切关注失业保险基金运行情况，加强监测预警，对困难地区及时做好帮扶。要结合本地失业保险基金结余情况，做好资金测算，合理确定补助标准，优先保障保生活支出。基金支撑能力较弱的统筹地区，要适时调整基金支出方向和结构。有条件的省份要充分发挥省级调剂金作用，支持统筹地区各项政策有序实施。要强化监督管理，严防冒领、骗取、套取基金行为，切实维护基金安全。

第八，做好组织实施工作。各地要围绕应发尽发、应保尽保的目标任务，统筹谋划，周密部署，压实工作责任，建立健全抓落实的体制机制，确保扩大失业保险保障范围政策尽快落地见效。地方各级人力资源和社会保障、财政部门要主动履职尽责，加强工作调度，做好政策宣传解读，提高政策知晓度，及时回应群众关切。各地在执行中遇有重大情况和问题，及时报人力资源和社会保障部、财政部。

四、调整失业保险金标准

根据《人力资源和社会保障部 财政部关于调整失业保险金标准的指导意见》（人社部发〔2017〕71号）的规定，为进一步提高失业人员基本生活保障水平，根据《失业保险条例》，现就调整失业保险金标准提出以下指导意见：

（一）充分认识调整失业保险金标准的重要意义

保障失业人员失业期间的基本生活是失业保险制度的基本功能。近年来，各地深入贯彻落实失业保险有关法律法规，多措并举，有序推进，全国失业保险金水平逐年提高，地区差距逐步缩小，有效地保障了失业人员基本生活，为兜牢民生底线发挥了积极作用。各地要充分认识提高失业保险金标准关系失业人员共享经济社会发展成果，关系人民群众的获得感和幸福感，对于促进社会公平，维护社会和谐稳定具有重要意义。要在确保失业保险基金平稳运行的前提下，逐步提升失业保障水平，切实保障好失业人员的基本生活。

（二）科学合理确定失业保险金标准

《失业保险条例》规定："失业保险金的标准，按照低于当地最低工资标准、高于城市居民最低生活保障标准的水平，由省、自治区、直辖市人民政府确定"。确定失业保险金具体标准，要统筹考虑失业人员及其家庭基本生活需要和失业保险基金运行安全，坚持"保生活"和"促就业"相统一，既要保障失业人员基本生活需要，又要防止待遇水平过高影响就业积极性。各省要在确保基金可持续前提下，随着经济社会的发展，适当提高失业保障水平，分步实施，循序渐进，逐步将失业保险金标准提高到最低工资标准的90%。各省要发挥省级调剂金的作用，加大对基金支撑能力弱的统筹地区的支持力度。

（三）切实做好组织实施工作

确定失业保险金标准，直接关系失业人员的切身利益，体现了党中央、国务院对失业人员的关心关怀。各地要以人为本，高度重视，精心实施，对组织领导、工作进度、资金保障等作出周密安排。各省、自治区、直辖市人社厅（局）会同财政厅（局）要结合本地实际，提出调整方案，报省、自治区、直辖市人民政府确定。各地在贯彻落实过程中遇到的问题，请及时向人力资源和社会保障部、财政部报告。

五、阶段性降低失业保险费率

根据《人力资源和社会保障部 财政部关于调整失业保险费率有关问题的通知》（人社部发〔2015〕24号）的规定，为了完善失业保险制度，建立健全失业保险费率动态调整机制，进一步减轻企业负担，促进就业稳定，经国务院同意，现就适当降低失业保险费率有关问题通知如下：

（1）从 2015 年 3 月 1 日起，失业保险费率暂由现行条例规定的 3% 降至 2%，单位和个人缴费的具体比例由各省、自治区、直辖市人民政府确定。在省、自治区、直辖市行政区域内，单位及职工的费率应当统一。

（2）各地降低失业保险费率要坚持"以支定收、收支基本平衡"的原则。要充分考虑提高失业保险待遇标准、促进失业人员再就业、落实失业保险稳岗补贴政策等因素对基金支付能力的影响，结合实际，认真测算，研究制定降低失业保险费率的具体方案，经省级人民政府批准后执行，并报人力资源和社会保障部和财政部备案。

（3）各地要按照本通知的要求，抓紧研究制定本行政区降低失业保险费率的方案，尽早组织实施。执行中遇到的问题，要及时向人力资源和社会保障部和财政部报告。

根据《人力资源和社会保障部 财政部关于阶段性降低社会保险费率的通知》（人社部发〔2016〕36 号）的规定，从 2016 年 5 月 1 日起，失业保险总费率在 2015 年已降低 1 个百分点基础上可以阶段性降至 1%~1.5%，其中个人费率不超过 0.5%，降低费率的期限暂按两年执行。具体方案由各省（区、市）确定。社会保险费率调整工作政策性强，社会关注度高。各地要把思想和行动统一到党中央、国务院决策部署上来，加强组织领导，精心组织实施。要健全基本养老保险激励约束机制，确保基金应收尽收，实现可持续发展和长期精算平衡，并确保参保人员各项社会保险待遇标准不降低和待遇按时足额支付。要加强政策宣传，正确引导社会舆论。各地具体调整费率方案，经省级人民政府批准后执行，并报人力资源和社会保障部、财政部备案。

根据《人力资源和社会保障部 财政部关于阶段性降低失业保险费率有关问题的通知》（人社部发〔2017〕14 号）的规定，为进一步减轻企业负担，增强企业活力，促进就业稳定，经国务院同意，现就阶段性降低失业保险费率有关问题通知如下：

第一，从2017年1月1日起，失业保险总费率为1.5%的省（区、市），可以将总费率降至1%，降低费率的期限执行至2018年4月30日。在省（区、市）行政区域内，单位及个人的费率应当统一，个人费率不得超过单位费率。具体方案由各省（区、市）研究确定。

第二，失业保险总费率已降至1%的省份仍按照《人力资源和社会保障部 财政部关于阶段性降低社会保险费率的通知》（人社部发〔2016〕36号）执行。

第三，各地降低失业保险费率，要充分考虑失业保险待遇按时足额发放、提高待遇标准、促进失业人员再就业、落实失业保险稳岗补贴政策等因素对基金支付能力的影响，结合实际，认真测算，研究制定具体方案，经省级人民政府批准后执行，并报人力资源和社会保障部和财政部备案。

阶段性降低失业保险费率政策性强，社会关注度高。各地要把思想和行动统一到党中央、国务院决策部署上来，加强组织领导，精心组织实施。要平衡好降费率与保发放之间的关系，加强基金运行的监测和评估，确保基金平稳运行。各地贯彻落实本通知情况以及执行中遇到的问题，请及时向人力资源和社会保障部、财政部报告。

根据《国家税务总局关于贯彻落实阶段性降低失业保险费率政策的通知》（税总函〔2017〕88号）的规定，为进一步减轻企业负担，增强企业活力，促进就业稳定，经国务院同意，人力资源和社会保障部和财政部联合印发了《关于阶段性降低失业保险费率有关问题的通知》（人社部发〔2017〕14号）。现就贯彻落实相关事项通知如下：

第一，深刻领会精神，认真贯彻落实。各地地税机关要深刻领会国务院阶段性降低失业保险费率决策部署的重要精神，采取有效措施加以贯彻落实。要认真学习、准确理解人社部发〔2017〕14号文件和省级人民政府批准的具体调整方案，进一步加强征管工作，确保降费减负惠民政策落实到位。

第二，通过多种渠道，广泛深入宣传。各地地税机关要通过各种媒体、税务官方网站、12366纳税服务热线等渠道广泛深入宣传降费减负政策，及时解答缴费人问题，使缴费人能够准确了解政策动态和执行标准，并依规如实缴费。

第三，调整系统设置，保障正常征缴。失业保险费率调整的地区，地税机关要及时研究提出业务需求，调整征管系统相关设置，保证征缴流程顺畅。

第四，把握政策界限，维护合法权益。各地地税机关要根据人社部发〔2017〕14号文件要求的政策执行时间，准确计算实缴费款。要密切跟踪降费减负政策实施情况，及时收集分析相关情况和问题，呈报上级机关和通报相关部门，并认真研究改进征管措施，应收尽收，切实维护缴费人合法权益。

六、退役军人失业保险制度

根据《人力资源和社会保障部 财政部 总参谋部 总政治部 总后勤部关于退役军人失业保险有关问题的通知》（人社部发〔2013〕53号）的规定，为贯彻落实《中华人民共和国社会保险法》和《中华人民共和国军人保险法》，维护退役军人失业保险权益，现就军人退出现役后失业保险有关问题通知如下：

（1）计划分配的军队转业干部和复员的军队干部，以及安排工作和自主就业的退役士兵（以下简称退役军人）参加失业保险的，其服现役年限视同失业保险缴费年限。军人服现役年限按实际服役时间计算到月。

（2）退役军人离开部队时，由所在团级以上单位后勤（联勤、保障）机关财务部门，根据其实际服役时间开具《军人服现役年限视同失业保险缴费年限证明》（以下简称《缴费年限证明》）并交给本人。

（3）退役军人在城镇企业事业等用人单位就业的，由所在单位或者本人持《缴费年限证明》及军官（文职干部）转业（复员）证，或者士官（义务兵）退出现役证，到当地失业保险经办机构办理失业保险参保缴费手续。失业保险经办机构将视同缴费年限记入失业保险个人缴费记录，与入伍前和退出现役后参加失业保险的缴费年限合并计算。

（4）军人入伍前已参加失业保险的，其失业保险关系不转移到军队，由原参保地失业保险经办机构保存其全部缴费记录。军人退出现役后继续参加失业保险的，按规定办理失业保险关系转移接续手续。

（5）根据《关于自主择业的军队转业干部安置管理若干问题的意见》（〔2001〕国转联 8 号），自主择业的军队转业干部在城镇企业事业等用人单位就业后，应当依法参加失业保险并缴纳失业保险费，其服现役年限不再视同失业保险缴费年限，失业保险缴费年限从其在当地实际缴纳失业保险费之日起累计计算。

（6）退役军人参保缴费满 1 年后失业的，按规定享受失业保险待遇。

第二节　失业保险金申领发放制度

一、总则

根据《失业保险金申领发放办法》（2000 年 10 月 26 日劳动和社会保障部令第 8 号公布，根据 2018 年 12 月 14 日《人力资源和社会保障部关于修改部分规章的决定》第一次修订，根据 2019 年 12 月 9 日《人力资源和社会保障部关于修改部分规章的决定》第二次修订，以下简称《办法》）的规定，为保证失业人员及时获得失业保险金及其他失业保险待遇，根据《失业保险条例》（以下简称《条例》），制定本《办法》。

参加失业保险的城镇企业事业单位职工以及按照省级人民政府规定参加

失业保险的其他单位人员失业后（以下统称失业人员），申请领取失业保险金、享受其他失业保险待遇适用本办法；按照规定应参加而尚未参加失业保险的不适用本《办法》。

劳动保障行政部门设立的经办失业保险业务的社会保险经办机构（以下简称经办机构）按照本办法规定受理失业人员领取失业保险金的申请，审核确认领取资格，核定领取失业保险金、享受其他失业保险待遇的期限及标准，负责发放失业保险金并提供其他失业保险待遇。

二、失业保险金申领

失业人员符合《条例》第十四条规定条件的，可以申请领取失业保险金，享受其他失业保险待遇。其中，非因本人意愿中断就业的是指下列人员：

（1）终止劳动合同的。

（2）被用人单位解除劳动合同的。

（3）被用人单位开除、除名和辞退的。

（4）根据《中华人民共和国劳动法》第三十二条第二、三项与用人单位解除劳动合同的。

（5）法律、行政法规另有规定的。

失业人员失业前所在单位，应将失业人员的名单自终止或者解除劳动合同之日起7日内报受理其失业保险业务的经办机构备案，并按要求提供终止或解除劳动合同证明等有关材料。

失业人员应在终止或者解除劳动合同之日起60日内到受理其单位失业保险业务的经办机构申领失业保险金。

失业人员申领失业保险金应填写《失业保险金申领表》，并出示下列证明材料：

（1）本人身份证明。

（2）所在单位出具的终止或者解除劳动合同的证明。

（3）失业登记。

（4）省级劳动保障行政部门规定的其他材料。

失业人员领取失业保险金，应由本人按月到经办机构领取，同时应向经办机构如实说明求职和接受职业指导、职业培训情况。

失业人员在领取失业保险金期间患病就医的，可以按照规定向经办机构申请领取医疗补助金。

失业人员在领取失业保险金期间死亡的，其家属可持失业人员死亡证明、领取人身份证明、与失业人员的关系证明，按规定向经办机构领取一次性丧葬补助金和其供养配偶、直系亲属的抚恤金。失业人员当月尚未领取的失业保险金可由其家属一并领取。

失业人员在领取失业保险金期间，应积极求职，接受职业指导和职业培训。失业人员在领取失业保险金期间求职时，可以按规定享受就业服务减免费用等优惠政策。

失业人员在领取失业保险金期间或期满后，符合享受当地城市居民最低生活保障条件的，可以按照规定申请享受城市居民最低生活保障待遇。

失业人员在领取失业保险金期间，发生《条例》第十五条规定情形之一的，不得继续领取失业保险金和享受其他失业保险待遇。

三、失业保险金发放

经办机构自受理失业人员领取失业保险金申请之日起10日内，对申领者的资格进行审核认定，并将结果及有关事项告知本人。经审核合格者，从其办理失业登记之日起计发失业保险金。

经办机构根据失业人员累计缴费时间核定其领取失业保险金的期限。失业人员累计缴费时间按照下列原则确定：

（1）实行个人缴纳失业保险费前，按国家规定计算的工龄视同缴费时间，与《条例》发布后缴纳失业保险费的时间合并计算。

（2）失业人员在领取失业保险金期间重新就业后再次失业的，缴费时间重新计算，其领取失业保险金的期限可以与前次失业应领取而尚未领取的失业保险金的期限合并计算，但是最长不得超过 24 个月。失业人员在领取失业保险金期间重新就业后不满 1 年再次失业的，可以继续申领其前次失业应领取而尚未领取的失业保险金。

失业保险金以及医疗补助金、丧葬补助金、抚恤金、职业培训和职业介绍补贴等失业保险待遇的标准按照各省、自治区、直辖市人民政府的有关规定执行。

失业保险金应按月发放，由经办机构开具单证，失业人员凭单证到指定银行领取。

对领取失业保险金期限即将届满的失业人员，经办机构应提前 1 个月告知本人。失业人员在领取失业保险金期间，发生《条例》第十五条规定情形之一的，经办机构有权即行停止其失业保险金发放，并同时停止其享受其他失业保险待遇。

经办机构应当通过准备书面资料、开设服务窗口、设立咨询电话等方式，为失业人员、用人单位和社会公众提供咨询服务。经办机构应按规定负责失业保险金申领、发放的统计工作。

四、失业保险关系转迁

对失业人员失业前所在单位与本人户籍不在同一统筹地区的，其失业保险金的发放和其他失业保险待遇的提供由两地劳动保障行政部门进行协商，明确具体办法。协商未能取得一致的，由上一级劳动保障行政部门确定。

　　失业人员失业保险关系跨省、自治区、直辖市转迁的，失业保险费用应随失业保险关系相应划转。需划转的失业保险费用包括失业保险金、医疗补助金和职业培训、职业介绍补贴。其中，医疗补助金和职业培训、职业介绍补贴按失业人员应享受的失业保险金总额的一半计算。

　　失业人员失业保险关系在省、自治区范围内跨统筹地区转迁，失业保险费用的处理由省级劳动保障行政部门规定。

　　失业人员跨统筹地区转移的，凭失业保险关系迁出地经办机构出具的证明材料到迁入地经办机构领取失业保险金。

五、附则

　　经办机构发现不符合条件，或以涂改、伪造有关材料等非法手段骗取失业保险金和其他失业保险待遇的，应责令其退还；对情节严重的，经办机构可以提请劳动保障行政部门对其进行处罚。

　　经办机构工作人员违反本办法规定的，由经办机构或主管该经办机构的劳动保障行政部门责令其改正；情节严重的，依法给予行政处分；给失业人员造成损失的，依法赔偿。

　　失业人员因享受失业保险待遇与经办机构发生争议的，可以向主管该经办机构的劳动保障行政部门申请行政复议。

　　符合《条例》规定的劳动合同期满未续订或者提前解除劳动合同的农民合同制工人申领一次性生活补助，按各省、自治区、直辖市办法执行。

　　《失业保险金申领表》的样式，由劳动和社会保障部统一制定。

第三节　失业保险金管理制度

一、进一步推进失业保险金"畅通领、安全办"

根据《人力资源和社会保障部办公厅关于进一步推进失业保险金"畅通领、安全办"的通知》（人社厅发〔2020〕24号）的规定，为贯彻落实习近平总书记关于要加快推动线上申领失业保险金，确保失业人员应发尽发、应保尽保的重要指示精神，应对疫情防控期间及其后可能出现的失业风险，切实保障失业人员的基本生活，确保失业保险金按时足额发放，现就进一步畅通申领渠道、优化经办服务等事项通知如下：

第一，对领取失业保险金期满仍未就业且距离法定退休年龄不足1年的失业人员，可继续发放失业保险金直至法定退休年龄，实施时间自2019年12月起。失业人员的领金期限、就业失业状态、法定退休年龄可通过失业保险参保缴费记录、身份证信息等内部信息比对确定。续发失业保险金无需个人提出申请，失业人员按照规定同时享受代缴基本医疗保险费等其他失业保险待遇。续发期间发生社会保险法第五十一条规定的停止发放失业保险金情形的，停止续发失业保险金。

第二，失业人员在失业期间，可凭社会保障卡或身份证件到现场或通过网上申报的方式，向参保地经办失业保险业务的公共就业服务机构或者社会保险经办机构（以下简称经办机构）申领失业保险金。经办机构应当受理，并根据失业人员累计参保缴费时间核定其领金期限，按照申请之日当地失业保险金标准，按月发放失业保险金。经办机构认定失业人员失业状态时，应通过内部经办信息系统比对及信息共享，核实用人单位已停止为失业人员缴纳社会保险费即可确认，不得要求失业人员出具终止或者解除劳动关系证明、失业登记证明等其他证明材料。

第三，加速推进失业保险金网上申领，力争在2020年4月底前，所有地（市）均能实现失业保险金网上申领，力争在6月底前直辖市、省会城市、计划单列市实现手机申领。要及时做好与国家社会保险公共服务平台和全国人社政务服务平台开通的失业保险金网上申领统一入口的对接，推进全国范围"一网通办"。网上经办系统应做到界面友好、标识清晰、指示明确、路径简洁，凡能够通过内部比对获取的信息，应自动生成电子表单，请失业人员确认即可。系统应当包含纠错功能，及时在线受理群众异议，限时反馈处理结果。

第四，失业人员申领失业保险金，经办机构应依据社会保险法和《失业保险条例》规定的领金条件进行审核，不得增加失业人员义务，不得附加和捆绑培训等其他条件，不得以超过60日申领期限为由拒发失业保险金。不得要求失业人员转移档案；失业人员有视同缴费年限的，可以通过内部信息共享等方式查明；不得将失业人员领取失业保险金的情况记入职工档案。

第五，对超过法定退休年龄但尚未依法享受基本养老保险待遇的参保失业人员，经办机构应在其办理失业登记后，按规定发放失业保险金。失业人员申领失业保险金，经办机构应当同时为其办理失业登记和失业保险金发放，实行"一门、一窗"办理，避免"进多个门，跑多次腿"。

第六，各地要严格执行社会保险法关于停止领取失业保险金的规定，非法定情形不得停发。经办机构以失业人员重新就业为由停发失业保险金时，可以用人单位是否为其缴纳社会保险费为标准确定是否重新就业。

第七，经办机构要加大宣传力度，提示参保单位应当履行告知失业人员有申领失业保险金权利的法定义务。可利用用人单位办理参保缴费人员增减申报等业务的时机，向其发放《失业保险金申领告知书》，也可采取网上信息推送、微信、短信、电话及其他方式提醒用人单位及时履行告知义务。用人单位与职工办理终止或者解除劳动关系时，应将《失业保险金申领告知书》交给失业人员。

第八，各级人社部门要把好失业保险基金安全关，定期对统筹地区领金人员信息比对核查，对核查发现已重新就业、享受基本养老保险待遇、死亡等停止领取失业保险金的情形但仍然领取失业保险金的违规行为要及时纠正。对部级社会保险比对查询信息系统定期反馈的疑似违规人员名单信息，要及时核实确认，防止冒领、重复领取。经办机构对冒领、骗领等违规行为依法追究责任。

第九，加强组织领导。畅通失业保险金申领渠道，直接关系失业人员切身利益，关系民生底线和社会稳定。各地要把"为民服务解难题"作为失业保险经办系统的价值追求，尽快调整完善申领办法，确保符合条件的失业人员应发尽发，应保尽保。要学习部分地区的先进做法，加速推进"网上办"，提高经办服务便捷性。要在 2020 年底前开展线上线下失业保险服务"好差评"工作，有针对性地提出改进措施。要加强经办人员业务培训，及时掌握新政策、新要求，打造让人民满意的失业保险经办服务。

二、失业保险金网上申领平台

根据《人力资源和社会保障部办公厅关于公布失业保险金网上申领平台的通知》（人社厅发〔2020〕9 号）的规定，为深入贯彻落实习近平总书记关于新型冠状病毒感染肺炎疫情的重要指示精神，切实做好疫情防控期间失业人员的基本生活保障，确保失业保险待遇按时足额发放，同时，减少现场经办防范交叉感染，有效维护群众身体健康，现就有关事项通知如下：

第一，已实现失业保险金网上申领的直辖市、省会城市、计划单列市网上经办平台网址、App、二维码或公众号，将在人力资源和社会保障（以下简称人社）部官网、官方公众号、国家社会保险公共服务平台及"掌上

12333"App 向社会公布，请各地切实保障网上申领渠道畅通。

第二，各省、自治区要主动将辖区内已实现失业保险金网上申领的地（市、州、盟）的网上经办平台网址、App、二维码或公众号，通过人社部门官网、官方公众号、App 等渠道向社会公布。在上述渠道的显著位置，同时公布本地区失业保险金网上申领流程和办事指南，并通过发送短信、微信等方式将相关信息主动推送给参保企业和参保人员（见表 7-1）。

第三，对目前暂不具备网上申领条件的经办机构，可通过电话申请或邮寄材料等方式，尽可能实行失业保险金不见面申领，要及时公布办理电话和邮寄地址。对确需到现场办理的，可采用告知承诺的方式，精简材料，优化流程，缩短办理时间，降低交叉感染风险。

第四，各省、自治区要指导、督促、帮助未实现网上申领的地（市、州、盟）抓紧优化和调整经办信息系统，结合全国统一社会保险公共服务平台建设，结合社会保障卡功能的拓展，尽快实现网上经办，方便群众足不出户办理业务。

表 7-1　　　　各直辖市、省会城市、计划单列市失业保险金网上申领平台

城市	失业保险金网上申领平台
直辖市：	
北京	北京市人力资源和社会保障局官方网站公共服务平台"就业超市"（http://fuwu.rsj.beijing.gov.cn/jycy/jycs/index.html）或北京市人力资源和社会保障局微信公众号"北京人社"
天津	"天津人力社保"App
上海	"上海人社"App
重庆	"重庆人社"App
省会城市：	
石家庄	"河北省人社公共服务平台"App
太原	"民生山西"App
呼和浩特	呼和浩特人力资源和社会保障局网上服务大厅 http://106.74.0.244:8082/personlogin/ 或"12333"App
沈阳	"盛京好办事"App

续表

城市	失业保险金网上申领平台
长春	长春市社会保险公共服务平台 https : //www.ccshbx.org.cn 或长春社会保险微信公众号
哈尔滨	哈尔滨政务服务网（http : //hrb.zwfw.hlj.gov.cn）或哈尔滨智慧人社 App（仅支持安卓系统）
南京	"我的南京——智慧南京" App
杭州	浙江政务服务网（网址 : www.zjzwfw.gov.cn）或"浙里办——让你一次都不跑" App
合肥	支付宝城市服务
福州	"榕 e 社保卡" App
南昌	南昌社会保障网上大厅 http : //223.83.140.168 : 8014/uaa/personlogin
济南	济南市社会保险事业中心网站 http : //jnsi.jnhrss.jinan.gov.cn
郑州	河南省社会保障网上服务平台 http : //222.143.34.121/portal/#/home
武汉	支付宝城市服务或湖北政务服务网 http : //zwfw.hubei.gov.cn/s/index.html
长沙	长沙市 12333 公共服务平台 www.cs12333.com
广州	广州市人力资源和社会保障局官方网站 http : //rsj.gz.gov.cn
南宁	"南宁智慧人社" App
海口	海南政务服务网 https : //wssp.hainan.gov.cn/
成都	成都市人力资源和社会保障局成都市就业网上经办系统 https : //es.cdhrss.chengdu.gov.cn : 5788/cdwtqt/login.jsp
贵阳	"贵阳市人社通" App（仅支持安卓系统）
昆明	"就业彩云南"公众号
拉萨	西藏公共就业服务网上大厅 http : //www.xzrlzysc.cn
西安	西安市人力资源和社会保障局政务服务网 http : //zwfw.xa.gov.cn
兰州	甘肃人力资源和社会保障网上办事大厅 www.rst.gansu.gov.cn
西宁	"青海人社通" App 或青海人力资源和社会保障厅官方网站 http : //rst.qinghai.gov.cn
银川	"我的宁夏" App
乌鲁木齐	"新疆智慧人社" App（仅支持安卓系统）
计划单列市：	
大连	大连市人力资源和社会保障局网上办事大厅 http : //bsdt.dlyun.work/personal.jsp
青岛	"青岛人社" App 或"青岛 Ai 人社"公众号，青岛就业网 http : //jy.qingdao.gov.cn/pages/wsjb/jingban.html
宁波	浙江政务服务网（网址 : www.zjzwfw.gov.cn）或"浙里办——让你一次都不跑" App
厦门	厦门市人力资源和社会保障局官网（网址 : http : //hrss.xm.gov.cn/）
深圳	"i 深圳——深圳市统一政务服务" App、"粤省市""深圳人社""深圳社保"公众号或广东政务服务网 https : //sipub.sz.gov.cn/hspms/

三、使用失业保险基金支持脱贫攻坚

根据《人力资源和社会保障部 财政部关于使用失业保险基金支持脱贫攻坚的通知》（人社部发〔2018〕35号）的规定，为贯彻落实党中央、国务院关于打赢脱贫攻坚战的决策部署，深入落实中共中央办公厅、国务院办公厅《关于支持深度贫困地区脱贫攻坚的实施意见》（厅字〔2017〕41号）要求，聚焦西藏、四省藏区、南疆四地州和四川凉山州、云南怒江州、甘肃临夏州及其他深度贫困县（以下简称深度贫困地区），充分发挥失业保险功能作用，支持精准扶贫、精准脱贫，现就有关事项通知如下：

第一，提高深度贫困地区失业保险金标准。从2019年1月1日起，深度贫困地区失业保险金标准上调至最低工资标准的90%。

第二，提高深度贫困地区企业稳岗补贴标准。对深度贫困地区的失业保险参保企业，可以将稳岗补贴标准提高到该企业及其职工上年度实际缴纳失业保险费总额的60%。

第三，放宽深度贫困地区参保职工技能提升补贴申领条件。《人力资源和社会保障部 财政部关于失业保险支持参保职工提升职业技能有关问题的通知》（人社部发〔2017〕40号）中规定的申领技能提升补贴需符合"依法参加失业保险，累计缴纳失业保险费36个月（含36个月）以上的"条件，对深度贫困地区参加失业保险的企业职工，放宽到"依法参加失业保险，累计缴纳失业保险费12个月（含12个月）以上的"。

吸纳建档立卡贫困人员就业并签订劳动合同的事业单位，可以享受稳岗补贴政策和技能提升补贴政策。各省（区、市）要发挥省级失业保险调剂金的作用，确保深度贫困地区失业保险基金运行平稳，各项待遇切实得到落实。以上政策由各省（区、市）人力资源和社会保障部门、财政部门共同研究制订具体方案，政策执行期限截至2020年12月31日。

第四节　失业保险基金省级统筹与支持企业稳定就业

一、失业保险基金省级统筹

根据《人力资源和社会保障部　财政部　国家税务总局关于失业保险基金省级统筹的指导意见》（人社部发〔2019〕95号）的规定，为推动提高失业保险基金统筹层次，提高基金使用效率，增强基金保障能力，根据社会保险法、《失业保险条例》等法律法规相关规定要求，现就做好失业保险基金省级统筹（以下称省级统筹）工作提出如下意见。

（一）总体要求

（1）指导思想。以习近平新时代中国特色社会主义思想为指导，全面贯彻党的十九大和十九届二中、三中全会精神，坚持以人民为中心的发展思想，坚持稳中求进工作总基调，坚持新发展理念，坚持高质量发展，进一步完善失业保险制度，以更好地保障参保人员合法权益为出发点和落脚点，建立健全规范、高效的失业保险基金省级统筹管理体系，确保失业保险各项政策落实到位。

（2）基本原则。坚持制度统一，分级管理，提升失业保险服务质量；坚持职责明晰，分步实施，确保省级统筹有序推进；坚持统调结合，缺口分担，防范失业保险基金支付风险；坚持系统谋划，平稳衔接，促进失业保险制度持续健康发展。

（二）主要内容

失业保险基金在直辖市实行全市统筹。省、自治区人民政府决定实行省级统筹的，人力资源和社会保障部门要在省（自治区）内统一失业保险参保范围和参保对象，统一失业保险费率政策，统一失业保险缴费基数核定办法，统一失业保险待遇标准确定办法，统一失业保险经办流程和信息系统。未实行失业保险基金省级统筹的，要提高到市级统筹。

在基金管理上，有条件的省（自治区）可以实行失业保险基金统收统支管理；暂不具备条件的省（自治区），要进一步完善失业保险省级调剂金制度，逐步提高省级调剂金筹集比例，用于调剂解决统筹地区失业保险基金支出缺口，保证各统筹地区各项失业保险待遇按时足额发放。

（三）保障措施

（1）统一政策标准。实行省级统筹，各省（自治区、直辖市）要统筹考虑地区间经济发展水平、经办服务能力差异，统一各项失业保险政策，合理确定待遇标准。

（2）明确责权划分。实行省级统筹，要明确各级在管理上的主体责任，按照规定完善基金预算管理，建立健全职、权、责约束机制和基金缺口分担机制。各市（地）要严格执行基金支出范围和标准，规范管理，优化流程，提高服务质量。

（3）加强基金监管。已经实行基金统收统支的省（自治区、直辖市），要进一步完善省级统筹制度。有条件实行基金统收统支管理的省（自治区、直辖市），要积极推动，加快工作进度，在处理各市（地）原结余基金时，可根据地方实际，采取不同时期结余基金分别上解、分步实施等方法。目前暂不具备实行基金统收统支管理的省份，要结合本地实际确定合理的省级调剂金筹集比例并逐步提高，加大省级调剂力度，提高基金使用效率。各省（自治区、直辖市）在推进省级统筹时，要强化基金监管，加强监督检查，确保不发生基金风险。

（4）加强信息系统建设。各省（自治区、直辖市）人力资源和社会保障部门要按照"金保工程"建设要求，建成支持失业保险省级统筹的省级集中社会保险信息系统，统一业务指标、统一经办流程、统一技术标准，做好历史数据迁移工作，实现省、市、县三级管理部门信息的纵向互联，与财政、税务、银行等部门的横向互通、信息共享。推进社会保障卡在失业保险领域的应用，实现失业保险待遇进卡。推动失业保险公共服务事项网上办理，实现业务流程一体化、服务内容多样化、监管决策智能化。

（四）工作要求

（1）加强组织领导。人力资源和社会保障部门要会同财政、税务部门抓紧制定符合本地实际的省级统筹工作方案，明确目标任务、责任主体和进度安排，建立完善有效的工作运行机制，报省级人民政府，力争在2023年底前全面实现省级统筹。实行省级统筹的工作方案及时报人力资源和社会保障部、财政部备案，同时抄送国家税务总局。

（2）周密部署实施。实行省级统筹，政策性强，涉及面广，需要周密细致部署，积极稳妥推进。已经实行失业保险基金省级统收统支的省（自治区、直辖市），要以本指导意见下发为契机，主动对标工作要求，进一步完善省级统筹制度。

二、失业保险支持企业稳定就业岗位

根据《人力资源和社会保障部 财政部 国家发展改革委 工业和信息化部关于失业保险支持企业稳定就业岗位的通知》（人社部发〔2019〕23号）的规定，按照中央关于稳就业的部署要求，深入贯彻落实《国务院关于做好当前和今后一个时期促进就业工作的若干意见》（国发〔2018〕39号），充分发挥失业保险支持企业稳定就业岗位的作用，加大援企稳岗力度，维护就业局势总体稳定，现就有关事项通知如下。

（一）加大稳岗支持力度

对不裁员或少裁员的参保企业，可返还其上年度实际缴纳失业保险费的50%（以下简称"企业稳岗返还"）。2019年1月1日至12月31日，对面临暂时性生产经营困难且恢复有望、坚持不裁员少裁员的参保企业，返还标准可按6个月的当地月人均失业保险金和参保职工人数确定，或按6个月的企业及其职工应缴纳社会保险费50%的标准确定（以下简称"经营困难且恢复有望企业稳岗返还"）。上述两项政策实施的基本条件、资金使用、审核认定等按下列规定执行：

（1）失业保险统筹地区实施稳岗返还应同时具备以下条件：实施企业稳岗返还的统筹地区上年失业保险基金滚存结余应具备12个月以上支付能力，实施经营困难且恢复有望企业稳岗返还的统筹地区上年失业保险基金滚存结余应具备24个月以上支付能力；失业保险基金使用管理规范。

（2）申请稳岗返还的企业应同时具备以下条件：生产经营活动符合国家及所在区域产业结构调整和环保政策；参加失业保险并足额缴纳失业保险费12个月以上；上年度未裁员或裁员率低于统筹地区城镇登记失业率。申请经营困难且恢复有望企业稳岗返还的，还需符合当地人力资源和社会保障部门会同财政等相关部门的认定标准，并提供与工会组织协商制定的稳定就业岗位措施。

（3）返还标准。企业稳岗返还标准，可按该企业及其职工上年度实际缴纳失业保险费的50%确定，对去产能企业，各省（区、市）可按规定提高标准。经营困难且恢复有望企业稳岗返还标准，各省（区、市）可结合失业保险基金结余等情况，明确本省（区、市）返还标准是按6个月的当地月人均失业保险金和参保职工人数确定，还是按 6 个月的企业及其职工上年度应缴纳社会保险费 50% 的标准确定。

（4）审核认定。企业稳岗返还的审核认定由各地人力资源和社会保障部门负责。经营困难且恢复有望企业稳岗返还的审核认定，由各地人力资源和社会保障部门会同财政等相关部门制定认定标准和审核办法，建立会审机制并组织实施。对拟给予稳岗返还的企业名单和资金数额应当向社会公示，不少于 5 个工作日，并及时做好享受稳岗返还企业实名制信息登记工作。

（5）资金使用。激励企业承担稳定就业的社会责任，稳岗返还资金主要用于职工生活补助、缴纳社会保险费、转岗培训、技能提升培训等稳定就业岗位相关支出。返还资金由失业保险基金列支，其中，企业稳岗返还资金从失业保险基金"稳岗补贴"科目支出，经营困难且恢复有望企业稳岗返还资金从"其他支出"科目中列支。稳岗返还资金一次性发放，同一企业同一年度只能享受其中一项。

（6）适当放宽裁员率标准。在计算企业裁员率时，各地可按上年度参保职工减少人数或领取失业保险金人数与上年度参保职工人数比较确定。基金结余规模较大的地区可根据本地实际放宽裁员率标准，对上年度裁员率高于统筹地区城镇登记失业率但低于全国城镇登记失业率的参保企业，可以适用稳岗返还政策，提高政策受益率。

（二）放宽技术技能提升补贴申领条件

自 2019 年 1 月 1 日至 2020 年 12 月 31 日，将现行技能提升补贴政策申领条件由企业在职职工累计缴纳失业保险费 36 个月及以上放宽至累计缴纳失业保险费 12 个月及以上。参保职工当年取得职业资格证书或职业技能等级证书，并且证书信息可在人力资源和社会保障部职业技能鉴定中心、人事考试中心等全国联网查询系统上查询到的，可在取证之日起 12 个月内到本人失业保险参保地经办机构申领技术技能提升补贴，补贴标准和审核发放办法由各地按现行技能提升补贴政策根据本地实际制定。

（三）加大对深度贫困地区的倾斜支持力度

各地要深入落实《关于使用失业保险基金支持脱贫攻坚的通知》（人社部发〔2018〕35号）要求，对"三区三州"等深度贫困地区的失业保险参保企业，将企业稳岗返还标准提高到该企业及其职工上年度实际缴纳失业保险费总额的60%，并按规定将吸纳建档立卡贫困人员就业并签订劳动合同的事业单位纳入稳岗返还和技能提升补贴政策范围。加大对深度贫困地区支持力度，充分考虑当地实际情况和客观困难，采取超常规举措，切实落实各项倾斜性政策。

（四）发放价格临时补贴

各地要继续落实《关于进一步完善社会救助和保障标准与物价上涨挂钩联动机制的通知》（发改价格规〔2016〕1835号），达到启动条件时，及时对领取失业保险金人员发放价格临时补贴，确保困难群众基本生活水平不因物价上涨降低。

（五）优化经办服务

各地要以规范、安全、便捷为原则，提高失业保险经办服务质量和效率。在审核稳岗返还时，要充分利用人力资源和社会保障部门已掌握的企业和职工参保信息、领取失业保险金信息进行审核，减少证明材料，减少企业跑腿次数。不得设定集中申报期，企业只要在年度内申报，经办机构都要及时受理；要优化审核流程，强化信息共享，进一步缩短办理时限。要加强对企业使用稳岗返还资金的指导，引导企业更多地用于职工培训，提升就业技能，增强就业稳定性。各地可结合基金结余情况，研究欠费企业补缴后享受稳岗返还的办法，使更多企业受益。大力推广在线办事，直辖市、计划单列市、省会城市要尽快实现稳岗返还、技能提升补贴事项的网上办理，加快释放政策红利。

（六）防范基金风险

各地要密切关注失业保险基金支出情况，按月监测基金运行状况，加强情况预判和适时调控，确保基金收支平衡和安全可持续。建立健全资金审核、公示、拨付等监督机制，加强内部监管，严防廉政风险。畅通渠道，严格公示，主动接受社会监督。各地要制定审核工作规程，对经营困难且恢复有望企业稳岗返还涉及资金金额较大的，报请统筹地区人民政府审议。加强技防人防，充分利用信息化手段验证资格条件，减少自由裁量权，防范内外勾结。严防骗取套取，对骗取或套取稳岗返还等资金造成失业保险基金损失的，要依法严肃追究行政责任和刑事责任。

（七）工作要求

失业保险支持企业稳定就业岗位，是落实中央稳就业方针的重要举措。各级人力资源和社会保障部门要高度重视，按照积极稳妥、突出重点、严格审核的原则，精心组织，加力增效，会同相关部门各司其职，协同配合，有力有序推动政策落实。要及时跟踪了解使用失业保险基金支持企业稳定就业岗位特别是支持深度贫困地区脱贫攻坚的政策效果。加大精准扶持力度，突出对符合产业发展方向、长期吸纳就业人数较多企业的政策支持，对技术落后、没有市场前景、生产恢复无望的"僵尸企业"以及严重失信企业，不宜返还失业保险费。加大宣传力度，结合失业保险援企稳岗"护航行动"、职工技能提升"展翅行动"、失业保险惠企政策进民企和进厂房进工地进矿区等专项活动，主动宣传解读政策；采取短信推送方式，提示符合条件的参保企业和职工及时申领；积极宣传受益企业和职工稳定就业岗位的实际成效，多渠道扩大政策知晓度。各省级人力资源和社会保障部门要在本通知下发1个月内，制定经营困难且恢复有望企业的认定标准和审核办法，要重点关注基金支付能力相对较弱的统筹地区，发挥省级调剂金作用，尽可能让符合条件的企业、职工、失业人员都能享受政策支持。各地要按月上报政策实施和基金结余情况，在执行中遇到的重大问题及时向人力资源和社会保障部、财政部报告。

第五节　失业保险典型案例分析

一、用人单位未及时办理社会保险转移手续应承担失业保险金损失

1. 基本案情

梁某于 2005 年 4 月 20 日与某公司建立劳动关系，2010 年 11 月 11 日某公司违法解除与梁某之间的劳动关系。但在双方解除劳动关系后，某公司直到 2012 年 7 月 18 日方为梁某办理失业保险缴费情况的审核手续。

2012 年 7 月 25 日，梁某从劳动监察部门收到《参加职业指导通知单》及《失业登记通知单》，通知单上注明其不享受失业保险待遇，原因是单位逾期办理解聘。此后，梁某申请劳动仲裁，要求某公司赔偿其未领取的失业金损失。

2. 法院审判

本案经过审理认为，用人单位与劳动者解除或终止劳动关系，应在十五日内为劳动者办理社会保险转移手续。某公司在 2010 年 11 月 11 日与梁某解除劳动关系，却未及时给梁某办理社会保险转移手续，导致梁某无法享受法定的失业保险待遇，作为用人单位的某公司应赔偿梁涛不能享受失业保险待

遇的损失。

3. 案例分析

根据《失业保险条例》第十七条规定，累计缴费时间满5年不足10年的，领取失业保险金的期限最长为18个月，2011年7月1日之前，失业保险金为每月536元，某公司应赔偿梁涛不能享受失业保险待遇的损失为18个月的失业保险金9 648元

二、湖南某农业发展股份有限公司与季某经济补偿金与失业损失案

1. 基本案情

2012年，湖南某农业发展股份有限公司与季某签订《劳动合同》，季某的工作岗位为仓库管理员。季某被解除劳动合同前12个月的平均工资为2 456.3元，湖南某农业发展股份有限公司没有为季某缴纳各项社会保险。2015年12月21日，湖南某农业发展股份有限公司的职工代表大会讨论并通过修订版《考勤管理制度》，并于当天在食堂和员工QQ群公示。修订版《考勤管理制度》规定，职工无正当理由经常旷工，经批评教育无效，一个月内连续旷工时间超过三天，或者一年以内累计旷工超过七天的，公司有权予以除名并解除劳动合同。

季某自2016年5月5日起就未到岗上班。2016年5月12日，湖南某农业发展股份有限公司在事先告知工会委员会并征得工会委员会同意的情形下，以季某严重违反公司劳动规章制度为由解除与季某的劳动合同，并将《解除劳动合同告知书》送达给工会委员会。2016年5月13日，湖南某农业发展股份有限公司将《解除劳动合同通知书》邮寄给了季某。

2016年5月，季某向汨罗市劳动人事争议仲裁委员会申请仲裁，要求湖南某农业发展股份有限公司支付经济补偿金50 760元，赔偿养老补偿金

40 500 元，支付失业保险金 32 400 元，共计 123 660 元。

汨罗市劳动人事争议仲裁委员会裁决由湖南某农业发展股份有限公司支付给季某违法解除劳动合同的二倍赔偿金 22 106.70 元，失业保险待遇损失 11 526 元，共计 33 632.70 元。湖南某农业发展股份有限公司对裁决不服，向汨罗市法院提起诉讼，请求判决湖南某农业发展股份有限公司不向季某支付违约解约赔偿金 22 106.7 元和不支付失业保险待遇损失 11 526 元。

2. 法院审判

汨罗市法院经审理认为，湖南某农业发展股份有限公司修改《考勤管理制度》，经过工会委员会预审，提交职工代表大会讨论通过，进行了公示。季某连续 7 天旷工，严重违反《考勤管理制度》，湖南某农业发展股份有限公司解除与季某的劳动合同关系，征得工会的同意并通知了工会，有事实依据和法律依据，程序合法，无需向季某支付经济赔偿金。

湖南某农业发展股份有限公司未为季某缴纳失业保险费，参照《湖南省人力资源和社会保障厅关于失业保险费补建补缴有关问题的复函》第三项的规定，因用人单位不按规定参加失业保险，造成失业人员不能享受失业保险待遇损失的应给予赔偿。法院遂判决湖南某农业发展股份有限公司不需要向季某支付违法解除合同双倍赔偿金，但需向季某支付失业保险待遇损失 11 526 元。

3. 案例分析

《劳动法》第二十五条和《劳动合同法》第三十九条规定劳动者严重违反用人单位规章制度的，用人单位可以即时辞退。但严重违反用人单位规章制度的认定标准，相关法律法规和司法解释并无规定，因此应当根据用人单位规章制度和社会公认的标准，并结合用人单位的行业特点和劳动者的具体工作岗位进行合理性判断。一般而言，多次旷工属于社会公认的严重违反规章制度的情形，且本案中用人单位的考勤制度对此做出了明确规定，同时，该考勤制度制定时经过了民主程序，并进行了公示告知，用人单位据此解除劳动关系，并征得了工会同意，合法有效，无需支付违法解除合同的双倍赔偿金。

4. 案例索引

湖南省汨罗市人民法院（2016）湘 0681 民初 1594 号。

第八章　生育保险基本制度

导 读

本章生育保险基本制度，共四节内容，分别介绍了生育保险基本法律制度、生育保险和职工基本医疗保险合并改革、降低生育保险费率以及生育保险典型案例。

第一节　生育保险基本法律制度

一、社会保险法规定的制度

根据《社会保险法》第六章的规定，职工应当参加生育保险，由用人单位按照国家规定缴纳生育保险费，职工不缴纳生育保险费。

用人单位已经缴纳生育保险费的，其职工享受生育保险待遇；职工未就业配偶按照国家规定享受生育医疗费用待遇。所需资金从生育保险基金中支付。生育保险待遇包括生育医疗费用和生育津贴。

生育医疗费用包括下列各项：

（1）生育的医疗费用。

（2）计划生育的医疗费用。

（3）法律、法规规定的其他项目费用。

职工有下列情形之一的，可以按照国家规定享受生育津贴：

（1）女职工生育享受产假。

（2）享受计划生育手术休假。

（3）法律、法规规定的其他情形。

生育津贴按照职工所在用人单位上年度职工月平均工资计发。

二、企业职工生育保险试行办法规定的制度

根据《企业职工生育保险试行办法》（劳部发〔1994〕504号，以下简称《办法》）的规定，为了维护企业女职工的合法权益，保障她们在生育期间得到必要的经济补偿和医疗保健，均衡企业间生育保险费用的负担，根据有关法律、法规的规定，制定本《办法》。本《办法》适用于城镇企业及其职工。

生育保险按属地原则组织。生育保险费用实行社会统筹。生育保险根据"以支定收，收支基本平衡"的原则筹集资金，由企业按照其工资总额的一定比例向社会保险经办机构缴纳生育保险费，建立生育保险基金。生育保险费的提取比例由当地人民政府根据计划内生育人数和生育津贴、生育医疗费等项费用确定，并可根据费用支出情况适时调整，但最高不得超过工资总额的1%。企业缴纳的生育保险费作为期间费用处理，列入企业管理费用。职工个人不缴纳生育保险费。

女职工生育按照法律、法规的规定享受产假。产假期间的生育津贴按照本企业上年度职工月平均工资计发，由生育保险基金支付。

女职工生育的检查费、接生费、手术费、住院费和药费由生育保险基金支付。超出规定的医疗服务费和药费（含自费药品和营养药品的药费）由职工个人负担。女职工生育出院后，因生育引起疾病的医疗费，由生育保险基

金支付；其他疾病的医疗费，按照医疗保险待遇的规定办理。女职工产假期满后，因病需要休息治疗的，按照有关病假待遇和医疗保险待遇规定办理。

女职工生育或流产后，由本人或所在企业持当地计划生育部门签发的计划生育证明，婴儿出生、死亡或流产证明，到当地社会保险经办机构办理手续，领取生育津贴和报销生育医疗费。

生育保险基金由劳动部门所属的社会保险经办机构负责收缴、支付和管理。生育保险基金应存入社会保险经办机构在银行开设的生育保险基金专户。银行应按照城乡居民个人储蓄同期存款利率计息，所得利息转入生育保险基金。

社会保险经办机构可从生育保险基金中提取管理费，用于本机构经办生育保险工作所需的人员经费、办公费及其他业务经费。管理费标准，各地根据社会保险经办机构人员设置情况，由劳动部门提出，经财政部门核定后，报当地人民政府批准。管理费提取比例最高不得超过生育保险基金的2%。生育保险基金及管理费不征税、费。

生育保险基金的筹集和使用，实行财务预、决算制度，由社会保险经办机构作出年度报告，并接受同级财政、审计监督。

市（县）社会保险监督机构定期监督生育保险基金管理工作。

企业必须按期缴纳生育保险费。对逾期不缴纳的，按日加收2‰的滞纳金。滞纳金转入生育保险基金。滞纳金计入营业外支出，纳税时进行调整。

企业虚报、冒领生育津贴或生育医疗费的，社会保险经办机构应追回全部虚报、冒领金额，并由劳动行政部门给予处罚。企业欠付或拒付职工生育津贴、生育医疗费的，由劳动行政部门责令企业限期支付；对职工造成损害的，企业应承担赔偿责任。

劳动行政部门或社会保险经办机构的工作人员滥用职权、玩忽职守、徇私舞弊，贪污、挪用生育保险基金，构成犯罪的，依法追究刑事责任；不构成犯罪的，给予行政处分。

省、自治区、直辖市人民政府劳动行政部门可以按照本办法的规定，结合本地区实际情况制定实施办法。

第二节　生育保险和职工基本医疗保险合并改革

一、生育保险和职工基本医疗保险合并实施试点方案

根据《国务院办公厅关于印发生育保险和职工基本医疗保险合并实施试点方案的通知》（国办发〔2017〕6号）规定，为贯彻落实党的十八届五中全会精神和《中华人民共和国国民经济和社会发展第十三个五年规划纲要》，根据《全国人民代表大会常务委员会关于授权国务院在河北省邯郸市等12个试点城市行政区域暂时调整适用〈中华人民共和国社会保险法〉有关规定的决定》，现就做好生育保险和职工基本医疗保险（以下统称两项保险）合并实施试点工作制定以下方案。

（一）总体要求

（1）指导思想。全面贯彻党的十八大和十八届三中、四中、五中、六中全会精神，深入贯彻习近平总书记系列重要讲话精神和治国理政新理念新思想新战略，认真落实党中央、国务院决策部署，统筹推进"五位一体"总体布局和协调推进"四个全面"战略布局，牢固树立和贯彻落实创新、协调、绿色、开放、共享的发展理念，遵循保留险种、保障待遇、统一管理、降低成本的总体思路，推进两项保险合并实施，通过整合两项保险基金及管理资源，强化基金共济能力，提升管理综合效能，降低管理运行成本。

（2）主要目标。2017年6月底前启动试点，试点期限为一年左右。通过

先行试点探索适应我国经济发展水平、优化保险管理资源、促进两项保险合并实施的制度体系和运行机制。

（二）试点地区

根据实际情况和有关工作基础，在河北省邯郸市、山西省晋中市、辽宁省沈阳市、江苏省泰州市、安徽省合肥市、山东省威海市、河南省郑州市、湖南省岳阳市、广东省珠海市、重庆市、四川省内江市、云南省昆明市开展两项保险合并实施试点。未纳入试点地区不得自行开展试点工作。

（三）试点内容

（1）统一参保登记。参加职工基本医疗保险的在职职工同步参加生育保险。实施过程中要完善参保范围，结合全民参保登记计划摸清底数，促进实现应保尽保。

（2）统一基金征缴和管理。生育保险基金并入职工基本医疗保险基金，统一征缴。试点期间，可按照用人单位参加生育保险和职工基本医疗保险的缴费比例之和确定新的用人单位职工基本医疗保险费率，个人不缴纳生育保险费。同时，根据职工基本医疗保险基金支出情况和生育待遇的需求，按照收支平衡的原则，建立职工基本医疗保险费率确定和调整机制。职工基本医疗保险基金严格执行社会保险基金财务制度，两项保险合并实施的统筹地区，不再单列生育保险基金收入，在职工基本医疗保险统筹基金待遇支出中设置生育待遇支出项目。探索建立健全基金风险预警机制，坚持基金收支运行情况公开，加强内部控制，强化基金行政监督和社会监督，确保基金安全运行。

（3）统一医疗服务管理。两项保险合并实施后实行统一定点医疗服务管理。医疗保险经办机构与定点医疗机构签订相关医疗服务协议时，要将生育医疗服务有关要求和指标增加到协议内容中，并充分利用协议管理，强化对生育医疗服务的监控。执行职工基本医疗保险、工伤保险、生育保险药品目录以及基本医疗保险诊疗项目和医疗服务设施范围。生育医疗费用原则上实行医疗保险经办机构与定点医疗机构直接结算。

（4）统一经办和信息服务。两项保险合并实施后，要统一经办管理，规范经办流程。生育保险经办管理统一由职工基本医疗保险经办机构负责，工作经费列入同级财政预算。充分利用医疗保险信息系统平台，实行信息系统一体化运行。原有生育保险医疗费结算平台可暂时保留，待条件成熟后并入医疗保险结算平台。完善统计信息系统，确保及时准确反映生育待遇享受人员、基金运行、待遇支付等方面情况。

（5）职工生育期间的生育保险待遇不变。生育保险待遇包括《中华人民共和国社会保险法》规定的生育医疗费用和生育津贴，所需资金从职工基本医疗保险基金中支付。生育津贴支付期限按照《女职工劳动保护特别规定》等法律法规规定的产假期限执行。

（四）保障措施

（1）加强组织领导。两项保险合并实施是党中央、国务院作出的一项重要部署，也是推动建立更加公平更可持续社会保障制度的重要内容。试点城市所在省份要高度重视，加强领导，密切配合，推动试点工作有序进行。人力资源和社会保障部、财政部、国家卫生计生委要会同有关方面加强对试点地区的工作指导，及时研究解决试点中的困难和问题。试点省份和有关部门要加强沟通协调，共同推进相关工作。

（2）精心组织实施。试点城市要高度重视两项保险合并实施工作，按照本试点方案确定的主要目标、试点措施等要求，根据当地生育保险和职工基本医疗保险参保人群差异、基金支付能力、待遇保障水平等因素进行综合分析和研究，周密设计试点实施方案，确保参保人员相关待遇不降低、基金收支平衡，保证平稳过渡。2017 年 6 月底前各试点城市要制定试点实施方案并组织实施。

（3）加强政策宣传。试点城市要坚持正确的舆论导向，准确解读相关政策，大力宣传两项保险合并实施的重要意义，让社会公众充分了解合并实施不会影响参保人员享受相关待遇，且有利于提高基金共济能力、减轻用人单位事务性负担、提高管理效率，为推动两项保险合并实施创造良好的社会氛围。

（4）做好总结评估。各试点城市要及时总结经验，试点过程中发现的重要问题和有效做法请及时报送人力资源和社会保障部、财政部、国家卫生计生委，为全面推开两项保险合并实施工作奠定基础。人力资源和社会保障部、财政部、国家卫生计生委要对试点期间各项改革措施执行情况、实施效果、群众满意程度等内容进行全面总结评估，并向国务院报告。

二、做好当前生育保险工作

根据《人力资源和社会保障部　财政部　国家卫生计生委关于做好当前生育保险工作的意见》（人社部发〔2018〕15号）的规定，生育保险制度自建立以来，总体保持平稳运行，对维护职工生育保障权益、促进妇女公平就业、均衡用人单位负担发挥了重要作用。近年来，为应对经济下行压力，生育保险采取降费率措施，减轻了企业负担；同时，应对人口老龄化，适应国家实施全面两孩政策，采取措施保障生育保险待遇，促进了人口均衡发展。当前，为切实维护全面两孩政策下参保职工合法权益，确保生育保险稳健运行，现对进一步做好生育保险工作提出如下意见。

（一）提高认识，确保生育保险待遇落实

实施全面两孩政策是适应人口和经济社会发展新形势的重大战略举措，落实生育保险政策是实施全面两孩政策的重要保障措施。各地要统一思想，

提高认识，主动适应计划生育政策调整，坚持科学发展，体现社会公平，切实维护职工合法权益。要确保应保尽保，将符合条件的用人单位及职工纳入参保范围；确保参保职工的生育医疗费用和生育津贴按规定及时足额支付，杜绝拖欠和支付不足现象。要根据全面两孩生育政策对生育保险基金的影响，增强风险防范意识和制度保障能力，确保生育保险基金收支平衡，实现制度可持续发展。

（二）加强预警，完善费率调整机制

各地要结合全面两孩政策实施，完善生育保险监测指标。充分利用医疗保险信息网络系统，加强生育保险基金运行分析，参照基本医疗保险基金管理要求，全面建立生育保险基金风险预警机制，将基金累计结存控制在6-9个月支付额度的合理水平。

基金当期入不敷出的统筹地区，首先动用累计结存，同时制定预案，根据《社会保险基金财务制度》提出分类应对措施，经报同级政府同意后及时启动。基金累计结存不足（＜3个月支付额度）的统筹地区，要及时调整费率，具体费率由统筹地区按照"以支定收、收支平衡"的原则，科学测算全面两孩政策下基金支出规模后合理确定。基金累计结存完全消化的统筹地区，按规定向同级财政部门申请补贴，保障基金当期支付，同时采取费率调整措施，弥补基金缺口。

开展生育保险与职工基本医疗保险（以下统称两项保险）合并实施试点的统筹地区，要通过整合两项保险基金和统一征缴，增强基金统筹共济能力。要跟踪分析合并实施后基金运行情况，根据基金支出需求，确定新的费率并建立动态调整机制，防范风险转嫁。

（三）引导预期，规范生育津贴支付政策

各地要按照"尽力而为、量力而行"的原则，坚持从实际出发，从保障

基本权益做起，合理引导预期。要综合考虑生育保险基金运行和用人单位缴费等情况，规范生育津贴支付期限和计发标准等政策，确保基金可持续运行和待遇享受相对公平。确保《女职工劳动保护特别规定》法定产假期限内的生育津贴支付，探索多渠道解决生育奖励假待遇问题。

（四）加强管理，提高基金使用效率

各地要结合全民参保计划实施，进一步扩大生育保险覆盖面，加大征缴力度，与基本医疗保险同步推进统筹层次提升。加强生育保险定点协议管理，切实保障参保人员生育医疗权益，促进生育医疗服务行为规范。将生育医疗费用纳入医保支付方式改革范围，实行住院分娩医疗费用按病种、产前检查按人头付费，实现经办机构与定点医疗机构费用直接结算。充分利用医保智能监控系统，强化监控和审核，控制生育医疗费用不合理增长。

（五）高度重视，切实做好组织实施工作

各地要高度重视生育保险工作，切实加强组织领导，做好统筹协调。加强政策宣传与舆论引导，准确解读相关政策，及时回应群众关切。各级人力资源和社会保障、财政、卫生计生部门要明确职责，密切配合，形成工作合力，加强对统筹地区工作指导，及时研究解决有关问题。积极稳妥推进两项保险合并实施试点工作，及时总结试点经验，为全面推开两项保险合并实施工作奠定基础。工作推进中，如遇到重大问题，要及时报告。

三、国务院关于生育保险和职工基本医疗保险合并实施试点情况的总结报告

生育保险制度自建立以来，对维护职工生育保障权益、促进妇女公平就业、均衡用人单位负担发挥了重要作用。为适应社会经济发展新形势新要

求，党的十八届五中全会和国家"十三五"规划纲要提出"将生育保险和基本医疗保险合并实施"。根据《全国人民代表大会常务委员会关于授权国务院在河北省邯郸市等 12 个试点城市行政区域暂时调整适用〈中华人民共和国社会保险法〉有关规定的决定》（以下简称《授权决定》），国务院办公厅于2017 年 1 月印发了《生育保险和职工基本医疗保险合并实施试点方案》（国办发〔2017〕6 号），组织 12 个城市开展生育保险和职工基本医疗保险（以下简称"两项保险"）合并实施试点。国家医保局近期会同有关方面组织各试点城市对试点工作进行了总结评估，认为通过实施试点，生育保险覆盖面扩大，基金共济能力增强，监管水平提高，经办服务水平提升，享受待遇更加便利，达到了预期目标，适于全国推开，并根据《授权决定》关于"对实践证明可行的，修改完善有关法律规定"的要求，建议对社会保险法第六十四条、第六十六条关于生育保险基金单独建账、核算以及编制预算的规定进行修改。现将有关情况报告如下。

（一）两项保险合并实施试点工作推进顺利

人力资源和社会保障部会同财政部、原国家卫生计生委成立了试点工作领导小组，认真落实国办发〔2017〕6 号文件要求，完善配套政策，加强组织指导，积极稳妥推进试点。2017 年 2 月，在安徽省合肥市联合召开试点工作会议，进行动员部署；2017 年 3 月，联合印发《关于做好生育保险和职工基本医疗保险合并实施试点有关工作的通知》（人社厅发〔2017〕29 号），对试点工作做出周密安排，确保如期启动试点。各试点城市按照全国人大常委会《授权决定》、国务院总体部署和三部委统一要求，遵循"保留险种、保障待遇、统一管理、降低成本"的总体思路，科学制定方案，扎实做好工作，确保改革部署落实到位。今年机构改革后，国家医保局加大业务指导和工作调度，牵头继续推进试点工作，并认真组织试点城市和有关专家开展总结评估，会同有关部门积极研究下一步推进工作的总体考虑。

（1）高度重视，保障有力。建立了由人力资源和社会保障部（机构改革后为国家医保局）、财政部、国家卫生计生委（机构改革后为国家卫生健康委）组成的部际工作机制。各试点城市认真贯彻落实中央部署要求，把两项保险合并实施试点工作列入重要议事日程，专门建立组织机构和工作机制，建立了人力资源和社会保障、财政、卫生计生等部门共同参与的协调议事机制。大部分城市由市长或常务副市长任试点工作领导小组组长，统筹组织试点工作。所在省份负责组织、协调，指导试点工作，形成了群策群力的良好工作局面。

（2）周密谋划，精心组织。各试点城市深入区县调研摸底，广泛听取多方意见，严格按照全国人大常委会《授权决定》、国办发〔2017〕6号、人社厅发〔2017〕29号等文件要求，结合自身实际制定了切实可行的试点实施方案。为确保国家方案落地，各试点城市把牢政策底线，做好风险管控，研究制定试点实施细则和具体推进计划，明确时间表和路线图，把试点工作列入重点工作考核范围。各试点城市都按要求在2017年6月底前启动试点。

（3）注重宣传，助力改革。各地及时准确解读政策，充分利用各种新闻媒体广泛开展宣传，深入用人单位讲解政策措施，把意义讲清，把政策措施讲透，把合并实施后参保就医的程序讲明，特别是把合并实施不增加缴费负担、不降低待遇水平等重要内容广而告之，及时回应群众关切，为改革创造了有利的社会环境。

（4）加强调度，科学评估。试点过程中，地方按月对参保人数、待遇享受、基金运行、服务管理等方面开展摸底调查，全面掌握情况，做好运行分析。人力资源和社会保障部、国家医保局先后组织在合肥市、郑州市、泰州市召开试点工作交流会，在威海市召开试点城市自评工作交流会，总结经验，分析问题，指导试点工作。相关部门加强调研督导，及时掌握试点进展，组织试点城市开展自评，委托人力资源和社会保障部劳动和社会保障科学研究院开展总结评估。

（二）两项保险合并实施试点取得积极成效

两项保险合并实施试点事关广大人民群众特别是参保女职工的切身利益，涉及面广，社会关注度高。为准确客观反映试点工作成效，经组织开展系列评估，各方普遍肯定试点成效，认为两项保险合并实施有利于提高行政效率，降低管理运行成本，增强生育保障功能，确保参保人生育待遇，试点方案提出的"四统一、一不变"政策落到实处，取得实效。

（1）统一参保登记，扩大了生育保险覆盖面。参加职工基本医疗保险的在职职工同步参加生育保险，覆盖面扩展到所有用人单位及其职工。试点全面启动1年后，12个试点城市参保人数1510万人，比试点前增长12.6%，明显高于同期全国5.5%的增长水平。此外，还促进了小微企业参保，如泰州市生育保险参保人数增加6.3%，但参保单位数增加了35.7%，增量中大多数为小微企业。

（2）统一基金征缴和管理，加强了基金共济能力。将生育保险基金并入职工基本医疗保险基金统一管理，对生育保险基金不再单独建账、核算，与职工基本医疗保险基金合并编制预算，按照两项保险缴费比例之和确定新的费率，提高了基金征缴效率，基金"打通"使用提高了共济能力。针对全面两孩政策实施后，生育保险基金支出大幅增加，连续两年出现当期收不抵支等情况，12个试点城市充分发挥两项保险合并实施带来的共济效应，有效缓解了基金赤字问题。

（3）统一医疗服务管理，强化了生育医疗服务行为监管。试点城市通过两项保险统一协议管理、统一支付目录、统一直接结算，实现医疗服务一体化管理，不仅方便了参保职工就医结算，还提高了生育医疗服务监管水平。如晋中市通过统一直接结算生育医疗费用，报销周期最长缩短了8个月；沈阳市等地实现两项保险使用统一监控体系，实时审核结算数据。

（4）统一经办和信息服务，优化了管理服务，方便了参保单位和职工。试点城市通过两项保险统一经办，整合信息系统，提高了参保、征缴等经办管理的效率，实现了参保人员生育、医疗结算同窗口受理、一站式办结，有利于深入推进生育医疗费用支付方式改革。通过"数据多跑路"，让"群众少跑腿"，既方便了参保单位和个人办理业务和享受服务，又节约了经办运行成本。如郑州市通过"互联网+"方式，企业通过手机 App 客户端直接办理生育保险待遇申报等项目；内江市实现生育津贴申领"只跑一次"，极大地方便了参保人。

（5）确保生育保险待遇不变，实现了改革平稳衔接。试点城市严格按现行法律法规落实参保人员生育医疗费和生育津贴等待遇，所需资金从职工基本医疗保险基金支付。通过确保生育保险待遇不变、提高待遇享受便捷性、开展多种形式宣传，打消了部分参保人的顾虑，营造了良好的改革氛围。改革前后平稳衔接，社会反响普遍较好，试点城市调查显示，群众对两险合并实施的待遇保障、经办服务、管理水平等各项措施表示满意。

（三）两项保险合并实施具备全面推开条件

试点城市的成功实践，证明了党的十八届五中全会和"十三五"规划纲要提出的"将生育保险和医疗保险合并实施"的科学性，证明了调整社会保险法相关条款可以为两项保险合并实施提供充分的法治保障，验证了国办发〔2017〕6 号文件各项政策措施的可行性。从总结评估情况和各方的反映看，两项保险合并实施具备全面推开条件。

（1）能更好保障职工权益，且不增加个人和单位负担。两项保险合并实施后，生育保险个人不缴费的政策没有改变，原有的生育保险待遇不受影响，且有利于让更多职工享受到生育待遇。用人单位缴费负担不增加，且可以通过统一参保登记、统一基金征缴管理，提高社保基金管理效能。

（2）能加强基金共济，更好应对长期风险。2016年国家全面实施两孩政策，生育保险基金支出大幅增加。国务院有关部门及时应对，人力资源和社会保障部、财政部、原国家卫生计生委于2018年3月联合印发《关于做好当前生育保险工作的意见》（人社部发〔2018〕15号），指导地方通过费率动态调整、提高基金使用效率等，确保全面两孩政策实施后职工生育待遇保障和基金稳健运行。随着全面两孩政策效应的逐步释放和生育保险相关工作的加强，2018年以来生育保险基金已经实现当期收支基本平衡，为全面推进两项保险合并实施创造了有利条件。两项保险合并实施后，基金共济能力将进一步增强，更有利于制度稳定运行，更有利于适应人口、经济和社会发展面临的新形势、新变化和新要求。

（3）地方和部门普遍支持，社会各方高度认同。征求意见过程中，各省、自治区、直辖市和新疆生产建设兵团普遍赞同全面推开两项保险合并实施。国务院相关部门、全国总工会、全国妇联等单位普遍认为，两项保险合并实施是推进建立更加公平更可持续社会保障制度的一项成功改革尝试，按照"保留险种、保障待遇、统一管理、降低成本"的思路推开，有利于生育保险稳定可持续发展。

（4）试点探索形成了成熟的制度经验和法律保障依据。试点达到了国务院提出的"通过先行试点探索适应我国经济发展水平、优化保险管理资源、促进两项保险合并实施的制度体系和运行机制"的目的，证明国办发〔2017〕6号文件确定的主要政策科学可行，符合社会保险制度改革完善方向；形成了一套成熟的制度政策和运行模式，可以用于全面推开。试点实践证明，调整适用《中华人民共和国社会保险法》第六十四条、第六十六条关于生育保险基金单独建账、核算以及编制预算的规定，将生育保险基金并入职工基本医疗保险基金征缴和管理，可以为两项保险合并实施提供充分的法律依据，体现了全国人大常委会授权法律调整的严谨权威，为推动修改社会保险法相关条款创造了条件。目前，国家医保局、财政部、司法部在广泛征求有关单位和地方人民政府意见的基础上，研究起草了《中华人民共和国社会保险法修正草案》，待按程序报批后提请全国人大常委会审议。

（四）下一步工作考虑

为确保两项保险合并实施在全国顺利推开，国家医保局会同相关部门在认真调研、广泛征求意见的基础上，起草了《关于全面推进生育保险和职工基本医疗保险合并实施的意见（稿）》（以下简称《意见》）。待全国人大常委会审议通过社会保险法相关修正草案后，国家医保局将及时按程序报请国务院印发《意见》，指导地方做好两项保险合并实施工作，完善生育保险政策措施，确保广大参保人合法权益和制度长期稳定可持续运行。

四、全面推进生育保险和职工基本医疗保险合并

根据《国务院办公厅关于全面推进生育保险和职工基本医疗保险合并实施的意见》（国办发〔2019〕10号）的规定，全面推进生育保险和职工基本医疗保险（以下统称两项保险）合并实施，是保障职工社会保险待遇、增强基金共济能力、提升经办服务水平的重要举措。根据《中华人民共和国社会保险法》有关规定，经国务院同意，现就两项保险合并实施提出以下意见。

（一）指导思想

以习近平新时代中国特色社会主义思想为指导，全面贯彻党的十九大和十九届二中、三中全会精神，认真落实党中央、国务院决策部署，统筹推进"五位一体"总体布局和协调推进"四个全面"战略布局，坚持以人民为中心，牢固树立新发展理念，遵循保留险种、保障待遇、统一管理、降低成本的总体思路，推进两项保险合并实施，实现参保同步登记、基金合并运行、征缴管理一致、监督管理统一、经办服务一体化。通过整合两项保险基金及管理资源，强化基金共济能力，提升管理综合效能，降低管理运行成本，建立适应我国经济发展水平、优化保险管理资源、实现两项保险长期稳定可持续发展的制度体系和运行机制。

（二）主要政策

（1）统一参保登记。参加职工基本医疗保险的在职职工同步参加生育保险。实施过程中要完善参保范围，结合全民参保登记计划摸清底数，促进实现应保尽保。

（2）统一基金征缴和管理。生育保险基金并入职工基本医疗保险基金，统一征缴，统筹层次一致。按照用人单位参加生育保险和职工基本医疗保险的缴费比例之和确定新的用人单位职工基本医疗保险费率，个人不缴纳生育保险费。同时，根据职工基本医疗保险基金支出情况和生育待遇的需求，按照收支平衡的原则，建立费率确定和调整机制。职工基本医疗保险基金严格执行社会保险基金财务制度，不再单列生育保险基金收入，在职工基本医疗保险统筹基金待遇支出中设置生育待遇支出项目。探索建立健全基金风险预警机制，坚持基金运行情况公开，加强内部控制，强化基金行政监督和社会监督，确保基金安全运行。

（3）统一医疗服务管理。两项保险合并实施后实行统一定点医疗服务管理。医疗保险经办机构与定点医疗机构签订相关医疗服务协议时，要将生育医疗服务有关要求和指标增加到协议内容中，并充分利用协议管理，强化对生育医疗服务的监控。执行基本医疗保险、工伤保险、生育保险药品目录以及基本医疗保险诊疗项目和医疗服务设施范围。促进生育医疗服务行为规范。将生育医疗费用纳入医保支付方式改革范围，推动住院分娩等医疗费用按病种、产前检查按人头等方式付费。生育医疗费用原则上实行医疗保险经办机构与定点医疗机构直接结算。充分利用医保智能监控系统，强化监控和审核，控制生育医疗费用不合理增长。

（4）统一经办和信息服务。两项保险合并实施后，要统一经办管理，规范经办流程。经办管理统一由基本医疗保险经办机构负责，经费列入同级财政预算。充分利用医疗保险信息系统平台，实行信息系统一体化运行。原有生育保险医疗费用结算平台可暂时保留，待条件成熟后并入医疗保险结算平台。完善统计信息系统，确保及时全面准确反映生育保险基金运行、待遇享受人员、待遇支付等方面情况。

（5）确保职工生育期间的生育保险待遇不变。生育保险待遇包括《中华人民共和国社会保险法》规定的生育医疗费用和生育津贴，所需资金从职工基本医疗保险基金中支付。生育津贴支付期限按照《女职工劳动保护特别规定》等法律法规规定的产假期限执行。

（6）确保制度可持续。各地要通过整合两项保险基金增强基金统筹共济能力；研判当前和今后人口形势对生育保险支出的影响，增强风险防范意识和制度保障能力；按照"尽力而为、量力而行"的原则，坚持从实际出发，从保障基本权益做起，合理引导预期；跟踪分析合并实施后基金运行情况和支出结构，完善生育保险监测指标；根据生育保险支出需求，建立费率动态调整机制，防范风险转嫁，实现制度可持续发展。

（三）保障措施

（1）加强组织领导。两项保险合并实施是党中央、国务院作出的一项重要部署，也是推动建立更加公平更可持续社会保障制度的重要内容。各省（自治区、直辖市）要高度重视，加强领导，有序推进相关工作。国家医保局、财政部、国家卫生健康委要会同有关方面加强工作指导，及时研究解决工作中遇到的困难和问题，重要情况及时报告国务院。

（2）精心组织实施。各地要高度重视两项保险合并实施工作，按照本意见要求，根据当地生育保险和职工基本医疗保险参保人群差异、基金支付能力、待遇保障水平等因素进行综合分析和研究，周密组织实施，确保参保人员相关待遇不降低、基金收支平衡，保证平稳过渡。各省（自治区、直辖市）要加强工作部署，督促指导各统筹地区加快落实，2019 年底前实现两项保险合并实施。

（3）加强政策宣传。各统筹地区要坚持正确的舆论导向，准确解读相关政策，大力宣传两项保险合并实施的重要意义，让社会公众充分了解合并实施不会影响参保人员享受相关待遇，且有利于提高基金共济能力、减轻用人单位事务性负担、提高管理效率，为推动两项保险合并实施创造良好的社会氛围。

第三节　降低生育保险费率

一、适当降低生育保险费率

根据《人力资源和社会保障部　财政部关于适当降低生育保险费率的通

知》(人社部发〔2015〕70号)的规定,按照党的十八届三中全会提出的"适时适当降低社会保险费率"的精神,根据生育保险基金实际情况,经国务院同意,自2015年10月1日起,在生育保险基金结余超过合理结存的地区降低生育保险费率。现就有关问题通知如下。

(一)统一思想,提高认识,确保政策落到实处

各地生育保险制度建立以来,在促进女性平等就业,均衡用人单位负担,维护女职工权益等方面发挥了重要作用。但也存在着地区间发展不平衡,基金结余偏多,待遇支付不规范等方面的问题。对基金结余多的地区降低生育保险费率,是完善生育保险政策,提高基金使用效率的一个重大举措,也是进一步减轻用人单位负担,促进就业稳定,实施积极财政政策的具体体现。各地要统一思想,充分认识降低生育保险费率的重要意义,确保政策按时落实到位,取得实效。

(二)认真测算,降低费率,控制基金结余

生育保险基金合理结存量为相当于6至9个月待遇支付额。各地要根据上一年基金收支和结余情况,以及国家规定的待遇项目和标准进行测算,在确保生育保险待遇落实到位的前提下,通过调整费率,将统筹地区生育保险基金累计结余控制在合理水平。生育保险基金累计结余超过9个月的统筹地区,应将生育保险基金费率调整到用人单位职工工资总额的0.5%以内,具体费率应按照"以支定收、收支平衡"的原则,根据近年来生育保险基金的收支和结余情况确定。

各地要加强对生育保险基金的监测和管理。降低生育保险费率的统筹地区要按程序调整生育保险基金预算,按月进行基金监测。基金累计结余低于3个月支付额度的,要制定预警方案,并向统筹地区政府和省级人力资源和社

会保障、财政部门报告。要通过提高统筹层次，加强基金和医疗服务管理，规范生育保险待遇，力求基金平衡。在生育保险基金累计结余不足支付时，统筹地区要采取加强支出管理、临时补贴、调整费率等方式确保基金收支平衡，确保参保职工按规定享受生育保险待遇。

（三）加强组织领导，全面推进实施

各省（区、市）人力资源和社会保障、财政部门要加强配合，共同研究落实国务院降低生育保险费率措施。实行省级统筹且基金结余超过 9 个月的省（区、市），应于 9 月底前提出降低生育保险费率的办法，报省级人民政府批准后实施。未实行省级统筹的省（区、市），应于 8 月底前制订本省（区、市）降低生育保险费率的办法，指导各统筹地区制订实施方案，符合降费率规定的统筹地区应于 9 月底以前发布降低费率的实施方案，以确保 10 月 1 日前完成降低生育保险费率的工作。各省（区、市）应于 9 月底将上述情况报告人力资源和社会保障部、财政部。

要加强降低生育保险费率的宣传工作，向工作人员、参保单位和广大职工讲清降低生育保险费率的重大意义，在减轻用人单位负担的同时，调动用人单位参保积极性，切实维护女职工合法权益。要加强与有关部门协调配合，做好人口出生形势的分析和预判。各地在政策调整过程中出现的新情况、新问题，要及时与人力资源和社会保障部、财政部进行沟通，采取有效措施，确保工作落实到位。

二、降低社会保险费率综合方案

根据《国务院办公厅关于印发降低社会保险费率综合方案的通知》（国办发〔2019〕13 号）的规定，自 2019 年 5 月 1 日起，延长阶段性降低工伤保险

费率的期限至 2020 年 4 月 30 日，工伤保险基金累计结余可支付月数在 18 至 23 个月的统筹地区可以现行费率为基础下调 20%，累计结余可支付月数在 24 个月以上的统筹地区可以现行费率为基础下调 50%。

调整就业人员平均工资计算口径。各省应以本省城镇非私营单位就业人员平均工资和城镇私营单位就业人员平均工资加权计算的全口径城镇单位就业人员平均工资，核定社保个人缴费基数上下限，合理降低部分参保人员和企业的社保缴费基数。调整就业人员平均工资计算口径后，各省要制定基本养老金计发办法的过渡措施，确保退休人员待遇水平平稳衔接。

企业职工基本养老保险和企业职工其他险种缴费，原则上暂按现行征收体制继续征收，稳定缴费方式，"成熟一省、移交一省"；机关事业单位社保费和城乡居民社保费征管职责如期划转。人力资源和社会保障、税务、财政、医保部门要抓紧推进信息共享平台建设等各项工作，切实加强信息共享，确保征收工作有序衔接。妥善处理好企业历史欠费问题，在征收体制改革过程中不得自行对企业历史欠费进行集中清缴，不得采取任何增加小微企业实际缴费负担的做法，避免造成企业生产经营困难。同时，合理调整 2019 年社保基金收入预算。

第四节　生育保险典型案例

一、用人单位不得在职工休产假期间降低工资待遇

职工产假期间，享受的生育津贴低于其产假前工资标准的，由用人单位

予以补足；高于其产假前工资标准的，用人单位不得截留。

1. 基本案情

李某于 2009 年 10 月进入某摄影部工作。2017 年 11 月 24 日，李某生育一女。2018 年 2 月 12 日，无锡市社会保险基金管理部门向摄影部支付了李某的生育津贴共计 14 103.04 元。同年 3 月 20 日，摄影部向李某支付产假工资 11 804 元。李某产假前的月平均工资高于 5 000 元。摄影部于 2018 年 9 月 5 日作出《旷工离职通知书》，并通知了李某。李某申请劳动仲裁，请求裁令摄影部支付少发的生育津贴 8 000 元。仲裁委终结审理后，李某诉至法院。法院认为，李某可依法享受 128 天的产假，产假前的月平均工资高于 5 000 元，现李某主张其产假前月平均工资为 5 000 元，系其对自身权利的合法处分，不违反法律规定。无锡市社会保险基金管理部门已向摄影部支付了李某的生育津贴 14 103.04 元，而摄影部截留部分后仅向李某支付 11 804 元。另经核算，李某享受的生育津贴低于其产假前的工资标准，故摄影部不仅不应截留还应予以补足。李某主张的 8 000 元并未超过应补发的金额，法院予以支持。

2. 案例分析

生育保险是国家通过社会保险立法，对生育职工给予经济、物质等方面帮助的一项社会政策，体现了国家和社会对妇女的支持和爱护。生育保险待遇包括生育医疗费用、生育津贴和一次性营养补助。本案主要涉及女职工产假期间的生育津贴问题。《江苏省职工生育保险规定》第十八条第四款明确规定，职工产假或者休假期间，享受的生育津贴低于其产假或者休假前工资标准的，由用人单位予以补足；高于其产假或者休假前工资标准的，用人单位不得截留。按照该规定，用人单位不得在女职工休产假期间降低工资待遇。本案中，李某参加了生育保险，但其享受的生育津贴低于产假前工资标准，李某主张摄影部支付其 8 000 元并未超过应补发的金额，法院予以支持。本案提醒用人单位，生育保险对于大部分女职工而言一生可能只用到一两次，单位应切实担负起责任，为保障妇女儿童的基本权利提供物质条件。女职工如果对享受的生育保险待遇有异议，有权到用人单位或者社会保险经办机构查询，职工与用人单位因生育保险待遇发生劳动争议的，可以拿起法律武器维护自身合法权益。

二、扣减女职工生育津贴案

1. 基本案情

刘某于 2008 年 9 月 6 日入职某汽车销售公司，任销售员，其月工资构成为基本工资 1 800 元加考核奖金，公司为刘某缴纳了生育保险费。刘某在 2014 年度的月平均工资为 8 108 元。刘某在 2015 年 2 月 16 日至 2015 年 6 月 31 日期间休产假，社会保险经办机构核定的刘某的生育津贴金额为 19 533.80 元，汽车销售公司领取了上述生育津贴，但其向刘某支付的生育津贴金额为 13 413.8 元。在刘某产假期间，公司按照基本工资 1 800 元的标准发放了工资。后刘某起诉至法院，要求判令汽车销售公司支付生育津贴差额 20 720 元。

法院经审理认为：被告公司为刘某缴纳了生育保险费。刘某在 2014 年度的月平均工资为 8 108 元，刘某在 2015 年 2 月 16 日至 2015 年 6 月 31 日期间休产假，被告公司领取了社会保险经办机构核定的刘某的 19 533.80 元的生育津贴，但其向刘某支付的生育津贴金额为 13 413.8 元，故被告公司应将上述生育津贴的差额支付给刘某。刘某的生育津贴金额低于刘某休产假前的工资标准，虽然被告公司在刘某休产假期间按照基本工资 1 800 元的标准发放了工资，但未补足相应的工资差额，故被告公司应将相应的工资差额支付给刘某。故法院依法判决汽车销售公司支付刘某产假期间的工资差额 15 008.46 元。

2. 案例分析

《中华人民共和国社会保险法》第五十三条规定："职工应当参加生育保险，由用人单位按照国家规定缴纳生育保险费，职工不缴纳生育保险费"。第五十六条规定："职工有下列情形之一的，可以按照国家规定享受生育津贴：（一）女职工生育享受产假；（二）享受计划生育手术休假；（三）法律、法规规定的其他情形。生育津贴按照职工所在用人单位上年度职工月平均工资计发"。《女职工特别保护规定》第八条规定：女职工产假期间的生育津贴，对已经参加生育保险的，按照用人单位上年度职工月平均工资的标准由生育保险基金支付；对未参加生育保险的，按照女职工产假前工资的标准由用人单位支付。女职工生育或者流产的医疗费用，按照生育保险规定的项目和标准，对已经参加生育保险的，由生育保险基金支付；对未参加生育保险的，由用人单位支付"。《北京市企业职工生育保险规定》第十五条规定："生育津贴按照女职工本人生育当月的缴费基数除以 30 再乘以产假天数计算。生育津贴为女职工产假期间的工资，生育津贴低于本人工资标准的，差额部分由企业补足"。本案中，被告公司为刘某缴纳了生育保险，但其未按照社会保险经办机构核定的数额支付刘某生育津贴，实际上差额部分就是所谓的给刘某发放的产假期间的基本工资数额。被告公司的行为明显违反法律规定。因刘某产假前的本人工资标准高于生育津贴标准，按照规定，被告公司还应该补足其间的差额。另外，对未给女职工缴纳生育保险费的，用人单位应当按照女职工产假前工资的标准向女职工支付工资。

三、未及时缴纳生育保险费案

1. 基本案情

女子陈某某于 2013 年 11 月入职福建省某建筑发展有限公司，从事财务工作，工资标准为 7 000 元 / 月。入职后，公司未及时为她缴纳社会保险（包括生育保险），直到 2014 年 3 月公司才开始为她缴纳生育保险费用。

陈某某于 2014 年 11 月请产假，于 2015 年 1 月生下一个孩子。因陈某某分娩时生育保险未缴费满 12 个月，导致她的生育保险待遇无法正常享受。

陈某某向福州市劳动人事争议仲裁委员会申请劳动仲裁请求：福建省某建筑发展有限公司向陈某某支付 158 天的生育津贴损失 36 867 元；福建省某建筑发展有限公司向陈某某支付生育医疗费用损失 8 395 元。

2. 案例分析

《女职工劳动保护特别规定》第八条规定，女职工产假期间的生育津贴，对已经参加生育保险的，按照用人单位上年度职工月平均工资的标准由生育保险基金支付；对未参加生育保险的，按照女职工产假前工资的标准由用人单位支付。女职工生育或者流产的医疗费用，按照生育保险规定的项目和标准，对已经参加生育保险的，由生育保险基金支付；对未参加生育保险的，由用人单位支付。

本案中，因福建省某建筑发展有限公司未及时为陈某某缴纳生育保险费用，导致陈某某不符合正常享受生育保险待遇的条件，给申请人造成的生育保险待遇损失应由福建省某建筑发展有限公司承担。福州市劳动人事争议仲裁委员会支持了陈某某关于生育津贴和生育医疗费用损失的请求。

四、未缴少缴生育险用人单位"买单"案

1. 基本案情

李女士是某酒店员工，自 2009 年起担任客房主管职务，月工资 4 000 元。2011 年 10 月 15 日，李女士生育一女，并休产假至 2012 年 2 月 22 日。期间，酒店仅为李女士缴纳了养老保险及工伤保险，未为李女士缴纳生育保险。李

女士休产假期间，酒店也未向李女士支付生育津贴。为此，李女士起诉至法院，要求酒店支付产假期间的生育津贴。

法院审理后，按照李女士月工资标准，判令酒店支付其相应的生育津贴。

2. 案例分析

生育津贴相当于女职工在生育期间的工资，一般由生育保险基金支付。用人单位依法应为女职工缴纳生育险，否则要向劳动者支付生育津贴。

生育津贴高于本人产假工资标准的，用人单位不得克扣；生育津贴低于本人产假工资标准的，差额部分由用人单位补足。

生育津贴有一个固定计算公式：职工所在用人单位月缴费平均工资 /30 × 产假天数。劳动者可以依据该公式，计算出自己应得的津贴数额。

五、生育津贴和工作挂钩无效案

1. 基本案情

齐女士在一家外贸公司工作，担任该公司营销总裁，月工资标准为 15 000 元。2015 年 2 月，齐女士确认怀孕，公司与她签订《休假待岗协议》，约定齐女士自 5 月 1 日起休待产假，公司每月向齐女士支付 1 248 元生活费，其中还约定：齐女士正常上班后，一切待遇恢复，并且给予一定数额的奖金奖励，作为生育津贴差额补偿。

齐女士于 10 月产下一名男婴，公司把社保基金列支的生育津贴支付给齐女士。但齐女士产假结束后未返岗工作，公司认为其违反了协议，因此无需支付生育津贴差额。

齐女士诉至法院后，法院支持了其诉讼请求，要求公司按照约定支付齐女士生育津贴差额部分。

2. 案例分析

生育津贴是女职工产假期间应享受的法定权利，用人单位无权把该项权利变更为企业奖励，且附加"正常上班"的义务。用人单位把生育津贴和工作挂钩，这种规定和法律法规相悖，属于无效约定。

另外，依据 2012 年的新劳动法规定，正常产假从 90 天增加到了 98 天；晚育情况，再增加 30 天；如果属于剖腹产等难产情况，产假还可以再增加 15 天。法定产假期间，用人单位也无权要求劳动者提前上岗。

六、生二胎支付津贴案

1. 基本案情

宋女士于 2008 年 6 月入职一家科技公司。2015 年 5 月，宋女士二胎生育一女，并休产假 98 天。科技公司曾为宋女士缴纳了生育保险，经社保中心核算，宋女士此次生育可享受生育津贴总额为 10 384.73 元。科技公司认为宋女士不符合国家二胎生育政策，故拒绝向其支付生育津贴。

宋女士以此为由提出辞职，并提起诉讼，要求公司支付解除劳动关系经济补偿金。

法院审理后认为，科技公司未依法向宋女士支付生育津贴，属于未支付产假期间工资的情形，符合劳动合同法规定的未及时足额支付劳动报酬的情形，科技公司应向宋女士支付解除劳动关系经济补偿金。

2. 案例分析

依据我国社会保险法规定，职工应当参加生育保险，由用人单位按照国家规定缴纳生育保险费，职工不缴纳生育保险费。已缴纳生育保险费的，职工享受生育保险待遇包括生育医疗费用和生育津贴。上述法律法规所载明的生育津贴是女职工在生育期间可享受的法定待遇，用人单位不足额支付、拒不支付、约定支付条件均与上述法律相悖，用人单位都应承担相应的给付义务。因此，用人单位拒付生育津贴，属于克扣职工工资情形，要承担相应的不利责任。

随着二胎政策的全面放开，法官提醒用人单位应依法为劳动者缴纳生育保险，切实保障女职工生育权利，避免因小失大；女职工则应当全面了解国家的政策法规，通过合法、合理途径，保障自己享受生育保险待遇的权利。

第九章　社保费缴纳筹划技巧

═══ **导　读** ═══

本章社保费缴纳筹划技巧，共三节，分别介绍工资转化型筹划技巧、劳务外包型筹划技巧、新型用工型筹划技巧。

第一节　工资转化型筹划技巧

一、将工资转化为职工福利

【筹划思路】工资与职工福利费在使用的方向上具有很多相同之处，如交通费、通讯费、餐饮费、差旅费、住宿费、办公用品费、既能家用也能办公用的电器和桌椅等。如果企业能够合理规划，将部分员工的部分工资转化为职工福利费，既可以实现在企业所得税税前扣除的目的，也可以实现减轻社保费负担的目的。在使用这一方法时，应注意数额适中，相关票据合法并符合企业所得税税前扣除的政策。

【筹划案例】甲公司预计 2021 年度发放工资总额为 1 000 万元，企业设计了两套社保费缴纳方案：方案一，延续 2020 年度的模式，实际发放工资总额 1 000 万元；方案二，为部分员工每月报销 1 000 元发票，同时将该员工的工资相应减少 900 元，预计全年报销发票 200 万元，减少工资发放 180 万元。假设甲公司负担的社保费为工资总额的 20%。计算该项筹划为甲公司及员工节约的社保负担如下：

如按方案一计算，甲公司需要负担社保费 =1 000×20%=200（万元）。

如按方案二计算，甲公司需要负担社保费 =（1 000–180）×20%=164（万元）。方案二比方案一减轻社保费负担 =200–164=36（万元）。同时，甲公司增加支出 =200–180=20（万元）。增减相抵后，甲公司实际减轻负担 =36–20=16（万元）。员工增加工资 20 万元。

二、将工资转化为劳务报酬

【筹划思路】企业短期用工、临时用工，或安排在校学生实习，可以与劳动者签订劳务合同，向劳动者发放劳务报酬。劳务报酬不属于工资，劳动者与企业均不需要缴纳社保费。在条件允许的前提下，企业可以充分利用劳务用工的方式减轻社保费的负担。在使用这一方法时，应注意不能把全部劳动合同均改为劳务合同，应注意控制劳务合同用工的数量，通常情况下，劳务合同用工不超过全部职工的 10% 比较合理。

【筹划案例】甲公司预计 2021 年度发放工资总额为 1 000 万元，企业设计了两套用工方案：方案一，延续 2020 年度的模式，全体员工均签订劳动合同，缴纳社保；方案二，将部分短期用工和临时用工由签订劳动合同改为签订劳务合同，由此将发放劳务报酬 200 万元，工资总额降低为 800 万元。假设甲公司负担的社保费为工资总额的 20%。计算该项筹划为甲公司节约的社保负担如下：

如按方案一计算，甲公司需要负担社保费 =1 000×20%=200（万元）。

如按方案二计算，甲公司需要负担社保费 =800×20%=160（万元）。方案二比方案一减轻社保费负担 =200−160=40（万元）。

三、将计费工资转化为非计费工资

【筹划思路】企业雇佣退休人员，二者不再构成《劳动法》《劳动合同法》意义上的劳动关系。企业向退休人员发放的报酬虽然在税法上属于工资薪金所得，需要依法纳税，但在劳动法上并不属于需要缴纳社保的工资。企业向退休人员发放的工资与劳务报酬不需要缴纳社保。

【筹划案例】甲公司原计划在 2021 年度招聘员工 100 人，人均月工资5 000 元。由于甲公司的劳动岗位劳动强度小，退休人员也可以胜任。甲公司为此设计了两套用人方案：方案一，全部雇佣尚未达到退休年龄的人员；方案二，全部雇佣已经达到退休年龄的人员。假设甲公司所在地，个人缴纳社保的比例为工资的 10%，企业缴纳社保的比例为工资的 20%。计算该项筹划为甲公司及员工节约的社保负担如下：

如按方案一计算，甲公司的员工每年需要缴纳社保费 =100×0.5×12×10%=60（万元）；甲公司每年需要缴纳社保费 =100×0.5×12×20%=120（万元）；合计缴纳社保费 =60+120=180（万元）。

如按方案二计算，甲公司的员工每年少缴社保费 60 万元，甲公司每年少缴社保费 120 万元。

第二节　劳务外包型筹划技巧

一、利用劳务派遣减轻社保负担

【筹划思路】企业用工，既可以采取自己招聘员工的形式，也可以采取劳务派遣的形式。自己招聘员工需要负担员工的社保费，劳务派遣不需要负担员工的社保费。在条件允许的前提下，企业可以充分利用劳务派遣的方式来减轻企业的社保负担。劳务派遣的适用范围比较广泛，企业几乎所有的岗位都可以适用。当然，要注意《劳动合同法》的规定，原则上只能在临时性、辅助性岗位上适用。因此，劳务派遣的员工，原则上每半年应调整一次工作岗位，避免被监管部门认为是长期工作岗位违法使用劳务派遣。对于国有企业而言，劳务派遣是减轻社保负担以及用工成本的主要方法。

【筹划案例】甲公司 2020 年度支付的员工工资总额为 1 000 万元，2021 年度设计了两套用工方案：方案一，继续采用 2020 年度的模式，由公司雇佣员工完成各项加工任务，预计工资总额为 1 200 万元；方案二，试点在部分工作岗位上采取劳务派遣的方式，由此，在完成相同工作任务的同时，可以将工资总额降低为 800 万元。假设甲公司负担的社保费为工资总额的 20%。计算该项筹划为甲公司节约的社保负担如下：

如按方案一计算，甲公司需要负担社保费 =1200×20%=240（万元）。

如按方案二计算，甲公司需要负担社保费 =800×20%=160（万元）。方案二比方案一减轻社保费负担 =240-160=80（万元）。

二、利用劳务外包减轻社保负担

【筹划思路】利用劳务外包是常见的减轻自身用工成本的方法，这一方法目前在全球范围内广泛采用，特别是发达国家（劳动力成本比较高）利用发展中国家的低成本劳动力时，主要采用这种方法。利用劳务派遣与利用劳务外包具有类似的作用，分别适用不同的情形。如果相关劳务可以仅仅依靠最终的成果来判断，可以采取劳务外包的方式。如果相关劳务的成果很难判断或者需要在公司内部完成相关劳务，就适宜采取劳务派遣的方式。如公司的保安服务、保洁服务、运输服务、前台接待服务等。

【筹划案例】甲公司生产销售 A 产品已有十余年，A 产品在全国具有一定知名度与竞争力。为减轻自身用工成本，甲公司与全国十余个地方的加工厂签订了委托加工协议。甲公司将自身一半的产能转移给了各地的加工厂，每年节约工资支出 1 000 万元（转化为加工费支出），假设公司负担的社保费为工资总额的 20%，通过劳务外包可以减少社保费负担 =1 200 × 20%=240（万元）。

三、综合利用福利转化与劳务外包减轻高管社保负担

【筹划思路】公司高管工资较高，负担的社保与个人所得税等负担也比较重。公司高管本身也是员工，因此，可以用在一般员工身上的方法也可以用在高管身上。如可以将公司高管的部分工资分解为职工福利费或者其他生产经营成本，高管的私家车等数额较大的支出也可以与工资互相转化，同时，高管还可以成立个体工商户，为公司提供技术服务、咨询服务或者管理服务，相当于将自己的部分劳务外包出去。

【筹划案例】甲公司高管 2021 年度工资总额预计约 1 000 万元，公司设计

了两个工资发放方案可供选择：方案一，实际发放 1 000 万元工资；方案二，由公司高管提供可以税前扣除的发票 100 万元，部分高管计划购买的私家车以公司的名义购买，等额减少高管的工资约 100 万元，部分高管成立个体工商户，为公司提供技术服务、咨询服务和管理服务，开具发票 200 万元，由个体工商户核定缴纳个人所得税，由此将公司高管工资总额降低为 600 万元。假设甲公司负担的社保费为工资总额的 20%。计算该项筹划为甲公司及员工节约的社保负担如下：

如按方案一计算，甲公司需要负担社保费 =1 000 × 20%=200（万元）。

如按方案二计算，甲公司需要负担社保费 =600 × 20%=120（万元）。方案二比方案一减轻社保费负担 =200-120=80（万元）。

第三节　新型用工型筹划技巧

一、利用合伙企业组织用工

【筹划思路】利用合伙企业组织用工是在劳务外包与劳务派遣等用工形式的基础上发展起来的。目前仍处于试点阶段。其基本特点是在不解散现有员工的基础上实行劳务外包，即由部分员工设立合伙企业，公司将部分劳务外包给该合伙企业，合伙企业可以利用公司原有的厂房、设备等从事劳务。公司原支付给员工的工资可以劳务费或者加工费的方式支付给合伙企业。合伙企业的全体合伙人同时也是为企业提供劳务的全体员工，合伙人从合伙企业取得的是经营利润，不是工资，因此，不需要缴纳社保。

合伙企业相当于公司的一个车间，或者一个分公司，因此，原来设置了若干个车间的公司，或者原有较多分公司的公司比较适宜采取这种方式。如公司的售后服务部门作为一个整体可以变更为合伙企业，原工作人员变为合伙企业的合伙人。相关人员的工作岗位和待遇可以保持不变。采取这种方式减轻社保负担应注意两点：一是与主管税务机关，特别是税收专管员保持良好关系；二是循序渐进，成熟一个部门转化一个部门，先试点。

【筹划案例】甲公司有员工1 000余人，其中有500余人在10个相对独立的车间从事不同产品的加工工作。2020年度发放的工资总额为5 000万元，预计2021年度发放的工资总额与2020年度大体相同。甲公司设计了两套用工方案：方案一，延续2020年度的用工模式，由甲公司直接向全体员工发放工资；方案二，将10个车间独立出去，设立10家合伙企业，原车间的员工全部变为合伙企业的合伙人，甲公司与10家合伙企业签订加工合同，由10家合伙企业完成往年的加工任务，甲公司按照以往工资总额向10家合伙企业支付加工费，合伙企业取得加工费后向每个合伙人分配合伙企业的利润。由此可以将2 000万的工资转化为合伙企业的经营利润。假设员工负担的社保费为工资总额的10%，甲公司负担的社保费为工资总额的20%。计算该项筹划为甲公司及员工节约的社保负担如下：

如按方案一计算，员工与甲公司负担的社保费 =5 000×（10%+20%）=1 500（万元）。

如按方案二计算，员工与甲公司负担的社保费 =（5 000-2 000）×（10%+20%）=900（万元）。方案二比方案一减轻社保费负担 =1 500-900=600（万元）。

二、利用劳务服务平台组织用工

【筹划思路】劳务服务平台是随着互联网经济的发展而逐渐产生的。最典型的就是美团外卖。这些送外卖的小哥与美团平台之间既不是劳动关系，也不是传统的劳务关系，而更像是一个合作劳务关系。每一个外卖小哥就像一个个体户，与平台之间签订劳务合作合同。外卖小哥到税务局代开劳务费发票，提供给平台，平台根据发票向其支付劳务费。由于我国对小微企业有很多税收优惠，季度销售额不超过 30 万元的不缴纳增值税，外卖小哥到税务局开劳务费发票实际上并不需要缴纳增值税，仅需要缴纳个人所得税。

由于个人去税务局代开发票耗时费力，税务局的工作量也比较大。因此，有人设立了劳务服务平台，代替这些个人去税务局开具发票，收取一定手续费。是否可以将这一方法推而广之，目前正处在试点阶段。部分地区已经有了这样的平台。一些企业的部分员工也采取这种方式，即员工向企业提供劳务费发票，企业以报销的方式向员工支付相应费用，不计入工资，因此也不需要缴纳社保。

这种方式与我们前面提到的，公司高管设立个体户，向公司开具发票，公司向个体户支付费用的方式比较类似，只是前面的个体户换成了这里的个人，个人不用成立个体户，直接去税务局代开发票。目前，国家税务总局已经在全国各地进行调研，未来可能会出台一些规范性的制度。部分企业在部分员工范围内尝试这种方式，目前不会有太大法律风险，未来出台规范性文件后，再按照相应文件予以规范。

【筹划案例】甲公司将传统的销售业务逐步转移至互联网上，传统的员工也逐步转变为合作销售伙伴。在传统的销售模式下，每年需要向销售人员支付工资 1 000 万元，在互联网合作销售模式下，合伙销售人员到税务机关或者劳务服务平台代开劳务费发票，甲公司根据销售业绩和发票金额向销售人员支付劳务费。由此，甲公司可以节约社保费支出 =1 000 × 20%=200（万元）。销售人员也可以节约社保费支出 =1 000 × 10%=100（万元）。

三、集团经营中利用多家公司发放工资

【筹划思路】在同一地区，劳动者可以在两家以上用人单位工作并领取工

资，但只能在一家公司缴纳社保。对于集团化经营的企业中，可以利用多家公司为员工发放工资，从而适当降低公司和员工的社保负担。

【**筹划案例**】甲公司拥有 100 名员工，人均月工资 1 万元，企业负担 20% 的社保费，个人负担 10% 的社保费。2021 年度，甲公司改变经营模式，将公司分立为甲公司和乙公司，由于两个公司的业务类似，仅仅是地区划分不同，该 100 名员工分别受雇于甲公司和乙公司。假设甲公司 2021 年度共有 100 名员工，其中 50 人缴纳社保，人均月工资 5 000 元，乙公司 2021 年度也有 100 名员工，其中 50 人缴纳社保，人均月工资 5 000 元。计算该项筹划为甲乙公司及员工节约的社保负担如下：

2020 年度甲公司及其员工应缴纳社保费 $=1 \times 100 \times （10\%+20\%）=30$（万元）。

2021 年度甲公司、乙公司及其员工应缴纳社保费 $=0.5 \times 100 \times （10\%+20\%）=15$（万元）。甲乙公司及员工节约社保负担 $=30–15=15$（万元）。

第十章　薪酬发放扣缴个人所得税制度

━━ 导　读 ━━

　　本章薪酬发放扣缴个人所得税制度，共四节内容，分别介绍薪酬个人所得税基本制度、个人所得税专项附加扣除制度、个人所得税扣缴申报制度以及个人所得税自行申报与汇算清缴。

第一节　薪酬个人所得税基本制度

一、个人所得税法规定的制度

　　根据《中华人民共和国个人所得税法》（1980 年 9 月 10 日第五届全国人民代表大会第三次会议通过，根据 2018 年 8 月 31 日第十三届全国人民代表大会常务委员会第五次会议《关于修改〈中华人民共和国个人所得税法〉的决定》第七次修正，以下简称《个人所得税法》）的规定，在中国境内有住所，或者无住所而一个纳税年度内在中国境内居住累计满 183 天的个人，为居民个人。居民个人从中国境内和境外取得的所得，依照本法规定缴纳个人所得税。在中国境内无住所又不居住，或者无住所而一个纳税年度内在中国境内居住累计不满 183 天的个人，为非居民个人。非居民个人从中国境内取得的所得，依照本法规定缴纳个人所得税。纳税年度，自公历 1 月 1 日起至 12 月 31 日止。

下列各项个人所得，应当缴纳个人所得税：

（1）工资、薪金所得。

（2）劳务报酬所得。

（3）稿酬所得。

（4）特许权使用费所得。

（5）经营所得。

（6）利息、股息、红利所得。

（7）财产租赁所得。

（8）财产转让所得。

（9）偶然所得。

居民个人取得上述第（1）项至第（4）项所得（以下称综合所得），按纳税年度合并计算个人所得税；非居民个人取得上述第（1）项至第（4）项所得，按月或者按次分项计算个人所得税。纳税人取得上述第（5）项至第（9）项所得，依照本法规定分别计算个人所得税。

个人所得税的税率：

（1）综合所得，适用 3% 至 45% 的超额累进税率，具体税率如表 10-1 所示。

表 10-1　　　　　　　　　综合所得个人所得税税率表

级数	全年应纳税所得额	税率	速算扣除数
1	不超过 36 000 元的	3%	0
2	超过 36 000 元至 144 000 元的部分	10%	2520
3	超过 144 000 元至 300 000 元的部分	20%	16 920

续表

级数	全年应纳税所得额	税率	速算扣除数
4	超过300 000元至420 000元的部分	25%	31 920
5	超过420 000元至660 000元的部分	30%	52 920
6	超过660 000元至960 000元的部分	35%	85 920
7	超过960 000元的部分	45%	181 920

（2）经营所得，适用5%至35%的超额累进税率，具体税率如表10-2所示。

表10-2   经营所得个人所得税税率表

级数	全年应纳税所得额	税率	速算扣除数
1	不超过30 000元的	5%	0
2	超过30 000元至90 000元的部分	10%	1 500
3	超过90 000元至300 000元的部分	20%	10 500
4	超过300 000元至500 000元的部分	30%	40 500
5	超过500 000元的部分	35%	65 500

（3）利息、股息、红利所得，财产租赁所得，财产转让所得和偶然所得，适用比例税率，税率为20%。

下列各项个人所得，免征个人所得税：

（1）省级人民政府、国务院部委和中国人民解放军军以上单位，以及外国组织、国际组织颁发的科学、教育、技术、文化、卫生、体育、环境保护等方面的奖金。

（2）国债和国家发行的金融债券利息。

（3）按照国家统一规定发给的补贴、津贴。

（4）福利费、抚恤金、救济金。

（5）保险赔款。

（6）军人的转业费、复员费、退役金。

（7）按照国家统一规定发给干部、职工的安家费、退职费、基本养老金或者退休费、离休费、离休生活补助费。

（8）依照有关法律规定应予免税的各国驻华使馆、领事馆的外交代表、领事官员和其他人员的所得。

（9）中国政府参加的国际公约、签订的协议中规定免税的所得。

（10）国务院规定的其他免税所得。

上述第（10）项免税规定，由国务院报全国人民代表大会常务委员会备案。

有下列情形之一的，可以减征个人所得税，具体幅度和期限，由省、自治区、直辖市人民政府规定，并报同级人民代表大会常务委员会备案：

（1）残疾、孤老人员和烈属的所得。

（2）因自然灾害遭受重大损失的。

国务院可以规定其他减税情形，报全国人民代表大会常务委员会备案。

应纳税所得额的计算：

（1）居民个人的综合所得，以每一纳税年度的收入额减除费用60 000元以及专项扣除、专项附加扣除和依法确定的其他扣除后的余额，为应纳税所得额。

（2）非居民个人的工资、薪金所得，以每月收入额减除费用5 000元后的余额为应纳税所得额；劳务报酬所得、稿酬所得、特许权使用费所得，以每次收入额为应纳税所得额。

（3）经营所得，以每一纳税年度的收入总额减除成本、费用以及损失后的余额，为应纳税所得额。

（4）财产租赁所得，每次收入不超过4 000元的，减除费用800元；4 000元以上的，减除20%的费用，其余额为应纳税所得额。

（5）财产转让所得，以转让财产的收入额减除财产原值和合理费用后的余额，为应纳税所得额。

（6）利息、股息、红利所得和偶然所得，以每次收入额为应纳税所得额。

劳务报酬所得、稿酬所得、特许权使用费所得以收入减除20%的费用后的余额为收入额。稿酬所得的收入额减按70%计算。

个人将其所得对教育、扶贫、济困等公益慈善事业进行捐赠，捐赠额未超过纳税人申报的应纳税所得额 30% 的部分，可以从其应纳税所得额中扣除；国务院规定对公益慈善事业捐赠实行全额税前扣除的，从其规定。

上述第（1）项规定的专项扣除，包括居民个人按照国家规定的范围和标准缴纳的基本养老保险、基本医疗保险、失业保险等社会保险费和住房公积金等；专项附加扣除，包括子女教育、继续教育、大病医疗、住房贷款利息或者住房租金、赡养老人等支出，具体范围、标准和实施步骤由国务院确定，并报全国人民代表大会常务委员会备案。

居民个人从中国境外取得的所得，可以从其应纳税额中抵免已在境外缴纳的个人所得税税额，但抵免额不得超过该纳税人境外所得依照本法规定计算的应纳税额。

有下列情形之一的，税务机关有权按照合理方法进行纳税调整：

（1）个人与其关联方之间的业务往来不符合独立交易原则而减少本人或者其关联方应纳税额，且无正当理由。

（2）居民个人控制的，或者居民个人和居民企业共同控制的设立在实际税负明显偏低的国家（地区）的企业，无合理经营需要，对应当归属于居民个人的利润不作分配或者减少分配。

（3）个人实施其他不具有合理商业目的的安排而获取不当税收利益。

税务机关依照上述规定作出纳税调整，需要补征税款的，应当补征税款，并依法加收利息。

个人所得税以所得人为纳税人，以支付所得的单位或者个人为扣缴义务人。纳税人有中国居民身份证号码的，以中国居民身份证号码为纳税人识别号；纳税人没有中国居民身份证号码的，由税务机关赋予其纳税人识别号。扣缴义务人扣缴税款时，纳税人应当向扣缴义务人提供纳税人识别号。

有下列情形之一的，纳税人应当依法办理纳税申报：

（1）取得综合所得需要办理汇算清缴。

（2）取得应税所得没有扣缴义务人。

（3）取得应税所得，扣缴义务人未扣缴税款。

（4）取得境外所得。

（5）因移居境外注销中国户籍。

（6）非居民个人在中国境内从2处以上取得工资、薪金所得。

（7）国务院规定的其他情形。

扣缴义务人应当按照国家规定办理全员全额扣缴申报，并向纳税人提供其个人所得和已扣缴税款等信息。

居民个人取得综合所得，按年计算个人所得税；有扣缴义务人的，由扣缴义务人按月或者按次预扣预缴税款；需要办理汇算清缴的，应当在取得所得的次年3月1日至6月30日内办理汇算清缴。预扣预缴办法由国务院税务主管部门制定。

居民个人向扣缴义务人提供专项附加扣除信息的，扣缴义务人按月预扣预缴税款时应当按照规定予以扣除，不得拒绝。

非居民个人取得工资、薪金所得，劳务报酬所得，稿酬所得和特许权使用费所得，有扣缴义务人的，由扣缴义务人按月或者按次代扣代缴税款，不办理汇算清缴。

纳税人取得经营所得，按年计算个人所得税，由纳税人在月度或者季度终了后15日内向税务机关报送纳税申报表，并预缴税款；在取得所得的次年3月31日前办理汇算清缴。

纳税人取得利息、股息、红利所得，财产租赁所得，财产转让所得和偶然所得，按月或者按次计算个人所得税，有扣缴义务人的，由扣缴义务人按月或者按次代扣代缴税款。

纳税人取得应税所得没有扣缴义务人的，应当在取得所得的次月15日内向税务机关报送纳税申报表，并缴纳税款。纳税人取得应税所得，扣缴义务人未扣缴税款的，纳税人应当在取得所得的次年6月30日前，缴纳税款；税务机关通知限期缴纳的，纳税人应当按照期限缴纳税款。居民个人从中国境外取得所得的，应当在取得所得的次年 3 月 1 日至 6 月 30 日内申报纳税。非居民个人在中国境内从两处以上取得工资、薪金所得的，应当在取得所得的次月 15 日内申报纳税。纳税人因移居境外注销中国户籍的，应当在注销中国户籍前办理税款清算。

扣缴义务人每月或者每次预扣、代扣的税款，应当在次月 15 日内缴入国库，并向税务机关报送扣缴个人所得税申报表。纳税人办理汇算清缴退税或者扣缴义务人为纳税人办理汇算清缴退税的，税务机关审核后，按照国库管理的有关规定办理退税。

公安、人民银行、金融监督管理等相关部门应当协助税务机关确认纳税人的身份、金融账户信息。教育、卫生、医疗保障、民政、人力资源和社会保障、住房城乡建设、公安、人民银行、金融监督管理等相关部门应当向税务机关提供纳税人子女教育、继续教育、大病医疗、住房贷款利息、住房租金、赡养老人等专项附加扣除信息。个人转让不动产的，税务机关应当根据不动产登记等相关信息核验应缴的个人所得税，登记机构办理转移登记时，应当查验与该不动产转让相关的个人所得税的完税凭证。个人转让股权办理变更登记的，市场主体登记机关应当查验与该股权交易相关的个人所得税的完税凭证。有关部门依法将纳税人、扣缴义务人遵守本法的情况纳入信用信息系统，并实施联合激励或者惩戒。

各项所得的计算，以人民币为单位。所得为人民币以外的货币的，按照人民币汇率中间价折合成人民币缴纳税款。

对扣缴义务人按照所扣缴的税款，付给 2% 的手续费。

二、个人所得税法实施条例规定的制度

根据《中华人民共和国个人所得税法实施条例》（以下简称《个人所得税

法》）（1994 年 1 月 28 日中华人民共和国国务院令第 142 号发布，2018 年 12 月 18 日中华人民共和国国务院令第 707 号第四次修订）的规定，《个人所得税法》所称在中国境内有住所，是指因户籍、家庭、经济利益关系而在中国境内习惯性居住；所称从中国境内和境外取得的所得，分别是指来源于中国境内的所得和来源于中国境外的所得。

除国务院财政、税务主管部门另有规定外，下列所得，不论支付地点是否在中国境内，均为来源于中国境内的所得：

（1）因任职、受雇、履约等在中国境内提供劳务取得的所得。

（2）将财产出租给承租人在中国境内使用而取得的所得。

（3）许可各种特许权在中国境内使用而取得的所得。

（4）转让中国境内的不动产等财产或者在中国境内转让其他财产取得的所得。

（5）从中国境内企业、事业单位、其他组织以及居民个人取得的利息、股息、红利所得。

在中国境内无住所的个人，在中国境内居住累计满 183 天的年度连续不满 6 年的，经向主管税务机关备案，其来源于中国境外且由境外单位或者个人支付的所得，免予缴纳个人所得税；在中国境内居住累计满 183 天的任一年度中有一次离境超过 30 天的，其在中国境内居住累计满 183 天的年度的连续年限重新起算。

在中国境内无住所的个人，在一个纳税年度内在中国境内居住累计不超过 90 天的，其来源于中国境内的所得，由境外雇主支付并且不由该雇主在中国境内的机构、场所负担的部分，免予缴纳个人所得税。

个人所得税法规定的各项个人所得的范围：

（1）工资、薪金所得，是指个人因任职或者受雇取得的工资、薪金、奖金、年终加薪、劳动分红、津贴、补贴以及与任职或者受雇有关的其他所得。

（2）劳务报酬所得，是指个人从事劳务取得的所得，包括从事设计、装潢、安装、制图、化验、测试、医疗、法律、会计、咨询、讲学、翻译、审稿、书画、雕刻、影视、录音、录像、演出、表演、广告、展览、技术服务、介绍服务、经纪服务、代办服务以及其他劳务取得的所得。

（3）稿酬所得，是指个人因其作品以图书、报刊等形式出版、发表而取得的所得。

（4）特许权使用费所得，是指个人提供专利权、商标权、著作权、非专利技术以及其他特许权的使用权取得的所得；提供著作权的使用权取得的所得，不包括稿酬所得。

（5）经营所得，是指：个体工商户从事生产、经营活动取得的所得，个人独资企业投资人、合伙企业的个人合伙人来源于境内注册的个人独资企业、合伙企业生产、经营的所得；个人依法从事办学、医疗、咨询以及其他有偿服务活动取得的所得；个人对企业、事业单位承包经营、承租经营以及转包、转租取得的所得；个人从事其他生产、经营活动取得的所得。

（6）利息、股息、红利所得，是指个人拥有债权、股权等而取得的利息、股息、红利所得。

（7）财产租赁所得，是指个人出租不动产、机器设备、车船以及其他财产取得的所得。

（8）财产转让所得，是指个人转让有价证券、股权、合伙企业中的财产份额、不动产、机器设备、车船以及其他财产取得的所得。

（9）偶然所得，是指个人得奖、中奖、中彩以及其他偶然性质的所得。

个人取得的所得，难以界定应纳税所得项目的，由国务院税务主管部门确定。

个人所得的形式，包括现金、实物、有价证券和其他形式的经济利益；所得为实物的，应当按照取得的凭证上所注明的价格计算应纳税所得额，无凭证的实物或者凭证上所注明的价格明显偏低的，参照市场价格核定应纳税所得额；所得为有价证券的，根据票面价格和市场价格核定应纳税所得额；

所得为其他形式的经济利益的，参照市场价格核定应纳税所得额。

《个人所得税法》第四条第一款第二项所称国债利息，是指个人持有中华人民共和国财政部发行的债券而取得的利息；所称国家发行的金融债券利息，是指个人持有经国务院批准发行的金融债券而取得的利息。

《个人所得税法》第四条第一款第三项所称按照国家统一规定发给的补贴、津贴，是指按照国务院规定发给的政府特殊津贴、院士津贴，以及国务院规定免予缴纳个人所得税的其他补贴、津贴。

《个人所得税法》第四条第一款第四项所称福利费，是指根据国家有关规定，从企业、事业单位、国家机关、社会组织提留的福利费或者工会经费中支付给个人的生活补助费；所称救济金，是指各级人民政府民政部门支付给个人的生活困难补助费。

《个人所得税法》第四条第一款第八项所称依照有关法律规定应予免税的各国驻华使馆、领事馆的外交代表、领事官员和其他人员的所得，是指依照《中华人民共和国外交特权与豁免条例》和《中华人民共和国领事特权与豁免条例》规定免税的所得。

《个人所得税法》第六条第一款第一项所称依法确定的其他扣除，包括个人缴付符合国家规定的企业年金、职业年金，个人购买符合国家规定的商业健康保险、税收递延型商业养老保险的支出，以及国务院规定可以扣除的其他项目。

专项扣除、专项附加扣除和依法确定的其他扣除，以居民个人1个纳税年度的应纳税所得额为限额；一个纳税年度扣除不完的，不结转以后年度扣除。

《个人所得税法》第六条第一款第二项、第四项、第六项所称每次，分别按照下列方法确定：

（1）劳务报酬所得、稿酬所得、特许权使用费所得，属于一次性收入的，以取得该项收入为1次；属于同一项目连续性收入的，以1个月内取得的收入为一次。

（2）财产租赁所得，以1个月内取得的收入为1次。

（3）利息、股息、红利所得，以支付利息、股息、红利时取得的收入为一次。

（4）偶然所得，以每次取得该项收入为1次。

《个人所得税法》第六条第一款第三项所称成本、费用，是指生产、经营活动中发生的各项直接支出和分配计入成本的间接费用以及销售费用、管理费用、财务费用；所称损失，是指生产、经营活动中发生的固定资产和存货的盘亏、毁损、报废损失，转让财产损失，坏账损失，自然灾害等不可抗力因素造成的损失以及其他损失。

取得经营所得的个人，没有综合所得的，计算其每一纳税年度的应纳税所得额时，应当减除费用60 000元、专项扣除、专项附加扣除以及依法确定的其他扣除。专项附加扣除在办理汇算清缴时减除。

从事生产、经营活动，未提供完整、准确的纳税资料，不能正确计算应纳税所得额的，由主管税务机关核定应纳税所得额或者应纳税额。

《个人所得税法》第六条第一款第五项规定的财产原值，按照下列方法确定：

（1）有价证券，为买入价以及买入时按照规定交纳的有关费用。

（2）建筑物，为建造费或者购进价格以及其他有关费用。

（3）土地使用权，为取得土地使用权所支付的金额、开发土地的费用以及其他有关费用。

（4）机器设备、车船，为购进价格、运输费、安装费以及其他有关费用。

纳税人未提供完整、准确的财产原值凭证，不能按照上述规定的方法确定财产原值的，由主管税务机关核定财产原值。

《个人所得税法》第六条第一款第五项所称合理费用，是指卖出财产时按照规定支付的有关税费。

财产转让所得，按照一次转让财产的收入额减除财产原值和合理费用后的余额计算纳税。

两个以上的个人共同取得同一项目收入的，应当对每个人取得的收入分别按照个人所得税法的规定计算纳税。

《个人所得税法》第六条第三款所称个人将其所得对教育、扶贫、济困等公益慈善事业进行捐赠，是指个人将其所得通过中国境内的公益性社会组织、国家机关向教育、扶贫、济困等公益慈善事业的捐赠；所称应纳税所得额，是指计算扣除捐赠额之前的应纳税所得额。

居民个人从中国境内和境外取得的综合所得、经营所得，应当分别合并计算应纳税额；从中国境内和境外取得的其他所得，应当分别单独计算应纳税额。

《个人所得税法》第七条所称已在境外缴纳的个人所得税税额，是指居民个人来源于中国境外的所得，依照该所得来源国家（地区）的法律应当缴纳并且实际已经缴纳的所得税税额。

《个人所得税法》第七条所称纳税人境外所得依照本法规定计算的应纳税额，是居民个人抵免已在境外缴纳的综合所得、经营所得以及其他所得的所得税税额的限额（以下简称抵免限额）。除国务院财政、税务主管部门另有规定外，来源于中国境外一个国家（地区）的综合所得抵免限额、经营所得抵免限额以及其他所得抵免限额之和，为来源于该国家（地区）所得的抵免限额。

居民个人在中国境外一个国家（地区）实际已经缴纳的个人所得税税额，低于依照前款规定计算出的来源于该国家（地区）所得的抵免限额的，应当在中国缴纳差额部分的税款；超过来源于该国家（地区）所得的抵免限额的，其超过部分不得在本纳税年度的应纳税额中抵免，但是可以在以后纳税年度来源于该国家（地区）所得的抵免限额的余额中补扣。补扣期限最长不得超过五年。

居民个人申请抵免已在境外缴纳的个人所得税税额，应当提供境外税务机关出具的税款所属年度的有关纳税凭证。

《个人所得税法》第八条第二款规定的利息，应当按照税款所属纳税申报期最后一日中国人民银行公布的与补税期间同期的人民币贷款基准利率计算，自税款纳税申报期满次日起至补缴税款期限届满之日止按日加收。纳税人在补缴税款期限届满前补缴税款的，利息加收至补缴税款之日。

扣缴义务人向个人支付应税款项时，应当依照个人所得税法规定预扣或者代扣税款，按时缴库，并专项记载备查。上述支付，包括现金支付、汇拨支付、转账支付和以有价证券、实物以及其他形式的支付。

取得综合所得需要办理汇算清缴的情形包括：

（1）从两处以上取得综合所得，且综合所得年收入额减除专项扣除的余额超过 60 000 元。

（2）取得劳务报酬所得、稿酬所得、特许权使用费所得中一项或者多项所得，且综合所得年收入额减除专项扣除的余额超过 60 000 元。

（3）纳税年度内预缴税额低于应纳税额。

（4）纳税人申请退税。

纳税人申请退税，应当提供其在中国境内开设的银行账户，并在汇算清缴地就地办理税款退库。

《个人所得税法》第十条第二款所称全员全额扣缴申报，是指扣缴义务人在代扣税款的次月 15 日内，向主管税务机关报送其支付所得的所有个人的有关信息、支付所得数额、扣除事项和数额、扣缴税款的具体数额和总额以及其他相关涉税信息资料。

居民个人取得工资、薪金所得时，可以向扣缴义务人提供专项附加扣除有关信息，由扣缴义务人扣缴税款时减除专项附加扣除。纳税人同时从两处以上取得工资、薪金所得，并由扣缴义务人减除专项附加扣除的，对同一专项附加扣除项目，在一个纳税年度内只能选择从一处取得的所得中减除。居民个人取得劳务报酬所得、稿酬所得、特许权使用费所得，应当在汇算清缴时向税务机关提供有关信息，减除专项附加扣除。

纳税人可以委托扣缴义务人或者其他单位和个人办理汇算清缴。

扣缴义务人应当按照纳税人提供的信息计算办理扣缴申报，不得擅自更改纳税人提供的信息。纳税人发现扣缴义务人提供或者扣缴申报的个人信息、所得、扣缴税款等与实际情况不符的，有权要求扣缴义务人修改。扣缴义务人拒绝修改的，纳税人应当报告税务机关，税务机关应当及时处理。纳税人、扣缴义务人应当按照规定保存与专项附加扣除相关的资料。税务机关可以对纳税人提供的专项附加扣除信息进行抽查，具体办法由国务院税务主管部门另行规定。税务机关发现纳税人提供虚假信息的，应当责令改正并通知扣缴义务人；情节严重的，有关部门应当依法予以处理，纳入信用信息系统并实施联合惩戒。

纳税人申请退税时提供的汇算清缴信息有错误的，税务机关应当告知其更正；纳税人更正的，税务机关应当及时办理退税。扣缴义务人未将扣缴的税款解缴入库的，不影响纳税人按照规定申请退税，税务机关应当凭纳税人提供的有关资料办理退税。

所得为人民币以外货币的，按照办理纳税申报或者扣缴申报的上一月最后一日人民币汇率中间价，折合成人民币计算应纳税所得额。年度终了后办理汇算清缴的，对已经按月、按季或者按次预缴税款的人民币以外货币所得，不再重新折算；对应当补缴税款的所得部分，按照上一纳税年度最后一日人民币汇率中间价，折合成人民币计算应纳税所得额。

税务机关按照《个人所得税法》第十七条的规定付给扣缴义务人手续费，应当填开退还书；扣缴义务人凭退还书，按照国库管理有关规定办理退库手续。

第二节　个人所得税专项附加扣除制度

一、基本扣除制度

（一）总则

根据《个人所得税专项附加扣除暂行办法》（国发〔2018〕41 号）的规定，根据《中华人民共和国个人所得税法》（以下简称《个人所得税法》）规定，制定本办法。

本办法所称个人所得税专项附加扣除，是指《个人所得税法》规定的子女教育、继续教育、大病医疗、住房贷款利息或者住房租金、赡养老人等 6 项专项附加扣除。

个人所得税专项附加扣除遵循公平合理、利于民生、简便易行的原则。

根据教育、医疗、住房、养老等民生支出变化情况，适时调整专项附加扣除范围和标准。

本办法所称父母，是指生父母、继父母、养父母。本办法所称子女，是指婚生子女、非婚生子女、继子女、养子女。父母之外的其他人担任未成年人的监护人的，比照本办法规定执行。

个人所得税专项附加扣除额一个纳税年度扣除不完的，不能结转以后年度扣除。

个人所得税专项附加扣除具体操作办法，由国务院税务主管部门另行制定。

（二）子女教育

纳税人的子女接受全日制学历教育的相关支出，按照每个子女每月 1 000 元的标准定额扣除。学历教育包括义务教育（小学、初中教育）、高中阶段教育（普通高中、中等职业、技工教育）、高等教育（大学专科、大学本科、硕士研究生、博士研究生教育）。年满 3 岁至小学入学前处于学前教育阶段的子女，按上述规定执行。

父母可以选择由其中一方按扣除标准的 100% 扣除，也可以选择由双方分别按扣除标准的 50% 扣除，具体扣除方式在一个纳税年度内不能变更。

纳税人子女在中国境外接受教育的，纳税人应当留存境外学校录取通知书、留学签证等相关教育的证明资料备查。

（三）继续教育

纳税人在中国境内接受学历（学位）继续教育的支出，在学历（学位）教育期间按照每月 400 元定额扣除。同一学历（学位）继续教育的扣除期限不能超过 48 个月。纳税人接受技能人员职业资格继续教育、专业技术人员职业资格继续教育的支出，在取得相关证书的当年，按照 3 600 元定额扣除。

个人接受本科及以下学历（学位）继续教育，符合本办法规定扣除条件的，可以选择由其父母扣除，也可以选择由本人扣除。

纳税人接受技能人员职业资格继续教育、专业技术人员职业资格继续教育的，应当留存相关证书等资料备查。

（四）大病医疗

在一个纳税年度内，纳税人发生的与基本医保相关的医药费用支出，扣除医保报销后个人负担（指医保目录范围内的自付部分）累计超过 15 000 元的部分，由纳税人在办理年度汇算清缴时，在 80 000 元限额内据实扣除。

纳税人发生的医药费用支出可以选择由本人或者其配偶扣除；未成年子女发生的医药费用支出可以选择由其父母一方扣除。

纳税人及其配偶、未成年子女发生的医药费用支出，按本办法规定分别计算扣除额。

纳税人应当留存医药服务收费及医保报销相关票据原件（或者复印件）等资料备查。医疗保障部门应当向患者提供在医疗保障信息系统记录的本人年度医药费用信息查询服务。

（五）住房贷款利息

纳税人本人或者配偶单独或者共同使用商业银行或者住房公积金个人住房贷款为本人或者其配偶购买中国境内住房，发生的首套住房贷款利息支出，在实际发生贷款利息的年度，按照每月1 000元的标准定额扣除，扣除期限最长不超过240个月。纳税人只能享受一次首套住房贷款的利息扣除。上述首套住房贷款是指购买住房享受首套住房贷款利率的住房贷款。

经夫妻双方约定，可以选择由其中一方扣除，具体扣除方式在一个纳税年度内不能变更。

夫妻双方婚前分别购买住房发生的首套住房贷款，其贷款利息支出，婚后可以选择其中一套购买的住房，由购买方按扣除标准的100%扣除，也可以由夫妻双方对各自购买的住房分别按扣除标准的50%扣除，具体扣除方式在一个纳税年度内不能变更。

纳税人应当留存住房贷款合同、贷款还款支出凭证备查。

（六）住房租金

纳税人在主要工作城市没有自有住房而发生的住房租金支出，可以按照以下标准定额扣除：

（1）直辖市、省会（首府）城市、计划单列市以及国务院确定的其他城市，扣除标准为每月 1 500 元。

（2）除第一项所列城市以外，市辖区户籍人口超过 100 万的城市，扣除标准为每月 1 100 元；市辖区户籍人口不超过 100 万的城市，扣除标准为每月 800 元。

纳税人的配偶在纳税人的主要工作城市有自有住房的，视同纳税人在主要工作城市有自有住房。市辖区户籍人口，以国家统计局公布的数据为准。

本办法所称主要工作城市是指纳税人任职受雇的直辖市、计划单列市、副省级城市、地级市（地区、州、盟）全部行政区域范围；纳税人无任职受雇单位的，为受理其综合所得汇算清缴的税务机关所在城市。夫妻双方主要工作城市相同的，只能由一方扣除住房租金支出。

纳税人及其配偶在一个纳税年度内不能同时分别享受住房贷款利息和住房租金专项附加扣除。住房租金支出由签订租赁住房合同的承租人扣除。纳税人应当留存住房租赁合同、协议等有关资料备查。

（七）赡养老人

纳税人赡养一位及以上被赡养人的赡养支出，统一按照以下标准定额扣除：

（1）纳税人为独生子女的，按照每月 2 000 元的标准定额扣除。

（2）纳税人为非独生子女的，由其与兄弟姐妹分摊每月 2 000 元的扣除额度，每人分摊的额度不能超过每月 1 000 元。可以由赡养人均摊或者约定分摊，也可以由被赡养人指定分摊。约定或者指定分摊的须签订书面分摊协议，指定分摊优先于约定分摊。具体分摊方式和额度在一个纳税年度内不能变更。

本办法所称被赡养人是指年满 60 岁的父母，以及子女均已去世的年满 60 岁的祖父母、外祖父母。

（八）保障措施

纳税人向收款单位索取发票、财政票据、支出凭证，收款单位不能拒绝提供。

纳税人首次享受专项附加扣除，应当将专项附加扣除相关信息提交扣缴义务人或者税务机关，扣缴义务人应当及时将相关信息报送税务机关，纳税人对所提交信息的真实性、准确性、完整性负责。专项附加扣除信息发生变化的，纳税人应当及时向扣缴义务人或者税务机关提供相关信息。上述所称专项附加扣除相关信息，包括纳税人本人、配偶、子女、被赡养人等个人身份信息，以及国务院税务主管部门规定的其他与专项附加扣除相关的信息。本办法规定纳税人需要留存备查的相关资料应当留存五年。

有关部门和单位有责任和义务向税务部门提供或者协助核实以下与专项附加扣除有关的信息：

（1）公安部门有关户籍人口基本信息、户成员关系信息、出入境证件信息、相关出国人员信息、户籍人口死亡标识等信息。

（2）卫生健康部门有关出生医学证明信息、独生子女信息。

（3）民政部门、外交部门、法院有关婚姻状况信息。

（4）教育部门有关学生学籍信息（包括学历继续教育学生学籍、考籍信息）、在相关部门备案的境外教育机构资质信息。

（5）人力资源和社会保障等部门有关技工院校学生学籍信息、技能人员职业资格继续教育信息、专业技术人员职业资格继续教育信息。

（6）住房城乡建设部门有关房屋（含公租房）租赁信息、住房公积金管理机构有关住房公积金贷款还款支出信息。

（7）自然资源部门有关不动产登记信息。

（8）人民银行、金融监督管理部门有关住房商业贷款还款支出信息。

（9）医疗保障部门有关在医疗保障信息系统记录的个人负担的医药费用

信息。

（10）国务院税务主管部门确定需要提供的其他涉税信息。

上述数据信息的格式、标准、共享方式，由国务院税务主管部门及各省、自治区、直辖市和计划单列市税务局商有关部门确定。

有关部门和单位拥有专项附加扣除涉税信息，但未按规定要求向税务部门提供的，拥有涉税信息的部门或者单位的主要负责人及相关人员承担相应责任。

扣缴义务人发现纳税人提供的信息与实际情况不符的，可以要求纳税人修改。纳税人拒绝修改的，扣缴义务人应当报告税务机关，税务机关应当及时处理。

税务机关核查专项附加扣除情况时，纳税人任职受雇单位所在地、经常居住地、户籍所在地的公安派出所、居民委员会或者村民委员会等有关单位和个人应当协助核查。

二、具体操作办法

（一）总则

根据《个人所得税专项附加扣除操作办法（试行）》（国家税务总局公告2018年第60号）的规定，为了规范个人所得税专项附加扣除行为，切实维护纳税人合法权益，根据新修改的《中华人民共和国个人所得税法》及其实施条例、《中华人民共和国税收征收管理法》及其实施细则、《国务院关于印发个人所得税专项附加扣除暂行办法的通知》（国发〔2018〕41号）的规定，制定本办法。

纳税人享受子女教育、继续教育、大病医疗、住房贷款利息或者住房租金、赡养老人专项附加扣除的，依照本办法规定办理。

（二）享受扣除及办理时间

纳税人享受符合规定的专项附加扣除的计算时间分别为：

（1）子女教育。学前教育阶段，为子女年满 3 周岁当月至小学入学前一月。学历教育，为子女接受全日制学历教育入学的当月至全日制学历教育结束的当月。

（2）继续教育。学历（学位）继续教育，为在中国境内接受学历（学位）继续教育入学的当月至学历（学位）继续教育结束的当月，同一学历（学位）继续教育的扣除期限最长不得超过 48 个月。技能人员职业资格继续教育、专业技术人员职业资格继续教育，为取得相关证书的当年。

（3）大病医疗。为医疗保障信息系统记录的医药费用实际支出的当年。

（4）住房贷款利息。为贷款合同约定开始还款的当月至贷款全部归还或贷款合同终止的当月，扣除期限最长不得超过 240 个月。

（5）住房租金。为租赁合同（协议）约定的房屋租赁期开始的当月至租赁期结束的当月。提前终止合同（协议）的，以实际租赁期限为准。

（6）赡养老人。为被赡养人年满 60 周岁的当月至赡养义务终止的年末。

上述第（1）项、第（2）项规定的学历教育和学历（学位）继续教育的期间，包含因病或其他非主观原因休学但学籍继续保留的休学期间，以及施教机构按规定组织实施的寒暑假等假期。

享受子女教育、继续教育、住房贷款利息或者住房租金、赡养老人专项附加扣除的纳税人，自符合条件开始，可以向支付工资、薪金所得的扣缴义务人提供上述专项附加扣除有关信息，由扣缴义务人在预扣预缴税款时，按其在本单位本年可享受的累计扣除额办理扣除；也可以在次年 3 月 1 日至 6 月 30 日内，向汇缴地主管税务机关办理汇算清缴申报时扣除。纳税人同时从两处以上取得工资、薪金所得，并由扣缴义务人办理上述专项附加扣除的，对同一专项附加扣除项目，一个纳税年度内，纳税人只能选择从其中一处扣除。享受大病医疗专项附加扣除的纳税人，由其在次年3月1日至6月30日内，自行向汇缴地主管税务机关办理汇算清缴申报时扣除。

扣缴义务人办理工资、薪金所得预扣预缴税款时，应当根据纳税人报送的《个人所得税专项附加扣除信息表》（以下简称《扣除信息表》）为纳税人办理专项附加扣除。纳税人年度中间更换工作单位的，在原单位任职、受雇期间已享受的专项附加扣除金额，不得在新任职、受雇单位扣除。原扣缴义务人应当自纳税人离职不再发放工资薪金所得的当月起，停止为其办理专项附加扣除。

纳税人未取得工资、薪金所得，仅取得劳务报酬所得、稿酬所得、特许权使用费所得需要享受专项附加扣除的，应当在次年3月1日至6月30日内，自行向汇缴地主管税务机关报送《扣除信息表》，并在办理汇算清缴申报时扣除。

一个纳税年度内，纳税人在扣缴义务人预扣预缴税款环节未享受或未足额享受专项附加扣除的，可以在当年内向支付工资、薪金的扣缴义务人申请在剩余月份发放工资、薪金时补充扣除，也可以在次年3月1日至6月30日内，向汇缴地主管税务机关办理汇算清缴时申报扣除。

（三）报送信息及留存备查资料

纳税人选择在扣缴义务人发放工资、薪金所得时享受专项附加扣除的，首次享受时应当填写并向扣缴义务人报送《扣除信息表》；纳税年度中间相关信息发生变化的，纳税人应当更新《扣除信息表》相应栏次，并及时报送给扣缴义务人。更换工作单位的纳税人，需要由新任职、受雇扣缴义务人办理专项附加扣除的，应当在入职的当月，填写并向扣缴义务人报送《扣除信息表》。

纳税人次年需要由扣缴义务人继续办理专项附加扣除的，应当于每年12月份对次年享受专项附加扣除的内容进行确认，并报送至扣缴义务人。纳税人未及时确认的，扣缴义务人于次年1月起暂停扣除，待纳税人确认后再行办理专项附加扣除。扣缴义务人应当将纳税人报送的专项附加扣除信息，在次月办理扣缴申报时一并报送至主管税务机关。

纳税人选择在汇算清缴申报时享受专项附加扣除的，应当填写并向汇缴地主管税务机关报送《扣除信息表》。

纳税人将需要享受的专项附加扣除项目信息填报至《扣除信息表》相应栏次。填报要素完整的，扣缴义务人或者主管税务机关应当受理；填报要素不完整的，扣缴义务人或者主管税务机关应当及时告知纳税人补正或重新填报。纳税人未补正或重新填报的，暂不办理相关专项附加扣除，待纳税人补正或重新填报后再行办理。

纳税人享受子女教育专项附加扣除，应当填报配偶及子女的姓名、身份证件类型及号码、子女当前受教育阶段及起止时间、子女就读学校以及本人与配偶之间扣除分配比例等信息。纳税人需要留存备查资料包括：子女在境外接受教育的，应当留存境外学校录取通知书、留学签证等境外教育佐证资料。

纳税人享受继续教育专项附加扣除，接受学历（学位）继续教育的，应当填报教育起止时间、教育阶段等信息；接受技能人员或者专业技术人员职业资格继续教育的，应当填报证书名称、证书编号、发证机关、发证（批准）时间等信息。纳税人需要留存备查资料包括：纳税人接受技能人员职业资格继续教育、专业技术人员职业资格继续教育的，应当留存职业资格相关证书等资料。

纳税人享受住房贷款利息专项附加扣除，应当填报住房权属信息、住房坐落地址、贷款方式、贷款银行、贷款合同编号、贷款期限、首次还款日期等信息；纳税人有配偶的，填写配偶姓名、身份证件类型及号码。纳税人需要留存备查资料包括：住房贷款合同、贷款还款支出凭证等资料。

纳税人享受住房租金专项附加扣除，应当填报主要工作城市、租赁住房坐落地址、出租人姓名及身份证件类型和号码或者出租方单位名称及纳税人识别号（社会统一信用代码）、租赁起止时间等信息；纳税人有配偶的，填写配偶姓名、身份证件类型及号码。纳税人需要留存备查资料包括：住房租赁合同或协议等资料。

纳税人享受赡养老人专项附加扣除，应当填报纳税人是否为独生子女、月扣除金额、被赡养人姓名及身份证件类型和号码、与纳税人关系；有共同赡养人的，需填报分摊方式、共同赡养人姓名及身份证件类型和号码等信息。纳税人需要留存备查资料包括：约定或指定分摊的书面分摊协议等资料。

纳税人享受大病医疗专项附加扣除，应当填报患者姓名、身份证件类型及号码、与纳税人关系、与基本医保相关的医药费用总金额、医保目录范围内个人负担的自付金额等信息。纳税人需要留存备查资料包括：大病患者医药服务收费及医保报销相关票据原件或复印件，或者医疗保障部门出具的纳税年度医药费用清单等资料。

纳税人应当对报送的专项附加扣除信息的真实性、准确性、完整性负责。

（四）信息报送方式

纳税人可以通过远程办税端、电子或者纸质报表等方式，向扣缴义务人或者主管税务机关报送个人专项附加扣除信息。

纳税人选择纳税年度内由扣缴义务人办理专项附加扣除的，按下列规定办理：

（1）纳税人通过远程办税端选择扣缴义务人并报送专项附加扣除信息的，扣缴义务人根据接收的扣除信息办理扣除。

（2）纳税人通过填写电子或者纸质《扣除信息表》直接报送扣缴义务人的，扣缴义务人将相关信息导入或者录入扣缴端软件，并在次月办理扣缴申报时提交给主管税务机关。《扣除信息表》应当一式两份，纳税人和扣缴义务人签字（章）后分别留存备查。

纳税人选择年度终了后办理汇算清缴申报时享受专项附加扣除的，既可以通过远程办税端报送专项附加扣除信息，也可以将电子或者纸质《扣除信息表》（一式两份）报送给汇缴地主管税务机关。

报送电子《扣除信息表》的，主管税务机关受理打印，交由纳税人签字后，一份由纳税人留存备查，一份由税务机关留存；报送纸质《扣除信息表》的，纳税人签字确认、主管税务机关受理签章后，一份退还纳税人留存备查，一份由税务机关留存。

扣缴义务人和税务机关应当告知纳税人办理专项附加扣除的方式和渠道，鼓励并引导纳税人采用远程办税端报送信息。

（五）后续管理

纳税人应当将《扣除信息表》及相关留存备查资料，自法定汇算清缴期结束后保存五年。纳税人报送给扣缴义务人的《扣除信息表》，扣缴义务人应当自预扣预缴年度的次年起留存五年。

纳税人向扣缴义务人提供专项附加扣除信息的，扣缴义务人应当按照规定予以扣除，不得拒绝。扣缴义务人应当为纳税人报送的专项附加扣除信息保密。

扣缴义务人应当及时按照纳税人提供的信息计算办理扣缴申报，不得擅自更改纳税人提供的相关信息。扣缴义务人发现纳税人提供的信息与实际情况不符，可以要求纳税人修改。纳税人拒绝修改的，扣缴义务人应当向主管税务机关报告，税务机关应当及时处理。除纳税人另有要求外，扣缴义务人应当于年度终了后两个月内，向纳税人提供已办理的专项附加扣除项目及金额等信息。

税务机关定期对纳税人提供的专项附加扣除信息开展抽查。税务机关核查时，纳税人无法提供留存备查资料，或者留存备查资料不能支持相关情况的，税务机关可以要求纳税人提供其他佐证；不能提供其他佐证材料，或者佐证材料仍不足以支持的，不得享受相关专项附加扣除。税务机关核查专项附加扣除情况时，可以提请有关单位和个人协助核查，相关单位和个人应当协助。

纳税人有下列情形之一的，主管税务机关应当责令其改正；情形严重的，应当纳入有关信用信息系统，并按照国家有关规定实施联合惩戒；涉及违反税收征管法等法律法规的，税务机关依法进行处理：

（1）报送虚假专项附加扣除信息。

（2）重复享受专项附加扣除。

（3）超范围或标准享受专项附加扣除。

（4）拒不提供留存备查资料。

（5）国家税务总局规定的其他情形。

纳税人在任职、受雇单位报送虚假扣除信息的，税务机关责令改正的同时，通知扣缴义务人。

三、住房贷款利息专项附加扣除相关信息归集工作

根据《中国人民银行办公厅 财政部办公厅 国家税务总局办公厅关于做好个人所得税住房贷款利息专项附加扣除相关信息归集工作的通知》（银办发〔2019〕71号）的规定，为配合做好个人所得税专项附加扣除工作，依据《中华人民共和国个人所得税法》《征信业管理条例》《个人所得税专项附加扣除暂行办法》（国发〔2018〕41号文印发）、《个人信用信息基础数据库管理暂行办法》（中国人民银行令〔2005〕第3号发布），现就个人所得税住房贷款利息专项附加扣除相关信息归集（以下简称信息归集）有关事项通知如下。

（一）信息归集范围

信息归集的住房贷款为1989年1月1日（含）之后发放的商业性个人住

房贷款，不包括个人商用房（含商住两用房）贷款。

信息归集的数据项包括"借款人姓名""证件类型及号码""贷款银行""贷款合同编号""是否为首套住房贷款""贷款类型""开户日期""到期日期""首次还款日期""是否已结清"和"结清日期"。

个人住房公积金贷款信息由其主管部门负责归集。

（二）信息归集方式

依托人民银行征信系统（以下简称征信系统），在目前已采集的商业性个人住房贷款信息基础上，增加采集"贷款合同编号"和"是否为首套住房贷款"两个数据项。

1. "是否为首套住房贷款"填报规则

"是否为首套住房贷款"的判断以差别化住房信贷政策的发布时间为分界点。2003 年 6 月 6 日，人民银行发布《中国人民银行关于进一步加强房地产信贷业务管理的通知》（银发〔2003〕121 号），开始执行差别化住房信贷政策，要求全国各地区的商业银行对借款人购买第一套自住住房和第二套（含）以上住房，执行差别化的首付款比例和利率政策。

贷款发放日期在 2003 年 6 月 6 日（含）之后的，根据当时发放贷款的历史时点的差别化住房信贷政策以及所在地区在该历史时点发布的相关住房信贷政策执行标准判断"是否为首套住房贷款"。具体填报规则如下：

报"01- 是"：商业银行在发放贷款的历史时点认定是首套住房贷款。

报"02- 否"：商业银行在发放贷款的历史时点认定不是首套住房贷款。

贷款发放日期在 2003 年 6 月 5 日（含）之前的，报"04- 未发布差别化住房信贷政策"。

2. "贷款合同编号"填报规则

"贷款合同编号"须填报行内能唯一定位一笔贷款业务的账号，原则上优先填报商业银行与借款人签订的纸质贷款合同编号。若商业银行填报纸质贷款合同编号确实有困难的，或者纸质贷款合同编号不能唯一定位一笔贷款业务的，可报送行内能唯一定位一笔贷款业务的其他账号；无论该账号与已经报送征信系统的"业务号"是否相同，均须通过职业段的"工资账号"字段报送。该字段的长度为40个字节（中文占用2个字节），商业银行报送的"贷款合同编号"超过该长度的，截取40个字节报送，并确保能唯一定位一笔贷款业务。

（三）工作安排

各商业银行要认真做好数据报送前的准备工作，包括建立健全工作机制和配套制度，改造征信数据报送程序，对信息归集的数据项进行重点核查清理，及时补报漏报的数据，更正已报入征信系统的错误数据。

各商业银行于2019年3月31日前向征信系统报送信息归集的数据，包括补报存量数据和上报增量数据。

补报存量数据指补报增加采集的"是否为首套住房贷款"和"贷款合同编号"两个数据项。存量数据的范围为贷款发放日期在1989年1月1日（含）至2019年2月28日（含）之间，且在2018年12月31日仍未结清的商业性个人住房贷款。存量数据补报工作应于2019年3月31日前完成。

上报增量数据指报送新发放的整笔贷款业务，包括增加采集的"是否为首套住房贷款"和"贷款合同编号"两个数据项。增量数据的范围为2019年3月1日（含）之后新发放的商业性个人住房贷款。增量数据的报送频率按照征信系统信贷数据采集接口规范对正常报文的要求执行。

发生呆账、核销、资产处置等情况的商业性个人住房贷款均须予以报送。

各商业银行应建立异议处理机制。借款人认为商业银行提供的个人住房贷款归集信息存在错误遗漏的，可以向商业银行提出异议，要求更正。经核查确属报送错误的，商业银行应及时更正。

（四）向借款人提供咨询服务

商业银行应向借款人提供关于"是否为首套住房贷款"和"贷款合同编号"信息的咨询服务。

1. 咨询"是否为首套住房贷款"

对于 1989 年 1 月 1 日（含）至 2003 年 6 月 5 日（含）之间发放的商业性个人住房贷款，商业银行可告知借款人该期间未发布差别化住房信贷政策，没有首套住房贷款的概念，由借款人自己按照是否是家庭的首次住房贷款进行判断。借款人可查看本人及配偶手中的商业性个人住房贷款合同和个人公积金住房贷款合同，比对贷款的发放日期，发放日期最早的那笔贷款若在 2018 年 12 月 31 日仍未结清，就是首次个人住房贷款，可参照首套住房贷款，依法享受个人所得税专项附加扣除政策。

对于 2003 年 6 月 6 日（含）之后发放的商业性个人住房贷款，商业银行无法实时答复借款人的，应做好解释工作，并在查询相关住房贷款档案后给予回复。

商业银行在信息归集中确实无法填报住房贷款相关数据，但能确认住房贷款真实存在的，应向借款人提供相关信息。信息内容包括但不限于借款人姓名、证件类型及号码、贷款余额、贷款期限、剩余还款时间、是否结清等信息，须加盖公章，提供给借款人留存备查。

2. 咨询"贷款合同编号"

商业银行应及时通过短信、电话、网银、App、官方网站等多种形式告知借款人获取"贷款合同编号"的途径和填写方式。

（五）注意事项

信息归集工作时间紧、任务重、要求高，各商业银行要高度重视，充分认识贯彻施行《个人所得税专项附加扣除暂行办法》的重要性和紧迫性，切实加强组织领导，务必在规定时间内做好各项工作。

请人民银行上海总部，各分行、营业管理部，各省会（首府）城市中心支行，各副省级城市中心支行及时将本通知转发至辖区内发放商业性个人住房贷款的城市商业银行、农村商业银行、农村合作银行、村镇银行、城市信用社、农村信用社和外资银行，并督促做好数据报送、异议处理等工作。

第三节 个人所得税扣缴申报制度

一、个人所得税扣缴申报管理办法

根据《个人所得税扣缴申报管理办法（试行）》（国家税务总局公告 2018 年第 61 号，以下简称《办法》）的规定，为规范个人所得税扣缴申报行为，维护纳税人和扣缴义务人合法权益，根据《中华人民共和国个人所得税法》及其实施条例、《中华人民共和国税收征收管理法》及其实施细则等法律法规的规定，制定本《办法》。

扣缴义务人，是指向个人支付所得的单位或者个人。扣缴义务人应当依法办理全员全额扣缴申报。全员全额扣缴申报，是指扣缴义务人应当在代扣税款的次月 15 日内，向主管税务机关报送其支付所得的所有个人的有关信息、支付所得数额、扣除事项和数额、扣缴税款的具体数额和总额以及其他相关涉税信息资料。

扣缴义务人每月或者每次预扣、代扣的税款，应当在次月 15 日内缴入国库，并向税务机关报送《个人所得税扣缴申报表》。

实行个人所得税全员全额扣缴申报的应税所得包括：

（1）工资、薪金所得。

（2）劳务报酬所得。

（3）稿酬所得。

（4）特许权使用费所得。

（5）利息、股息、红利所得。

（6）财产租赁所得。

（7）财产转让所得。

（8）偶然所得。

扣缴义务人首次向纳税人支付所得时，应当按照纳税人提供的纳税人识别号等基础信息，填写《个人所得税基础信息表（A表）》，并于次月扣缴申报时向税务机关报送。扣缴义务人对纳税人向其报告的相关基础信息变化情况，应当于次月扣缴申报时向税务机关报送。

扣缴义务人向居民个人支付工资、薪金所得时，应当按照累计预扣法计算预扣税款，并按月办理扣缴申报。累计预扣法，是指扣缴义务人在一个纳税年度内预扣预缴税款时，以纳税人在本单位截至当前月份工资、薪金所得累计收入减除累计免税收入、累计减除费用、累计专项扣除、累计专项附加扣除和累计依法确定的其他扣除后的余额为累计预扣预缴应纳税所得额，适用个人所得税预扣率表一（见表10-3），计算累计应预扣预缴税额，再减除累计减免税额和累计已预扣预缴税额，其余额为本期应预扣预缴税额。余额为负值时，暂不退税。纳税年度终了后余额仍为负值时，由纳税人通过办理综合所得年度汇算清缴，税款多退少补。

表 10-3 　　　　　　　　　　个人所得税预扣率表一

（居民个人工资、薪金所得预扣预缴适用）

级数	累计预扣预缴应纳税所得额	预扣率	速算扣除数
1	不超过 36 000 元的	3%	0
2	超过 36 000 元至 144 000 元的部分	10%	2 520
3	超过 144 000 元至 300 000 元的部分	20%	16 920
4	超过 300 000 元至 420 000 元的部分	25%	31 920

续表

级数	累计预扣预缴应纳税所得额	预扣率	速算扣除数
5	超过 420 000 元至 660 000 元的部分	30%	52 920
6	超过 660 000 元至 960 000 元的部分	35%	85 920
7	超过 960 000 元的部分	45%	181 920

具体计算公式如下：

本期应预扣预缴税额 =（累计预扣预缴应纳税所得额 × 预扣率 − 速算扣除数）− 累计减免税额 − 累计已预扣预缴税额

累计预扣预缴应纳税所得额 = 累计收入 − 累计免税收入 − 累计减除费用 − 累计专项扣除 − 累计专项附加扣除 − 累计依法确定的其他扣除

其中：累计减除费用，按照 5 000 元 / 月乘以纳税人当年截至本月在本单位的任职受雇月份数计算。

居民个人向扣缴义务人提供有关信息并依法要求办理专项附加扣除的，扣缴义务人应当按照规定在工资、薪金所得按月预扣预缴税款时予以扣除，不得拒绝。

扣缴义务人向居民个人支付劳务报酬所得、稿酬所得、特许权使用费所得时，应当按照以下方法按次或者按月预扣预缴税款：

劳务报酬所得、稿酬所得、特许权使用费所得以收入减除费用后的余额为收入额；其中，稿酬所得的收入额减按 70% 计算。

减除费用：预扣预缴税款时，劳务报酬所得、稿酬所得、特许权使用费所得每次收入不超过 4 000 元的，减除费用按 800 元计算；每次收入 4 000 元以上的，减除费用按收入的 20% 计算。

应纳税所得额：劳务报酬所得、稿酬所得、特许权使用费所得，以每次收入额为预扣预缴应纳税所得额，计算应预扣预缴税额。劳务报酬所得适用个人所得税预扣率表二（见表 10-4），稿酬所得、特许权使用费所得适用 20% 的比例预扣率。

表 10-4 　　　　　　　　　　 个人所得税预扣率表二

（居民个人劳务报酬所得预扣预缴适用）

级数	预扣预缴应纳税所得额	预扣率	速算扣除数
1	不超过 20 000 元的	20%	0
2	超过 20 000 元至 50 000 元的部分	30%	2 000
3	超过 50 000 元的部分	40%	7 000

居民个人办理年度综合所得汇算清缴时，应当依法计算劳务报酬所得、稿酬所得、特许权使用费所得的收入额，并入年度综合所得计算应纳税款，税款多退少补。

扣缴义务人向非居民个人支付工资、薪金所得，劳务报酬所得，稿酬所得和特许权使用费所得时，应当按照以下方法按月或者按次代扣代缴税款：

非居民个人的工资、薪金所得，以每月收入额减除费用 5 000 元后的余额为应纳税所得额；劳务报酬所得、稿酬所得、特许权使用费所得，以每次收入额为应纳税所得额，适用个人所得税税率表三（见表 10-5）计算应纳税额。劳务报酬所得、稿酬所得、特许权使用费所得以收入减除 20% 的费用后的余额为收入额；其中，稿酬所得的收入额减按 70% 计算。

表 10-5 　　　　　　　　　　 个人所得税税率表三

（非居民个人工资、薪金所得，劳务报酬所得，稿酬所得，特许权使用费所得适用）

级数	应纳税所得额	税率	速算扣除数
1	不超过 3 000 元的	3%	0
2	超过 3 000 元至 12 000 元的部分	10%	210
3	超过 12 000 元至 25 000 元的部分	20%	1 410
4	超过 25 000 元至 35 000 元的部分	25%	2 660
5	超过 35 000 元至 55 000 元的部分	30%	4 410
6	超过 55 000 元至 80 000 元的部分	35%	7 160
7	超过 80 000 元的部分	45%	15 160

非居民个人在一个纳税年度内税款扣缴方法保持不变，达到居民个人条

件时，应当告知扣缴义务人基础信息变化情况，年度终了后按照居民个人有关规定办理汇算清缴。

扣缴义务人支付利息、股息、红利所得，财产租赁所得，财产转让所得或者偶然所得时，应当依法按次或者按月代扣代缴税款。劳务报酬所得、稿酬所得、特许权使用费所得，属于一次性收入的，以取得该项收入为一次；属于同一项目连续性收入的，以一个月内取得的收入为一次。财产租赁所得，以一个月内取得的收入为一次。利息、股息、红利所得，以支付利息、股息、红利时取得的收入为一次。偶然所得，以每次取得该项收入为一次。

纳税人需要享受税收协定待遇的，应当在取得应税所得时主动向扣缴义务人提出，并提交相关信息、资料，扣缴义务人代扣代缴税款时按照享受税收协定待遇有关办法办理。

支付工资、薪金所得的扣缴义务人应当于年度终了后两个月内，向纳税人提供其个人所得和已扣缴税款等信息。纳税人年度中间需要提供上述信息的，扣缴义务人应当提供。纳税人取得除工资、薪金所得以外的其他所得，扣缴义务人应当在扣缴税款后，及时向纳税人提供其个人所得和已扣缴税款等信息。

扣缴义务人应当按照纳税人提供的信息计算税款、办理扣缴申报，不得擅自更改纳税人提供的信息。扣缴义务人发现纳税人提供的信息与实际情况不符的，可以要求纳税人修改。纳税人拒绝修改的，扣缴义务人应当报告税务机关，税务机关应当及时处理。纳税人发现扣缴义务人提供或者扣缴申报的个人信息、支付所得、扣缴税款等信息与实际情况不符的，有权要求扣缴义务人修改。扣缴义务人拒绝修改的，纳税人应当报告税务机关，税务机关应当及时处理。

扣缴义务人对纳税人提供的《个人所得税专项附加扣除信息表》，应当按照规定妥善保存备查。扣缴义务人应当依法对纳税人报送的专项附加扣除等相关涉税信息和资料保密。

对扣缴义务人按照规定扣缴的税款，按年付给 2% 的手续费。不包括税务机关、司法机关等查补或者责令补扣的税款。扣缴义务人领取的扣缴手续费可用于提升办税能力、奖励办税人员。

扣缴义务人依法履行代扣代缴义务，纳税人不得拒绝。纳税人拒绝的，扣缴义务人应当及时报告税务机关。

扣缴义务人有未按照规定向税务机关报送资料和信息、未按照纳税人提供信息虚报虚扣专项附加扣除、应扣未扣税款、不缴或少缴已扣税款、借用或冒用他人身份等行为的，依照《中华人民共和国税收征收管理法》等相关法律、行政法规处理。

二、完善调整部分纳税人个人所得税预扣预缴方法

根据《国家税务总局关于完善调整部分纳税人个人所得税预扣预缴方法的公告》（国家税务总局公告 2020 年第 13 号）的规定，为进一步支持稳就业、保就业，减轻当年新入职人员个人所得税预扣预缴阶段的税收负担，自 2020 年 7 月 1 日起，对一个纳税年度内首次取得工资、薪金所得的居民个人，扣缴义务人在预扣预缴个人所得税时，可按照 5 000 元 / 月乘以纳税人当年截至本月月份数计算累计减除费用。

正在接受全日制学历教育的学生因实习取得劳务报酬所得的，扣缴义务人预扣预缴个人所得税时，可按照《国家税务总局关于发布〈个人所得税扣缴申报管理办法（试行）〉的公告》（国家税务总局公告 2018 年第 61 号）规定的累计预扣法计算并预扣预缴税款。

符合本公告规定并可按上述条款预扣预缴个人所得税的纳税人，应当及时向扣缴义务人申明并如实提供相关佐证资料或承诺书，并对相关资料及承

诺书的真实性、准确性、完整性负责。相关资料或承诺书，纳税人及扣缴义务人需留存备查。

本公告所称首次取得工资、薪金所得的居民个人，是指自纳税年度首月起至新入职时，未取得工资、薪金所得或者未按照累计预扣法预扣预缴过连续性劳务报酬所得个人所得税的居民个人。

三、进一步简便优化部分纳税人个人所得税预扣预缴方法

根据《国家税务总局关于进一步简便优化部分纳税人个人所得税预扣预缴方法的公告》（国家税务总局公告 2020 年第 19 号）的规定，为进一步支持稳就业、保就业、促消费，助力构建新发展格局，按照《中华人民共和国个人所得税法》及其实施条例有关规定，自 2021 年 1 月 1 日起，对上一完整纳税年度内每月均在同一单位预扣预缴工资、薪金所得个人所得税且全年工资、薪金收入不超过 60 000 元的居民个人，扣缴义务人在预扣预缴本年度工资、薪金所得个人所得税时，累计减除费用自 1 月份起直接按照全年 60 000 元计算扣除。即，在纳税人累计收入不超过 60 000 元的月份，暂不预扣预缴个人所得税；在其累计收入超过 60 000 元的当月及年内后续月份，再预扣预缴个人所得税。

扣缴义务人应当按规定办理全员全额扣缴申报，并在《个人所得税扣缴申报表》相应纳税人的备注栏注明"上年各月均有申报且全年收入不超过 60 000 元"字样。

对按照累计预扣法预扣预缴劳务报酬所得个人所得税的居民个人，扣缴义务人比照上述规定执行。

第四节　个人所得税自行申报与汇算清缴

一、个人所得税自行纳税申报有关问题

根据《国家税务总局关于个人所得税自行纳税申报有关问题的公告》（国家税务总局公告 2018 年第 62 号）的规定，个人所得税自行纳税申报实行以下制度。

（一）取得综合所得需要办理汇算清缴的纳税申报

取得综合所得且符合下列情形之一的纳税人，应当依法办理汇算清缴：

（1）从两处以上取得综合所得，且综合所得年收入额减除专项扣除后的余额超过 60 000 元。

（2）取得劳务报酬所得、稿酬所得、特许权使用费所得中一项或者多项所得，且综合所得年收入额减除专项扣除的余额超过 60 000 元。

（3）纳税年度内预缴税额低于应纳税额。

（4）纳税人申请退税。

需要办理汇算清缴的纳税人，应当在取得所得的次年 3 月 1 日至 6 月 30 日内，向任职、受雇单位所在地主管税务机关办理纳税申报，并报送《个人所得税年度自行纳税申报表》。纳税人有两处以上任职、受雇单位的，选择向其中一处任职、受雇单位所在地主管税务机关办理纳税申报；纳税人没有任职、受雇单位的，向户籍所在地或经常居住地主管税务机关办理纳税申报。

纳税人办理综合所得汇算清缴，应当准备与收入、专项扣除、专项附加扣除、依法确定的其他扣除、捐赠、享受税收优惠等相关的资料，并按规定

留存备查或报送。

（二）取得经营所得的纳税申报

个体工商户业主、个人独资企业投资者、合伙企业个人合伙人、承包承租经营者个人以及其他从事生产、经营活动的个人取得经营所得，包括以下情形：

（1）个体工商户从事生产、经营活动取得的所得，个人独资企业投资人、合伙企业的个人合伙人来源于境内注册的个人独资企业、合伙企业生产、经营的所得。

（2）个人依法从事办学、医疗、咨询以及其他有偿服务活动取得的所得。

（3）个人对企业、事业单位承包经营、承租经营以及转包、转租取得的所得。

（4）个人从事其他生产、经营活动取得的所得。

纳税人取得经营所得，按年计算个人所得税，由纳税人在月度或季度终了后 15 日内，向经营管理所在地主管税务机关办理预缴纳税申报，并报送《个人所得税经营所得纳税申报表（A 表）》。在取得所得的次年 3 月 31 日前，向经营管理所在地主管税务机关办理汇算清缴，并报送《个人所得税经营所得纳税申报表（B 表）》；从两处以上取得经营所得的，选择向其中一处经营管理所在地主管税务机关办理年度汇总申报，并报送《个人所得税经营所得纳税申报表（C 表）》。

（三）取得应税所得，扣缴义务人未扣缴税款的纳税申报

纳税人取得应税所得，扣缴义务人未扣缴税款的，应当区别以下情形办理纳税申报：

（1）居民个人取得综合所得的，按照本公告第一条办理。

（2）非居民个人取得工资、薪金所得，劳务报酬所得，稿酬所得，特

许权使用费所得的，应当在取得所得的次年 6 月 30 日前，向扣缴义务人所在地主管税务机关办理纳税申报，并报送《个人所得税自行纳税申报表（A 表）》。有两个以上扣缴义务人均未扣缴税款的，选择向其中一处扣缴义务人所在地主管税务机关办理纳税申报。非居民个人在次年 6 月 30 日前离境（临时离境除外）的，应当在离境前办理纳税申报。

（3）纳税人取得利息、股息、红利所得，财产租赁所得，财产转让所得和偶然所得的，应当在取得所得的次年 6 月 30 日前，按相关规定向主管税务机关办理纳税申报，并报送《个人所得税自行纳税申报表（A 表）》。税务机关通知限期缴纳的，纳税人应当按照期限缴纳税款。

（四）取得境外所得的纳税申报

居民个人从中国境外取得所得的，应当在取得所得的次年 3 月 1 日至 6 月 30 日内，向中国境内任职、受雇单位所在地主管税务机关办理纳税申报；在中国境内没有任职、受雇单位的，向户籍所在地或中国境内经常居住地主管税务机关办理纳税申报；户籍所在地与中国境内经常居住地不一致的，选择其中一地主管税务机关办理纳税申报；在中国境内没有户籍的，向中国境内经常居住地主管税务机关办理纳税申报。

（五）因移居境外注销中国户籍的纳税申报

纳税人因移居境外注销中国户籍的，应当在申请注销中国户籍前，向户籍所在地主管税务机关办理纳税申报，进行税款清算。

（1）纳税人在注销户籍年度取得综合所得的，应当在注销户籍前，办理当年综合所得的汇算清缴，并报送《个人所得税年度自行纳税申报表》。尚未办理上一年度综合所得汇算清缴的，应当在办理注销户籍纳税申报时一并办理。

（2）纳税人在注销户籍年度取得经营所得的，应当在注销户籍前，办理当年经营所得的汇算清缴，并报送《个人所得税经营所得纳税申报表（B表）》。从两处以上取得经营所得的，还应当一并报送《个人所得税经营所得纳税申报表（C表）》。尚未办理上一年度经营所得汇算清缴的，应当在办理注销户籍纳税申报时一并办理。

（3）纳税人在注销户籍当年取得利息、股息、红利所得，财产租赁所得，财产转让所得和偶然所得的，应当在注销户籍前，申报当年上述所得的完税情况，并报送《个人所得税自行纳税申报表（A表）》。

（4）纳税人有未缴或者少缴税款的，应当在注销户籍前，结清欠缴或未缴的税款。纳税人存在分期缴税且未缴纳完毕的，应当在注销户籍前，结清尚未缴纳的税款。

（5）纳税人办理注销户籍纳税申报时，需要办理专项附加扣除、依法确定的其他扣除的，应当向税务机关报送《个人所得税专项附加扣除信息表》《商业健康保险税前扣除情况明细表》《个人税收递延型商业养老保险税前扣除情况明细表》等。

（六）非居民个人在中国境内从两处以上取得工资、薪金所得的纳税申报

非居民个人在中国境内从两处以上取得工资、薪金所得的，应当在取得所得的次月15日内，向其中一处任职、受雇单位所在地主管税务机关办理纳税申报，并报送《个人所得税自行纳税申报表（A表）》。

（七）纳税申报方式

纳税人可以采用远程办税端、邮寄等方式申报，也可以直接到主管税务机关申报。

（八）其他有关问题

（1）纳税人办理自行纳税申报时，应当一并报送税务机关要求报送的其他有关资料。首次申报或者个人基础信息发生变化的，还应报送《个人所得税基础信息表（B表）》。

（2）纳税人在办理纳税申报时需要享受税收协定待遇的，按照享受税收协定待遇有关办法办理。

二、综合所得汇算清缴涉及有关政策问题

根据《财政部 国家税务总局关于个人所得税综合所得汇算清缴涉及有关政策问题的公告》（财政部、国家税务总局公告2019年第94号）的规定，2019年1月1日至2020年12月31日居民个人取得的综合所得，年度综合所得收入不超过12万元且需要汇算清缴补税的，或者年度汇算清缴补税金额不超过400元的，居民个人可免于办理个人所得税综合所得汇算清缴。居民个人取得综合所得时存在扣缴义务人未依法预扣预缴税款的情形除外。

残疾、孤老人员和烈属取得综合所得办理汇算清缴时，汇算清缴地与预扣预缴地规定不一致的，用预扣预缴地规定计算的减免税额与用汇算清缴地规定计算的减免税额相比较，按照孰高值确定减免税额。

居民个人填报专项附加扣除信息存在明显错误，经税务机关通知，居民个人拒不更正或者不说明情况的，税务机关可暂停纳税人享受专项附加扣除。居民个人按规定更正相关信息或者说明情况后，经税务机关确认，居民个人可继续享受专项附加扣除，以前月份未享受扣除的，可按规定追补扣除。

三、办理 2019 年度个人所得税综合所得汇算清缴事项

根据《国家税务总局关于办理 2019 年度个人所得税综合所得汇算清缴事项的公告》（国家税务总局公告 2019 年第 44 号）的规定，为切实维护纳税人合法权益，进一步落实好专项附加扣除政策，合理有序建立个人所得税综合所得汇算清缴制度，根据个人所得税法及其实施条例（以下简称《税法》）和税收征收管理法及其实施细则有关规定，现就办理 2019 年度个人所得税综合所得汇算清缴（以下简称年度汇算）有关事项公告如下。

（一）2019 年度汇算的内容

依据税法规定，2019 年度终了后，居民个人（以下称纳税人）需要汇总 2019 年 1 月 1 日至 12 月 31 日取得的工资薪金、劳务报酬、稿酬、特许权使用费等四项所得（以下称综合所得）的收入额，减除费用 60 000 元以及专项扣除、专项附加扣除、依法确定的其他扣除和符合条件的公益慈善事业捐赠（以下简称捐赠）后，适用综合所得个人所得税税率并减去速算扣除数，计算本年度最终应纳税额，再减去 2019 年度已预缴税额，得出本年度应退或应补税额，向税务机关申报并办理退税或补税。具体计算公式如下：

2019 年度汇算应退或应补税额 =［（综合所得收入额 –60 000 元 –"三险一金"等专项扣除 – 子女教育等专项附加扣除 – 依法确定的其他扣除 – 捐赠）× 适用税率 – 速算扣除数］–2019 年已预缴税额

依据税法规定，2019 年度汇算仅计算并结清本年度综合所得的应退或应补税款，不涉及以前或往后年度，也不涉及财产租赁等分类所得，以及纳税人按规定选择不并入综合所得计算纳税的全年一次性奖金等所得。

（二）无需办理年度汇算的纳税人

经国务院批准，依据《财政部 国家税务总局关于个人所得税综合所得汇算清缴涉及有关政策问题的公告》（财政部、国家税务总局公告 2019 年第 94 号）有关规定，纳税人在 2019 年度已依法预缴个人所得税且符合下列情形之一的，无需办理年度汇算：

（1）纳税人年度汇算需补税但年度综合所得收入不超过 120 000 元的。

（2）纳税人年度汇算需补税金额不超过 400 元的。

（3）纳税人已预缴税额与年度应纳税额一致或者不申请年度汇算退税的。

（三）需要办理年度汇算的纳税人

依据税法规定，符合下列情形之一的，纳税人需要办理年度汇算：

（1）2019 年度已预缴税额大于年度应纳税额且申请退税的。包括 2019 年度综合所得收入额不超过 60 000 元但已预缴个人所得税；年度中间劳务报酬、稿酬、特许权使用费适用的预扣率高于综合所得年适用税率；预缴税款时，未申报扣除或未足额扣除减除费用、专项扣除、专项附加扣除、依法确定的其他扣除或捐赠，以及未申报享受或未足额享受综合所得税收优惠等情形。

（2）2019 年度综合所得收入超过 120 000 元且需要补税金额超过 400 元的。包括取得两处及以上综合所得，合并后适用税率提高导致已预缴税额小于年度应纳税额等情形。

（四）可享受的税前扣除

下列未申报扣除或未足额扣除的税前扣除项目，纳税人可在年度汇算期间办理扣除或补充扣除：

（1）纳税人及其配偶、未成年子女在 2019 年度发生的，符合条件的大病医疗支出。

（2）纳税人在2019年度未申报享受或未足额享受的子女教育、继续教育、住房贷款利息或住房租金、赡养老人专项附加扣除，以及减除费用、专项扣除、依法确定的其他扣除。

（3）纳税人在2019年度发生的符合条件的捐赠支出。

（五）办理时间

纳税人办理2019年度汇算的时间为2020年3月1日至6月30日。在中国境内无住所的纳税人在2020年3月1日前离境的，可以在离境前办理年度汇算。

（六）办理方式

纳税人可自主选择下列办理方式：

（1）自行办理年度汇算。

（2）通过取得工资薪金或连续性取得劳务报酬所得的扣缴义务人代为办理。纳税人向扣缴义务人提出代办要求的，扣缴义务人应当代为办理，或者培训、辅导纳税人通过网上税务局（包括个人所得税App）完成年度汇算申报和退（补）税。由扣缴义务人代为办理的，纳税人应在2020年4月30日前与扣缴义务人进行书面确认，补充提供其2019年度在本单位以外取得的综合所得收入、相关扣除、享受税收优惠等信息资料，并对所提交信息的真实性、准确性、完整性负责。

（3）委托涉税专业服务机构或其他单位及个人（以下称受托人）办理，受托人需与纳税人签订授权书。扣缴义务人或受托人为纳税人办理年度汇算后，应当及时将办理情况告知纳税人。纳税人发现申报信息存在错误的，可以要求扣缴义务人或受托人办理更正申报，也可自行办理更正申报。

（七）办理渠道

为便利纳税人，税务机关为纳税人提供高效、快捷的网络办税渠道。纳税人可优先通过网上税务局（包括个人所得税 App）办理年度汇算，税务机关将按规定为纳税人提供申报表预填服务；不方便通过上述方式办理的，也可以通过邮寄方式或到办税服务厅办理。

选择邮寄申报的，纳税人需将申报表寄送至任职受雇单位（没有任职受雇单位的，为户籍或者经常居住地）所在省、自治区、直辖市、计划单列市税务局公告指定的税务机关。

（八）申报信息及资料留存

纳税人办理年度汇算时，除向税务机关报送年度汇算申报表外，如需修改本人相关基础信息，新增享受扣除或者税收优惠的，还应按规定一并填报相关信息。填报的信息，纳税人需仔细核对，确保真实、准确、完整。

纳税人以及代办年度汇算的扣缴义务人，需将年度汇算申报表以及与纳税人综合所得收入、扣除、已缴税额或税收优惠等相关资料，自年度汇算期结束之日起留存 5 年。

（九）接受年度汇算申报的税务机关

按照方便就近原则，纳税人自行办理或受托人为纳税人代为办理 2019 年度汇算的，向纳税人任职受雇单位所在地的主管税务机关申报；有两处及以上任职受雇单位的，可自主选择向其中一处单位所在地的主管税务机关申报。纳税人没有任职受雇单位的，向其户籍所在地或者经常居住地的主管税务机关申报。

扣缴义务人在年度汇算期内为纳税人办理年度汇算的，向扣缴义务人的主管税务机关申报。

（十）年度汇算的退税、补税

纳税人申请年度汇算退税，应当提供其在中国境内开设的符合条件的银行账户。税务机关按规定审核后，按照国库管理有关规定，在本公告第九条确定的接受年度汇算申报的税务机关所在地（即汇算清缴地）就地办理税款退库。纳税人未提供本人有效银行账户，或者提供的信息资料有误的，税务机关将通知纳税人更正，纳税人按要求更正后依法办理退税。

为方便纳税人获取退税，纳税人 2019 年度综合所得收入额不超过 6 万元且已预缴个人所得税的，税务机关在网上税务局（包括个人所得税 App）提供便捷退税功能，纳税人可以在 2020 年 3 月 1 日至 5 月 31 日期间，通过简易申报表办理年度汇算退税。

纳税人办理年度汇算补税的，可以通过网上银行、办税服务厅 POS 机刷卡、银行柜台、非银行支付机构等方式缴纳。

（十一）年度汇算服务

税务机关推出系列优化服务措施，加强年度汇算的政策解读和操作辅导力度，分类编制办税指引，通俗解释政策口径、专业术语和操作流程，多渠道、多形式开展提示提醒服务，并通过个人所得税 App、网页端、12366 纳税服务热线等渠道提供涉税咨询，帮助纳税人解决办理年度汇算中的疑难问题，积极回应纳税人诉求。

为合理有序引导纳税人办理年度汇算，避免出现扎堆拥堵，主管税务机关将分批分期通知提醒纳税人在确定的时间段内办理。纳税人如需提前或延后办理的，可与税务机关预约或通过网上税务局（包括个人所得税 App）在法定年度汇算期内办理。对于因年长、行动不便等独立完成年度汇算存在特殊困难的，纳税人提出申请，税务机关可提供个性化年度汇算服务。

第十一章　企业薪酬发放纳税筹划技巧

━━ 导　读 ━━

　　本章企业薪酬发放纳税筹划技巧，共四节内容，分别介绍居民个人工资薪金所得的纳税筹划、外籍个人工资薪金所得的纳税筹划、工资薪金所得通用纳税筹划方案以及劳务报酬所得的纳税筹划。

第一节　居民个人工资薪金所得的纳税筹划

一、充分利用企业年金与职业年金

　　【筹划思路】根据《财政部　人力资源和社会保障部　国家税务总局关于企业年金　职业年金个人所得税有关问题的通知》（财税〔2013〕103号）的规定，企业和事业单位根据国家有关政策规定的办法和标准，为在本单位任职或者受雇的全体职工缴付的企业年金或职业年金单位缴费部分，在计入个人账户时，个人暂不缴纳个人所得税。个人根据国家有关政策规定缴付的年金个人缴费部分，在不超过本人缴费工资计税基数的4%标准内的部分，暂从个人当期的应纳税所得额中扣除。由于目前事业单位强制设立职业年金，而企业年金的设立是自愿的，广大企业可以充分利用这一优惠，帮助员工减轻个人所得税负担。

【筹划案例】甲公司共有员工 10 000 余人，人均年薪 200 000 元，年个人所得税税前扣除标准为 120 000 元，年应纳税所得额为 80 000 元，因此，人均年应纳个人所得税 =80 000×10%–2 520=5 480（元）。

如甲公司为全体员工设立企业年金，员工人均年缴费 8 000（即200 000×4%）元，符合税法规定，可以税前扣除。由此，人均年应纳个人所得税 =（80 000–8 000）×10%–2 520=4 680（元）。人均节税 =5 480–4 680=800（元）。甲公司全体员工年节税 =800×10 000=8 000 000（元）。

二、充分利用享受优惠的商业健康保险

【筹划思路】根据《财政部 国家税务总局 保监会关于将商业健康保险个人所得税试点政策推广到全国范围实施的通知》（财税〔2017〕39 号）的规定，自 2017 年 7 月 1 日起，对个人购买符合规定的商业健康保险产品的支出，允许在当年（月）计算应纳税所得额时予以税前扣除，扣除限额为 2 400元 / 年（200 元 / 月）。单位统一为员工购买符合规定的商业健康保险产品的支出，应分别计入员工个人工资薪金，视同个人购买，按上述限额予以扣除。2 400 元 / 年（200 元 / 月）的限额扣除为个人所得税法规定减除费用标准之外的扣除。企业为员工统一购买商业健康保险既是为员工提供的福利，也是可以起到节税的作用。

【筹划案例】甲公司共有员工 1 万余人，人均年薪 200 000 元，年个人所得税税前扣除标准为 120 000 元，年应纳税所得额为 80 000 元，因此，人均年应纳个人所得税 =80 000×10%–2 520=5 480（元）。

如甲公司从员工的应发工资中为全体员工统一购买符合税法规定的商

业健康保险，员工人均年缴费 2 400 元，可以税前扣除。由此，人均年应纳个人所得税 =（80 000–2 400）×10%–2 520=5 240（元）。人均节税 =5 480–5 240=240（元）。甲公司全体员工年节税 =240×10 000=2 400 000（元）。

三、充分利用税收递延型商业养老保险

【筹划思路】根据《财政部 国家税务总局 人力资源和社会保障部 中国银行保险监督管理委员会 证监会关于开展个人税收递延型商业养老保险试点的通知》（财税〔2018〕22 号）的规定，自 2018 年 5 月 1 日起，在上海市、福建省（含厦门市）和苏州工业园区实施个人税收递延型商业养老保险试点。对试点地区个人通过个人商业养老资金账户购买符合规定的商业养老保险产品的支出，允许在一定标准内税前扣除；计入个人商业养老资金账户的投资收益，暂不征收个人所得税；个人领取商业养老金时再征收个人所得税。取得工资薪金、连续性劳务报酬所得的个人，其缴纳的保费准予在申报扣除当月计算应纳税所得额时予以限额据实扣除，扣除限额按照当月工资薪金、连续性劳务报酬收入的 6% 和 1 000 元孰低办法确定。位于试点地区的企业可以为员工统一购买税收递延型养老保险，在当期降低个人所得税负担。

【筹划案例】甲公司共有员工 1 万余人，人均年薪 200 000 元，人均年个人所得税税前扣除标准为 120 000 元，人均年应纳税所得额为 80 000 元，因此，人均年应纳个人所得税 =80 000×10%–2 520=5 480（元）。

如甲公司从员工的应发工资中为全体员工统一购买符合税法规定的税收递延型商业养老保险，员工人均年缴费 12 000 元，可以税前扣除。由此，人均年应纳个人所得税 =（80 000–12 000）×10%–2 520=4 280（元）。人均节税 =5 480–4 280=1 200（元）。甲公司全体员工在当期年节税 =1 200×1=12 000 000（元）。

四、灵活运用子女教育专项附加扣除

【筹划思路】根据《个人所得税专项附加扣除暂行办法》（国发〔2018〕41号）的规定，纳税人的子女接受全日制学历教育的相关支出，按照每个子女每月1 000元的标准定额扣除。学历教育包括义务教育（小学、初中教育）、高中阶段教育（普通高中、中等职业、技工教育）、高等教育（大学专科、大学本科、硕士研究生、博士研究生教育）。年满3岁至小学入学前处于学前教育阶段的子女，按上述规定执行。父母可以选择由其中一方按扣除标准的100%扣除，也可以选择由双方分别按扣除标准的50%扣除，具体扣除方式在一个纳税年度内不能变更。凡是家庭中有3岁至28岁接受教育的子女，应积极申报。如果夫妻二人均需要缴纳个人所得税，子女教育扣除应由税率高的一方全额申报，税率低的一方不申报。

【筹划案例】张先生和张太太有一儿一女，儿子读小学一年级，女儿读小学六年级。2021年度，张先生的应纳税所得额为100 000元（尚未考虑子女教育专项附加扣除），张太太的应纳税所得额为30 000元（尚未考虑子女教育专项附加扣除）。

如果张先生与张太太因疏忽而忘记申报子女教育专项附加扣除，则2021年度，张先生应纳个人所得税=100 000×10%-2 520=7 480（元）；张太太应纳个人所得税=30 000×3%=900（元）。

如果由张太太申报两个子女的教育专项附加扣除24 000元，则2021年度，张先生应纳个人所得税=100 000×10%-2 520=7 480（元）；张太太应纳个人所得税=（30 000-24 000）×3%=180（元）。节税=900-180=720（元）。

如果由张先生和张太太各申报一个子女的教育专项附加扣除12 000元，2021年度，张先生应纳个人所得税=（100 000-12 000）×10%-2 520=6 280（元）；张太太应纳个人所得税=（30 000-12 000）×3%=540（元）。节税=7 480-6 280+900-540=1 560（元）。

如果由张先生申报两个子女的教育专项附加扣除 24 000 元，则 2021 年度，张先生应纳个人所得税 =（100 000-24 000）×10%-2 520=5 080（元）；张太太应纳个人所得税 =30 000×3%=900（元）。节税 =7 480-5 080=2 400（元）。

对张先生夫妇而言，24 000 元的子女教育专项附加扣除抵税的最大额度就是 2 400 元。

五、灵活运用大病医疗专项附加扣除

【筹划思路】根据《个人所得税专项附加扣除暂行办法》的规定，在一个纳税年度内，纳税人发生的与基本医保相关的医药费用支出，扣除医保报销后个人负担（指医保目录范围内的自付部分）累计超过 15 000 元的部分，由纳税人在办理年度汇算清缴时，在 80 000 元限额内据实扣除。纳税人发生的医药费用支出可以选择由本人或者其配偶扣除；未成年子女发生的医药费用支出可以选择由其父母一方扣除。纳税人及其配偶、未成年子女发生的医药费用支出，按上述规定分别计算扣除额。纳税人发生符合上述规定的医疗费时，应积极申报扣除。对纳税人未成年子女发生的符合上述规定的医疗费，应由税率最高的父母一方申报扣除。

【筹划案例】王先生和王太太 2021 年喜添千金，但因女儿有先天性疾病，当年花费医疗费 1 000 000 元，全部自负，王先生和王太太本人当年并未产生自负医疗费。2021 年度，张先生的应纳税所得额为 100 000 元（尚未考虑大病医疗专项附加扣除），张太太的应纳税所得额为 30 000 元（尚未考虑大病医疗专项附加扣除）。

如果王先生与王太太因疏忽而忘记申报大病医疗专项附加扣除，则 2021 年度，王先生应纳个人所得税 =100 000×10%-2 520=7 480（元）；王太太应纳个人所得税 =30 000×3%=900（元）。

如果由王太太申报大病医疗专项附加扣除 80 000 元，则 2021 年度，王先生应纳个人所得税 =100 000×10%–2 520=7 480（元）；王太太应纳个人所得税 0 元。节税 900 元。

如果由王先生申报大病医疗专项附加扣除 80 000 元，则 2021 年度，王先生应纳个人所得税 =（100 000–80 000）×3%=600（元）；王太太应纳个人所得税 =30 000×3%=900（元）。节税 =7 480–600=6 880（元）。

对王先生夫妇而言，80 000 元的大病医疗专项附加扣除抵税的最大额度就是 6 880 元。

六、灵活运用赡养老人专项附加扣除

【筹划思路】根据《个人所得税专项附加扣除暂行办法》的规定，纳税人赡养一位及以上被赡养人的赡养支出，统一按照以下标准定额扣除："（一）纳税人为独生子女的，按照每月 2 000 元的标准定额扣除；（二）纳税人为非独生子女的，由其与兄弟姐妹分摊每月 2 000 元的扣除额度，每人分摊的额度不能超过每月 1 000 元。可以由赡养人均摊或者约定分摊，也可以由被赡养人指定分摊。约定或者指定分摊的须签订书面分摊协议，指定分摊优先于约定分摊。具体分摊方式和额度在一个纳税年度内不能变更"。被赡养人是指年满 60 岁的父母，以及子女均已去世的年满 60 岁的祖父母、外祖父母。凡是有 60 岁以上被赡养人的纳税人均应积极申报赡养老人专项附加扣除。对多兄弟姐妹而言，应由税率最高的两位分别申报 1 000 元。

【筹划案例】秦先生和秦女士均年满 60 岁，其三个子女分别为秦一、秦二和秦三。2021 年度，秦一的应纳税所得额为 100 000 元，秦二的应纳税所得额为 3 万元，秦三的应纳税所得额为 0，以上数额均未考虑赡养老人专项附加扣除。

如果三位子女因疏忽未申报赡养老人专项附加扣除，则 2021 年度，秦

一应纳个人所得税 =100 000×10%–2 520=7 480（元）；秦二应纳个人所得税 =30 000×3%=900（元）；秦三应纳个人所得税 0 元。

如果由秦二一人申报赡养老人专项附加扣除 12 000 元，则 2021 年度，秦一应纳个人所得税 =100 000×10%–2 520=7 480（元）；秦二应纳个人所得税 =（30 000–12 000）×3%=540（元）；秦三应纳个人所得税 0 元。节税 =900–540=360（元）。

如果由秦一一人申报赡养老人专项附加扣除 12 000 元，则 2021 年度，秦一应纳个人所得税 =（100 000–12 000）×10%–2 520=6 280（元）；秦二应纳个人所得税 =30 000×3%=900（元）；秦三应纳个人所得税 0 元。节税 =7 480–6 280=1 200（元）。

如果由秦一和秦二各申报赡养老人专项附加扣除 12 000 元，则 2021 年度，秦一应纳个人所得税 =（100 000–12 000）×10%–2 520=6 280（元）；秦二应纳个人所得税 =（30 000–12 000）×3%=540（元）；秦三应纳个人所得税 0 元。节税 =7 480–6 280+900–540=1 560（元）。

对秦家兄妹三人而言，24 000 元的赡养老人专项附加扣除抵税的最大额度就是 1 560 元。

第二节　外籍个人工资薪金所得的纳税筹划

一、充分利用短期非居民个人的税收优惠

【筹划思路】根据《个人所得税法实施条例》第五条的规定，在中国境内无住所的个人，在一个纳税年度内在中国境内居住累计不超过 90 天的，其来源于中国境内的所得，由境外雇主支付并且不由该雇主在中国境内的机构、

场所负担的部分，免予缴纳个人所得税。如果境外个人在境外的税负比较轻，在条件允许时，可以将在中国境内累计居住天数控制在 90 天以内，从而享受部分所得免于在中国纳税的优惠。

【筹划案例】李女士为中国香港永久居民，就职于中国香港甲公司。2021年度，甲公司计划安排李女士在深圳的代表处工作 180 天（6 个月）。李女士2021 年度每月工资为 20 000 元，6 个月的工资总额为 120 000 元，由于其在中国香港可以享受的各项扣除比较多，税负接近零。

如果不进行筹划，李女士来源于中国境内的 6 个月的工资需要在中国境内纳税。每月应纳个人所得税 =（20 000-5 000）× 20%-1 410=1 590（元）；6 个月合计应纳个人所得税 =1 590 × 6=9 540（元）。

甲公司可以选派两位员工轮流到深圳工作，每人工作 90 天，每月工资均为 2 万元。由此可以享受短期非居民个人的税收优惠，即该两位员工在深圳工作期间取得的工资，可以在中国香港纳税（实际税负为零），不需要在深圳缴纳个人所得税。由此，可以为两位员工节税 9 540 元。

二、充分利用短期居民个人的税收优惠

【筹划思路】根据《个人所得税法实施条例》第四条的规定，在中国境内无住所的个人，在中国境内居住累计满 183 天的，年度连续不满 6 年的，经向主管税务机关备案，其来源于中国境外且由境外单位或者个人支付的所得，免予缴纳个人所得税；在中国境内居住累计满 183 天的任一年度中有 1次离境超过 30 天的，其在中国境内居住累计满 183 天的年度的连续年限重新起算。对于短期来华人员，如果每年停留时间均超过 183 天，则应充分利用短期居民个人的税收优惠，在第 6 年 1 次离境达到 31 天即可永远保持短期居民个人的身份。

【筹划案例】赵先生为中国香港永久居民，在深圳创办了甲公司，每年在

中国境内停留时间约 360 天。自 2019 年度起，每年境内应纳税所得额约 500 000 元，境外年房租收入 1 200 000 元。

如果不进行筹划，自 2019 年度起，赵先生来自境外的房租收入可以免税 5 年。自第 6 年起，赵先生来自境外的租金收入需要在中国境内缴纳个人所得税，每月应纳个人所得税 =100 000 ×（1-20%）× 20%=16 000（元）；全年应纳个人所得税 =16 000 × 12=192 000（元）。如果赵先生在境外已经就该 1 200 000 元的租金收入缴纳了个人所得税，可以从上述 192 000 元的应纳税额中扣除。假设赵先生在境外实际纳税 100 000 元，则赵先生还应在中国境内补税 92 000 元。

如果赵先生在自 2019 年度起的每个第六年度离境 31 天，则赵先生可以永远保持短期居民个人的身份，其来自境外的每年 1 200 000 元的租金收入可以免于在中国境内纳税，每年可以节税 92 000 元。

三、充分利用居住时间判断标准

【筹划思路】根据《财政部 国家税务总局关于在中国境内无住所的个人居住时间判定标准的公告》（财政部、国家税务总局公告 2019 年第 34 号）第二条的规定，无住所个人一个纳税年度内在中国境内累计居住天数，按照个人在中国境内累计停留的天数计算。在中国境内停留的当天满 24 小时的，计入中国境内居住天数，在中国境内停留的当天不足 24 小时的，不计入中国境内居住天数。根据上述制度，运用多次离镜的方式就可以降低在中国境内居住的天数。

【筹划案例】马先生中国香港永久居民，就职于中国香港甲公司。甲公司在深圳设立了分公司，需要派驻一位经理。公司原计划在深圳为马先生租赁一套公寓，预计 2021 年度马先生在深圳停留的天数约 200 天。马先生将成为中国内地居民纳税人。

如果马先生能增加回中国香港的次数，每回中国香港一次将减少在内地停留的天数，这样，马先生就能将 2021 年度在内地停留的天数降低为 182 天，就可以非居民个人的身份在内地缴纳个人所得税。

如果马先生能够几乎天天回中国香港，即工作在深圳，但居住在中国香港，只是偶尔居住在深圳，这样，马先生就能将 2021 年度在内地停留的天数降低为 90 天，就可以不在内地缴纳个人所得税，仅仅在中国香港缴纳相关税费。

四、充分利用外籍人员的各项免税补贴

【筹划思路】根据《财政部　国家税务总局关于个人所得税法修改后有关优惠政策衔接问题的通知》（财税〔2018〕164 号）第七条的规定，2019 年 1 月 1 日至 2021 年 12 月 31 日期间，外籍个人符合居民个人条件的，可以选择享受个人所得税专项附加扣除，也可以选择按照《财政部　国家税务总局关于个人所得税若干政策问题的通知》（财税〔1994〕020 号）、《国家税务总局关于外籍个人取得有关补贴征免个人所得税执行问题的通知》（国税发〔1997〕54 号）和《财政部　国家税务总局关于外籍个人取得港澳地区住房等补贴征免个人所得税的通知》（财税〔2004〕29 号）规定，享受住房补贴、语言训练费、子女教育费等津补贴免税优惠政策，但不得同时享受。外籍个人一经选择，在一个纳税年度内不得变更。自 2022 年 1 月 1 日起，外籍个人不再享受住房补贴、语言训练费、子女教育费津补贴免税优惠政策，应按规定享受专项附加扣除。

根据《财政部　国家税务总局关于个人所得税若干政策问题的通知》（财税〔1994〕020 号）的规定，下列所得，暂免征收个人所得税：外籍个人以非现金形式或实报实销形式取得的住房补贴、伙食补贴、搬迁费、洗衣费；外籍个人按合理标准取得的境内、外出差补贴；外籍个人取得的探亲费、语言训练费、子女教育费等，经当地税务机关审核批准为合理的部分；外籍个人

从外商投资企业取得的股息、红利所得。

对于外籍个人而言，应综合考量专项附加扣除与各项免税补贴之间的关系，选择可以最大减轻税收负担的扣除方式。

【筹划案例】孙先生为外籍人士（非独生子女），因工作需要，长期在中国境内居住。2021 年度，按税法规定可以享受免税优惠的各项补贴总额为 8 万元。孙先生目前可以享受的专项附加扣除为两个子女的教育费和一位老人的赡养费。

如孙先生选择居民纳税人的专项附加扣除，则扣除总额 =1 000×12×2+1 000×12=36 000（元）；如孙先生选择免税补贴优惠，则扣除总额为 8 万元，可以多扣除 =80 000–36 000=44 000（元）。如果孙先生综合所得适用的最高税率为 20%，则每年最高可以节税 =44 000×20%=8 800（元）。

五、平均发放工资

【筹划思路】根据《个人所得税法》第二条的规定，非居民个人取得工资、薪金所得，劳务报酬所得，稿酬所得，特许权使用费所得，按月或者按次分项计算个人所得税。工资、薪金所得适用超额累进税率，如果某个月的工资过高，则会适用较高的税率，从而增加税收负担，只有平均发放工资，才能实现最低的税负。

【筹划案例】刘女士为外籍人士，属于中国非居民个人。因工作需要，每年在中国停留 4 个月，领取 4 个月的工资。公司原计划按工作绩效发工资，假设 2021 年领取的 4 个月工资分别为 3 000 元、6 000 元、4 000 元和 20 000 元，总额为 33 000 元。刘女士 2021 年度在中国应纳个人所得税 =（6 000–5 000）×3%+（20 000–5 000）×20%–1 410=1 620（元）。

如刘女士预先估计 4 个月的工资总额在 30 000 元左右，可以先按平均数发放，最后一个月汇总计算。即前三个月工资按照 8 000 元发放，第 4 个月按照 9 000 元（33 000–8 000×3）发放。刘女士 2021 年度在中国应纳个人所得税 =（8 000–5 000）×3%×3+（9 000–5 000）×10%–210=460（元）。节税 =1 620–460=1 160（元）。

第三节　工资薪金所得通用纳税筹划方案

一、将工资适当转化为职工福利

【筹划思路】工资与职工福利的使用范围存在一定程度的重合，如员工取得工资后需要支付的交通费、通讯费、餐饮费、房租以及部分设备购置费等均可以由公司来提供，公司在为员工提供上述福利以后，可以相应减少其应发的工资，由此，不仅可以为员工节税，还可以为公司节省社保费的支出。

【筹划案例】甲公司共有员工 1 万余人，目前没有给员工提供任何职工福利，该公司员工的年薪比同行业其他公司略高，平均为 200 000 元。其中，税法允许的税前扣除额人均约 130 000 元，人均应纳税所得额为 70 000 元。人均应纳税额 =70 000×10%–2 520=4 480（元）。

如甲公司充分利用税法规定的职工福利费、职工教育经费等，为职工提供上下班交通工具、三顿工作餐、工作手机及相应通讯费、工作电脑、职工宿舍、职工培训费、差旅补贴等选项由每位职工根据自身需求选用。选用公司福利的员工，其工资适当调低，以弥补公司提供上述福利的成本。假设通过上述方式，该公司 50% 的员工年薪由此降低 10 000 元。则人均应纳税额 =60 000×10%–2 520=3 480（元）。人均节税 =4 480–3 480=1 000（元）。5 000 名员工节税总额为 5 000 000 元。假设甲公司为员工缴纳"五险一金"

的比例为工资总额的 30%，则该项筹划为甲公司节约"五险一金"=1×5 000×30%=15 000 000（元）。

二、充分利用公益慈善事业捐赠

【筹划思路】根据《个人所得税法》的规定，个人将其所得对教育、扶贫、济困等公益慈善事业进行捐赠，捐赠额未超过纳税人申报的应纳税所得额 30% 的部分，可以从其应纳税所得额中扣除；国务院规定对公益慈善事业捐赠实行全额税前扣除的，从其规定。根据《财政部 国家税务总局关于企业等社会力量向红十字事业捐赠有关所得税政策问题的通知》（财税〔2000〕30 号）的规定，个人通过非营利性的社会团体和国家机关（包括中国红十字会）向红十字事业的捐赠，在计算缴纳个人所得税时准予全额扣除。利用公益慈善事业捐赠进行纳税筹划应注意三个问题：第一，通过有资格接受捐赠的组织进行公益捐赠，不能直接向受赠者捐赠，否则，无法税前扣除；第二，一般公益捐赠的税前扣除具有限额，特殊公益捐赠的税前扣除没有限额，尽量选择可以全额税前扣除的项目；第三，在个人需要纳税的年度进行公益捐赠可以起到抵税的作用，如个人在某个年度不需要纳税，公益捐赠无法起到抵税的作用。

【筹划案例】李先生为某地企业家，为提高自身形象与知名度，决定以个人名义长期开展一些公益捐赠。假设李先生每年综合所得应纳税所得额为 1 000 万元，某筹划公司为李先生设计了三种筹划方案。方案一：每年直接向若干所希望小学捐赠 500 万元；方案二：通过某地民政局向贫困地区每年捐赠 500 万元；方案三：每年向中国红十字会捐赠 500 万元。

如不进行公益捐赠，李先生综合所得每年应纳税额 =1 000×45%-18.19=431.81（万元）。

如按方案一进行公益捐赠，李先生综合所得每年应纳税额与上述情形相同，即无法税前扣除，公益捐赠起不到抵税的作用。

如按方案二进行公益捐赠，李先生综合所得每年应纳税额 =（1 000-1 000×30%）×45%-18.19=296.81（万元）。节税 =431.81-296.81=135（万元）。

如按方案三进行公益捐赠，李先生综合所得每年应纳税额 =（1 000-500）×45%-18.19=206.81（万元）。节税 =431.81-206.81=225（万元）。

三、充分利用年终奖单独计税

【筹划思路】根据《财政部 国家税务总局关于个人所得税法修改后有关优惠政策衔接问题的通知》（财税〔2018〕164 号）的规定，居民个人取得全年一次性奖金，在 2021 年 12 月 31 日前，不并入当年综合所得，以全年一次性奖金收入除以 12 个月得到的数额，按照按月换算后的综合所得税率表，确定适用税率和速算扣除数，单独计算纳税。计算公式为：应纳税额 = 全年一次性奖金收入 × 适用税率 – 速算扣除数。居民个人取得全年一次性奖金，也可以选择并入当年综合所得计算纳税。年终奖单独计税相当于给纳税人额外提供了一次可以低税率纳税的方法，综合所得应纳税额超过 3.6 万元的纳税人应充分利用。利用年终奖单独计税进行纳税筹划应注意两个问题：第一，年终奖适用的税率不能超过综合所得适用的最高税率，否则，无法起到节税的效果；第二，年终奖的计算方法实际上是全额累进，因此，应特别注意在两个税率过渡阶段的纳税筹划，原则上，如果某笔年终奖的适用税率刚刚超过某个档次时，适当降低年终奖的数额，使其适用低一档次的税率可以起到节税的效果。

【筹划案例】刘先生 2021 年度综合所得应纳税所得额为 100 万元，全部来自工资薪金。单位为其提供了五种方案供其选择：方案一，全部通过工资薪金发放，不发放年终奖；方案二，发放 3.6 万元年终奖，综合所得应纳税所得额为 96.4 万元；方案三，发放 14.4 万元年终奖，综合所得应纳税所得额为

85.6万元；方案四，发放43万元年终奖，综合所得应纳税所得额为57万元；方案五，发放42万元年终奖，综合所得应纳税所得额为58万元。

如按方案一计算，刘先生应纳个人所得税 =100×45%−18.19=26.81（万元）。

如按方案二计算，刘先生综合所得应纳个人所得税 =96.4×45%−18.19=25.19（万元）；年终奖应纳个人所得税 =3.6×3%=0.11（万元）；合计应纳个人所得税 =25.19+0.11=25.3（万元）。方案二比方案一节税 =26.81−25.3=1.51（万元）。

如按方案三计算，刘先生综合所得应纳个人所得税 =85.6×35%−8.59=21.37（万元）；年终奖应纳个人所得税 =14.4×10%−0.02=1.42（万元）；合计应纳个人所得税 =21.37+1.42=22.79（万元）。方案三比方案二节税 =25.3−22.79=2.51（万元）；方案三比方案一节税 =26.81−22.79=4.02（万元）。

如按方案四计算，刘先生综合所得应纳个人所得税 =57×30%−5.29=11.81（万元）；年终奖应纳个人所得税 =43×30%−0.44=12.46（万元）；合计应纳个人所得税 =11.81+12.46=24.27（万元）。方案四比方案三多纳税 =24.27−22.79=1.48（万元）；方案四比方案二节税 =25.3−24.27=1.03（万元）；方案四比方案一节税 =26.81−24.27=2.54（万元）。

如按方案五计算，刘先生综合所得应纳个人所得税 =58×30%−5.29=12.11（万元）；年终奖应纳个人所得税 =42×25%−0.27=10.23（万元）；合计应纳个人所得税 =12.11+10.23=22.34（万元）。方案五比方案四节税 =24.27−22.34=1.93（万元）；方案五比方案三节税 =22.79−22.34=0.45（万元）；方案五比方案二节税 =25.3−22.34=2.96（万元）；方案五比方案一节税 =26.81−22.34=4.47（万元）。

四、充分利用股票期权所得单独计税

【筹划思路】根据《财政部 国家税务总局关于个人所得税法修改后有关优惠政策衔接问题的通知》（财税〔2018〕164号）的规定，居民个人取得股票期权、股票增值权、限制性股票、股权奖励等股权激励（以下简称股权激励），在2021年12月31日前，不并入当年综合所得，全额单独适用综合所得税率表，计算纳税。计算公式为：应纳税额＝股权激励收入×适用税率－速算扣除数。股票期权等股票激励所得单独计税为纳税人提供了将一年的综合所得分为两次纳税的机会，凡是综合所得应纳税所得额超过3.6万的纳税人，在满足适用条件的前提下，均可以利用股票期权所得单独计税的政策进行纳税筹划。最佳的节税方案就是将综合所得应纳税所得额的一半分配至股票期权所得。

【筹划案例】董女士为某上市公司老总，预计2021年度综合所得应纳税所得额为500万元。公司为董女士设计了四套纳税方案：方案一，不发放股票期权所得，综合所得应纳税所得额为500万元；方案二，发放股票期权所得3.6万元，综合所得应纳税所得额为496.4万元；方案三，发放股票期权所得14.4万元，综合所得应纳税所得额为485.6万元；方案四，发放股票期权所得250万元，综合所得应纳税所得额为250万元。

如按方案一计算，董女士应纳个人所得税=500×45%-18.19=206.81（万元）。

如按方案二计算，董女士股票期权所得应纳个人所得税=3.6×3%=0.11（万元）；综合所得应纳个人所得税=496.4×45%-18.19=205.19（万元）；合计应纳个人所得税=0.11+205.19=205.3（万元）。方案二比方案一节税=206.81-205.3=1.51（万元）。

如按方案三计算，董女士股票期权所得应纳个人所得税=14.4×10%-0.25=1.19（万元）；综合所得应纳个人所得税=485.6×45%-18.19=200.33（万元）；合计应纳个人所得税 =1.19+200.33=201.52（万元）。方案三比方案二节税 =205.3–201.52=3.78（万元）；方案三比方案一节税 =206.81–201.52=5.29（万元）。

如按方案四计算，董女士股票期权所得应纳个人所得税 =250×45%–18.19=94.31（万元）；综合所得应纳个人所得税 =250×45%–18.19=94.31（万元）；合计应纳个人所得税 =94.31+94.31=188.62（万元）。方案四比方案三节税 =201.52–188.62=12.9（万元）；方案四比方案二节税 =205.3–188.62=16.68（万元）；方案四比方案一节税 =206.81–188.62=18.19（万元）。

五、综合利用年终奖与股票期权所得单独计税

【筹划思路】在条件允许的前提下，纳税人如能充分且合理利用多种税收优惠政策，如综合利用年终奖与股票期权所得单独计税的政策，可以最大限度地降低整体税收负担。筹划的具体方法为，股权期权与综合所得适用相同的税率，年终奖适用的税率比综合所得适用的税率低一个档次。

【筹划案例】马先生为某上市公司老总，预计 2021 年度综合所得应纳税所得额为 600 万元。公司为马先生设计了四套纳税方案：方案一，不发放年终奖与股票期权所得，综合所得应纳税所得额为 600 万元；方案二，发放年终奖 3.6 万元、股票期权所得 3.6 万元，综合所得应纳税所得额为 592.8 万元；方案三，发放年终奖 200 万元、股票期权所得 200 万元，综合所得应纳税所得额为 200 万元；方案四，发放年终奖 96 万元、股票期权所得 252 万元，综合所得应纳税所得额为 252 万元。

如按方案一计算，马先生应纳个人所得税 =600×45%–18.19=251.81（万元）。

如按方案二计算，马先生年终奖应纳个人所得税 =3.6×3%=0.11（万元）；股票期权所得应纳个人所得税 =3.6×3%=0.11（万元）；综合所得应

纳个人所得税 =592.8×45%−18.19=248.57（万元）；合计应纳个人所得税 =0.11+0.11+248.57=248.79（万元）。方案二比方案一节税 =251.81−248.79=3.02（万元）。

如按方案三计算，马先生年终奖应纳个人所得税 =200×45%−1.52=88.48（万元）；股票期权所得应纳个人所得税 =200×45%−18.19=71.81（万元）；综合所得应纳个人所得税 =200×45%−18.19=71.81（万元）；合计应纳个人所得税 =88.48+71.81+71.81=232.1（万元）。方案三比方案二节税 =248.79−232.1=16.69（万元）；方案三比方案一节税 =251.81−232.1=19.71（万元）。

如按方案四计算，马先生年终奖应纳个人所得税 =96×35%−0.72=32.88（万元）；股票期权所得应纳个人所得税 =252×45%−18.19=95.21（万元）；综合所得应纳个人所得税 =252×45%−18.19=95.21（万元）；合计应纳个人所得税 =32.88+95.21+95.21=223.3（万元）。方案四比方案三节税 =232.1−223.3=8.8（万元）；方案四比方案二节税 =248.79−223.3=25.49（万元）；方案四比方案一节税 =251.81−223.3=28.51（万元）。

第四节　劳务报酬所得的纳税筹划

一、预缴劳务报酬中的纳税筹划

【筹划思路】劳务报酬所得虽然应并入综合所得综合计征个人所得税，但在实际征管中采取的是预缴与汇算清缴相结合的方法。扣缴义务人向居民个人支付劳务报酬所得时，应当按照以下方法按次或者按月预扣预缴税款：方法一，劳务报酬所得以收入减除费用后的余额为收入额。方法二，预扣预缴税款时，劳务报酬所得每次收入不超过 4 000 元的，减除费用按 800 元计算；每次收入 4 000 元以上的，减除费用按收入的 20% 计算。方法三，劳务报酬所得以每次收入额为预扣预缴应纳税所得额，计算应预扣预缴税额。劳务报酬所得适用个人所得税预扣率表二（见表 10-4）。方法四，居民个人办理年度综合所得汇算清缴时，应当依法计算劳务报酬所得的收入额，并入年度综合所得计算应纳税款，税款多退少补。

根据这一预扣预缴方法，纳税人应尽量降低每次取得劳务报酬的数量，从而可以降低预扣预缴税款的数额。

【筹划案例】秦先生为某大学教授，2021 年度为甲公司担任税务顾问，合同约定了两种支付方案：方案一，甲公司在 2021 年一次性向秦先生支付全年顾问费 60 000 元；方案二，甲公司在 2021 年分 12 次向秦先生支付全年顾问费，每次为 5 000 元。假设秦先生 2021 年度综合所得应纳税所得额（已经计算该 60 000 元顾问费）为 100 000 元，除该顾问费以外，尚未预缴税款。

按方案一计算，甲公司在支付顾问费时应预扣预缴税款 =60 000×（1–20%）×30%–2 000=12 400（元）。秦先生 2021 年度综合所得应纳个人所得税 =100 000×10%–2 520=7 480（元）。秦先生应申请退税 =12 400–7 480= 4 920（元）。

如按方案二计算，甲公司在支付顾问费时应预扣预缴税款 =5 000×（1–20%）×20%×12=9 600（元）。秦先生 2021 年度综合所得应纳个人所得税 =100 000×10%–2 520=7 480（元）。秦先生应申请退税 =9 600–7 480=2 120（元）。方案二比方案一少占用秦先生资金 =4 920–2 120=2 800（元）。

二、转移劳务报酬中的成本

【筹划思路】在预扣预缴劳务报酬的税款时，劳务报酬所得每次收入不超过 4 000 元的，减除费用按 800 元计算；每次收入 4 000 元以上的，减除费用按收入的 20% 计算。这种固定数额与固定比例的扣除模式导致花费成本较高的劳务报酬税负较高，为此，纳税人在取得劳务报酬时，原则上应将各类成本转移至被服务单位。由此可以降低劳务报酬的表面数额，从而降低劳务报酬的整体税收负担。

【筹划案例】吴先生是全国著名的税法专家，每年在全国各级巡回讲座几十次。每次讲座课酬的支付方式有两种：方案一，邀请单位支付课酬 60 000 元，各种费用均由吴先生自己负担，假设每次讲座的交通费、住宿费、餐饮费等必要费用为 10 000 元；方案二，邀请单位支付课酬 50 000 元，各种费用均由邀请单位负担。

如按方案一计算，邀请单位需要预扣预缴税款 =60 000×（1-20%）×30%-2 000=12 400（元）。吴先生自负的 10 000 元各类费用无法税前扣除，起不到抵税的作用。

如按方案二计算，邀请单位需要预扣预缴税款 =50 000×（1-20%）×30%-2 000=10 000（元）。方案二比方案一节税 =12 400-10 000=2 400（元）。

三、将部分劳务报酬分散至他人

【筹划思路】劳务报酬所得按照每个纳税人取得的数额分别计征个人所得税，因此，在纳税人的劳务实际上是由若干人提供的情况下，可以通过将部分劳务报酬分散至他人的方式来减轻税收负担。

【筹划案例】某影视明星承担了甲影视公司的某个拍摄项目，整个拍摄工作在 3 个月内完成，甲影视公司需要支付劳务报酬 120 万元。甲公司设计了三套发放方案：方案一，拍摄任务完成后，一次性支付 120 万元劳务报酬；方案二，根据拍摄项目进度，每个月发放劳务报 40 万元；方案三，由于该影视明星雇用了 10 名工作人员为其服务，平均每月劳务报酬为 2 万元，甲公司每月向该 10 名工作人员每人支付 2 万元劳务报酬，每月向该明星支付 20 万元劳务报酬。

如按方案一计算，甲公司需要预扣预缴税款 =120×（1–20%）×40%–0.7=37.7（万元）。

如按方案二计算，甲公司每月需要预扣预缴税款 =40×（1–20%）×40%–0.7=12.1（万元）；合计预扣预缴税款 =12.1×3=36.3（万元）。方案二比方案一少预扣税款 =37.7–36.3=1.4（万元）。

如按方案三计算，甲公司每月需要为该明星预扣预缴税款 =20×（1–20%）×40%–0.7=5.7（万元）；甲公司每月需要为该工作人员预扣预缴税款 =2×（1–20%）×20%×10=3.2（万元）；合计预扣预缴税款 =（5.7+3.2）×3=26.7（万元）。方案三比方案二少预扣税款 =36.3–26.7=9.6（万元）。方案三比方案一少预扣税款 =37.7–26.7=11（万元）。

四、将劳务报酬转变为公司经营所得

【筹划思路】根据《财政部 国家税务总局关于实施小微企业普惠性税收减免政策的通知》（财税〔2019〕13 号）的规定，自 2019 年 1 月 1 日至 2021 年 12 月 31 日，对月销售额 10 万元以下（含本数）的增值税小规模纳税人，免征增值税。对小型微利企业年应纳税所得额不超过 100 万元的部分，减按 25% 计入应纳税所得额，按 20% 的税率缴纳企业所得税；对年应纳税所得额超过 100 万元但不超过 300 万元的部分，减按 50% 计入应纳税所得额，按 20% 的税率缴纳企业所得税。对于频繁取得劳务报酬且数额较大的个人，可以考虑成立公司来提供相关劳务，从而将个人劳务报酬所得转变为公司所得，由于小微企业可以享受较多税收优惠，这种转变可以大大降低个人的税收负担。

【筹划案例】孙先生为某大学教授，其收入主要为所在大学的工资以及在某培训机构讲课的课酬。2021 年度，其所在大学发放工资总额为 20 万元，不考虑其他收入，由此计算的综合所得应纳税所得额为 3.6 万元。培训机构每月支付孙先生课酬 8 万元，如考虑该课酬，孙先生 2021 年度的综合所得应纳税所得额将提高至 80.4 万元。某筹划公司为孙先生提供了两套方案：方案一，延续以往模式，由培训机构向孙先生每月支付课酬 8 万元；方案二，孙先生成立甲公司，每月向培训机构开具 8 万元培训费发票，由甲公司取得 8 万元收入。

如按方案一计算，孙先生综合所得应纳个人所得税 =80.4×35%−8.59=19.55（万元）。

如按方案二计算，孙先生综合所得应纳个人所得税 =3.6×3%=0.11（万元）；甲公司每月取得 8 万培训费，根据小微企业增值税优惠政策，不需要缴纳增值税及其附加，根据小微企业所得税优惠政策，甲公司需要缴纳企业所得税 =8×12×25%×20%=4.8（万元）。合计纳税 =0.11+4.8=4.91（万元）。方案二比方案一节税 =19.55−4.91=14.64（万元）。